中南民族大学法学文库

孙光焰公司治理系列之三

金融企业与企业集团公司治理法律结构实证研究

孙光焰等 ◎ 著

中国社会科学出版社

图书在版编目（CIP）数据

金融企业与企业集团公司治理法律结构实证研究 / 孙光焰等著 . —北京：
中国社会科学出版社，2016.12
（中南民族大学法学文库）
ISBN 978 - 7 - 5161 - 9581 - 9

Ⅰ.①金… Ⅱ.①孙… Ⅲ.①金融法 – 研究 – 中国②金融机构 – 企业集团 –
法人治理结构 – 研究 – 中国 Ⅳ.①D922.280.4

中国版本图书馆 CIP 数据核字（2016）第 325554 号

出 版 人	赵剑英
责任编辑	任　明
特约编辑	乔继堂
责任校对	刘　娟
责任印制	李寡寡

出　　版	中国社会科学出版社
社　　址	北京鼓楼西大街甲 158 号
邮　　编	100720
网　　址	http://www.csspw.cn
发 行 部	010 - 84083685
门 市 部	010 - 84029450
经　　销	新华书店及其他书店

印刷装订	北京市兴怀印刷厂
版　　次	2016 年 12 月第 1 版
印　　次	2016 年 12 月第 1 次印刷

开　　本	710×1000　1/16
印　　张	23.25
插　　页	2
字　　数	379 千字
定　　价	85.00 元

凡购买中国社会科学出版社图书，如有质量问题请与本社营销中心联系调换
电话：010 - 84083683

目　　录

上编　金融企业的公司治理

下编　金融企业集团的公司治理

上编　金融企业的公司治理

第一章　金融企业公司治理的分析框架

第一节　公司治理的主流分析框架

一　公司治理的基本命题

现代公司治理的一个基本命题，就是关于所有权与经营权的分离与冲突问题。亚当·斯密早在 300 多年前就注意到了这一冲突，在其 1776 年出版的《国富论》一书中，他提出了自己的观点，认为应该建立一套有效的制度来解决两者之间的矛盾。

伯利（Adolf A. Berle, Jr.）和米恩斯（Gardiner C. Means）在公司治理领域开展了最早的专门性的研究。1932 年在其著名的《现代公司与私有财产》一书中对股东所有权与管理权相分离后产生的委托人和代理人之间的利益背离进行了经济学的分析，从而奠定了公司治理最初的理论基础。他们最主要的观点是：作为公司的经营者，他们的目标一般是自身利益，而不是为股东谋取最大福利。正是因为他们的研究，现代代理理论得以萌芽并蓬勃发展。

之后，公司治理引起了各国政策制定者、立法者、经济学家和国际组织的密切关注与讨论，关于这一话题的探讨范围不断地拓展和加深。特别是在 1998 年的亚洲金融危机、2001 年的美国安然公司和世界通讯公司的丑闻，以及 2007 年次贷危机的出现，公司治理问题正式成为世界经济稳定和发展问题的题中应有之义。由于经济学界和法学界的学者都是从各自的领域对公司治理内涵做出具体界定，因此到目前为止都无法获得统一的概念。但是我们可以通过一些主要的公司治理理论观点来得到一个清晰的逻辑图，从而了解公司治理的基本内容。

国内学者李维安和张维迎都认为公司治理有广义和狭义之分。李维安认为狭义的公司治理，是指所有者（主要是股东）对经营者的一种监督与制衡机制，其主要特点是通过股东大会、董事会、监事会及管理层所构成的公司治理结构的内部治理；广义的公司治理则是通过一套包括正式或非正式的内部或外部的制度或机制来协调公司与所有利益相关者（股东、债权人、供应者、雇员、政府、社区）之间的利益关系。张维迎的观点是，狭义的公司治理结构是指有关公司董事会的功能与结构、股东的权力等方面的制度安排；广义的公司治理结构是指有关公司控制权和剩余索取权分配的一整套法律、文化和制度性安排，这些安排决定公司的目标，谁在什么状态下实施控制，如何控制，风险和收益如何在不同企业成员之间分配这样一些问题，并认为广义的公司治理结构是企业所有权安排的具体化。

经济合作与发展组织（OECD）理事会于 1999 年通过并于 2004 年修订的《OECD 公司治理原则》（以下简称"OECD 原则"）是影响最广的关于公司治理机制框架的通用性原则。根据"OECD 原则"（2004）的定义，公司治理是一个涉及公司的管理层、董事会、股东和其他利益相关者的一整套关系体系，公司治理也为此提供了一个框架，通过该框架来确立公司目标，决定实现目标的措施和绩效监控。良好的公司治理应该对董事会和经理层提供适当的激励，促使其追求符合公司和股东利益的目标并有利于有效的监督，公司治理只是包括宏观经济政策、产品和要素市场的竞争性等诸多要素在内的公司赖以运行的大经济环境的一部分，公司治理框架也受法律、监管规则和制度环境的影响。

通过上述中外学者和国际经济组织对公司治理内涵的界定，我们可以归纳出公司治理一般包括三方面的内容：公司治理的主体、公司治理的对象以及为实现治理目标采取的策略和制订的政策措施和法律制度安排。按照传统公司法的观点，股东是公司的所有者，因此股东应当是公司治理的主体。但这一观点没有考虑到市场的缺陷，在优化资源配置方面的不完善，在现实的机制中，在很多场合股东的利益和社会公众的利益是相矛盾的。因此公司治理的主体应包括公司的监管层、董事会、股东和其他利益相关者（债权人、供应者、雇员、政府、社区）。公司治理的实质是股东等公司治理的主体对公司经营者的约束与监督，以防止可能产生的道德风险、市场风险等问题。因此公司治理的对象包含两层含义：经营者和董事会。为了判定公司的经营管理是否得当，董事会对经营者进行约束与监督；为了判定公司的重大决策是否得当，股东等利益关联者对董事会进行约束与监督。根据以上理论，公司治理的核心应该是建立有效的决策、监督和激励制约机制，处理好股东、经营管理人员、贷款人等债权人和职工这些不同利益相关者之间的关系，以实现社会经济目标的最大化。[①]

二　公司治理的系统机制

公司治理文献一般按照公司治理的机制设计和实施所利用资源的来源将公司治理机制区分为内部控制系统和外部控制系统，内部控制系统和外部控制系统的具体构成内容由以下几部分组成。[②]

1. 内部控制系统

内部控制系统包括大股东治理、公司董事会与外部董事、激励合约设计、高管薪酬、债务融资、财务信息披露和透明等，指的是用来实现企业的公司治理目标的各种公司治理机制的总称，这些机制的设计或实施在一个企业的资源计划范围内。

（1）大股东治理

Shleifer 和 Vishney 揭开了对大股东在公司治理中扮演重要角色的理论认识序幕。寻求对经理人监督效率的改善对于分散的股东而言是一项"公共品"。大股东将激励、监督经理人，尤其是当公司少数大股东获得相对控股权，并且这种控制权产生了正的净效益时。他们可以通过行使表决权和直接的接管替代来更换经理人，或者通过这种压力来迫使经理人按照大股东意志行事。因而，控股大股东的存在可以解决约束经理人时股东之间相互"搭便车"问题。[③]

（2）公司董事会与外部董事

许多学者认为市场经济中公司治理机制的核心就是董事会，因为董事会很好地起到了联结股东和经理人的作用。董事会主要职责包括监督经理

---

①　孙光焰：《公司治理模式趋同化研究》，中国社会科学出版社 2007 年版，第二章。

②　郑志刚：《外部控制、内部治理与整合——公司治理机制理论研究文献综述》，《南大商学评论》（第 9 辑，季刊）2006 年第 2 期；《公司治理机制理论研究文献综述》，《南开经济研究》2004 年第 5 期；《投资者之间的利益冲突和公司治理机制之间的整合》第 2 章，博士学位论文，北京大学，2003 年。

③　Andrei Shleifer and Robert W. Vishny, Large Shareholders and Corporate Control, *Journal of Political Economy*, Vol. 94, No. 3, Part 1（Jun. , 1986），pp. 461 –488.

人、制定高管薪酬计划等。世界范围内董事会组织模式主要分为三种：在德国，一般是在监事会之下设置董事会，这种结构被称为双层组织模式；在日本，董事会一般由公司高管等内部人主导，这构成日本内部人控制模式的典型特征；在美国，则广泛采用内外部人士担任董事且一般外部董事占多数的这一混合的董事会形式。

然而，实践证明，董事会在控制经理人方面的效率一般是很低的。在大多数情形下，董事会的主要成员由经理人推荐，而且股东仅仅拥有表决权时，董事会肯定无法对可以决定其成员的经理人实行积极有效的监督。Jensen（1993）认为，经验表明，在组织重构和战略调整方面，大型公司表现得尤为缓慢和迟钝，"船大难掉头"，尤其是当这些公司不存在各种外部威胁时，其内部控制机制效率极低。按照 Jensen 的观点，除了 CEO 为唯一的内部董事外，其余都为外部董事，并保持较小的董事会规模，这是美国式的董事会组织模式今后的改进方向。

所谓董事会外部董事，在美国、英国等一些国家，则称为独立董事。在美国，独立董事一般指仅担任公司董事的董事会成员。衡量一个董事会是否有效，通常采用"董事会的独立性"与"董事会的规模"等重要指标，外部董事占公司董事会成员的比例通常就是"董事会的独立性"的内涵。另外，包括董事会"顾问"作用的发挥，社会资源的节约，董事会治理与外部控制系统的比较优势等证明了董事会存在的合理性。

（3）激励合约设计

在事前协调经理人与投资者的利益，与代理人签订建立在可观察变量上的激励合约，这是在现代公司中，一个解决作为代理人的经理人道德风险行为的重要机制设计，避免其在事后"偷懒"、内部交易等谋求控制权私人收益。所谓的激励合约是一种激励手段，使经理人能按照投资者的利益行事，把经理人报酬与企业业绩等可证实的指标相联系。Jensen and Meckling[①]、Farma[②] 等认为激励合约可以采取如年薪、奖金、股权、股票期权等多种形式。

①　Jensen Michael and William Meckling, Theory of the Firm: Managerial Behavior, Agency Costs and Ownership Structure, *Journal of Financial Economics*, 1976, 3, pp. 305 – 360.

②　Farma, Eugene F., Agency Problems and the Theory of the Firm, *Journal of Political Economy*, 1980, Vol. 88: pp. 288 – 307.

（4）高管薪酬

合理的薪酬制度是确保管理层能够以股东利益最大化为目标的另一种机制。以股票价格的表现和各种业绩指标为基准的评估方法都是激励管理者的方法。管理者的薪酬与公司的经营业绩之间存在正相关关系。虽然大多数的实证研究都受到了数据方面的限制，但在美国、德国和日本，仍有研究结果表明了这一点。

（5）债务融资

债务融资因为债务的税盾价值而在现代公司金融领域占据了十分重要的地位。债务合约之所以能协助解决委托代理问题，是因为债务合约的存在能够使控制权转移到债权人手中，因为它是公司借款人以承诺在未来归还为条件而获得债权人贷款的证明。Grossman 和 Hart[1]、Jensen[2] 的研究表明：一方面，现金流会进一步增加，经理人必须努力工作，以便在未来及时偿还债务；另一方面，债务融资约束了经理人对现金流的安排，因为债权人往往拥有抵押权，如果不能按时归还借款本息，债权人有行使公司控制权的可能。

人们开始重视降低代理成本的公司治理目的可以通过资本结构的选择来实现，正是基于对债务融资公司治理角色的上述认识，促使人们不仅仅关注资本结构选择可能实现的融资成本降低的"传统"功能。

2. 外部控制系统

外部控制系统包括公司治理的法律和政治途径及中小投资者权益保护、企业控制权市场、产品和要素市场的竞争程度、声誉市场等，指的是可以用来实现公司治理目标的各种公司外部治理机制的总称，尽管这些机制的实际实施超出了公司资源计划的范围。

（1）公司治理的法律和政治途径

La Porta R. , Lopez-de-Shleifer A. , Vishny R. W 认为，公司治理既是一个经济问题，又是一个政治问题，同时还是一个法律问题。需要从法律

---

① Sanford J. Grossman and Oliver Hart（1980），Disclosure Laws and Takeover Bids，*The Journal of Finance*，Vol. 35，No. 2. 35（2）：323 – 334.

② Jensen，Michael. "The Agency Costs of Free Cash Flow：Corporate Finance and Takeovers". *American Economic Review*，Vol. 76，No. 2（May，1986）.（Also In Management Buy-Outs，edited by Mike Wright and Keith Bradley，series editor，pp. 3 – 9. International Library of Management. England and Vermont：Dartmouth Publishing，1994.）

的层面来保护和约束当事人的权益。公司治理的法律规制在公司治理机制中处于基础性地位。[①] Rafael La Porta、Florencio Lopez-de-Silane、Andrei Shleifer 研究发现，由于法律起源的差异，不同国家的股权价值、资本成本和外部融资的程度都不相同。而且大陆法系的国家通常对小股东的保护比较薄弱，公司治理的水平也比较低。相反，实施普通法的国家公司治理的水平通常都比较高，小股东的利益也能得到很好的保护。他们还发现，投资者在法律上所受到的保护程度与各国在资本市场和分红政策上的差异、股权结构密切相关。[②]

可见，法律体系是外部机制的有效组成部分，使得投资者的利益得到必要的保障。

（2）公司控制权市场

Robin Marris 指出，第三个市场——公司控制权市场的适当作用可以纠正两个市场（产品和要素）的失败。所谓的公司控制权市场是指公司资产控制权力转移的各种市场行为的总称，包括通过公司接管、公司重组、杠杆收购等在内的公司战略而实现的市场行为，它建立在现代成熟的资本市场的有效运作基础之上。这里的接管包括兼并、代理权竞争以及敌意和友好要约收购等。[③] 一个活跃的企业控制权的竞争市场对有效分配资源至关重要，可以促进管理者优胜劣汰，提高企业效率。

企业控制权的竞争包括敌意的接管、善意的购并和代理人竞争（proxy fights）等三种途径。"不同的管理团队通过公司控制权市场来竞争控制公司资源权力"，这是一个比较独特的观点。在这里，Jensen 等看出，变化中的市场条件和技术通常会对公司治理提出要求，一个富于创新的管理团队往往更容易实现变革。通过控制权的接管成功地完成向新的管理团队的过渡。[④]

对公司控制权市场最普遍的看法是：它是依赖资本市场高度的发展和

---

①　La Porta R. , Lopez-de-Shleifer A. , Vishny R. W. , 1998, "Law and Finance", *Journal of Political Economy*, 106 (6), pp. 1113 – 1155.

②　Rafael La Porta, Florencio Lopez-de-Silane, Andrei Shleifer, Corporate Ownership around the word, *Journal of Finance*, 1999, 54 (2): 471 – 517.

③　李维安等：《公司治理》，南开大学出版社2001年版，第二章。

④　Michael C. Jensen and William H. Meckling, Theory of the Firm: Managerial Behavior, Agency Costs and ownership structure. *Journal of Financial Economics*, Vol. 3, No. 4, 1976, pp. 305 – 360.

完善。

（3）产品和要素市场竞争

要解决各种代理问题，还有另外的途径，比如产品和要素市场的竞争。这种竞争促进优胜劣汰，刺激管理层的积极性。如果管理者效率低，会最终被更有力的竞争者代替。"隧道行为"产生的基础也会被削弱。

对于一个现代公司来讲，如果存在较为严重的代理问题，那么它将无法按竞争性价格销售它的产品。它或者是由于缺乏约束经理人行为的有效机制，或者是由于经理人的挥霍浪费。拙劣的公司业绩在最严重的情况下，会导致公司陷入财务困境，甚至可能倒闭破产。

（4）职业关注与声誉市场

声誉或品牌很早就被一些经济学家重视，因为它们也可以形成对当事人的激励约束机制。Farma 指出，通过对经理人在劳动力市场声誉的关注可以约束经理人自身行为。[①] Holm Storm 的观点认为，一个人对其未来职业的关注程度，足够影响到其现阶段的努力程度。所以如果要观察目标的绩效能力，就必须对其业绩进行长期观察。

（5）财务信息披露和透明度

财务信息的充分披露和高度透明度尤其是对发展中国家都是必要的，这样可以确保投资者的利益。毋庸置疑，公司治理水平的提高会得益于有效的信息披露制度。公司经营状况、财务状况和外部环境的相关信息会被诚实的管理者及时、充分和准确地提供。

我们认为，一个良好的公司治理结构依赖于内部机制与外部机制的有机结合。

第二节　公司治理的制度分析框架

一　公司治理的制度含义

目前，国内外学术界对公司治理虽有多种定义，但其基本含义大致相同。尽管角度不同，形式多样，但都认为公司治理属于制度的范畴，是一

---

① Farma, Eugene F., Agency Problems and the Theory of the Firm, *Journal of Political Economy*, Vol. 88 No. 2, (Apr., 1980): pp. 288 – 307.

种制度安排。典型的观点，如李维安认为："公司治理是保证公司决策的科学化，从而最终维护公司各方面利益的一种制度安排，它通过一套包括正式或非正式的、内部或外部的制度或机制来协调公司与利益相关者之间的利益关系。"①

以诺思等人为代表的新制度经济学派的观点认为，制度可分解为正式制度和非正式制度等两大类。② 正式制度为人们的行动提供了角色与功能、责任、权利利益、义务等外在的限制和规定，是一种有形的和他律的制度，是由公共权威机构制定或由有关各方共同制定并具有国家强制力，具有强制性、稳定性和可预期性，包括法律、契约以及由一系列规则构成的某种等级结构。非正式制度具有广泛性和持续性，主要包括价值信念、意识形态、伦理规范、道德观念、风俗习惯等软性规则，是人们在长期交往中自然形成的一种无形的和自律的制度。人们常用法律和道德的比较来谈及两类制度间的关系，因为，其中非正式制度的核心内容包括伦理道德等，而正式制度的核心内容则主要包括法律。哈耶克认为，"直接地靠指示和指令来计划和建立秩序，凭借外部权威以实现一个共同目标（计划秩序或组织秩序）；间接地各种主体都服从共同承认的制度，以自发自愿的方式进行（非计划秩序或自发秩序）"。他所说的人为秩序和自发秩序的用意也与正式制度和非正式制度的内涵相同，可见两种制度的相互作用与依赖关系。

在复杂的社会政治、经济关系中，由于行为主体道德自律受到极大的外部诱惑乃至挑战，而又由于非正式制度是非强制性的，强制性的正式制度的支持就尤为必要，所以在正式与非正式制度两者关系中，正式制度起着十分重要的约束作用，为非正式制度的实施提供了强有力的引领和先导的作用。当然，任何正式制度也不可能脱离非正式制度而单独发挥作用，它也离不开非正式制度的支持。随着正式制度的确立，必将形成一种新的行为习惯和伦理观念来约束人们的行为选择，并逐步形成一种新的非正式制度。因此，正式制度不但不会取代非正式制度，反而能补充、支持、增强非正式制度的效力，从这个意义上说，非正式制度可以促使官方法律的

① 李维安、李建标、张俊喜主编：《公司治理理论精要》，机械工业出版社 2006 年版，第27 页。

② ［美］诺思：《经济史中的结构与变迁》，陈郁、罗华平等译，上海人民出版社 1994 年版，第35 页。

延伸、支持、补充或细化、具体化甚至变迁。非正式制度约束着人们行为选择的大部分行为空间。两种制度从制度的实施成本来说也是互补的。相比道德规范的自发自觉调整来说，正式制度的建立和维护面临着高得多的社会成本。新制度经济学的基本观点就是相比非正式制度的约束成本而言，正式制度的监督成本显然要大得多。一个过于依赖正式制度的社会可能因为制度成本的高昂而无法运转，而正式制度的实施成本可以通过非正式制度的安排得到减少。

新制度经济学特别强调伦理道德，也就是两类制度中一向被忽视的非正式制度的作用。诺思说，一个有效率的市场制度，从市场角度看，需要在诚实、正直、合理、公平、正义等方面有良好道德的人去操作这个市场，除了需要一个有效的产权和法律制度相配合外。厉以宁指出，在市场和政府并存的情况下，除了市场"无形之手"和政府"有形之手"之外，还存在习惯与道德"第三只手"，而且"无形之手"和"有形之手"谁占主导取决于习惯与道德"第三只手"，在"第三只手"的约束力较弱时，市场调节占据主导；当"第三只手"约束力较强时，政府调节则居主导。伦理的调节甚至可能单独存在。[1] 张维迎同样认为，道德是在法律不及的边缘唯一的屏障。[2]

二　公司治理机制中的制度性因素

Matthews（1986）认为，制度是可以进行分析的，制度是重要的。柯武刚、史漫飞（2000）指出，恰当的制度安排限制并可能消除人们之间的冲突，有助于降低复杂系统中的协调成本。制度对于某一共同体来说，就是众所周知的抑制可能出现的机会行为各种规则。各种制度安排有助于人们之间培养互利合作的习惯，减少信息搜寻成本和协调成本，增加行为可预见性，形成相互信任的氛围，并抑制机会主义倾向，确保人们能作出承诺并切实履行是它们共同的最终目标。

1. 外在制度对公司治理的制约作用

规范公司治理的外在制度作为正式的规则首先应该易于理解，满足简单透明的原则；其次，对违反制度的行为必然有强制性惩罚，自上而下的

---

① 厉以宁：《超越市场与超越政府》，经济科学出版社1999年版，第8页。
② 张维迎：《法律制度的信誉基础》，《经济研究》2002年第1期。

外在制度永远是正式的。外在制度正是有了这两个特征才能确保公司治理机制正常的运行。对公司治理结构的制度安排是外在制度对公司治理约束的主要体现。刘汉民（2002）认为公司治理结构并不存在"一规适万物"（One size fits all）的最佳模式，因为不同的治理模式适应不同的外在制度背景。在日、德模式中高效率的治理模式中就不一定在盎格鲁—撒克逊经济中依然灵验，反之亦然。因为经济主体不可能对不同的法律法规做出完全相同的反应，即使他们是有限理性的。

公司的股权结构也会受到法律中对财产权可交易程度的规定的直接影响。产权的可分割性与可交易性是现代产权的一个主要特征，如果产权缺乏交易性、流动性差，投资者就很难有效避险，此时，两极化思维广泛存在。诸如外资对发展中国家的"新设投资"中，由于投资者对投资环境不熟或缺乏信心，他们只能选择或控股，或不投资。这种情况在一般创业投资公司也存在，投资者要求增加股权比例，甚至要求控股。显然，公司股权结构受到财产权制度的影响。

2. 内在制度对公司治理的影响

企业的内在制度这种软环境对公司治理的影响却是不容忽视的，虽然它不存在由权威机关强制执行的"游戏规则"，没有外在制度的权威性，通常表现为非正式的隐性制度。因为除了要服从法律法规外，公司治理结构的设计，还必须融合内在制度因素，如公司管理者的经营风格、工作习惯、敬业精神，员工的合作传统、价值观念，以及投资者的投资理念、商业惯例等。再完善的法律制度，如果没有各经济主体主动、自愿的行为配合，也无法造就高效率的企业。因为法律不可能对人们的每一个动作都作出具体的硬性规定。如果没有内在制度的约束，机会主义就会泛滥，严重影响公司治理的整体效率，制约企业的良性发展。

另外，由于"内部人控制"现象的存在，市场转轨国家在转轨初期公司治理的成本将大大增加，企业的内在制度不能与外在制度兼容。不过，企业的内在制度会因为外在制度而逐渐演化，外在制度的强制性惩罚机制以及向各个经济主体提供的信息导向会促使这种演化。内在制度会将外在制度中的部分成分内在化，使企业的内部制度环境在互动或重复博弈中不断调整，因为内在制度拥有的自我学习和改进的机制将会自发地发挥作用。

综上所述，公司治理机制本质上就是一种制度安排，是强制性外在制度与自发性内在制度的融合。换言之，公司治理机制就是从公司本身企业文化、经营理念、商业惯例等内在制度出发，在公司法、公司治理法规、证券法、兼并收购法、破产法以及反垄断法等有关法律法规的规范下，保障在公司设立、运行中做出贡献的各相关经济主体的利益，建章立制，设置权力机关，签订契约。因而，规范的公司治理机制能确保企业经营在合法、合理的轨道上正常运行，它有效融合了"宏观"制度规范和"微观"制度特点，犹如法律法规和企业行为习惯的双向传感器。

三　我国当前公司治理的制度性缺陷

我国在20世纪90年代各个企业争相改制、争相上市。自理论界提出现代企业制度后，社会上出现了"一股就灵"的倾向。然而，这些企业的公司治理仅进行了低层次的简单"复制"，并没有带来预期中的深层次的变化：在早期沪深交易所挂牌交易的1000多家公司中绩优股却只是凤毛麟角。按理说，上市公司应是企业中的佼佼者，但其公司的股东大会、董事会和监事会在公司治理中却难有精彩的表演，这些机构虽然在上市公司都已建立。中小股东往往变成上市公司的控股股东攫取私利的"牺牲品"，不发达的股票市场并未对上市公司形成强有力的市场约束。内部人控制现象比比皆是，在公有股所有者缺位背景下的股权多元化难以形成有效的制衡机制。独立董事往往不管事（尤其是关系到众多小股东利益的大事）、只拿钱，尽管独立董事制度被各界炒得十分火热。

我们以为，出现以上问题，主要原因是形式主义在作祟。一个公司治理的效率水平既受到企业甚至整个社会的内在制度的约束，同时又受到外在正式制度环境的规范。借鉴和学习国外成功经验的关键是要把握制度的精髓，我国在建立健全公司治理制度体系的过程中，绝对不能照抄照搬。我们认为，在引进国外先进制度时必须杜绝形式主义，强调"有机嫁接"。所谓"有机嫁接"，不是使新制度受原有制度中落后成分的影响而扭曲、变形，而是使新制度能引领原有制度向更规范、更科学的方向发展，在引进新制度时必须考虑新旧制度的相容性问题。正如青木昌彦所言："选择哪种公司治理结构最适用于某种经济体，离开该国家的发展阶段和它的制度与习俗的历史，是没有什么意义的。"[1]

---

[1]　［日］青木昌彦：《比较制度分析》，周黎安译，上海远东出版社2001年版，第75页。

1. 外在制度存在缺陷

稳定性的外在制度必须代表未来的发展方向，是要具有前瞻性的。高效公司治理需要的外在制度应该是能被强制执行的正式制度，有惩罚性条款，设计规范、精细。然而，当前国内司法体系不能提供当今全球市场所要求的快速反应机制和可预期性，过时的法律法规阻碍了公司的正常运作和有序退出，与公司治理相关的法律法规明显存在诸多缺陷。例如，资本市场的优胜劣汰功能失效，监管中宽容倾向泛滥，法律法规对上市公司退市机制强制力不够；我国证券监管制度不利于规范的治理机制之培育，重行政处罚、轻民事赔偿的倾向严重，助长了公司治理中强势群体的机会主义行为。我国目前仅靠行政处罚既不能给受损投资者以补偿，也不能触及高管人员的根本利益，不具威慑力，立法还不能将高管人员真正置于民事责任的约束之下。《上市公司治理准则》作为第一个明确提出"公司治理"的部门法规也只是在 2002 年 1 月 7 日才颁布，且其位阶仅仅是部门规章而已，《公司法》作为规范公司治理基本大法甚至没有"公司治理结构"或"公司治理"等字眼，带有计划经济的深刻烙印。

2. 内在制度先天不足

高效公司治理所需的内在制度由于我国市场经济发展历史较短，存在着诸多先天不足，这是比缺乏规范化"游戏规则"更为严重的问题。如我国在开始建立现代企业制度之初，经常使外部所有者利益受损，人为降低甚至拒绝承认出资人在企业中的核心地位，人们在思想上不能正确理解这种新制度。我国尤其缺乏与提高公司治理效率密切相关的文化传统，我们认为，在内在制度方面，这种缺乏主要表现在以下几个方面。

（1）强制执行和主动遵循的文化传统缺乏

可以说法治精神在公司治理机制中具体体现在强制执行和主动遵循的文化传统，这种文化传统是市场经济正常运转的精髓之一，也正是当下我国社会有所缺乏的。一方面，这种文化传统促使外在制度内在化，提高外在制度如法律的执行效率；另一方面，维护正式制度的威严，强化其约束力。我国目前无论是民间主体对法律法规的主动遵循文化，还是司法部门对法律法规的强制执行文化，无疑都是相当匮乏的。在执法环境不理想、法律执行不力的情况下，政府部门经常直接干预金融部门的日常经营和司法部门的正当执法，法律法规的严肃性与权威性被大大削弱。强制执行停留在了理论上，执法人员的职业操守约束不强，专业技能水平尚需大力提升。民间主体也缺少主动遵法守法的意识，这些情况使得外部制度的发挥缺少了制度文化意识的配合而大打折扣。

（2）健康股权文化的缺失

所谓股权文化健康，从微观的角度看，主要指公司如累积投票制、股东诉讼制度等保护小股东和外资股东合法权益的制度规范是否建立；公司管理者是否忠于职守，尽职尽责，积极维护股东的所有者权益；从宏观角度看则是指公司制企业、股市乃至股东在国民经济中的地位和作用能被社会正确看待。健康的股权文化是中小投资者树立对公司经营信心的基石，是高效公司治理的必备前提。对处于公司外部的中小股东利益的践踏，对股东利益的忽视，会让公司陷入绝境，尤其是会使股东丧失信心，也会极大地贬损股权文化的价值。

（3）有效诚信机制的缺乏

公司管理者很难有压力和动力主动去服从法律规范，在强制执行的文化传统、健康的股权文化均缺失的背景下，诚信问题甚至诚信危机必然会出现在公司治理中。机会主义行为也容易从外在制度留下的弹性空间找到滋生的土壤，制度的具体执行者更容易获得控制权。我国上市公司诚信机制的不健全非常严重。如琼民源、郑百文、大庆联谊、ST 红光、东方锅炉等的财务报告的造假，麦科特、蓝田股份、银广夏等信息披露的严重失真等，都极大地伤害了我国上市公司的信用环境。

第三节　金融企业公司治理的特殊问题

一　金融机构相对于非金融机构的特殊性

金融是现代经济的核心，它在国民经济中的地位非常重要。与一般的传统行业相比，金融业非常特殊，主要以货币、信用为经营对象。行业的独特性使得金融机构与非金融公司存在显著区别。

金融机构的特征表现为以下几个方面。

1. 金融机构的资本结构具有特殊性，其负债比率显著高于非金融公司

以"钱"为经营对象的金融企业在常人的观念中应该是最不缺"钱"的，然而事实却相反，金融行业的负债比率明显要高于一般行业，金融机

构的"钱"主要以负债形式取得。即金融机构中含有大量外部人的金融资产，甚至主要是外部人——社会公众的金融资产权益，真正的自有资本在金融类公司总资产中所占比例很小。

根据《巴塞尔协议》的规定，商业银行的资本充足率不得低于8%，也就是说银行的负债比率可达到92%。由此可以看出，银行是高负债高杠杆企业，商业银行绝大部分的营运资金来自于商业银行的负债，而存款是商业银行负债的主要来源。所以，实际上商业银行绝大部分的资金都来自于存款人的存款。在一般的公司治理中，这样高的负债比率是非常罕见的，而且一般公司中也很难有这样多的外部债权资金来源。

当存款人填好存款凭条或各种转账的凭证，商业银行根据内部操作规章将存款资金入账并将存单、存折或进账单交给存款人，这时储户和银行之间的债权和债务关系就形成了。但商业银行又不同于一般的公司，在经营对象方面具有差异。商业银行是以金融资产和金融负债为经营对象，经营的是货币和货币资本这种特殊的商品。因此使得储户和商业银行之间的债权和债务关系变得较为特殊。再者，储户的来源十分零散、人数众多、具有不固定性，以及来自银行运作模式的限制，使得他们不可能像一般债券持有人那样集体行动，很难去真正地监督商业银行的资本运作情况。

2. 金融机构提供的产品和所持有的资产具有较大的风险性

无论是银行提供的贷款，还是证券、保险类公司所持有的股票、债券、金融衍生品，都比非金融公司提供的产品和服务具有更高的风险。从本质上讲，金融业是通过为实体经济生产提供资本要素而获得相应的收益。由于其虚拟特性以及本身的高负债经营，实体经济基础的些许变化就会给金融产品价格带来巨大的波动。

由于金融机构经营的是货币和货币资本这种特殊的商品，相较于一般的公司，在面临的风险方面具有多样性，一般体现在信用风险、市场风险、流动性风险和操作风险。

对于银行而言，信用风险可定义为银行的借款人或交易对象不能按事先达成的协议履行义务的潜在可能性，信用风险管理的目标是通过将信用风险限制在可以接受的范围内而获得最高的风险调整收益。但在实际的银行业务经营管理中，信用风险表现得更多样化、更加复杂，如由于信用风险控制不力造成银行大量的不良贷款，最终银行因坏账而倒闭。2010年7月，普华永道发表报告称，过去一年中，欧洲银行业的坏账规模迅速扩大。截至 2009 年年底，德国银行业资产负债表上的坏账账面价值同比增长了 50%，达到 2130 亿欧元；此外，英国银行业的不良贷款由前一年的 1070 亿欧元增加至 1550 亿欧元；西班牙银行业的不良贷款由 754 亿欧元增加至 968 亿欧元；意大利银行业的不良贷款也从 420 亿欧元增加至 590 亿欧元。[①] 坏账的增加，将影响银行的资本充足率和利润。资本充足率的不足将导致银行压缩放贷规模，而利润下降则直接导致银行业绩不佳。仅 2010 年上半年，由于不良贷款引起的坏账，使得美国倒闭银行数量已累计达到 86 家。

市场风险是指未来市场价格的不确定性对企业实现其既定目标的影响，其中包括利率、汇率、股票价格和商品价格。[②] 由于全球金融市场风云莫测，全球性的金融危机以及欧债危机影响广泛，加剧了汇率、股票价格等方面的风险，使得银行在市场风险方面的管理控制愈趋困难。

流动性风险是指因市场成交量不足或缺乏愿意交易的对手，导致未能在理想的时间完成买卖的风险，一般包括资产的流动性和负债的流动性。商业银行既要保证在任何时候都能有充足的资金来满足客户随时提取资金的要求，以避免不能及时支付而导致的挤兑风险。同时也要保证在资本充足率较低的情况下，能适时获得充足的资金来保障商业银行的正常经营与运作。

操作风险是指由于内部程序、人员和系统的不完备或失效，或由于外部事件造成损失的风险。[③] 巴塞尔委员会将操作风险分为七类：内部欺诈，外部欺诈，雇佣合同以及工作状况带来的风险事件，客户、产品以及商业行为引起的风险事件，有形资产的损失，经营中断和系统出错，涉及执行、交割以及交易过程管理的风险事件。[④] 由于部分基层网点在规章制度方面不完善，部分银行员工在职业道德方面存在问题，使得商业银行的操作风险加剧。2005 年 2 月 22 日，长春市中级人民法院对发生在中国建

---

① 赵晓威：《欧洲债务危机的传导机制研究——基于危机对我国的传递》，博士学位论文，对外经济贸易大学，2010 年。

② 祁琳：《基于新巴塞尔协议要求的商业银行前台操作风险管理》，硕士学位论文，西南财经政法大学，2005 年。

③ 蒙永亨：《我国商业银行操作风险成因及其防范》，《广西农村金融研究》2007 年第 4 期。

④ 石静雅：《我国商业银行适用的操作风险计量及实施难点》，《对外经贸实务》2009 年第 10 期。

设银行吉林省分行金融诈骗案做出了一审判决，当时诈骗团伙拉拢腐蚀银行工作人员，诈骗总金额为 32844 万元，银行内部涉案人员及相关责任人员 36 人受到严肃处理。① 因此，在商业银行控股股东、管理者和员工的职业道德风险加剧的前提下，如何加强对控股股东、管理者和员工的有效制约将成为商业银行公司治理的一大关键。

3. 道德风险问题更加突出

金融业高负债、高风险、高报酬的特征使得风险和收益不对称，金融机构的经营者和股东均存在较强的风险偏好，道德风险普遍存在。高负债导致金融机构的股东存在非常高的道德风险，在付出固定的债务成本后，股东更愿意将资金用于高风险、高收益的项目以获得高额的回报，而风险却与债权人分担。除了股东和债权人之外，金融机构内部也存在同样的道德风险。经营层在追求业绩的情况下，可能让股东承担高风险，内部人控制现象在金融机构比较明显。

4. 金融机构国有持股比例普遍高于非金融公司

通过对 2009 年我国全部上市公司中的国有股按照行业进行分类统计的结果发现（见图 1-1），我国上市公司中采掘行业和金融、保险行业的国有股股权数远远高于平均水平，而在金属、非金属行业，房地产行业，交通运输、仓储行业，制造行业，机械、设备、仪表制造行业，批发和零售贸易，石油、化学、橡胶、塑料制造行业等领域中，国有股处于相对控股状态，其中金融、保险行业第一大股东持股数量要远远高于其他行业。在其余 15 个行业中，国有股则处于非控股状态。②

通过分析截至 2012 年 3 月底我国沪深证券交易所全部 41 家上市金融机构披露的数据发现，在具有控股股东的 29 家金融机构中，有兴业银行、交通银行、兴业证券 3 家上市公司的控股股东为国家机关，其中兴业银行和兴业证券的控股股东均为福建省财政厅，持股比例分别为 20.83% 和 23.73%，而交通银行的控股股东则为财政部，持股比例为 26.52%。宏源证券、陕国投 A、国元证券、国海证券、山西证券、浦发银行、中信证券、西南证券、招商证券、农业银行、新华保险、工商银行、东吴证券、中国人寿、华泰证券、光大证券、光大银行、方正证券、建设银行、中国

---

① 林中和：《金融大案背后的"疯狂揽储"》，《中国社会导刊》2006 年。

② 杨桦：《公司再造：中国上市公司治理的新路径》，中信出版社 2011 年版，第 50 页。

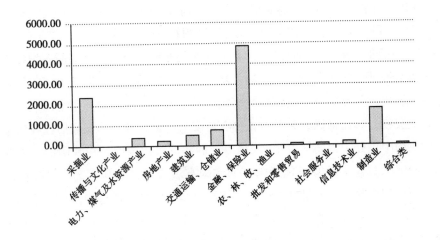

图 1-1 上市公司第一大股东平均持股的分行业统计情况

（截至 2009 年年底，单位：亿股）

资料来源：Wind 咨询，转引自杨桦《公司再造：中国上市公司治理的新路径》，中信出版社 2011 年版，第 50 页。

银行、中信银行 21 家上市公司的控股股东为国有法人，其中招商证券的实际控制人为招商局集团有限公司，通过其子公司深圳市集盛投资发展有限公司、深圳市招融投资控股有限公司、招商局轮船股份有限公司等间接持有的股份比例为 45.88%。华泰证券的实际控制人为江苏省人民政府国有资产监督管理委员会，通过其下属 6 家独资企业控股比例达到 59.09%。上海国际集团合并直接和间接持有浦发银行 24.32% 的股权比例。而中央汇金投资有限公司则对农业银行、工商银行、新华保险、光大银行、建设银行、中国银行占有较大的股份，牢牢地占据着控股股东的地位。各控股股东性质情况详见表 1-1。

表 1-1　　　　　　　我国上市金融机构控股股东性质情况

股东性质	国家股	国有法人股	普通法人股	外资及其他
公司家数	3	21	11	6
占比	7.31%	51.22%	26.82%	14.63%

资料来源：根据截至 2012 年 3 月底在上海和深圳证券交易所 41 家上市金融机构披露的数据整理加工而成。

从表 1-1 中我们可以看出，截至 2012 年 3 月底我国 41 家上市金融机构中控股股东为国家股和国有法人股的所占比例之和为58.53%，远远高于普通法人股和外资及其他股东身份性质的控股股东。

近年来，我国虽然进行了一系列的股权改革，一些国有股股东把持有的国有股转让给了其他法人，股权性质发生了变更，国有股实现了一定程度的退出，并且国有股股东在大多数公司增发和配股时放弃了全部或者部分配股权，从而使国有股所占比例有所降低。即便如此，国家股在我国金融机构中仍处于重要地位。[①] 根据以上的数据可以说明，在我国的金融机构中国家占有的股份（包括国家股和国有法人股）比例很高，虽然国家股的比例比较小，但是国有法人股比例占据着绝对的优势。但是，我们仅从数量上分析却无法判断41家公司中的24家国有股和国有法人股公司是否真实或真正地代表国家行使股东享有的权利及承担其相应责任。

判断上述公司是否真正地代表国家行使股东权利及承担相应责任关键有两点：第一，其自身是不是真正地实现了"政企分开"；第二，是不是解决了自身的激励和监督问题。假如上述公司不是因为授权，而是确实是按照产权关系建立起来的，并且在《公司法》规定的范围内行使权力不会受到干预，其自身又有比较完善的公司治理结构，则其就能代表国家持股，对国家承担其责任。相反，假如其自身就是个问题公司，与政府的关系还不能理顺，自身的监督和激励机制还不健全，则其就不可能真正地承担起股东应承担的责任。[②]

5. 金融机构监管的复杂性和难度

伴随着金融体制改革深入发展，四大国有商业银行均成功上市、证券类和保险类机构上市及回归A股市场步伐的加快，我国金融机构估价屡创历史新高，金融机构对市场产生了较大影响。因此，做好金融机构的监管工作相当重要。我国目前仍然实行金融分业监管，对金融机构的监管涉及多个部门，监管体制比较复杂。金融机构同时要受到中国人民银行、银监会、证监会、保监会、交易所、行业主管部门等部门机构的监管。随着金融控股集团在我国的发展，出现了金融控股集团的模型。[③] 金融控股集

① 张伏波：《上市公司股权结构与公司治理》，博士学位论文，华东师范大学，2004年。

② 何浚：《上市公司治理结构的实证分析》，《经济研究》1998年第5期。

③ 蔡维里、王剑铭等：《加强金融类上市公司监管的政策建议》，《财政监督》2008年第7期。

团往往涉猎多项金融业务，涉及多个行业监管部门，然而它们缺乏统一的监管标准与必要的外部协调，经常各行其是、各自为政，监管的方法、目的与重点各不相同。终究由哪个部门来承担对金融控股集团的监管责任，很难明确，较易产生监管"缺位"现象，不利于监管当局对其整体风险状况的掌控。

6. 金融机构发生危机之后易产生较强的外部影响

金融机构发生危机之后容易产生较强的外部影响，不仅会在金融系统内部快速传染，甚至会对其他经济部门乃至整个宏观经济产生巨大的冲击。信息化程度的提高和资金转移的便捷使得现代金融市场高效率运行，与此相伴，任何单个金融机构的危机在金融系统内部都会快速蔓延。金融是现代经济的核心，承担着配置资本的职能。一旦金融机构发生危机，经济的"资本血液"就会出现问题，这势必会给整个经济造成巨大的冲击。

二 金融机构公司治理的特殊内涵

金融机构的上述特征，决定了其治理的特殊性。商业银行是以金融资产和金融负债为经营对象，经营的是货币和货币资本这种特殊的商品。因此商业银行是一个经营和管理风险的机构，一旦出现风险甚至倒闭将具有极强的传染效应，将严重影响全国乃至世界经济金融的稳定和发展。由于金融机构的特殊性，使金融机构的公司治理相对于一般公司治理有所不同。

由于各国具体经济环境和监管政策的差异，到目前为止关于以商业银行为代表的金融机构的公司治理定义并没有达到统一的认识。各国的中央银行以及一些世界银行监管组织通过发布一些指引，对商业银行公司治理做出规定和约束。国际上一般将商业银行公司治理定义为，基于商业银行框架内，解决公司治理中的代理人问题和剩余索取权的配置问题。银行公司治理是这样一些制度安排的集合，董事会和最高管理层能够运用这些制度安排，确保银行各项经营管理活动的正常开展，包括制定、实现战略目标和经营目标，给股东以合理的经济回报，保护股东、存款人及其他利益相关者的利益，保证银行有稳定、持续的资本补充来源和营运资金来源，确保银行在法律规制和外部监管的框架下合规经营，所有业务都受到有效的控制和监督，确保银行在激励机制和约束机制的作用下高效运行，所有资源都得到充分的发掘和利用。①

　　在我国，中国人民银行和银监会等监管部门针对不同的金融机构主体采取"区别对待、分类指导"的原则先后颁布了《股份制商业银行公司治理指引》（中国人民银行公告〔2002〕15号）、《外资银行法人机构公司治理指引》（银监发〔2005〕21号）、《国有商业银行公司治理及相关监管指引》（银监发〔2006〕22号）、《信托公司治理指引》（银监会2007年3月1日）、《中国银监会办公厅关于进一步完善中小商业银行公司治理的指导意见》（银监办发〔2009〕15号）、《融资性担保公司公司治理指引》（银监发〔2010〕99号）等。2013年7月19日银监会发布了《商业银行公司治理指引》（银监发〔2013〕34号），统一适用于国家开发银行，各国有商业银行、股份制商业银行、金融资产管理公司，邮储银行，银监会直接监管的信托公司、企业集团财务公司、金融租赁公司的公司治理建设。《商业银行公司治理指引》第3条明确指出，本指引所称的商业银行公司治理是指股东大会、董事会、监事会、高级管理层、股东及其他利益相关者之间的相互关系，包括组织架构、职责边界、履职要求等治理制衡机制，以及决策、执行、监督、激励、约束等治理运行机制。第4条规定，商业银行公司治理应当遵循各治理主体独立运作、有效制衡、相互合作、协调运转的原则，建立合理的激励、约束机制，科学、高效地决策、执行和监督。

　　根据上述国内外机构对商业银行公司治理的定义，可以总结得到商业银行公司治理的内涵应包括两方面：狭义上的和广义上的。狭义上是指在银行所有权与管理权分离条件下股东与银行之间的利益分配和控制关系，是董事会、监事会、经理层之间的权利分配及相互制衡关系；广义上可将商业银行的公司治理理解为关于银行组织方式、控制机制、利益分配的所有法律、机构、文化的制度安排。

　　我们可以将金融机构的治理划分为三个层次：经营者与股东关系治理、股东与债权人关系治理和监管治理。经营者与股东关系治理主要是公司经营者和公司股东之间的博弈，股东与债权人关系治理主要是公司股东和债权人之间的博弈，监管治理则是代表社会利益的公共监管机构与金融机构之间的博弈。在这三个层次上，金融机构的治理具有以下特殊性。

---

　　① 蔡清而：《银行公司治理研究》，博士学位论文，厦门大学，2006年。

1. 突出对债权人等利益相关者利益的保护

金融机构与一般的非金融公司企业不同，最显著的特征是资产负债比率比较高，其经营资金更多的来自外部即债权人而非股东。债权人在金融机构的各种关系中处于比较弱势的地位，他们提供了公司经营所需的绝大部分资金，在获得固定收益的同时却承担着公司经营的巨额风险。由于风险和收益不匹配，突出对债权人的利益保护在金融类上市公司的治理中就显得尤其重要。首先，债权人参与公司治理有利于金融类公司内部制衡的实现，有利于对经营者形成有效的监督约束机制，有利于降低"代理成本"。金融机构中国有股"一股独大"现象更为普遍，中小股东势单力薄，加之"搭便车"的思想存在，使得他们很难与大股东抗衡，这样就有必要引入债权人参与公司治理。其次，债权人参与公司治理有利于保护其合法权益，激励他们为公司长远绩效的提高而努力。由于债权人在公司中常处于"外部人"地位，他们的利益往往受到大股东和管理层的侵犯，这将增加公司的总体风险，不利于公司的长远发展。因此，在金融机构公司治理中应充分考虑债权人的利益，减少他们面临的实际风险。

2. 内部控制和风险管理是金融机构治理的核心

内部控制是由董事会、管理层和全体员工共同实施的，旨在合理保证实现企业经营管理基本目标的一系列控制活动。从目标和要素来看，风险管理是内部控制的根本功能。股东和公司管理层的道德风险在金融机构广泛存在，而且由于金融业的高风险特征使得其程度更为严重。而金融机构风险主要来源于经营层面的风险。为了保护债权人的利益，经营风险的控制和管理就尤显重要，而这些都要依赖于内部控制和风险管理来实现。好的内部控制和风险管理可以有效遏制金融机构股东和经营层的风险偏好，平衡各方利益，完善公司治理。

3. 治理结构和财务信息的透明度要求较高

加强信息的披露、提高透明度已成为国际先进商业银行公司治理的特征。[①] 对于公司治理来说，信息披露可以消除外部对公司的怀疑。相对于非金融公司来说，金融机构在这方面有着更高的要求。由于金融类企业的资金中很大一部分是借用外部债权人的，而在其经营过程中，资金用于不

---

① 李卫东：《金融危机下的国外金融机构公司治理：问题、经验及启示》，《银行家》2011年第 3 期。

同用途的风险收益差别非常大，因此，及时详尽并能反映企业的风险收益状况的财务信息披露就非常有必要，这有利于外部债权人了解公司经营情况、监督公司运营，控制企业经营风险。

4. 维护国家金融系统的稳定成为金融机构治理的主要目标之一

同一般行业不一样，金融行业在现代经济中处于重要地位，有着较大的外部性，因此，监管治理成为金融机构治理的一大特色，监管治理的首要目标是维护国家金融系统的稳定，为经济体系的平稳运行提供保障。

1999 年巴塞尔银行监督委员会发布的《加强银行组织公司治理》中提出，与商业银行有关的利益相关者包括股东、存款人和消费者、银行业监管机构、客户、员工和政府。① 所以在商业银行的治理目标方面，同一般的公司有着极大的区别。一般公司的治理目标是为股东创造最大的价值，但商业银行由于有众多的利益相关者，不能仅考虑为股东创造最大的价值。由于商业银行绝大部分的资金都来自于存款人的存款，股东仅提供经营的少部分资金，且商业银行要保证在任何时候都能有充足的资金来满足客户随时提取资金的要求，这就决定了商业银行不能仅考虑使股东利益最大化而一味地从事高风险、高收益的活动，必须在效益性、流动性和安全性之间实现协调发展。

5. 强化监管治理是金融机构公司治理的特色

金融行业处于现代经济的核心，具有极强的外部性。监管机构必须细化对金融机构的监管以保障经济金融体系的平稳运行，2008 年爆发在美国的全球金融危机的教训极为沉痛，加强监管治理迫在眉睫、势在必行。

由于银行业中风险高度集中，仅依靠市场是不能对银行业进行有效的监管，这就决定了商业银行具有较强的政府管制性。政府出于保护存款人的利益，在保障金融货币市场正常有序进行的同时，也加强了对商业银行的监管。如政府提供的隐性或显性的存款保险制度，当商业银行发生经营危机或面临破产倒闭时，存款保险机构将向其提供财务救助或直接向存款人支付部分或全部存款，从而保护存款人的利益，维护银行的信用，稳定金融秩序。② 当商业银行出现倒闭或濒临倒闭等情况，政府一般采取购买

① Basel Committee on Banking Supervision, Enhancing Corporate Governance for Banking Organizations, September 1999. http: //www. bis. org/publ/bcbs56. pdf? noframes = 1.

② 任育军：《建立我国存款保险制度的探讨》，《吉林金融研究》2000 年第 4 期。

并承担的方法来对其进行处理。在中国，当商业银行已经或者可能发生信用危机，严重影响储户的利益时，中国人民银行可以对其实行接管，其主要目的是保护储户的利益，稳定金融市场的秩序以及维护社会的安定。[①]综上所述，商业银行的治理目标除了要保护股东的利益外，还要考虑其他的利益相关者，包括存款人和消费者、银行业监管机构、客户、员工和政府。

---

① 彭俊良：《海峡两岸商业银行法律制度之比较》，《中南财经大学学报》1999 年第 1 期。

第二章 上市金融机构的公司治理

第一节 上市金融机构公司治理总体分析

一 我国上市金融机构概览

根据上市金融机构 2012 年 3 月底的数据，我国在沪深证券交易所上市的金融机构共计 41 家，其中银行类有 16 家，证券类 18 家，保险类 4 家，信托类 3 家，以股份制商业银行和证券机构为主体，其各机构的基本情况见表 2 - 1。

表 2 - 1　　　　　　　　我国上市金融机构基本情况一览

代码	公司名称	总股本（万股）	总市值（亿元）	已流通比例（%）	净资产收益率（%）	资产负债率（%）	第一大股东名称	第一大股东持股比例（%）
000001	深发展 A	512335.00	804.88	60.61	14.02	94.01	中国平安保险（集团）股份有限公司 - 集团本级 - 自有资金	42.16
000562	宏源证券	146120.42	187.62	99.99	9.27	63.71	中国建银投资有限责任公司	66.05
000563	陕国投 A	35841.30	39.89	100	13.66	18.22	陕西省高速公路建设集团公司	44.34
000686	东北证券	63931.24	94.49	100	-4.91	75.32	吉林亚泰（集团）股份有限公司 30.71	30.71
000728	国元证券	196410.00	199.36	100	3.12	35.92	安徽国元控股（集团）有限责任公司	23.55
000750	国海证券	71678.06	120.78	20.54	1.22	74.50	广西投资集团有限公司	27.16
000776	广发证券	295964.57	804.43	26.18	4.95	59.53	辽宁成大股份有限公司	21.12
000783	长江证券	237123.38	204.87	99.99	2.90	61.60	青岛海尔投资发展有限公司	14.72

续表

代码	公司名称	总股本（万股）	总市值（亿元）	已流通比例（%）	净资产收益率（%）	资产负债率（%）	第一大股东名称	第一大股东持股比例（%）
002142	宁波银行	288382.05	264.45	85.97	14.33	92.35	OVERSEA-CHINESE BANKING CORPORATION LIMITED	13.74
002500	山西证券	239980.00	154.79	60.75	2.34	52.41	山西省国信投资（集团）公司	37.56
600000	浦发银行	1865347.14	1665.75	80.00	14.27	94.45	上海国际集团有限公司	24.32
600015	华夏银行	684972.58	734.98	72.86	10.73	94.36	首钢总公司	20.28
600016	民生银行	2671473.30	1675.01	100	17.45	94.14	香港中央结算（代理人）有限公司	15.27
600030	中信证券	1101690.84	1276.86	89.09	5.08	44.99	中国中信集团公司	20.51
600036	招商银行	2157660.89	2567.62	81.88	18.45	94.16	香港中央结算（代理人）有限公司	17.85
600109	国金证券	100024.21	109.93	100	7.24	63.28	长沙九芝堂（集团）有限公司	27.35
600369	西南证券	232255.46	198.58	34.36	1.80	42.13	重庆渝富资产经营管理有限公司	40.45
600643	爱建股份	82040.45	60.79	99.69	7.24	29.02	上海工商界爱国建设特种基金会	16.57
600816	安信信托	45410.98	66.39	99.94	37.31	39.92	上海国之杰投资发展有限公司	32.96
600837	海通证券	822782.12	741.33	100	6.09	54.38	光明食品（集团）有限公司	5.87
600999	招商证券	466109.98	529.03	52.68	7.64	63.65	深圳市集盛投资发展有限公司	28.78
601009	南京银行	296893.32	260.97	100	11.47	92.19	南京紫金投资控股有限责任公司	13.42
601099	太平洋	150331.33	101.77	98.34	5.87	61.67	北京玺萌置业有限公司	11.50
601166	兴业银行	1078641.11	1436.75	100	17.58	94.87	福建省财政厅	21.03
601169	北京银行	622756.19	720.15	100	16.14	94.41	ING BANK N.V	16.07
601288	农业银行	32479411.70	8704.48	6.30	16.24	94.65	中央汇金投资有限责任公司	40.04
601318	中国平安	791614.21	2895.72	60.46	11.99	92.69	汇丰保险控股有限公司	7.82
601328	交通银行	6188560.55	2914.81	52.85	14.90	94.07	财政部	26.52
601336	新华保险	311696.00	895.62	4.07	8.67	94.09	中央汇金投资有限责任公司	31.26
601377	兴业证券	220000.00	210.76	69.09	4.87	57.55	福建省财政厅	23.73
601398	工商银行	34908325.28	15115.30	75.14	18.19	94.04	中央汇金投资有限责任公司	35.43

续表

代码	公司名称	总股本（万股）	总市值（亿元）	已流通比例（%）	净资产收益率（%）	资产负债率（%）	第一大股东名称	第一大股东持股比例（%）
601555	东吴证券	200000.00	143.00	13.57	5.33	71.94	苏州国际发展集团有限公司	30.22
601601	中国太保	860000.00	1658.94	72.19	9.40	85.98	香港中央结算（代理人）有限公司	21.89
601628	中国人寿	2826470.50	4621.28	100	9.49	88.31	中国人寿保险（集团）公司	68.37
601688	华泰证券	560000.00	491.68	31.63	4.03	59.66	江苏省国信资产管理集团有限公司	24.42
601788	光大证券	341800.00	409.13	31.98	6.35	54.86	中国光大（集团）总公司	33.92
601818	光大银行	4043479.00	1152.39	37.63	15.56	94.55	中央汇金投资有限责任公司	48.37
601901	方正证券	610000.00	254.98	24.59	1.53	44.39	北大方正集团有限公司	41.18
601939	建设银行	25001097.75	12075.53	3.72	17.97	93.38	中央汇金投资有限责任公司	57.09
601988	中国银行	27914733.36	8318.59	7.00	13.88	93.71	中央汇金投资有限责任公司	67.60
601998	中信银行	4678732.70	1993.14	67.73	14.31	92.37	中信集团	68.28

资料来源：根据上市金融机构在上海和深圳证券交易所披露的相关数据整理而成。

目前，我国上市金融机构向着混合经营的模式发展。[1] 金融类控股机构越来越多，比如光大集团旗下有光大银行和光大证券，中信集团亦有中信银行和中信证券。我国的商业银行在 2010 年年初朝混业经营也迈出了第一步，在 2009 年 11 月 26 日，中国银行业监督管理委员会发布了《商业银行投资保险公司股权试点管理办法》（下称《管理办法》），推开银行投资保险政策大门，在该《管理办法》的指引下，经中国银行业监督管理委员会和中国保险监督管理委员会同意，并报国务院批准，交通银行于 2010 年年初收购中国人寿保险（集团）公司所持中保康联的全部股份，并于 2010 年 1 月 28 日正式更名为交银康联人寿保险有限公司（交通银行持股 51%，澳洲联邦银行持股 49%）。[2] 至此，交通银行旗下的子公司已

---

[1] 杨桦：《公司再造：中国上市公司治理的新路径》，中信出版社 2011 年版，第 146 页。

[2] 《交银康联人寿保险有限公司简介》，http://www.zhongmin.cn/StudyNews/newsinfor1935.html，访问日期为 2012 年 2 月 13 日。

经涵盖信托、基金、金融租赁和保险等经营领域。

根据中国加入世界贸易组织时的承诺的五年保护期届满，我国金融业在 2006 年 12 月 11 日实现全面的对外开放。银行业方面，允许向外资银行全面开放人民币零售业务，亦允许外资银行设立同城营业网点，审批条件与中资银行相同；取消所有现存的对外资银行所有权、经营和设立形式进行限制的非审慎性措施等方面。① 证券业方面，允许外资金融机构在中国设立合资证券公司和基金公司，外国证券机构可以直接（不通过中方中介）从事 B 股交易；合资公司可以（不通过中方中介）从事 A 股的承销，B 股、H 股和政府与公司债券的承销和交易，基金的发起等。② 取得 QFII 资格的境外机构的数量也越来越多。在保险业，允许在中国设立分支机构、合资公司和独资子公司等，对业务范围的限制也亦取消。③ 在信托业领域，外资金融机构已基本上取得了开展全部信托业务的资格。

进入 21 世纪以来，金融行业进行的金融创新活动逐渐活跃。随着中央加快金融制度创新，并稳步推进利率体系的改革，这些年来银行存款利率变化幅度有所扩大，金融行业在金融产品定价中拥有了更多的自主权。在防范金融风险方面，我国建立了证券市场投资者保护基金以及存款保险机构和保险保障基金。在金融市场产品创新方面亦取得了重大的突破，中国人民银行推出的短期融资券，证券业监督管理委员会推出的股指期货、融资融券都是典型的金融创新产品。④

二　上市金融机构的公司治理状况

1. 股权结构

（1）我国上市金融机构股权结构分析

截至 2012 年 3 月底，我国上市金融机构共计 41 家，根据对这 41 家

---

① 《聚焦入世后金融业：中国公布银行开放时间表》，http：//finance. sina. com. cn/g/ 20011119/132069. html，访问日期为 2012 年 2 月 13 日。

② 《中国全面履行加入 WTO 时证券业对外开放的承诺》，http：//finance. qq. com/a/ 20061211/000700. htm，访问日期为 2012 年 2 月 13 日。

③ 《中国公布加入世贸组织后保险业对外开放承诺内容》，http：//www. people. com. cn/ GB/paper39/4782/521634. html，访问日期为 2012 年 2 月 13 日。

④ 杨桦：《公司再造：中国上市公司治理的新路径》，中信出版社 2011 年版，第 147 页。

上市公司披露的数据统计，我国上市金融机构第一大股东①在所在公司的持股比例超过 50% 的有 6 家，占 41 家上市金融机构的 14.63%，持股比例处于 20%—50% 的公司有 25 家，占 41 家上市金融机构的 60.98%，总计第一大股东持股在 20% 以上的上市金融机构的比例为 75.61%；持股在 20% 以下的公司有 10 家，占比为 24.39%。另外，从上市金融机构前三大股东持股的算术平均值来看，第一大股东的持股平均比例是 32.20%，但是第二大股东和第三大股东持股平均比例只有 13.70% 和 7.60%，他们之间存在的悬殊比较大。（见表 2 - 2、表 2 - 3、表 2 - 4）

　　从以上数据可以看出，我国上市金融机构的股权集中度高，多数公司的第一大股东处于绝对控股地位，除了 12 家上市金融机构（广发证券、长江证券、宁波银行、华夏银行、民生银行、招商银行、海通证券、南京银行、兴业银行、北京银行、中国平安、中国太保）没有实际控制人以外，其他 29 家上市金融机构均存在实际控制人或控股股东。其他股东很难对第一大股东（实际控制人）形成实质性的股权制约，缺乏其他的机构投资者制约其控制的平衡格局。②

表 2 - 2　　　　　　我国上市金融机构第一大股东持股比例情况

实际控制人控制的股权比例	0—20%	20%—50%	50% 以上
公司家数	10	25	6
占比	24.39%	60.98%	14.63%

资料来源：根据上市金融机构在上海和深圳证券交易所披露的数据整理加工而成。

表 2 - 3　　　　　　我国上市金融机构前三大股东股权分布平均情况

第一大股东持股比例平均情况	第二大股东持股比例平均情况	第三大股东持股比例平均情况
32.20%	13.70%	7.60%

资料来源：同上表。

① 为研究需要，本书将上市金融机构中关联股东的股份总额累计计算为第一大股东的持股比例。

② 张伏波：《上市公司股权结构与公司治理》，博士学位论文，华东师范大学，2004 年，第 49 页。

表 2－4　　　　　　　我国上市金融机构前五大股东持股详细

情况（截至 2012 年 4 月 1 日）　　　　　（单位：%）

代码	公司名称	第一大股东名称及持股比例	第二大股东名称及持股比例	第三大股东名称及持股比例	第四大股东名称及持股比例	第五大股东名称及持股比例
000001	深发展 A	中国平安保险（集团）股份有限公司—集团本级—自有资金 42.16	中国平安人寿保险股份有限公司—自有资金 7.41	中国平安人寿保险股份有限公司—传统—普通保险产品 2.75	深圳中电投资股份有限公司 1.70	中国人寿保险股份有限公司—分红—个人分红—005L—FH002 深 1.24
000562	宏源证券	中国建银投资有限责任公司 66.05	中国建设银行—华夏优势增长股票型证券投资基金 0.72	中国银行—易方达深证 100 交易型开放式指数证券投资基金 0.70	新疆生产建设兵团投资有限责任公司 0.59	国元证券股份有限公司客户信用交易担保证券账户 0.53
000563	陕国投 A	陕西省高速公路建设集团公司 44.34	中信信托有限责任公司 4.05	人保投资控股有限公司 1.51	国泰君安证券股份有限公司 1.24	光大证券股份有限公司客户信用交易担保证券账户 0.67
000686	东北证券	吉林亚泰（集团）股份有限公司 30.71	吉林省信托有限责任公司 23.05	长春长泰热力经营有限公司 9.80	长春房地（集团）有限责任公司 5.18	中国银行－易方达深证 100 交易型开放式指数证券投资基金 1.21
000728	国元证券	安徽国元控股（集团）有限责任公司 23.55	安徽国元信托有限责任公司 15.69	安徽省粮油食品进出口（集团）公司 13.98	安徽省皖能股份有限公司 5.01	安徽皖维高新材料股份有限公司 3.36
000750	国海证券	广西投资集团有限公司 27.16	广西梧州索芙特美容保健品有限公司 12.40	广西桂东电力股份有限公司 11.52	广西荣桂贸易公司 8.23	广西梧州中恒集团股份有限公司 5.82
000776	广发证券	辽宁成大股份有限公司 21.12	吉林敖东药业集团股份有限公司 21.03	中山公用事业集团股份有限公司 11.60	香江集团有限公司 4.77	酒泉钢铁（集团）有限责任公司 4.44
000783	长江证券	青岛海尔投资发展有限公司 14.72	湖北省能源集团有限公司 10.69	上海海欣集团股份有限公司 7.23	上海锦江国际酒店发展股份有限公司 5.52	天津泰达投资控股有限公司 4.78
002142	宁波银行	OVERSEA-CHINESE BANKING CORPORATION LIMITED 13.74	宁波市财政局 9.36	华茂集团股份有限公司 8.65	雅戈尔集团股份有限公司 7.62	宁波市电力开发公司 7.110
002500	山西证券	山西省国信投资（集团）公司 37.56	太原钢铁（集团）有限公司 18.78	山西国际电力集团有限公司 12.52	山西海鑫实业股份有限公司 3.20	中信国安集团公司 2.88

续表

代码	公司名称	第一大股东名称及持股比例	第二大股东名称及持股比例	第三大股东名称及持股比例	第四大股东名称及持股比例	第五大股东名称及持股比例
600000	浦发银行	中国移动通信集团广东有限公司 20.00	上海国际集团有限公司 16.93	上海国际信托有限公司 5.23	CITIBANK OVERSEAS INVESTMENT CORPORATION 2.71	上海国鑫投资发展有限公司 2.02
600015	华夏银行	首钢总公司 20.28	英大国际控股集团有限公司 18.24	DEUTSCHE BANK LUXEMBOURG S. A. 德意志银行卢森堡股份有限公司 9.28	DEUTSCHE BANK AKTIENGESELLSCHAFT 德意志银行股份有限公司 8.21	红塔烟草（集团）有限责任公司 4.37
600016	民生银行	香港中央结算（代理人）有限公司 15.27	新希望投资有限公司 4.99	中国人寿保险股份有限公司—传统—普通保险产品—005L—CT001 沪 4.31	中国船东互保协会 3.39	东方集团股份有限公司 3.33
600030	中信证券	中国中信集团公司 20.51	中国人寿保险股份有限公司 4.55	中国人寿保险（集团）公司—传统—普通保险产品 2.32	中国运载火箭技术研究院 1.12	南京新港高科技股份有限公司 0.92
600036	招商银行	香港中央结算（代理人）有限公司 17.85	招商局轮船股份有限公司 12.40	中国远洋运输（集团）总公司 6.22	深圳市晏清投资发展有限公司 2.95	广州海运（集团）有限公司 2.93
600109	国金证券	长沙九芝堂（集团）有限公司 27.35	清华控股有限公司 17.92	湖南涌金投资（控股）有限公司 15.90	上海鹏欣建筑安装工程有限公司 11.06	成都鼎立资产经营管理有限公司 0.59
600369	西南证券	重庆渝富资产经营管理有限公司 40.45	中国建银投资有限责任公司 7.07	重庆国际信托有限公司 6.94	重庆润江基础设施投资有限公司 4.31	重庆市城市建设投资公司 2.32
600643	爱建股份	上海工商界爱国建设特种基金会 16.57	曾昌植 1.39	上海国际信托有限公司 1.33	周春芳 0.86	刘靖基 0.85
600816	安信信托	上海国之杰投资发展有限公司 32.96	中国人寿保险（集团）公司—传统—普通保险产品 1.56	山西太钢投资有限公司 1.53	中国工商银行—富国天惠精选成长混合型证券投资基金（LOF）0.95	中国农业银行股份有限公司—新华优选成长股票型证券投资基金 0.89
600837	海通证券	光明食品（集团）有限公司 5.87	上海烟草（集团）总公司 5.06	上海电气（集团）总公司 4.77	申能（集团）有限公司 4.11	上海上实（集团）有限公司 3.97

续表

代码	公司名称	第一大股东名称及持股比例	第二大股东名称及持股比例	第三大股东名称及持股比例	第四大股东名称及持股比例	第五大股东名称及持股比例
600999	招商证券	深圳市集盛投资发展有限公司 28.78	深圳市招融投资控股有限公司 13.30	中国远洋运输（集团）总公司 10.85	河北港口集团有限公司 4.83	中国交通建设股份有限公司 4.60
601009	南京银行	南京紫金投资控股有限责任公司 13.42	BNP PARIBAS 12.68	南京新港高科技股份有限公司 11.23	中国石化财务有限责任公司 1.14	南京金陵制药（集团）有限公司 1.14
601099	太平洋	北京玺萌置业有限公司 11.50	北京华信六合投资有限公司 10.83	普华投资有限公司 10.00	泰安市泰山祥盛技术开发有限公司 9.60	中能发展电力（集团）有限公司 6.67
601166	兴业银行	福建省财政厅 21.03	恒生银行有限公司 12.80	新政泰达投资有限公司 3.83	福建烟草海晟投资管理有限公司 2.73	中粮集团有限公司 2.54
601169	北京银行	ING BANK N. V. 16.07	北京市国有资产经营有限责任公司 10.41	北京能源投资（集团）有限公司 5.98	国际金融公司 4.04	中国对外经济贸易信托有限公司 2.26
601288	农业银行	中央汇金投资有限责任公司 40.04	财政部 39.21	香港中央结算（代理人）有限公司 8.89	全国社会保障基金理事会 3.02	中国平安人寿保险股份有限公司—传统—普通保险产品 0.60
601318	中国平安	汇丰保险控股有限公司 7.82	香港上海汇丰银行有限公司 7.76	深圳市投资控股有限公司 6.08	源信行投资有限公司 4.80	林芝新豪时投资发展有限公司 4.03
601328	交通银行	财政部 26.52	香港中央结算（代理人）有限公司 21.91	汇丰银行 18.63	首都机场集团公司 2.01	英大国际控股集团有限公司 0.92
601336	新华保险	中央汇金投资有限责任公司 31.26	宝钢集团有限公司 15.12	苏黎世保险公司 12.51	河北德仁投资有限公司 4.07	天津信商投资管理有限公司 2.61
601377	兴业证券	福建省财政厅 23.73	福建投资企业集团公司 7.47	上海申新（集团）有限公司 4.61	海鑫钢铁集团有限公司 4.06	上海兴业投资发展有限公司 3.55
601398	工商银行	中央汇金投资有限责任公司 35.43	中华人民共和国财政部 35.33	香港中央结算（代理人）有限公司 24.45	中国平安人寿保险股份有限公司 - 传统 - 普通保险产品 0.57	工银瑞信基金公司 - 工行—特定客户资产管理 0.30
601555	东吴证券	苏州国际发展集团有限公司 30.22	苏州创业投资集团有限公司 5.98	苏州市营财投资集团公司 3.23	苏州工业园区国有资产控股发展有限公司 3.09	昆山市创业控股有限公司 2.99

续表

代码	公司名称	第一大股东名称及持股比例	第二大股东名称及持股比例	第三大股东名称及持股比例	第四大股东名称及持股比例	第五大股东名称及持股比例
601601	中国太保	香港中央结算（代理人）有限公司 21.89	华宝投资有限公司 15.07	申能（集团）有限公司 14.46	上海国有资产经营有限公司 4.98	上海海烟投资管理有限公司 4.95
601628	中国人寿	中国人寿保险（集团）公司 68.37	HKSCC NOMINEES LIMITED 25.68	国家开发投资公司 0.18	中国投资担保有限公司 0.10	中国太平洋人寿保险股份有限公司－传统－普通保险产品 0.08
601688	华泰证券	江苏省国信资产管理集团有限公司 24.42	江苏交通控股有限公司 8.50	江苏汇鸿国际集团有限公司 7.85	江苏高科技投资集团有限公司 7.61	国华能源投资有限公司 6.52
601788	光大证券	中国光大（集团）总公司 33.92	中国光大控股有限公司 33.33	嘉峪关宏丰实业有限责任公司 3.74	厦门新世基集团有限公司 2.39	大众汽车租赁有限公司 1.76
601818	光大银行	中央汇金投资有限责任公司 48.37	中国光大（集团）总公司 5.18	中国光大控股有限公司 4.35	中国再保险（集团）股份有限公司 3.63	中国电力财务有限公司 1.98
601901	方正证券	北大方正集团有限公司 41.18	利德科技发展有限公司 6.52	哈尔滨哈投资股份有限公司 4.86	北京万华信融投资咨询有限公司 2.28	嘉鑫投资有限公司 2.28
601939	建设银行	中央汇金投资有限责任公司 57.09	香港中央结算（代理人）有限公司 19.78	美国银行公司 10.23	富登金融控股私人有限公司 5.65	宝钢集团有限公司 1.41
601988	中国银行	中央汇金投资有限责任公司 67.60	香港中央结算（代理人）有限公司 28.20	中国人寿保险股份有限公司—分红—个人分红—005L—FH002 沪 0.15	中国人民财产保险股份有限公司—传统—普通保险产品—008C—CT001 沪 0.07	中国人寿保险股份有限公司—传统—普通保险产品—005L—CT001 沪 0.05
601998	中信银行	中信集团 68.28	香港中央结算（代理人）有限公司 14.41	BBVA 13.81	全国社会保障基金理事会转持三户 0.61	中国人寿保险股份有限公司—分红—个人分红—005L—FH002 沪 0.12

资料来源：根据上市金融机构在上海和深圳证券交易所披露的数据整理而成。

从表 2 - 4 中我们可以看出，国有商业银行中，工商银行、农业银行、建设银行、中国银行、交通银行、光大银行等都引入了战略投资者，并且均成功在沪深证券交易所上市，实现了股权的多元化，但是它们的大股东仍以国家股或国有法人股为主，政府部门具有绝对的控股权，工行、农行、建行、中行、交行第一大股东持股比例分别为 35.43%、40.04%、57.09%、67.60%、26.52%。受第一大股东绝对控股的股份制商业银行只有中信银行。兴业银行的第一大股东为有地方财政背景的国家股，是相对比较大的控股股东，法人股股权比较分散。其他股份制上市商业银行比如深发展、浦发银行、宁波银行、民生银行、南京银行、北京银行等企业的股权结构具有相似性，前五大股东主要为各种法人股。

在证券公司方面，受第一大股东绝对控股的证券公司仅有宏源证券。第一大股东控股比例较高的有东北证券、山西证券、西南证券、光大证券等，而其他上市证券公司的股权结构比较分散。保险公司方面，中国人寿的第一大股东是中国人寿保险（集团）公司，控股比例高达 68.37%，处于绝对控股地位；中国平安引入了战略投资者汇丰保险控股有限公司，股权结构相对比较分散；中国太保则是由多家上海本地的国有企业和 Parallel Investors Holdings Limited 等海外投资者持股，股权结构亦相对分散；而新上市的新华保险第一大股东则是中央汇金投资有限责任公司，并且控股比例较高，达到 31.26%，但是其他股东的持股比例则较为分散。在信托公司方面，陕国投与安信信托的第一大股东控股比例相对较高，而爱建股份的股权结构则比较分散，中小股东众多。

（2）我国上市金融机构的股权制衡度

本书中所称的股权制衡度主要用来衡量上市金融机构各个主要股东的股权制衡关系，它指的是第二大股东与第三大股东持股比例之和与实际控制人或者第一大股东持股比例的比值。[1] 这一比值的高低与股东制衡度成正比。一般来说，这一比值越高，就意味着第一大股东或者实际控制人占的比例相对越低，股权制衡度也就越高。根据对 41 家上市金融机构 2011年披露的数据统计，有 13 家公司的股权制衡度低于 0.5，有 11 家公司股权制衡度处于 0.5—1 之间，这两者所占的比例为 58.54%，这说明整个上市金融机构股权制衡度相对比较低，总体上"一股独大"的特征比较

---

① 蒋学跃：《中小板民营上市公司治理调研分析报告》，《证券市场导报》2010 年 3 月号。

明显。(详见表 2 - 5)

表 2 - 5　　　　　　　　　我国上市金融机构股权制衡度

股权制衡度	0—0.5	0.5—1	1—1.5	1.5 以上
公司家数	13	11	9	8
占比	31.71%	26.83%	21.95%	19.51%

　　资料来源:根据上海和深圳证券交易所 41 家上市金融机构披露的数据整理加工而成。

　　此外,41 家公司中有 4 家公司通过签订一致行动协议或合并持有股份的形式形成实际控制人,这一现象表明,股权制衡度并不是决定上市金融机构控制权的唯一因素。基于生意上的长期合作会在较大程度上影响公司的控制权,这些关系不是法定的关联关系,亦同样无法通过其他的途径来确认其为关联关系,这在很大程度上加大了监管的难度。

　　(3) 我国上市金融机构股权结构与公司治理关系

　　在上市公司的治理结构中,在内部制约机制方面主要是股东通过股东大会对经营者直接进行监督,在外部制约机制方面则主要是经理人市场对高层管理人员的评价和二级市场的反应。本书前面通过分析股权集中度和股权制衡度在公司治理结构中的作用,从而着手对我国上市金融机构股权结构与公司治理的关系进行分析。

　　公司治理机制有效性的最重要因素是由股权结构来决定的,因为股权结构决定公司控制权分布情况,决定所有者和经营者的委托—代理关系为何种性质。西方发达国家的成熟公司运作的历史经验表明:公司的股权集中度和公司治理有效性之间的关系曲线是倒 U 形的,[①] 股权过度集中或者过度分散,都会不利于公司治理结构的有效建立。相对集中的股权结构可以奠定公司的稳定性,因为股权相对集中,并且基本上都存在实际控制人,因此通过外部市场进行敌意收购与接管的可能性比较低,发生内部人控制的可能性也比较低。可以认为,相对集中的股权结构,缓解了股东集体行动的难题。[②] 在很大程度上可以解决公众股东参与公司治理的冷漠问

---

　　① 吴敬琏:《吴敬琏撰文谈控股股东行为与公司治理》,《证券时报》2001 年 6 月 8 日。http://www.people.com.cn/BIG5/jinji/222/5971/5973/20010608/484407.html,访问时间为 2012 年 3 月 1 日。

　　② 蒋学跃:《中小板民营上市公司治理调研分析报告》,《证券市场导报》2010 年 3 月号。

题，有利于公司治理绩效的提升。

股权集中或者分散程度对公司治理有较大影响，我们主要考虑两种代理成本问题：一是治理成本，二是风险成本。这两种代理成本和股权集中或者分散程度有着密切的联系：股权集中度越高，治理成本就越低，而风险成本就越高；反之，股权集中度越低，治理成本就越高，风险成本就越低。所以，股权集中或者分散的适度性应体现为两种代理成本之和为最低，这才是较理想的股权比例。当然，我们要全面地对股权集中或者分散是否适度进行评价，或是说对公司治理效率影响是否良好，那么还必须和股东的结构综合起来考虑。

从股东的结构来看，我国上市金融机构主要分为国家股、法人股和个人股东，其中，法人股和个人股的股东有明确的身份规定。这三种不同的股东类型对公司治理效率的影响是各不相同的。一般来说，个人股东主要是自然人，他们具有追求利益最大化的动机及对经营管理者的行为进行监督的动力，但是由于公司股东人数的分散及公司规模的扩大，个人股东治理能力与对公司的关心程度在逐渐下降，或者是采用"用脚投票"的形式来制约经营管理者的行为，或者是采取"搭便车"的方式来降低治理成本。这必然会导致公司的经营管理者不会受到接管的威胁，加大了流通股股东对公司的经营管理状况进行有效监督与激励的难度。法人股东和个人股东有明显的不同，法人股东对公司的治理有着较强的能力，对公司的稳定发展也有一定的促进作用，但是如果法人股持股占比过大，就会导致股票过于稳定，进而会对公司的经营效率有所影响。国有股股东身份的不明确，即我们常说的"所有者缺位"，会产生比较严重的"内部人控制"问题。在这种情形下，不论采取何种形式的治理均是无效的。因此，评价股权结构对公司治理结构的影响，不仅要考虑股权集中度，而且还要考虑股东的特性。

在我国上市金融机构中，国家股、国有法人股持股比例过高，但是国家所有是一个模糊的概念，从而致使所有者缺位，出现了无人管的"模糊治理"现象。研究经验表明，国家股的存在对我国股份公司治理效率有不利的影响。[①]

---

① 夏宁：《上市公司股权结构与公司治理效率的实证研究》，《第七届国有经济论坛暨大型国有企业集团公司治理学术研讨论文集》，2007 年 9 月。

从理论上来讲，流通股股东可以通过参加股东大会进行投票选举的方式更换董事会成员来达到对公司管理层实施监督的目的。但是，个人股东资金的有限性决定了流通股分布的分散性。由于小股东参加股东大会、实施监督职权需要付出一定的成本，如果当小股东因监督而获取的收益不能弥补其付出的监督成本时，那么作为理性经济人，小股东便不会实施监督活动。即使实施监督活动，他们也将难以作为。由此可知，当小股东的权益和国有股、法人股等大股东的权益冲突时，小股东的权益很难得到实现。根据《中国证券报》的一项调查结果得出，我国高达82%的个人股东都不曾参加过股东大会。[①]

2. 董事会

(1) 董事会运作情况

在2011年，37家上市金融机构[②]董事会在改进公司治理结构方面做出了较大的努力，效果也是比较明显的（见表2-6和表2-7），虽然董事会的规模由2009年平均13.68人下降到2010年的13.60人，但是在2011年又上升为13.84人，总体上升趋势还是比较显著的。在董事会人数中，规模最小的为安信信托，在最近三年的人数均为5人，人数最多的为19人，分别为浦发银行和交通银行。在公司治理中，通常认为9人、11人、15人为三种最常见的董事会规模，[③] 在我国上市金融机构中相对应的公司数分别为4家、2家、5家，合计11家，还不到1/3；并且采用偶数董事会机构的金融机构数量较多，从2010年的14家增加到2011年的15家。从表2-6中看出，董事会人数的增加主要原因是独立董事人数和非执行董事人数的增加，这两者的增加抵消了执行董事人数的下降，并且使董事会的人数总体上提高了0.24人。

从表2-8中我们可以看出，2011年董事会召开会议的平均次数比2010年有所降低，从平均9.92次降低到9.22次，平均降低了0.70次。

---

① 陈晓、江东：《股权多元化、公司业绩与行业竞争性》，《经济研究》2000年第8期。

② 在2011年年末沪深上市金融机构共41家，其中新华证券、东吴证券、方正证券三家分别在2011年12月16日、2012年12月12日、2011年8月10日上市。国海证券是由"SST集琦"变更而来，股票代码不变，行业分类由"C81 医药制造业"变更为"I21 证券、期货业"，于2011年8月9日复牌交易，这四家未统计在内。

③ 中国社会科学院世界经济与政治研究所公司治理研究中心、甫瀚咨询公司：《2010年中国上市公司100强公司治理评价》，《中国内部审计》2010年第8期。

在参与程度上，消极方面的变化是走过场的董事会的数量增加了 1 家，粗浅参与的增加了 4 家，正常参与的减少了 6 家；积极的方面变化是深度参与的董事会数量增加了 1 家。总体上来说，能够做到正常参与程度的董事会的数量比例为 32.43%，而 2010 年度的为 45.95%。从我国上市金融机构的信息披露上看，绝大部分董事都能亲自出席董事会，未能出席的董事均委托其他董事代为出席，这是一个积极的变化，不仅表明了董事个人尽职程度的提高，也表明了相关法规对董事的责任有所增强。①

表 2 - 6 董事会基本特征统计（平均值）

	2011 年	2010 年	2009 年
董事会人数（人）	13.84	13.60	13.68
执行董事人数（人）	2.97	3.08	3.13
执行董事比例（%）	21.46	22.65	22.88
非执行董事人数（人）	5.78	5.76	5.58
非执行董事比例（%）	41.76	42.35	40.79
独立董事人数（人）	4.92	4.68	4.84
独立董事比例（%）	35.55	34.41	35.38
职工董事人数（人）	0.10	0.10	0.10
职工董事比例（%）	0.74	0.74	0.73
董事会会议次数（次/年）	9.22	9.92	9.84
董事会下属各种委员会个数（个）	4.81	4.78	4.74
公司总数（个）	37	37	31

资料来源：中国社会科学院世界经济与政治研究所公司治理研究中心、甫瀚咨询公司：《2010 年中国上市公司 100 强公司治理评价》，《中国内部审计》2010 年第 8 期。数据来源为作者根据上海和深圳证券交易所上市金融机构的相关年报和披露的数据整理加工而成。

---

① 中国社会科学院世界经济与政治研究所公司治理研究中心、甫瀚咨询公司：《2010 年中国上市公司 100 强公司治理评价》，《中国内部审计》2010 年第 8 期。

表 2 - 7　　　　　　　　　　　　董事会人数分布

	2011 年	2010 年	2009 年
5—9 人	7	7	4
10—14 人	10	10	11
15—19 人	20	20	16
平均人数（人）	13.84	13.60	13.68

资料来源：同上表。

表 2 - 8　　　　　　　　　　　　董事会会议次数分布

	2011 年	2010 年	2009 年	参与程度分类
4—6 次	9	8	4	走过场的董事会
7—9 次	16	12	12	粗浅参与的董事会
10—12 次	4	10	11	正常参与的董事会
13 次以上	8	7	4	深度参与的董事会
平均次数（次）	9.22	9.92	9.84	
有效样本数	37	37	31	

资料来源：同上表。

（2）董事会各专门委员会运作情况

在我国的上市金融机构的董事会中，一般都建立了审计（稽核）委员会、薪酬委员会、风险管理委员会、关联交易委员会、提名委员会、发展战略委员会等各专门委员会（见表 2 - 9）。在这些专门委员会成员中，全部或绝大部分是由独立董事组成的。在上述的几个专门委员会中，审计（稽核）委员会、薪酬委员会和提名委员会是核心委员会，其中审计（稽核）委员会主要责任是对经理层经营行为的监督与审计，薪酬委员会主要负责研究和制定对经理层的薪酬激励计划，提名委员会主要对下届董事会成员及总经理人员的提名。这三个委员会的主要成员（包括委员会主任）由独立董事担任，因此，这些公司不易受大股东的干预，比较容易做出客观的、独立的判断，有益于提高公司治理的效率。[1]

---

[1]　孙光焰：《公司治理模式趋同化研究》，中国社会科学出版社 2007 年版，第 84—85 页。

表 2-9　　　我国上市金融机构董事会各专门委员会设置情况

代码	公司名称	审计（稽核）委员会	薪酬委员会	风险管理委员会	关联交易委员会	提名委员会	发展战略委员会	其他
000001	深发展 A	有	有	有	有	有	有	
000562	宏源证券	有	有	有		有	有	
000563	陕国投 A	有	有	有			有	有
000686	东北证券	有	有	有		有		
000728	国元证券	有	有	有		有		
000750	国海证券	有	有	有		有		
000776	广发证券	有	有	有		有		
000783	长江证券	有	有	有		有		
002142	宁波银行	有	有	有	有	有		
002500	山西证券	有	有	有		有		
600000	浦发银行	有	有	有	有	有	有	有
600015	华夏银行	有	有	有	有	有		
600016	民生银行	有	有	有	有	有		
600030	中信证券	有	有	有		有		
600036	招商银行	有	有	有		有	有	
600109	国金证券	有	有	有		有		
600369	西南证券	有	有	有	有	有		
600643	爱建股份	有	有			有		
600816	安信信托	有	有	有	有	有	有	有
600837	海通证券	有	有	有		有	有	
600999	招商证券	有	有	有		有	有	
601009	南京银行	有	有	有	有	有	有	
601099	太平洋	有	有	有		有	有	
601166	兴业银行	有	有	有	有	有	有	有
601169	北京银行	有	有	有	有	有	有	
601288	农业银行	有	有	有	有	有	有	有
601318	中国平安	有	有	有		有	有	
601328	交通银行	有	有	有		有	有	有
601336	新华保险	有	有	有		有	有	
601377	兴业证券	有	有	有		有		

续表

代码	公司名称	审计（稽核）委员会	薪酬委员会	风险管理委员会	关联交易委员会	提名委员会	发展战略委员会	其他
601398	工商银行	有	有	有	有	有	有	
601555	东吴证券	有	有	有		有	有	
601601	中国太保	有	有	有		有	有	
601628	中国人寿	有	有	有		有	有	
601688	华泰证券	有	有	有		有	有	
601788	光大证券	有	有	有		有	有	
601818	光大银行	有	有	有	有	有	有	
601901	方正证券	有	有	有		有	有	
601939	建设银行	有	有	有	有	有	有	
601988	中国银行	有	有	有	有		有	有
601998	中信银行	有	有	有	有	有	有	

资料来源：根据上海和深圳证券交易所上市金融机构的年报整理。

　　我国上市金融机构董事会各专门委员会设置和运作情况有所改善。董事会下设各专门委员会的平均数量从 2010 年的 4.78 个上升到了 2011 年的 4.81 个。从各委员会数量状态上来看，对比近三年的情况数量严重不足的上市金融机构由 2009 年的 3.32% 降到了 2010 年和 2011 年的 0；略有不足和比较合适的比例均有所增加；虽然合适的比例有所减少，但是公司的数量却是有所增加。（见表 2-10）

　　从总体上来讲，我国上市金融机构董事会的各专门委员会的数量有所增加。

表 2-10　　　　　董事会下属各专门委员会数量分布情况　　　　（单位：%）

	2011 年	2010 年	2009 年	委员会数量状况
1—2 个	0	0	3.23	严重不足
3 个	5.41	5.41	3.23	略有不足
4 个	37.84	37.84	35.48	比较合适
5 个以上	56.76	56.76	58.06	合适
平均个数（个）	4.81	4.78	4.74	
有效样本数	37	37	31	

资料来源：中国社会科学院世界经济与政治研究所公司治理研究中心、甫瀚咨询公司：《2010 年中国上市公司 100 强公司治理评价》，《中国内部审计》2010 年第 8 期。数据来源为作者根据上海和深圳证券交易所上市金融机构的相关年报整理而成。

（3）董事会独立董事的运行情况

独立董事制度起源于英美国家，对完善公司治理结构有着至关重要的作用。在我国，上海证券交易所于 2000 年 11 月 3 日发布《上市公司治理指引》，明确提出上市公司应至少有两个独立董事，并且独立董事应占董事总人数的 20% 以上。2001 年 8 月 16 日，证监会出台了《关于在上市公司建立独立董事制度的指导意见》，要求在 2002 年 6 月 30 日前，上市公司董事会成员中应至少有两名独立董事；在 2003 年 6 月 30 日前，上市公司的董事会成员中应至少有 1/3 以上的独立董事。2002 年 1 月 7 日，证监会和国家经贸委联合发布的《上市公司治理准则》对独立董事亦有规定。①

从表 10 中我们可以看出，总体上我国上市金融机构独立董事平均人数有所增加，在 2011 年年底达到了 4.92 个，其中独立董事人数最少的为 2 人（爱建信托和爱信信托），人数最多的为 8 人（深发展 A 和工商银行）。截至 2012 年 3 月底，37 家上市金融机构中有 32 家的独立董事达到董事会人数的 1/3 以上，仍有 5 家上市金融机构未达到证监会的规定，这 5 家分别为爱建股份、招商证券、南京银行、交通银行和中信银行。

从上市金融机构披露的数据统计来看（见表 2－11），我国上市金融机构的独立董事组成人员中会计人士、财经人士和行业专家的占比相差不多，其中由会计人士担任的比例最高，达到 25.82%；财经人士和行业专家也是我国上市金融机构选任独立董事的偏好，比例分别为 24.72% 和 23.08%；法律人士占的比例最小，为 14.29%。

表 2－11　　　　　　　　　　独立董事的专业背景

	会计人士占比	财经人士占比	行业专家占比	法律人士占比	其他占比
独立董事	25.82%	24.72%	23.08%	14.29%	12.09%

资料来源：蒋学跃：《中小板民营上市公司治理调查分析报告》，《证券市场导报》2010 年 3 月号，第 35—39 页。数据来源为作者根据上海和深圳证券交易所上市金融机构的相关年报整理而成。

---

① 第 49 条规定，上市公司应按照有关规定建立独立董事制度。独立董事应独立于所受聘的公司及其主要股东。独立董事不得在上市公司担任除独立董事外的其他任何职务。

3. 监事会

表2-12、表2-13中统计的数据显示，我国上市金融机构2011年度监事会规模并没有继续提高，平均为7.03人，比2010年度的7.14人略有下降。从监事会会议的频率来看，2011年度我国上市金融机构的平均次数是最少的一次，由5.70次降低到了4.51次。从监事会的结构上看，外部监事所占的比例有所下降，但是在最近两年内新上市或借壳上市的公司中，外部监事数量极少，如果按照2009年已上市的31家金融机构计算，在2010年度和2011年度的外部监事平均人数均为1.16人，比2009年度提高了0.1人。在监事会的总体规模未提高而职工代表监事人数增加的情况下，外部监事的比例基本保持不变，这表明我国上市金融机构的监事会正在朝着独立于公司内部人员的方向发展演变。

表2-12　　　　　上市金融机构监事会基本特征统计（平均值）

年份	2011年	2010年	2009年
监事会人数（人）	7.03	7.14	6.85
外部监事人数（人）	0.97	0.97	1.06
外部监事占比（%）	13.80	13.59	15.47
职工代表监事人数（人）	2.57	2.35	2.23
职工代表监事占比（%）	36.56	32.91	32.55
监事会会议次数（次）	4.51	5.70	5.61
公司样本总数	37	37	31

资料来源：根据上海和深圳证券交易所上市金融机构的相关年报和披露的数据整理而成。

表2-13　　　　　　上市金融机构监事会人数分布

年份	2011年	2010年	2009年
3人	4	5	4
4—6人	15	10	9
7人以上	18	22	18
平均人数	7.03	7.14	6.85

资料来源：根据上海和深圳证券交易所上市金融机构的相关年报和披露的数据整理而成。

4. 高管薪酬激励情况

近几年来，由于我国金融体制改革的不断深化，国内主要的金融机构纷纷经过改制寻求上市。一些金融机构的高管薪酬急速上涨，明显拉大了与社会平均水平和企业内部职工收入水平的差距。在良好的公司治理中，高管薪酬应该起到应有的激励作用。[①]

在我国，上市企业高管的薪酬一般分为股权性薪酬与货币性薪酬。股权性薪酬与传统薪酬体系不同，是公司为了协调统一所有者和管理者之间的利益，而将高管的薪酬和公司绩效关联起来，其来源主要是公司配股时申购价与市场价之间的差额、公司派发的股权红利和股票的转让收益等。主要形式有期股、持股、股票期权等几种方式。货币性薪酬主要有基薪、固定津贴、奖金、福利性收益[②]及其他补偿。在我国，上市金融机构的高管薪酬基本上以短期激励效应的现金薪酬为主，只有招商银行、交通银行、建设银行、中国银行、中信证券和部分城市商业银行等对高管存在长期激励效应的股票奖励和股票期权奖励等薪酬方式。[③] 但是财政部在 2008 年发布了《关于清理国有控股上市金融企业股权激励的有关通知》，明确指出国有上市金融机构不得擅自实行股权激励，对于准备设立和已经执行股权激励的企业要暂停，等新政策明确后再定。

我国上市金融机构高管的平均薪酬在 2006 年突破百万元，其后便一路飙升，直到 2008 年受到次贷危机影响和财政部"限薪令"的颁布，我国上市金融机构高管的薪酬增速才逐渐放缓。[④] 根据 2010 年上市公司年报披露的高管薪酬情况显示，沪深上市公司管理层年度总报酬额为 84.44 亿元，比 2009 年的 61.42 亿元增长了 37.5%。[⑤] 在 2010 年度各行业高管薪酬平均值也有不同程度的提高，其中金融行业高管的薪酬平均值最高，人均达到 280.82 万元[⑥]，在所有行业中位居榜首，并且总额也占据前列位置。根据万得资讯机构制作发布的上市公司 2010 年度高管薪酬报告来看，金融业高管年度薪酬明显高于其他行业，在前 100 名的席位中，金融

---

① 李维安、王彩星：《2008 年度金融类上市公司高管薪酬》，《资本市场》2009 年第 47 期。

② 某些公司特有的商业保险和国家规定的"四险一金"。

③ 杨桦：《公司再造：中国上市公司治理的新路径》，中信出版社 2011 年版，第 157 页。

④ 北京师范大学公司治理与企业发展研究中心：《中国上市公司高管薪酬指数报告 (2011)》，http：//www. woaos. com/beijing/news/2011/1230. html，访问时间为 2012 年 2 月 1 日。

⑤ 《中国平安张子欣年薪上千万》，《北京晨报》2011 年 5 月 5 日。

⑥ 《上市公司高管薪酬与业绩关联弱 行业类别是主因》，《中国证券报》2011 年 10 月 16 日。

业高管占据了41个。①

截至2010年年底，沪深两市总共有37家上市金融机构，分别为银行（16家）、券商（15家）、保险（3家）、信托（3家）等四个领域。数据显示，2010年保险业、银行业、证券业、信托业高管的薪酬总计均值分别为3922.40万元、2583.80万元、2084.21万元和426.98万元，除了信托业高管年薪外，均高于其他行业。但是在金融行业，高管之间的收入差距比较明显。② 即使在同一家公司，其高管的年薪差距也是很大的③。下面我们就具体来分析下这几个领域高管的年薪情况。

（1）上市银行方面

2010年2月和3月，财政部和银监会相继发布《中央金融企业负责人薪酬审核管理办法》和《商业银行稳健薪酬监管指引》，明确提出商业银行的基本薪酬一般不得高于其薪酬总额的35%。而且商业银行主要负责人的绩效薪酬应根据年度经营考核的结果来确定，但是不得超过基本薪酬的3倍。受到此政策的影响，2010年国有控股商业银行的高管年薪的发放必须事前得到相关部门的确认。根据2010年年报补充公告显示，2010年工商银行董事长姜建清税前薪酬合计196.06万元，比2009年年报补充公告的薪酬上涨12.68%；行长杨凯生税前薪酬合计189.36万元，比2009年上涨14.28%。建设银行董事长郭树清税前薪酬合计182.64万元，比2009年公布的薪酬上涨8.70%；行长张建国税前薪酬合计176.56万元，比2009年上涨9.81%。中国银行董事长肖钢税前薪酬合计170.58万元，比2009年上涨6.20%；行长李礼辉税前薪酬合计155.44万元，比2009年上涨5.56%。农业银行④董事长税前薪酬合计175.84万元，行长张云税前薪酬合计158.26万元。交通银行董事长胡怀邦薪酬合计167.29

---

① 《中国平安张子欣年薪上千万》，《北京晨报》2011年5月5日。

② 比如，在上市证券公司中，长江证券以税前1161.53万元的高管年薪在15家证券公司中是最低的，其董事长胡运钊的年薪为166.50万元，还不足广发证券前任董事长王志伟税前869.86万元年薪的1/5。

③ 比如在广发证券，前任董事长王志伟和总经理李建勇的税前薪酬分别为869.86万元和799.69万元，其余18名高管中，有半数年薪超过500万元，但也有累计8名高管税前年薪不足20万元，最低的两名监事税前年薪仅有8.34万元。

④ 2010年7月15日上市，无2009年的高管薪酬合计。

万元，比2009年上涨6.11%；行长牛锡明[1]税前薪酬合计152.58万元，比2009年行长李军[2]的薪酬上涨6.01%。

从上面的分析我们可以看出，大行高管之间的薪酬差距并不是很大，而相比之下，在2010年工行、建行、中行、农行中2010年实现净利润分别为1660.25亿元、1348.44亿元、1044.18亿元、949.07亿元，净利润增幅分别为28.3%、26.39%、29.2%、46.0%。尽管相关部门对国有控股银行的薪酬按业绩等各种指标进行考核，但高管薪酬结构比较趋同，绩效年薪差距不算很大。[3]

相比国有控股商业银行，股份制商业银行高管薪酬较为丰厚，其中深发展董事长肖遂宁税前薪酬总计825万元（未包含递延奖金187万元），民生银行董事长董文标税前报酬总额715.48万元，兴业银行董事长高建平和华夏银行董事长吴建的税前报酬也分别达到304万元和260万元。（见表2-14）值得一提的是，肖遂宁在深发展银行职务由2009年的董事、行长升为董事长，其薪酬也由2009年的486万元涨至2010年的825万元，增幅接近70%。而其前任法兰克·纽曼2009年薪酬高达1741万元。

表2-14　　　　　2010年度上市股份制商业银行董事长、
　　　　　　　　行长薪酬情况　　　　　　（单位：万元）

000001 深发展A	董事长肖遂宁	825.00
	行长 Richard Jackson	554.00
600000 浦发银行	董事长吉晓辉	—
	行长傅建华	—
002142 宁波银行	董事长陆华风	198.69
	行长俞凤英	188.70
600015 华夏银行	董事长吴建	260.00
	行长樊大志	260.00

---

[1] 副董事长、执行董事、行长牛锡明于2009年12月29日在交通银行任职，2009年不在交通银行领薪。

[2] 李军于2009年12月29日因工作调动辞任本行副董事长、执行董事、行长职务，于2009年度从交通银行获得税前薪酬合计为人民币143.93万元。

[3] 王芳艳、苏丁香：《2010银行高管薪酬图谱》，http://finance.eastmoney.com/news/71477,20110407128550684.html，访问时间为2012年2月1日。

续表

600016 民生银行	董事长董文标	715.48
	行长洪崎	684.48
600036 招商银行	董事长傅育宁	0
	行长马蔚华	710.95
601009 南京银行	董事长林复	193.38
	行长夏平	193.38
601166 兴业银行	董事长高建平	304.00
	行长李仁杰	295.00
601169 北京银行	董事长闫冰竹	266.00
	行长严晓燕	258.00
601818 光大银行	董事长唐双宁	0
	行长郭友	66.13
601998 中信银行	董事长孔丹	0
	行长陈小宪	496.18

说明：1. 光大银行行长、执行董事及其他高级管理人员的最终薪酬正在确认过程中，待确认后再行披露；浦发银行"因高管薪酬仍在审核确认当中"暂缓披露相关信息。截至2012年3月10日两行仍未披露。

2. 薪酬为"0"表示在股东单位或其他关联单位领取薪酬，而不在本单位领取薪酬。

从表2-14中我们可以看出，全国性的股份制商业银行董事长和行长的薪酬要普遍高于地方性股份制商业银行董事长和行长的薪酬，但是根据2010年年报显示，如南京银行、北京银行、宁波银行等地方性商业银行制定有高管股权激励政策，若将股权计入其中，那么这些金融机构高管的实际回报远远高于账面薪酬收入。

股份制商业银行高管薪酬收入差距比较明显，比如深发展、民生银行达到500万元—800万元，而宁波银行、南京银行还不到200万元。以民生银行为例，2007年其高管薪酬高达千万元，而财政部发布限薪令后，在2010年其董事长董文标和行长洪崎的税前薪酬总计分别降到为715.48万元和684.48万元，虽然分别比2009年上涨9.3%和9.2%，但是已经比2007年和2008年薪酬大幅缩水。① 如果不考虑银监会发布的《商业银

---

① 《2010银行高管薪酬图谱：低调上涨10%》，http：//bank. hexun. com/2011 - 04 - 07/128537102. html，访问时间为2010年2月1日。

行稳健薪酬监管指引》（以下简称《指引》）的规定①，董文标的总薪酬可能达到 1000 万元左右（包含延期支付部分）。② 在《指引》发布以前，深发展在 2007 年就制定了重要管理人员和业务骨干一份初始递延奖金计划，2010 年根据公司三年的股东价值、净利润增长情况，向重要的管理人员和业务骨干支付了递延奖金，其中董事长肖遂宁 187 万元，副行长胡跃飞、刘宝瑞各 322 万元，董事会秘书兼首席法律事务执行官徐进、员工监事王岚分别 134 万元、23 万元。相比之下，兴业银行的薪酬水平要低很多，董事长高建平税前薪酬总计 304.00 万元，行长李仁杰税前薪酬总计为 295.00 万元，同比均上涨了 9% 左右。并且其薪酬总计已经包含了年度风险基金。虽然银监会发布的指引规定高管人员的绩效薪酬采取延期支付方式必须达到 40% 以上，但是各家银行对外并未公布延后发放的风险基金参考标准，所以最终风险基金是否起到风险的防范作用，还是一个未知数。③

（2）证券行业方面

证券行业的高管薪酬普遍显得平庸，年度薪酬超过 300 万元的高管的证券机构仅为广发证券、中信证券、光大证券、东北证券等很少的几家，而 2010 年度业绩最差的太平洋的总经理王超，但却仍安然领取高达 381.63 万元的薪酬。在 2010 年整个证券行业中，广发证券整个管理团队以 7209.34 万元的高薪刷新了历史纪录，成为上市公司薪酬最高的管理团队。④ 而一向以高薪著称的民生银行和中国平安，则以总额 6828.57 万元、6820.27 万元尾随其后。在广发证券的 20 人管理团队中有 11 位高管的薪酬超过 500 万元，其原董事长王志伟薪酬高达 869 万元，成为上市证

①　高管人员的绩效薪酬必须有 40% 以上采取延期支付方式，延期时间不少于 3 年。

②　根据监管部门要求，民生银行 2009 年起建立了高管风险基金，每年从高管应发业绩薪酬中按一定比例提取。该行 2010 年度计提的关键管理人员税前薪酬合计人民币 1.22 亿元（2009 年：人民币 1.01 亿元）。其中，按照国家有关规定，本行执行董事、监事长及高级管理人员的税前薪酬中，按业绩薪酬不低于比例计提了人民币 0.49 亿元，并实行延期支付（2009 年计提比例不低于 50%，计提金额为人民币 0.31 亿元）。

③　王芳艳、苏丁香《2010 银行高管薪酬图谱》，http://finance.eastmoney.com/news/71477,20110407128550684.html，访问时间为 2012 年 2 月 1 日。

④　薛玉敏：《广发证券薪酬最高业绩却下滑 回应：我们非最高》，http://finance.eastmoney.com/news/1354,20110529139072383.html，访问时间为 2012 年 2 月 1 日。

券公司高管薪酬最高的一位，而其他的上市证券公司高管薪酬最高的为光大证券总裁徐浩明，年薪为 464 万元。

在 15 家上市证券公司中，光大证券 2010 年度为高管发放薪酬总计为 3651.32 万元，只达到广发证券的 1/2。我们对比 2010 年年报披露的相关数据分析，广发证券、光大证券、招商证券、中信证券等四家证券公司向其高管提供的薪酬总计均超过 3000 万元；在剩余的证券公司中，东北证券、国金证券、海通证券、太平洋、华泰证券等五家证券公司发放的高管薪酬总计超过 2000 万元；西南证券、宏源证券、国元证券、山西证券、兴业证券、长江证券等六家券商机构为高管团队发放的薪酬均在 2000 万元以下，其中薪酬水平最低的是长江证券，其发放的高管薪酬总计 1161.53 万元。

虽然有不少证券公司的高管薪酬考核体系都会明确提出按公司业绩拟定分配薪酬，但从证券公司 2010 年年报披露的情况看，部分公司高管的薪酬并未与公司经营业绩挂钩。根据 2010 年年报披露的数据显示，2010 年广发证券净利润为 40.27 亿元，同比下滑了 14.13%。与广发证券类似的是 2010 年 11 月成功登陆 A 股的山西证券，在年底向高管发放的薪酬总计同比上涨 70.96%，但是公司的净利润却同比下降了 29.12%。

此外，在上市证券公司中，高管持股的公司有长江证券、山西证券、中信证券、光大证券等四家机构，但是只有中信证券实施了股权激励计划。广发证券在 2010 年 2 月借壳上市时，曾将股权激励写入公司章程，但一直未施行。

（3）保险业、信托业方面

截至 2010 年年底，上市从事保险业和信托业的公司共有 6 家（中国人寿、中国平安、中国太保、爱建股份、安信信托、陕国投）。和 2009 年相比，保险行业高管的年薪均值同比下降 23.21%，信托行业高管的薪酬均值同比上涨 21.03%。根据国家相关政策，中国人寿高级管理人员和中国太保董事长及总裁的薪酬只支付了一部分，最终薪酬需要等有关部门确认后披露，截至 2012 年 3 月 10 日，两家公司并未披露最终薪酬数额。值得关注的是，于 2011 年 3 月辞去中国平安总经理、执行董事的张子欣以税前年薪 1067.18 万元人民币成为 2010 年度上市公司所有高管中收入最高的一位，也是上市公司中唯一一个身价超过千万的高管。而位于第二位的则是中国平安董事长、首席执行官马明哲，税前年薪达到 987.34 万元。

而信托行业中，除了安信信托董事长张春景和副总裁李廷芳的年薪分别为152.80万元和259.27万元之外，其他高管的年薪均未突破100万元。

在高管持股方面，中国平安、中国太保和爱建股份部分高管持有公司股票。截至2010年年底，中国平安的高管共持有公司股票18895082份，其中A股18627582份，H股267500份，A股占总股本的比例为0.24‰；中国太保的高管持股130225份，占总股本的比例为0.015‰；爱建股份高管持股的数量为229305份，占总股本的比例为0.28‰。与2009年年底相比，除了中国太保的高管通过二级市场购买增持80000份之外，其他两家的高管持股量未发生变动。

三　上市金融机构公司治理存在的主要问题

根据中国社会科学院世界经济与政治研究所公司治理研究中心发布的《2010年中国上市公司100强公司治理评价》可知，在2010年度100强上市公司中金融机构占有20家，其中14家银行业、3家保险业、3家证券业。不论从总体上还是从绝大多数指标上，除了"股东权利"指标之外，上市金融机构的公司治理水平明显高于上市非金融机构（见表2-15、表2-16），延续了金融机构从2008年以后的"公司治理领先地位"。[①] 但不能就此说我国上市金融机构公司治理研究已经完善了，相应地，也面临着一些问题。

表2-15　　　　　　　2010年度上市金融机构与上市非金融
机构公司治理综合得分对比

	最低分	最高分	平均分	中位数	样本数
金融机构	58.1	81.9	68.5	68.7	20
非金融机构	38.1	71.3	59.9	61.1	80
所有样本	38.1	81.9	61.6	62.4	100

资料来源：中国社会科学院世界经济与政治研究所公司治理研究中心、甫瀚咨询公司：《2010年中国上市公司100强公司治理评价》，《中国内部审计》2010年第8期。

---

① 中国社会科学院世界经济与政治研究所公司治理研究中心、甫瀚咨询公司：《2010年中国上市公司100强公司治理评价》，《中国内部审计》2010年第8期。

表 2-16　　　　　　2010 年度上市金融机构与上市非金融机构

公司治理各部分对比

	股东权利	利益相关者的作用	信息披露和透明度	平等对待股东	董事会的责任	监事会的责任
金融机构	59.2	57.8	84.4	73.0	61.8	66.7
非金融机构	59.4	55.1	76.3	63.3	54.3	47.1
所有样本	59.4	55.6	77.9	65.3	55.8	51.3

资料来源：中国社会科学院世界经济与政治研究所公司治理研究中心、甫瀚咨询公司：《2010 年中国上市公司 100 强公司治理评价》，《中国内部审计》2010 年第 8 期。

1. 股权结构集中度高、"委托—代理"与"一股独大"的问题较突出

根据本书第二部分的相关论述，我国上市金融机构的股权集中度高，多数公司的第一大股东处于绝对控股地位，其他股东很难对第一大股东（实际控制人）形成实质性的股权制约，缺乏其他的机构投资者制约其控制的平衡格局。[①]

截至 2011 年年底，在 41 家上市金融机构中，除 12 家（广发证券、长江证券、宁波银行、华夏银行、民生银行、招商银行、海通证券、南京银行、兴业银行、北京银行、中国平安、中国太保）没有实际控制人以外，其他 28 家上市金融机构均存在实际控制人，且持股比例较高。结合前述第一大股东持股比例及实际控制人情况来看，我国上市金融机构基本上属于股权控制性公司。同时，从统计数据上来看，8 家上市金融机构的实际控制人是通过直接持股方式控制上市公司的，占比 19.51%；15 家上市公司的实际控制人采取间接控股的方式控制上市公司，占比 36.59%；6 家上市公司的控制人采取直接控股与间接控股相结合的方式控制上市公司，占比 14.63%。（见表 2-17）

表 2-17　　　　　　实际控制人控制上市公司股权的途径

持股方式	直接持股	间接持股	直接加间接
公司家数	8	15	6
占比	19.51%	36.59%	14.63%

资料来源：根据上海和深圳证券交易所 41 家上市金融机构披露的信息加工整理而成。

---

① 张伏波：《上市公司股权结构与公司治理》，博士学位论文，华东师范大学，2004 年。

　　我国上市金融机构在组织体系上都基本上建立了比较规范的公司治理结构。但是宏源证券、中国人寿、华泰证券、工商银行、建设银行、农业银行、中信银行等金融机构的实际控制人控股均在50%以上，存在明显的"一股独大"和"委托—代理"现象，如果国家对他们干预过多，就容易造成行政干预，也不符合市场经济的发展要求，但是如果干预太少的话就又会使委托人所有者缺位，那么像这样的委托人就没有足够的动力和能力对其代理人进行有效的监督与约束，就造成了高额的代理成本和其他诸多问题。并且在行政干预下，有效的市场化运作实行起来就会有一定难度，从而降低了经营效率，也不利于保护中小投资者的利益和信息披露。

　　2. 董事会、监事会独立性有待增强

　　根据本书第二部分所述（见表2－6），我国上市金融机构独立董事在2009年、2010年、2011年的平均人数分别为4.84人、4.68人和4.92人，总体上我国独立董事的人数和比重都有所上升，并且董事会和监事会大都设立了专门委员会，作用基本上逐渐发挥出来，从而使董事会和监事会所做的决策更有科学性和独立性。但在执行的过程中却普遍存在着外部监事与独立董事的职责不独立、内部监督部门不完善等现象，而且部分公司的独立董事的比例未达到法律的相关规定。从安然事件和多次的舞弊风暴可以看出，独立董事制度的效果与效率被独立性制约着，独立董事并不独立，其所组成的审计委员会名存实亡。

　　前文数据显示，我国上市金融机构董事会和监事会中的内部人比例有一定的降低，独立性稍有增强。董事会中的外部董事（包括独立董事和非执行董事）所占的比例由2010年的76.76%提高到了77.31%，监事会中外部监事的比例13.59%上升到了13.80%。但是由于第一大股东身份结构和性质的特殊性，虽然外部人的比例有所增加，但是也只是提高了其相对于公司经理层的独立性，而很难提高其相对于公司实际控制人或者控股股东的独立性。以这种方式提高董事会与监事会的独立性，尽管在一定程度上可以促进董事会与监事会发挥作用，但实际上效果却非常有限。[①] 在公司中，内部董事与内部监事在日常的工作中即可有效的沟通，

---

　　① 中国社会科学院世界经济与政治研究所公司治理研究中心、甫瀚咨询公司：《2010年中国上市公司100强公司治理评价》，《中国内部审计》2010年第8期。

但是外部董事与外部监事却只能通过会议的形式进行沟通。由此我们可以得出这样一个结论：外部董事与外部监事人数的增多，董事会与监事会会议的频率应该会有所提高。但是事实并非如此，董事会会议的频率由2010年的9.92次降到了2011年的9.22次，监事会会议频率则由5.70次下降到4.51次，二者的会议频率均有所下降。上市金融机构解决了外部人比例增加的问题，但是需要更有力地提高董事与监事的勤勉程度来促进董事会和监事会作用的发挥。

3. 对高管的长期激励约束机制尚未根本改善

从整体上看，我国上市金融机构在对高管的薪酬激励方面采用"重现金、轻股权"的方式，普遍缺乏长期的激励计划，从而致使高管在战略规划和决策上只顾眼前利益，缺乏长远考虑。在高管的年薪制中，固定收入部分比重很大，并且往往在年初就已经制定，只要不出意外，他们就能获得高额的薪酬。在我国上市金融机构中，有13家上市金融机构[①]高管人员持有本公司股票，其中建设银行和中信银行的高管人员持有的股份为H股，其中只有中信证券实施了股权激励计划。在这些上市公司中高管人员持股比例低，长期激励欠缺；管理层持有的股份占比很小，但是直接薪酬却普遍高，很容易形成短视行为和盲目追求规模现象。财政部在2009年颁布了"限薪令"，重点整治上市公司高管的薪酬与企业的绩效不相关联的问题，这说明了目前我国上市金融机构高管现金薪酬偏高，但并不与企业绩效呈正相关，这也是我国上市金融机构高管激励约束机制上存在的根本问题。[②]

在薪酬差距方面，高管之间的收入差距比较明显。[③] 即使在同一家公

---

① 包括深发展、长江证券、宁波银行、中信证券、爱建股份、南京银行、北京银行、中国平安、交通银行、中国平安、光大证券、建设银行、中信银行。

② 王力、步艳红：《我国上市银行公司治理存在的问题及改善对策》，《农村金融研究》2010年第8期。

③ 比如，在上市证券公司中，长江证券以税前1161.53万元的高管年薪在15家证券公司中是最低的，其董事长胡运钊的年薪为166.50万元，还不足广发证券前任董事长王志伟税前869.86万元年薪的1/5。

司，其高管的年薪差距也是很大的①，但这些高管的整体薪酬水平要高于一般行业的薪酬水平。虽然近些年来金融机构高管的平均薪酬稳步增长，但是却与公司经营绩效的关联度不强。另外，我国上市金融机构有关高管薪酬的信息披露亦不够透明和充分。

在上市金融机构员工激励方面，除了宁波银行外，其他上市金融机构均无内部员工持股。但是实践证明，内部职工持股可以增强员工的责任感和工作热情，但是目前仅有少数几家机构在尝试，以股票期权奖励为主的长期激励约束机构从根本上未得到改善。

4. 各监管机构对上市金融机构的监管标准不一，"多头"监管现象频现

我国上市金融机构虽然只有十几家，但资产规模相当大，对国家金融市场的稳定起着举足轻重的作用，有众多的监管部门对它们进行监管，像证监会、银监会、保监会、财政部等部门都涉足其中，另外商业银行还要受中国人民银行的调控。由于各部门的监管目标不一致，就时常会出现"多头"监管的现象，比如绩效考核与人事任免就由不同监管部门监管，甚至会出现监管真空。我国实行政府主导型的监管体制，以行政手段监管市场经济，必然带来监管手段滞后、"上有政策下有对策"的被动性问题。另外，金融业对国民经济的重要性越来越强，而金融业本身发展速度也是空前的，对金融发展的新趋势，特别是对出现的金融创新类产品，监管部门的反应速度有待进一步提高。

第二节 中国建设银行公司治理个案分析

随着 2009 年中国农业银行股份有限公司在北京正式挂牌并在上海和香港两地上市，我国的金融业改革掀开了新的一页。至此，中国四大国有商业银行全部完成股份制改造并上市。截至 2010 年 6 月，我国已经有 15家商业银行获准上市，还有多家城市商业银行也在不断拓展发展空间，探索上市途径，以期进一步增强自身的竞争力。在这样的大环境下，将我国

---

① 比如在广发证券，前任董事长王志伟和总经理李建勇的税前薪酬分别为 869.86 万元和799.69 万元，其余 18 名高管中，有半数年薪超过 500 万元，但也有累计 8 名高管税前年薪不足20 万元，最低的两名监事税前年薪仅有 8.34 万元。

商业银行建成具有良好公司治理结构、符合现代企业特征的股份制商业银行已成为金融改革的必由之路。

中国建设银行作为我国的四大国有银行之一，在其银行公司治理中还存在着一些问题，为了在防范风险的前提下进一步提高中国建设银行的竞争力，必须要有效发挥银行公司治理的机制在中国建设银行发展中的核心地位，在股份制公司的基本治理模式的基础之上结合中国具体国情展开研究和探讨，以期构建出一套更适合中国建设银行创新与发展的大型国有商业银行的公司治理制度。

一　中国建设银行的股权结构分析

1. 建设银行股权结构的现状

中国建设银行于 2004 年 9 月进行股改，由汇金公司、中国建投、宝钢集团、国家电网以及长江电力共同发起设立股份公司。2005 年 10 月 27 日，建设银行在香港联合交易所挂牌上市。

截至 2010 年 12 月 31 日的 A 股和 H 股在册股东总数 1049546 户，其中 H 股股东 66715 户，A 股股东 982831 户。

表 2 - 18　　　　　　　　　　　　股权结构

股东总数			1049546（2010 年 12 月 31 日的 A 股和 H 股在册股东总数）			
前 10 名股东持股情况	股东名称	股东性质	持股比例（%）	持股总数	持有有限售条件股份数量（股）	质押或冻结的股份数量
	汇金公司[1]	国家	57.03	142590494651（H 股）	—	无
		国家	0.06	154879777（A 股）	—	无
	香港中央结算（代理人）有限公司[2]	境外法人	19.79	49481779782（H 股）	—	未知
	美国银行	境外法人	10.23	25580153370（H 股）	25580153370	无
	富登金融[2,3]	境外法人	5.65	14131828922（H 股）	—	无
	宝钢集团有限公司	国有法人	1.28	3210000000（H 股）	—	无
		国有法人	0.13	318860498（A 股）	—	无

股东总数			1049546（2010 年 12 月 31 日的 A 股和 H 股在册股东总数）			
前 10 名股东持股情况	股东名称	股东性质	持股比例（%）	持股总数	持有有限售条件股份数量（股）	质押或冻结的股份数量
	国家电网[2,4]	国有法人	1.16	2895782730（H 股）	—	无
	长江电力[2]	国有法人	0.43	1070000000（H 股）	—	无
	益嘉投资有限责任公司	境外法人	0.34	856000000（H 股）	—	无
	中国平安人寿保险股份有限公司—传统—普通保险产品	境内非国有法人	0.15	379232453（A 股）	—	无
	中国人寿保险股份有限公司—分红—个人分红—005L—FH002沪	境内非国有法人	0.10	254001798（A 股）	—	无

说明：1. 建设银行控股股东汇金公司已按承诺参与建设银行的 A 股和 H 股的配股方案，并悉数认购其可配股份，其中 A 股认购 10132322 股，H 股认购 9328350117 股。

2. 富登金融、国家电网、长江电力于 2010 年 12 月 31 日分别持有建设银行 H 股 14131828922 股、2895782730 股、1070000000 股，代理于香港中央结算（代理人）有限公司名下。上表中香港中央结算（代理人）有限公司名下的 H 股为 9481779782 股，是除去富登金融、国家电网、长江电力持有的股份之后的数额。

3. 富登金融于 2010 年 1 月 1 日持有建设银行 H 股 13207316750 股，报告期内通过参与建设银行 H 股配股方案，认购建设银行 H 股 924512172 股。

4. 截至 2010 年 12 月 31 日，国家电网通过所属全资子公司持有建设银行 H 股股份情况如下：英大国际控股集团有限公司 856000000 股、国家电网国际发展有限公司 1315282730 股、山东鲁能集团有限公司 374500000 股、国网国际技术装备有限公司 350000000 股。

5. 上表中"持股比例"这一列，由于四舍五入的原因可能出现小数尾差。

2. 建设银行股权结构中存在的问题分析

从上面中国建设银行的股权结构图中，可以看出：在建设银行的前十大股东之中国有法人就占了四家，国有股占建设银行总股份数的 60.1%，汇金公司更是持有建设银行 57.1% 的股份，是建设银行的绝对控股股东，国有资产占据了建设银行绝对的控股地位，形成了国有股"一股独大"的现状。

中国建设银行改革后国有产权的变化主要体现在两个方面：一是将单一国有产权变成了多个国有产权；二是由政府直接控制变成了间接控制。成立汇金公司后，中国建设银行国有产权从政府与建设银行的直接委托代

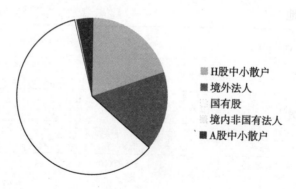

图 2 - 1　股权分布

注：H 股中小散户 19.79%，境外法人 16.22%，国有股
60.1%，境内非国有法人 0.28%，A 股中小散户 3.61%

理关系转变为"中央人民政府—国家外汇管理局—中国投资有限公司—
汇金公司—建设银行"的五级委托代理关系，在代理链条延长的同时，
面临着如何解决每一级委托代理都有可能存在的信息不对称、道德风险等
问题，以及政府仍然通过代理链条干预银行的管理经营等问题。改革后建
设银行产权结构中引入了外国战略投资者美国银行，但是因为外资在股权
结构中所占比例有限，国有产权仍在建设银行中占有决定地位。

　　作为建设银行的控股股东，汇金公司的经营自主权难以得到保障，建
设银行的人事选举权、收益权以及重大事项的决策权等重要的出资人权利
也事实上掌控在政府手中。而政府在对待国有银行这一问题时身兼两职：
一是作为国家国有产权的代理人，对国有资产要求保值增值，并且要求有
所有者的投资回报；二是政府作为经济社会的管理者，以实现公共职能和
政治利益为目标。由于目标的多元化，政府在对待国有银行的相关问题
时，有很强的动机对中国建设银行的经营进行过多行政上的干预，为了实
现政府认为更为重要的政治目标而有可能牺牲银行以及中小股东的利益。

二　中国建设银行的董事会分析

1. 建设银行董事会的现状

　　作为决策机构，中国建设银行董事会精心遴选了财经、法律和金融领
域的一些知名专家学者担任非执行董事和独立董事。2010 年建设银行的
董事会共有 17 名董事，他们分别来自美国、英国、新西兰等国家和地区

以及中国内地和香港，具有丰富的财务、金融和法律方面的资历与经验。董事会下设有五个专门委员会，包括战略发展委员会、审计委员会、风险管理委员会、提名与薪酬委员会和关联交易控制委员会。其中审计委员会、提名与薪酬委员会和关联交易控制委员会的主席都由独立非执行董事担任，而且独立非执行董事在上述三个专门委员会中的比例超过50%。建设银行董事会构成的多元化，有利于董事们能够坚持原则和独立发表意见，减少了过去那种"内部人控制"的情况发生。

2010年，建设银行董事会共召开会议10次，其中召开现场会议9次，以书面议案方式召开会议1次。主要审议通过了建设银行的财务报告、经营计划、利润分配、选举董事候选人以及聘任高级管理人员等议案，并依据有关法律法规以及上市地上市规则的规定进行了信息披露。表2－19列出了各位董事在2010年出席董事会会议的情况。

表2－19　　　　　　　董事会人员构成及出席董事会次数统计

董事会成员	亲自出席次数/任职期间会议（次数）	委托出席次数/任职期间会议（次数）	出席率（%）	备注
执行董事				
郭树清先生	10/10	0/10	100	中组部任命
张建国先生	9/10	1/10	100*	中组部任命
陈佐夫先生	9/10	1/10	100	中组部任命
朱小黄先生	3/4	1/4	100	中组部任命
非执行董事				
王勇先生	10/10	0/10	100	汇金公司职员
王淑敏女士	10/10	0/10	100	汇金公司职员
朱振民先生	3/3	0/3	100	汇金公司职员
李晓玲女士	10/10	0/10	100	汇金公司职员
杨舒女士	3/3	0/3	100	美国银行全球企业战略规划部执行官
陆肖马先生	3/3	0/3	100	汇金公司职员
陈远玲女士	3/3	0/3	100	汇金公司职员
独立非执行董事				
彼得·列文爵士	6/10	4/10	100	
任志刚先生	3/3	0/3	100	

续表

董事会成员	亲自出席次数/任职期间会议次数	委托出席次数/任职期间会议次数	出席率（%）	备注
詹妮·希普利爵士	8/10	2/10	100	
伊琳·若诗女士	9/10	1/10	100	
赵锡军先生	3/3	0/3	100	
黄启民先生	9/10	1/10	100	
已离任董事				
辛树森女士	4/4	0/4	100	
王永刚先生	4/4	0/4	100	
刘向辉先生	4/4	0/4	100	
张向东先生	4/4	0/4	100	
格里高利·L.科尔先生	3/4	1/4	100	
宋逢明先生	4/4	0/4	100	
谢孝衍先生	4/4	0/4	100	

2. 建设银行董事会中存在的问题分析

按照公司法的设计，董事应当是具有一定的独立性的，理论上他们应当要对银行和全体股东负责，而不是受控于某一个或某一部分股东。

一是董事受制于政府。在建设银行的董事会中，虽然除了行长等高级管理层兼任的执行董事以外，大多都是非执行董事，以及部分独立董事。但是，从这些董事们的履历可以看出，他们中的很大部分都曾经在政府部门任职。王勇曾任国家外汇管理局外资司副司长、国际收支司巡视员；王淑敏曾任国家外汇管理局政策法规司副司长、管理检查司巡视员；朱振民曾任财政部税政司司长、税政司巡视员；李晓玲曾任财政部预算司副巡视员。这是因为建设银行的绝大部分股权都是国有股，所以在这样股权比例悬殊的股东大会的选举下，除了境外战略投资者美国银行所选派的非执行董事杨舒女士，绝大多数董事都是由汇金公司代表国家选派的代表，或者干脆就可以说，这些董事几乎都是政府任命的。建设银行的董事长郭树清和行长张建国都属于由中组部任命的，是具有副部级行政级别的高级干部。不仅是董事，连本应由董事会选人的经理，事实上也有很多是由政府直接决定任命的。所以很显然，在建设银行中还存在"行政化"的浓厚氛围，国有银行与政府部门之间存在调任的可能性，为了自己的前途，这些董事及高级管理者们将难以从银行，特别是从全体股东的利益出发来独立地思考问题和做出决策，而更容易受到国家和政府的影响。

二是独立董事投入精力有限。在建设银行的独立董事中，彼得·列文爵士在其任职期间就参加的会议次数为 10 次，但其本人亲自出席的仅有 6 次。按照《股份制商业银行独立董事和外部监事制度指引》的规定，独立董事一年内亲自出席董事会会议次数少于董事会会议总数的 2/3 的，由监事会提请股东会罢免，但中国建设银行的监事会对此似乎无动于衷。根据中国建设银行 2010 年的资料，彼得·列文爵士现任 Lloyd's 的董事长，General Dynamics UK Limited 和 NBNK plc 的董事长，并且还是上市公司 TOTAL SA 及 Haymarket Group Ltd. 的董事。这样一位 69 岁的在多个公司任董事长的外籍人士，是否还有精力来担任中国建设银行的独立董事，在任期内的十次董事会议中，彼得·列文爵士有四次不能亲自出席。如果连 2010 年一年仅有的 10 次会议都不能亲自出席，那么彼得·列文爵士是否有时间与精力去关心中国建设银行公司治理中的细节问题，又怎样去行使一个独立董事的权利，履行独立董事的义务？另外，中国建设银行独立董事中还有一位爵士詹妮·希普利也有两次未能亲自出席。爵士是社会地位的象征，中国建设银行分别用 36 万元和 39 万元的年薪聘请到两位爵士来担任独立董事，但独立董事不应该是"花瓶"董事，更是希望他们能用其专业知识为建设银行公司治理服务。

三是没有能代表中小股东的利益的董事进入建设银行董事会，累积投票制度没有起到应有的作用。虽然《上市公司治理准则》① 都试图用累积投票制度来平衡了中小股东与大股东之间的利益，但是建设银行董事候选人的提名都被控股股东汇金公司和大股东美国银行所掌握，从而使累积投票制度形同虚设。建设银行第十大股东中国人寿保险股份有限公司持股比

---

① 《上市公司治理准则》第 31 条规定，在董事的选举过程中，应充分反映中小股东的意见。股东大会在董事选举中应积极推行累积投票制度。控股股东控股比例在 30% 以上的上市公司，应当采用累积投票制。采用累积投票制度的上市公司应在公司章程里规定该制度的实施细则。

例才为 0.1%，普通中小股东想要用 3%①的建行股份从而具有提名权基本不可能实现。即使中小股东拥有了提名权，建设银行董事会所采用的分批改选董事会董事的方式，也极大地削弱累积投票制的作用，如建设银行 2010 年度股东大会的第七项关于选举董事的议案只改选了一位董事，这种候选人只有一名的情况下，累积投票制和直接投票制没什么区别。虽然 2005 年修订的《公司法》第 103 条将推荐普通董事的人选所需要的股份比例降低为 3%，但是，建设银行的中小股东持股份额太少而且分散，再加上成本较高，行使这项权利缺乏相关配套制度的支持，很难达到 3% 的最低限额。如果累积投票制度不能够将中小股东偏好的人员推荐入候选人名单，那么这项制度在建设银行的作用也就名存实亡。

此外，建设银行的董事会还存在着以下问题。

（1）建设银行董事会议案几乎都是由管理层发起的，而非执行董事和独立董事大多是以听取行长工作报告的形式来对建设银行的重大事项进行审议，这样做使董事会的其他成员难以在事前做到充分了解和及时沟通，非执行董事和独立董事更是难以主动做出决策。建设银行董事会的放权，事实上是将经营决策权大部分交由管理层来行使，这种做法显然会加深建设银行内部人控制的程度。

（2）尽管在目前建设银行的董事会中，独立董事有 6 名，超过了董事总人数 17 人的 1/3，但是这种设置似乎仅仅只是为了满足《关于在上市公司建立独立董事制度的指导意见》的规定，这些独立董事也没有发挥其应有的作用。在建设银行董事会审议的议案中，有独立董事提出不同意见而最终弃权或反对的议案不到 1%，几乎都是全票通过。绝大部分独立董事自从其加入建设银行董事会起，甚至连一次弃权或反对的投票都没有过。

（3）建设银行董事会中审计委员会主席由非独立董事黄启民先生担任，黄先生曾是罗兵咸永道会计师事务所的合伙人，而审计委员会于 2010 年建议聘用罗兵咸永道会计师事务所为建设银行及境外子公司 2011

---

① 根据《公司法》第 102 条规定，"单独或者合计持有公司 3% 以上股份的股东，可以在股东大会召开 10 日前提出临时提案并书面提交董事会；董事会应当在收到提案后 2 日内通知其他股东，并将该临时提案提交股东大会审议。临时提案内容应当属于股东大会职权范围，并有明确的议题和具体决议事项。"

年国际会计师事务所，这里是否存在利益输送的道德风险，建设银行聘用罗兵咸永道会计师事务所之后，是否不利于罗兵咸永道会计师事务所审计的独立性，这些都需要建设银行管理层进行考量。

三　中国建设银行的监事会分析

1. 建设银行监事会的现状

为了有效开展监督检查工作，建行监事会把规范内部运作、加强制度建设作为带动全盘工作的一个突破口，在相关法律法规和公司章程规定的基础上，先后制定了《监事会工作制度》《监事会对董事会、高级管理层及其成员的监督办法》《监事业绩考核暂行办法》等一系列规章制度，拟定了相关的监督检查操作规程，对监督信息资料的记录、归档和分析工作逐步进行了规范，初步形成可以满足现阶段基本需要的制度框架。

按照公司章程的有关规定，建行监事会成立了两个专门委员会，分别是履职尽职监督委员会和财务与内部控制监督委员会。两个专门委员会组建后分别讨论拟定了工作计划，确定了阶段性的工作重点，有步骤地指导开展监督工作。随着专门委员会的有效运作，针对重点领域的监督工作力度有所增强，监督的专业化程度和监督质量均有所提高。

在中国建设银行监事会的 8 名人员中，其中有 3 名是职工监事，2 名是外部监事，符合公司法中"职工代表的比例不得低于三分之一"以及中国人民银行发布的《股份制商业银行独立董事和外部监事制度指引》中"商业银行监事会中至少应当有两名外部监事"的规定。

2. 建设银行监事会中存在的问题

表 2 – 20　　　　　　　　　　　建设银行监事

姓名	职位	性别	年龄	任期
张福荣	监事长	男	58	2010 年 9 月至 2012 年度股东大会
刘进	股东代表监事	女	46	2010 年 6 月至 2012 年度股东大会
宋逢明	股东代表监事	男	64	2010 年 6 月至 2012 年度股东大会
金磐石	职工代表监事	男	46	2010 年 6 月至 2012 年度股东大会
李卫平	职工代表监事	男	57	2010 年 6 月至 2012 年度股东大会

续表

姓名	职位	性别	年龄	任期
黄叔平	职工代表监事	女	57	2010 年 6 月至 2012 年度股东大会
郭峰	外部监事	男	48	2010 年 6 月至 2012 年度股东大会
戴德明	外部监事	男	48	2010 年 6 月至 2012 年度股东大会

建设银行监事会事实上还是大股东的一言堂，累积投票制在建设银行监事会选举中也没有发挥应有的作用，建设银行的中小股东持有的股份比例太小，太分散，而且他们大多只在乎短期内股票的涨跌所带来的收益，并不关心建设银行长期的发展状况，更不用说参加银行股东大会行使表决权来选举监事对建设银行施加影响力。

按照公司法的规定，监事会是公司的监督机构。但在现实当中，由于国有股"一股独大"，监事大多也都是由国家任命的。职工监事由建设银行的职工代表大会选举产生，但是职工代表大会也是在建设银行党委的领导下展开工作，选出来的职工代表监事全都属于建设银行的中层管理干部。金磐石曾任建行信息管理部总经理，李卫平曾任建行人力资源部总经理，黄叔平曾任建行重庆市分行行长，并不能代表建行普通员工的利益。即使是职工监事，也属于银行的职工，受制于管理层，而难以在事实上起到监督作用。此时，外部监事的作用就相对明显，但中国建设银行的外部监事的比例不大。建行的监事会组成人员为 8 人，而外部监事只有 2 人，监事会的监督作用难以发挥。

根据 2010 年年报上显示的数据，中国建设银行监事会组成人员为 8 名，建设银行监事的总人数不是单数，设计不合理，万一出现 4 对 4 的情况表决结果应该如何处理，建设银行的章程中并没有规定。在建设银行公司治理的实践中似乎也没有规定的必要。2006—2010 年度建设银行议案表决都没有出现等票的情况，而是一片和谐：同意 8 票，反对 0 票，弃权 0 票。现代公司法人治理中的很多制度设计就是为了能够使各个利益主体的利益诉求能在公司的"三会一层"中得到反映，然后通过各个利益主体的博弈，得到一个能够虽然差强人意，但是照顾到了各方诉求的妥协的结果。然而，在建设银行，只要是监事会审议的议案，没有一个不是全票通过的。根据公司法的规定，监事会与股东大会、董事会以及经理层共同构成了公司制企业的法人治理结构，各机构各司其职，相互制约，但是在建设银行公司治理的实践中监事会的职能被弱化了，缺少对权力的监督和制约，将会影响建设银行健康持久的发展。

四 中国建设银行经营者治理机制分析

1. 建设银行经营者的激励与约束机制的现状

表 2 - 21　　　　　　　　建设银行高管薪酬

姓名	职位	性别	年龄	任期	酬金	已支付薪酬（万元）	各类社会保险、住房公积金的单位缴费等（万元）	税前合计（万元）	是否在股东单位或其他关联单位领取报酬、津贴
张建国	行长	男	56	2006 年 7 月—	—	64.8	31.9	96.7	否
陈佐夫	副行长	男	56	2005 年 7 月—	—	56.4	27.6	84.0	否
朱小黄	副行长	男	54	2008 年 6 月—	—	56.4	27.5	83.9	否
	首席风险官			2006 年 4 月—2011 年 2 月					
胡哲一	副行长	男	56	2009 年 3 月—	—	56.4	27.5	83.9	否
庞秀生	副行长	男	52	2010 年 2 月—	—	56.4	27.0	83.4	否
	首席财务官			2006 年 4 月—2011 年 3 月					
赵欢	副行长	男	47	董事会 2011 年第 1 次会议聘任赵欢先生担任副行长	—			不适用	否
章更生	高级管理层成员	男	50	2010 年 12 月—	—			不适用	否
曾俭华	首席财务官	男	53	2011 年 3 月—	—			不适用	否
黄志凌	首席风险官	男	50	2011 年 2 月—	—			不适用	否
余静波	首席审计官	男	53	2011 年 3 月—	—			不适用	否
陈彩虹	董事会秘书	男	54	2007 年 8 月—	—	49.8	24.0	73.8	否
顾京圃	批发业务总监	男	54	2006 年 5 月—	—	49.8	24.0	73.8	否
杜亚军	零售业务总监	男	54	2006 年 5 月—	—	49.8	24.0	73.8	否
毛裕民	投资理财总监	男	55	2007 年 9 月—	—	457.6	3.1	460.7	否

资料来源：建设银行 2010 年年报。

表 2 - 22　　　　　　　　　　建设银行经营者薪酬　　　　　　　　　（单位：元）

姓名	基本年薪	绩效年薪	津贴	福利	税前合计	绩效年薪中延期支付部分	2010 年度税前薪酬当年支付部分	是否在股东单位或其他关联单位领取报酬、津贴
	1	2	3	4	5 = 1 + 2 + 3 + 4	6	7 = 5 - 6	
董事								
郭树清	427500	1079900	—	319032	1826432	539951	1286481	否
张建国	384750	1061910	—	318928	1765588	530956	1234632	否
陈佐夫	363375	1001825	—	275613	1640813	500914	1139899	否
朱小黄	363375	1002552	—	275052	1640979	501277	1139702	否
王　勇	—	—	—	—	—	—	—	是
王淑敏	—	—	—	—	—	—	—	是
朱振民	—	—	—	—	—	—	—	是
李晓玲	—	—	—	—	—	—	—	是
杨舒	—	—	162500	—	162500	—	162500	是
陆肖马	—	—	—	—	—	—	—	是
陈远玲	—	—	—	—	—	—	—	是
彼得·列文爵士	—	—	360000	—	360000	—	360000	否
任志刚	—	—	158333	—	158333	—	158333	否
詹妮·希普利爵士	—	—	390000	—	390000	—	390000	否
伊琳·若诗	—	—	425000	—	425000	—	425000	否
赵锡军	—	—	170833	—	170833	—	170833	否
黄启民	—	—	415000	—	415000	—	415000	否
监事								
张福荣	156750	432473	—	139051	728274	216238	512036	否
刘　进	277875	766101	—	236783	1280759	383052	897707	否
宋逢明	—	—	355000	—	355000	—	355000	否
金磐石	138938	382913	13000	114060	648911	191458	457453	否
李卫平	—	—	13000	—	13000	—	13000	否
黄叔平	—	—	13000	—	13000	—	13000	否
郭　峰	—	—	250000	—	250000	—	250000	否
戴德明	—	—	270000	—	270000	—	270000	否

续表

姓名	基本年薪	绩效年薪	津贴	福利	税前合计	绩效年薪中延期支付部分	2010年度税前薪酬当年支付部分	是否在股东单位或其他关联单位领取报酬、津贴
	1	2	3	4	5 = 1 + 2 + 3 + 4	6	7 = 5 - 6	
高级管理人员								
胡哲一	363375	1001825	—	274987	1640187	500914	1139273	否
庞秀生	363375	1002552	—	269953	1635880	501277	1134603	否
赵欢	—	—	—	—	不适用	—	不适用	否
章更生	—	—	—	—	不适用	—	不适用	否
曾俭华	—	—	—	—	不适用	—	不适用	否
黄志凌	—	—	—	—	不适用	—	不适用	否
余静波	—	—	—	—	不适用	—	不适用	否
陈彩虹	333450	918988	—	240103	1492541	459495	1033046	否
顾京圃	333450	918655	—	239968	1492073	459329	1032744	否
杜亚军	333450	918655	—	240009	1492114	459329	1032785	否
毛裕民	4330000	400000	—	31445	4761445	—	4761445	否
当年离任董事								
王永刚	—	—	—	—	—	—	—	是
刘向辉	—	—	—	—	—	—	—	是
张向东	—	—	—	—	—	—	—	是
格里高利·L.科尔	—	—	195000	—	195000	—	195000	是
谢孝衍	—	—	220000	—	220000	—	220000	否
当年离任监事								
谢渡扬	282150	778452	—	235985	1296587	389227	907360	否
程美芬	—	—	13000	—	13000	—	13000	否
孙志新	—	—	13000	—	13000	—	13000	否
帅晋昆	—	—	13000	—	13000	—	13000	否
当年离任高级管理人员								
范一飞	151406	417275	—	111947	680628	208639	471989	否
于永顺	333450	919322	—	239952	1492724	459662	1033062	否

资料来源：建设银行2010年年报补充公告。

　　报告期内，建设银行部分监事、高级管理人员因担任现任职务之前通过参加建设银行员工持股计划，持有建设银行 H 股股票，其中李卫平先生 20446 股、黄叔平女士 21910 股、赵欢先生 18292 股、章更生先生 19304 股、曾俭华先生 25838 股、黄志凌先生 18751 股、余静波先生 22567 股、陈彩虹先生 19417 股。除此之外，建设银行的董事、监事及高级管理人员均未持有建设银行的任何股份。

　　建设银行经营者的薪酬构成包括基本年薪、绩效薪金以及保险福利等。2010 年 3 月，银监会发布了《商业银行稳健薪酬监管指引》，明确规定绩效薪酬必须经考核以后才能发放，必须留存一定比例在财务年度结束以后支付。在规定期限内，如果发生风险暴露，将对相关负责人追回当年绩效薪酬，并止付所有未支付部分。受政策影响，2010 年建设银行按银监会的规定，对高管人员绩效薪酬中按照 50% 左右比例计提风险基金，进行延期支付。这个规定使建设银行 2010 年公布的年报中只公示了其高管的部分年薪（如表 2 – 21）避开了财经媒体的聚焦热点时期，因为所有上市公司的年报一般都是第二年的三月底四月初公布，届时各大财经媒体都会进行跟踪报道，进行各行业的横向和纵向对比，2008 年金融危机后，银行高管的高薪引起了社会公众的不满，这种做法也是对建设银行经营者的变相舆论保护。《中国建设银行股份公司 2010 年度报告补充报告》于 2011 年 5 月中旬公布，这时各大财经媒体关注和解读各大上市公司年报的热点时期已经过去，对这一报告的解读寥寥无几，所以社会公众所知道的建设银行经营者的年薪（表 2 – 21）远小于其真正的年薪（如表 2 – 22），我们在查找资料的时候，发现一些论文在引用数据的时候也犯了这一错误。

　　从表 2 – 21 和表 2 – 22 可以看出建设银行投资理财总监毛裕民的年薪是最高的。这是因为建设银行的董事长和行长都是有行政级别的，其薪酬水平受到有关政策的限制。而建设银行聘请的"总监"这一级负责人的薪水则无此限制。与建设银行相比，其他股份制商业银行高管的薪酬就没有这么多限制。股份制商业银行高管的年薪是由董事会下面的一个薪酬委员会来确定，相对五大行而言就没有那么多限制，走的是市场化路线，所以相对会高一些。

　　2. 经营者的激励与约束机制中存在的问题

　　建设银行的经营者存在着明显的"内部人控制"问题。由前面的分析可以看出建设银行的董事会、监事会和高级管理层大多数是国家任命的，都不是真正的所有者，都是国家的代理人，从而有可能合谋从建设银行的经营之中牟利，而且建设银行的经营者滥用职权的行为也难以得到监督和约束。

建设银行的经营者在法律上虽然不拥有银行的多数股权，但却对建设银行拥有实际的控制权。这些极有可能导致建设银行经营者的个人独断，过度发放信贷，经营行为短期化，侵蚀利润，过分地在职消费以及奖金、工资等收入增长过快等现象的发生。建设银行的经营者还极可能利用经营信息的不对称以及政府的行政干预推脱责任，比如，把经营性亏损推脱为政策性亏损，转嫁自己的风险，将经营性亏损和政策性亏损混为一体。

在薪酬机制方面，在建设银行股改以后，建设银行经营者的薪酬都有了一定幅度的上升，但他们的薪酬并没有和越来越好的业绩挂钩，建设银行的经营者薪酬参考国资委同级水平，股份制银行薪酬市场化。2010 年国有五大行的行长的年薪中，建行张建国的 176.56 万元排名第二，其中四大行行长的年薪之和共计 679.66 万元，不及民生银行行长洪崎一个人的年薪 684.48 万元（如表 2-23）。建设银行高管年薪一直是受到监管部门限制的，这与其银行规模及盈利能力并不相符。

表 2-23　　　　　　　　　银行行长薪酬情况　　　　　　　（单位：万元）

银行名称	行长	2010 年度税前报酬
交通银行	牛锡明	91.05
中国银行	李礼辉	155.44
农业银行	张云	158.26
建设银行	张建国	176.56
工商银行	杨凯生	189.4
民生银行	洪崎	684.48
招商银行	马蔚华	531
深圳发展银行	理查德·杰克逊	554
华夏银行	樊大志	260
中信银行	陈小宪	496
兴业银行	李仁杰	295

第一，建设银行经营者的薪酬激励结构缺乏长期激励。建行的薪酬制度遵循激励与约束相统一、短期激励与长期激励相兼顾、政府监管与市场

调节相结合的原则，实行由基本年薪、绩效年薪、中长期激励和津贴以及福利性收入组成的结构薪酬制度。但当时由于国家相关政策尚未出台，建设银行未实施董事、监事以及高级管理人员的中长期激励计划。

第二，建设银行经营者的薪酬仍受国家影响限制，激励作用有限。建设银行经营者的薪酬的制定流程应是先由建设银行董事会下属薪酬委员会提出意见，再由董事会审议后报股东大会审批决定。但实质上建设银行经营者的薪酬是由政府决定的，薪酬委员会和股东会都只是完成形式上的流程。与其他非国有的股份制银行（如民生银行、招商银行、华夏银行）相比，建设银行的董事、高管、监事们的薪水并不高，激励作用有限。

第三，高管人员薪酬透明度不高，与普通员工薪酬差距过大。经过股份制改革以后，建设银行经营者的薪金水平大幅度上升，但是其高管人员和普通员工之间的收入差距也越来越大。从中国建设银行公布的高管薪酬数据我们可以看到，他们的薪酬已经达到了基层普通员工薪酬的数十倍甚至更高，而且建设银行经营者薪酬的来源和依据，其考核标准以及公务活动的开支等难以为公众以及建设银行的普通员工所了解，这不利于对建设银行高管的约束和对基层员工的激励。

五 中国建设银行高级管理层分析

1. 建设银行高级管理层现状

2005 年《公司法》第 217 条第（一）项规定，公司高级管理人员，是指公司的经理、副经理、财务负责人，上市公司董事会秘书和公司章程规定的其他人员。建设银行的高级管理人员如表 2－24 所示。

表 2－24　　　　　　　　建设银行高级管理人员

姓名	职位	性别	年龄	任期	兼任
张建国	行长	男	56	2006 年 7 月—	执行董事
陈佐夫	副行长	男	56	2005 年 7 月—	执行董事
朱小黄	副行长	男	54	2008 年 6 月—	执行董事
	首席风险官			2006 年 4 月—2011 年 2 月	
胡哲一	副行长	男	56	2009 年 3 月—	
庞秀生	副行长	男	52	2010 年 2 月—	
	首席财务官			2006 年 4 月—2011 年 3 月	

姓名	职位	性别	年龄	任期	兼任
赵欢	副行长	男	47	本行董事会2011年第1次会议聘任赵欢先生担任本行副行长	
章更生	高级管理层成员	男	50	2010年12月—	
曾俭华	首席财务官	男	53	2011年3月—	
黄志凌	首席风险官	男	50	2011年2月—	
余静波	首席审计官	男	53	2011年3月—	
陈彩虹	董事会秘书	男	54	2007年8月—	
顾京圃	批发业务总监	男	54	2006年5月—	
杜亚军	零售业务总监	男	54	2006年5月—	
毛裕民	投资理财总监	男	55	2007年9月—	

2. 建设银行高级管理层治理存在的问题

建设银行的高级管理层存在着两职兼任的问题，张建国行长、陈佐夫副行长、朱小黄副行长都兼任建设银行董事会的执行董事。这种权力的过度集中都不利于建设银行经营业绩的提高。权力过于集中会导致建设银行内部人控制现象，这时候变成了"自己监督自己"，也就等于没有监督，因而管理层有可能"共谋"，同样容易产生损害建设银行和股东利益的行为；而权力的适度分散和有限的集中却能产生一种良好的权力制衡，管理层的相互监督的效果大大提高，产生"败德行为"和"逆向选择"的可能性大大降低。按照理性经济人的假设，各利益团体会为了实现自己的目标展开博弈，也即追求决策权、监督权和经营权的平衡配置。建设银行的高级管理层兼任董事会的执行董事，这使得建设银行的经理层的表现即使差强人意，建行董事会也很难将其更换。

第三节　上市金融机构公司治理的完善建议

要完善我国上市金融机构公司治理结构，首先要对公司治理的内容，也就是公司治理要解决的主要问题进行廓清。孙光焰在2007年出版的《公司治理模式趋同化研究》一书中认为，公司治理至少要解决委托代理问题、大股东行为规制问题、现代公司管理问题、企业制度安排问题以及利益相关者的参与及权益保护问题。① 而目前我国上市金融机构公司治理方面也存在着较多问题，比如股权结构上的高度集中、股权集中度上的相对较高、董事会（特别是独立董事）、监事会独立性、对高管的长期激励约束机制和对金融机构的监管等问题。

一　优化金融企业的股权结构，夯实公司治理基础

相对集中的股权结构是最优的股权结构②。股权结构可以通过股东的持股比例得到体现。前五大股东持股比例能较好地反映出公司的股权集中度。根据股权集中度可分别将公司的股权结构分为股权集中型、股权分散型和介于两者之间的股权相对集中型。一般认为，股权的集中或分散的程度会影响到企业的代理和控制结构。股权集中度高或股权集中度低均对公司治理机构的完善有负面影响。

孙光焰（2007）在《公司治理模式趋同化研究》一书中，详细论述了股权集中度与公司治理模式的差别及股权集中度与公司治理手段应用上的差别，认为股权相当集中或相当分散均存在多个方面的弊端，只有在股权有一定集中度并有相对控股股东存在下，才会有利于公司治理机制作用的发挥，即相对集中的股权结构才是最优的股权结构。③

在我国目前阶段，首先，要调整并完善股权结构，重点是调整国有股的比例，降低"委托—代理"的成本，并发展多元化的投资主体，培育一批稳定的核心大股东，保障战略投资者作用的切实有效发挥；其次，注重公平，尽量减少行政干预，提高上市金融机构的市场化运作水平；再次，通过增强对企业高管的内外监督与约束，降低代理成本；最后，加强对中小股东的权益保护。

就中国建设银行而言，为了解决国有股"一股独大"（尤其是中央汇金公司）的问题，中国建设银行应逐步地去释放国有股权，但是鉴于中国建设银行在我国国家金融体系中的重要地位，还是必须要保障国有股权的控股地位。在此前提之下，建行应逐步释放国有股权，在国家政策允许的范围之内，鼓励战略投资者增持股份，增加非国有企业股东与自然人股

---

① 孙光焰：《公司治理模式趋同化研究》，中国社会科学出版社 2007 年版，第 65—68 页。

② 同上书，第 231—239 页。

③ 同上。

东，逐步地扩大非国有股权比重，逐步消除或弱化国有股"一股独大"现象，逐步减少政府对中国建设银行日常经营的干预，提高公司治理的效率。同样为国有控股公司，建设银行的财务投资者，新加坡淡马锡控股公司就很好地解决了委托人和代理人之间的权责关系，虽然是政府性公司，但政府不干预其具体经营管理事务，这是淡马锡成功的治理经验之一，也值得我国政府和中国建设银行借鉴。

我们认为"一控多强"的股权格局应该是中国建设银行今后的发展方向。这种股权结构特点是：在国家控股的前提下，存在着几个机构大股东，这几个大股东在相互竞争、相互制约和监督外，还有可能联合监督制约第一大股东。这种股东之间相互竞争制约的股权结构是我们所期望达到的。

对于中国建设银行的控股股东中央汇金公司也应进行改革。中央汇金公司应该从以下两方面进行改革：一是落实其在建设银行高管任免上的决策权，可以通过其派出董事行使；二是落实汇金公司及其高管人员的业绩考核，公司高管人员业绩应同公司所投资银行的业绩挂钩，薪酬应与其业绩相联系。我国政府可以通过建设银行董事会对建设银行进行监控，建设银行公司董事会每年向外汇管理局或财政部提交业绩表，如果业绩不好就要被换届。

二　健全金融机构的董事会制度

董事会是企业的核心决策机构，但是董事会内部人控制也是我国上市金融机构的一个诟病，所以要引入更多的外部独立董事有效地制衡与监督内部的执行董事来改善董事会结构，使独立董事能在董事会中起到制衡非独立董事的作用，获得更多的话语权，从而消除内部人控制的负面影响。此外，独立董事也应担负起其相应的责任，仔细分析董事会的决议，客观表态，绝不能流于形式，出现"走过场"的局面。

在公司运作过程中，由于各种原因或者有着种种顾忌使得监事会不能有效行使法律赋予的监督权，在此种情况下，独立董事制度被引入。独立董事制度可以提高董事会的独立性，也可以弥补监事会监督的不足。公司虽然由股东出资设立，但众多利益相关者的利益及社会公共利益同样应予以重视。因此，公司治理必定要超越股东意志。这就要求存在股东以外的力量来制约股东的行为，目前，由股东亲自担任或其委托的人担任董事的人数比例很高，独立董事的引入，在董事会内部会形成一定的制衡，从而提高董事会的独立性，充分发挥董事会的作用。然而由于独立董事的提名人规定以及薪酬、履职条件、处罚措施等多方面的限制，目前的独立董事制度还不能满足其设立的初衷，需要进一步有针对性地改革完善。

1. 独立董事提名、选任制度的改革

现行的独立董事的提名主体包括董事会、监事会以及合并或单独持股1%以上的股东。在统计的41家上市金融机构中，实际上对独立董事的提名、选任起主导作用的仍是第一大股东或实际控制人，我们很难想象独立董事会完全独立于实际控制人。

对此，我们可以考虑在修改公司法时直接赋予证监会享有独立董事的提名、选任权，由证监会统一向上市公司派遣独立董事，直接对中小股东负责，中小股东对本公司的独立董事履行职能的情况进行监督，对怠于履行职务、违法履行职务或者有其他侵害中小股东利益行为的，中小股东有权向证监会要求撤换独立董事。关于独立董事的津贴则由证监会统一向各上市公司按照一定的比例统一收取，并直接向独立董事发放，从而降低我国上市金融机构中独立董事对第一大股东或实际控制人的依赖程度。

因为证监会主要着眼于行政职能，将独立董事的提名、选任、津贴发放交给证监会管理只是过渡方法，待条件成熟后，应当成立上市公司协会，证监会管理上市公司协会，将具体事务，包括独立董事的选任、考核交由上市公司协会处理。

2. 独立董事的来源的拓宽

在英美国家，由于经理资源十分丰富，选任市场比较大，因此独立董事的挑选余地也比较大。而在我国，首先是选任独立董事有一个误区，即习惯追求名气，大多数上市金融机构的独立董事都主要由专家学者组成。就独立董事个人能力来讲，应当是具备相应的专业知识，尤其要精通财务、法律、管理及公司业务相关的知识。由此看来，在我国可供上市金融机构挑选的人员十分有限。更不用说有足够的董事资源与充分的市场对不称职的独立董事进行撤换。所以我国必须花大力气培育独立董事的人才市场。[①] 独立董事的选任范围上要更多地关注企业管理人员，可以考虑学习

---

① 孙光焰：《公司治理模式趋同化研究》，中国社会科学出版社2006年版，第270页。

建立广泛的社会搜寻机制，在现阶段，我国的执业律师、注册会计师、社会研究机构的研究员、金融中介机构中的资深管理人员以及曾在大公司任职多年的高管人员等，都应当可以成为独立董事的来源。对这些人员在申请、考核的基础上通过严格的筛选，以及引入淘汰规则，建立独立董事专家库。另外，独立董事还应有一定的经济条件，在经济上不能依赖于担任独立董事而得到的报酬，否则，我们就会怀疑其是否具有独立性。但考虑到独立董事的作用，因此对股东来说，为了使独立董事顺利开展工作，给予其相当于专业人员的报酬还是有必要的，以酬报他们对公司的贡献。①

3. 独立董事处罚机制的完善

首先是区分独立董事的责任与其他执行董事的责任。根据我国《公司法》第149条的规定，为独立董事承担民事责任提供了法律依据。② 但是，目前独立董事的责任和其他执行董事的责任没有分开，因此，其他执行董事为了自身利益，也不会去追究独立董事的责任，因为追究独立董事的责任的同时必然会将自己也牵扯进去，这肯定是其他执行董事所不愿看到的。因此有必要将独立董事的民事责任与其他执行董事的民事责任分开，明确细化各自的责任，增加追究独立董事民事责任的可执行性。

其次是独立董事的名誉机制建设。独立董事多为各行业的精英人士，在一定程度上对名誉的看重比对金钱更甚，因此，有必要建立一套名誉机制，对依法履职的独立董事进行评比后授予一定的称号，对怠于履行职务或者违法履行职务的独立董事要公开谴责，禁止其终身或者一定年限内再次进入独立董事专家库。

具体就中国建设银行来说，其董事会可以从以下几方面加强建设。

一是为了避免建设银行的独立董事经常旷工的情况，应该在公司章程中强制规定建设银行的独立董事每月来建行工作的最少时间，对于达不到工作时间要求的独立董事由建设银行监事会提出罢免。虽然目前上交所要求独董原则上每年有不少于10天的时间到上市公司现场了解公司的日常经营、财务管理和其他规范运作情况，中国建设银行的《公司章程》第142条也规定：建设银行独立董事每年为银行工作的时间不得少于十五个

---

① 孙光焰：《公司治理模式趋同化研究》，中国社会科学出版社2006年版，第271页。

② 《公司法》第149条规定："董事、监事、高级管理人员执行公司职务时违反法律、行政法规或者公司章程的规定，给公司造成损失的，应当承担赔偿责任。"

工作日，但是仍然出现了像彼得·列文爵士这样的情况，连一年仅有十次的董事会都有四次不能亲自参加。建议建设银行在今后聘用独立董事的时候尽量不要去任用那些社会兼职太多的人士担任独立董事。建设银行章程中规定的 15 天时间显然太短，不足以让独立董事了解建设银行的真实情况，发现建设银行的真正问题所在，所以有必要对独立董事到建设银行工作的时间予以增加，至于工作时间增加多少则应当授权给建设银行通过股东大会表决决定。如果建设银行的某位独立董事实在太忙，没法增加在建设银行的工作时间，那么其就不适宜再继续担任建设银行的独立董事，应当由建设银行监事会提请建设银行股东大会对其予以罢免。另外，如果建设银行的中小股东发现建设银行的独立董事不作为，不能够维护中小股东的利益，也可以通过媒体和网络等平台，征集到提议权，提议召开建设银行临时股东大会来罢免该独立董事。

二是为了使独立董事能够独立地参加建设银行的公司治理，应当设立独立董事的行业协会，培育我国的独立董事市场，建设银行独立董事的选任可以委托该专门的行业协会遴选后向建设银行提出建议名单，建设银行也可将独立董事的考核委托给该行业协会。卡尔·波普说过，"人们需要的与其说是好的人，还不如说是好的制度。"目前建设银行的独立董事恰好是由被他制约的大股东推荐任免，这种规则设计上的缺陷使建设银行独立董事想发出自己独立声音的时候腰杆子硬不起来，因为其都是由控股股东中央汇金公司推荐的，而且还会产生"劣币驱逐良币"的现象：那些敢于给内部董事与大股东"找麻烦"的独立董事，一定会不被内部董事和大股东所喜欢，从而被圆滑的不管事的"花瓶"独立董事所取代。如果这个独立董事不是全部由推荐的，而是通过另外一个途径产生的，就不需要特别顾虑大股东的意见，也敢于在建设银行董事会上独立发表意见。

三是为了使代表中小股东的利益的董事能够进入建设银行董事会，要让累积投票制度起到应有的作用。形式上的股权表决权的公平平等使大股东很容易利用其控制权控制建设银行的董事会和监事会，而公司法设置累积投票制则是实质上的公平，其保护的是中小股东的利益。累积投票制度使建设银行的中小股东能够参与到建设银行的公司治理中来，避免建设银行的控股股东通过内部人控制损害建设银行利益，达到董事会权力制衡的目的。通过以下途径使累积投票制度在建设银行公司治理中发挥作用：一是要减低获得推荐普通董事人选所需要的股份比例，现阶段公司法规定的

3%仍然是一个中小股东上不去的门槛，公司法可以借鉴证券法中关于总股本在 4 亿元以上的公司，规定总股本在 4 亿元以上的公司，单独或联合持股达 1%的股东可以向股东大会提出普通董事人选；二是要把建设银行的董事会选举和监事会选举合并起来，除了特殊情况外，原则上不允许建设银行分批改选董事。这样做的目的是为了使候选人的人数增加，让建设银行的中小股东拥有行使累积投票制这个杠杆的机会，建设银行的董事和监事候选人数越多，累积投票制起到的杠杆作用就越大；三是完善信息披露，运用网络投票等方式减小中小股东投票的成本，鼓励中小股东参与到建设银行的公司治理之中来。

四是要最大限度地实现建设银行高级管理层与董事的两职分任。前文所提到的建设银行高级管理层与董事两职兼任，虽然有利于建设银行的灵活经营，提高决策执行的效率，以给予被束缚的经理人员以更多的自主权，刺激其自我价值实现的动力，更积极地考虑和负责战略规划的制定和实施，但其明显违背公司法的精神。公司法立法本意是董事会与高级管理层形成一层监督制约机制，由董事会监督高管的经营管理行为，而建设银行公司治理中的两职兼任则丧失了这一监督约束机制，经理层进行盈余管理的空间更大，会导致建设银行董事会失去独立性，难以发挥对高级管理层的监控作用，所以我们建议建设银行应该实现两职分任，这样权力制衡的领导结构更加有利于建设银行的长远发展。

三　加强金融机构监事会的监督功能

在我国的公司法人中，监事会与董事会的地位是平等的，两者在组织结构上互不隶属，互相独立。完善的公司内部治理意味着股东、董事会、高级管理者三者制约关系的均衡，监事会在其中扮演着客观的和独立的监督角色。在公司运作中，要强化监事会的监督与制约职能，监事代表股东与员工的根本利益，并监督公司的运营。如果要想达到有效的监督，那么必须对企业有详细的了解，才能心中有数。因为较多上市公司监事会成员的招聘与解雇会受到董事会的影响，因此对监事会的独立性存有疑惑。如果要想强化监事会的功能，那么就要提高监事会成员的监督能力与监督水平，更要认清董事会对监事会隐形的制约，使得监事会成员独立享有更多的"话语权"。我国上市金融机构要建立股东大会、董事会、监事会、高级管理层四级组织架构，建立健全议事制度与决策程序，实施高效科学的监督、决策与执行机制，并厘清各层级的权责关系，以确保各层级独立运作，互相制衡。

针对前述中国建设银行监事会监督存在的问题，可以从以下几个方面提高建设银行监事会监督的有效性。

首先就是要合理设置监事会的构成。把总人数由偶数改为奇数，即使建设银行监事会还没有出现投反对票的情况，但是起码应该在形式上保证建设银行监事会表决时不会出现等票的情况。

其次要修改公司章程，使累积投票制能够发挥作用，让代表中小股东利益的人选进入到建设银行的监事会。形式上的股权表决权的公平平等使大股东很容易利用其控制权控制建设银行的监事会，绝对的公平就是不公平，公司法设置累积投票制，就是为了保护中小股东的利益，给他们一个杠杆，能够参与到建设银行的公司治理中来，避免建设银行的监事会成为大股东的一言堂。要破除重重障碍，一是要减低获得推荐普通监事人选所需要的股份比例，制定与累积投票相关配套制度以及具体的操作规则，使中小股东有可能推荐董事或者监事候选人提名；二是要把建设银行的董事会选举和监事会选举合并起来，除了特殊情况外，原则上不允许建设银行分批改选监事。这样做的目的是为了使候选人的人数增加，让建设银行的中小股东拥有行使累积投票制这个杠杆的机会，建设银行的董事和监事候选人数越多，累积投票制起到的杠杆作用就越大。

最后还要完善建设银行员工代表大会制度，增强建设银行工会的力量。建设银行的工会组织处于建设银行的党委领导之下，而党委成员大多是建设银行监事会的监督对象——董事和高管，所以建设银行的工会组织能起到的监督作用十分有限。基层员工是建设银行重要的利益相关者，但是他们的利益却长期"被代理"着，建设银行职工代表大会选出来的职工代表监事都是建设银行的中层管理干部，比如前文中提到的刘进、李卫平、黄叔平等人，他们很难代表普通基层员工的利益。完善建设银行的监督机制需要进一步增强工会的力量，增强建设银行的基层员工参与公司治理的积极性，增强工会与建设银行决策层谈判的地位。可以从以下四方面进行改进：一是要从法律建设上增强工会在建设银行决策和监督中的作用；二是要大力宣传提升建设银行员工行使自己权利的主动性；三是要增加建设银行员工在监事会中的人数，赋予建设银行职工监事相应的权利，而不是仅仅把其作为一个满足公司法强制规定而做的摆设；四是给予建设银行普通员工表达其利益诉求的渠道，保障其在关系到自身切实利益的重大问题方面的知情权和参与权。

四　健全金融机构经营管理层的长期激励约束机制

一是高管薪酬必须要与业绩挂钩。高管的薪酬，主要是浮动收入即一般的奖金红利，激励作用要充分体现必须以工作业绩为基础考评。绩效考核必须如实反映金融高管的工作业绩。考核不能流于形式，更不能做成平均化的"大锅饭"。如果不与切实的绩效相关来确定薪酬，这样会给公司上下营造"干少干多钱一样，甚至干与不干钱也一样"的消极态度。花旗银行高级管理者的基本工资仅占3%—5%，而绩效工资高达95%以上的比例。要建立高效的业绩—薪酬挂钩机制，首先要制定科学的、明确的业绩考核与评价指标体系。我们可以借鉴欧美金融类公司高管薪酬的制定的经验，结合自身实际的同时，尽快建立一套以效益指标为主的评价机制，全面推行技术先进、操作规范、制度完善、指标科学的业绩考评实践机制。考虑的主要指标包括但不限于：资本收益率、不良资产比率、每股收益、营业利润率、资本充足率、净资产收益率、权益报酬率等相关指标。当然，对于高管的考核主体应与一般员工不一致，对普通员工业绩的考核制度考虑个人的业绩和业务单元的业绩相比，高级管理人员要综合考核其负责的业务单元的业绩以及企业的整体业绩贡献情况这两个方面，以激励高管在为提高企业整体业绩时以孤军奋战与通力合作相结合。

二是薪酬激励应注重长期激励，大力推广股权激励。据2010年的年报披露记载，我国上市金融机构中只有中信证券（600030）有股权激励，可见高管薪酬长期激励的不足。在欧美国家，成熟的银行像花旗集团，高管主要薪酬都是期权性质的。根据阙澄宇、王一江（2005）研究显示，2004年在美国财富杂志500强的抽取的20多家金融公司中，80%的高管薪酬收入中固定工资仅占其全部薪资的20%以下，50%以上的收入则是全部来自股票期权激励，而作为短期激励的年薪红利等也只占全部收入的27%。[1] 2008年12月11日，国务院国有资产管理局和财政部联合出台了《关于规范国有控股的上市公司实施股权激励计划的有关问题的通知》，

---

[1]　阙澄宇、王一江：《银行高层激励：美国20家银行调查》，《经济研究》2005年第3期。

通知对于完善我国股权激励制度有着至关重要的作用。薪酬结构主要有短期激励和长期激励，而不同的薪酬结构又起着不同的激励作用。以现金支付为主的薪酬结构起到的是短期激励作用，虽然可以吸引人才，但又有可能导致管理人员的行为短期化。所以我国在实践中，既要注重对金融高管短期行为的激励，也还要重视对其长期行为的激励。这就要求金融公司实施组合薪酬激励，实现以会计利润为基础的短期激励与以市场价值为基础的长期激励充分结合起来，在激励层次上，要扩大长期激励的比重，把高管收益与企业的长期发展统一起来。

三是充分发挥董事会薪酬委员会的作用。作为已上市的金融机构，薪酬委员会当然基本已经设定，但关键是能不能起到实质作用，能不能保持薪酬委员会的公正性和独立性。由于薪酬委员会多受控于公司管理层，那么薪酬委员会很可能没有发挥实质性的作用，更多的只是起到了一个象征性的作用；而对于中小股东来说，除非利益受到很大的侵犯，一般来说他们会选择缄口不言的态度，这是因为中小股东博弈能力极弱造成的。回到薪酬委员会的作用，薪酬委员会要增强对高管股票期权的激励力度，有效地抑制道德风险，加强对高管人员薪酬的管理及其监督。

四是完善高管薪酬的信息披露制度。由于长期以来薪酬在我国被认为是个人的隐私，我国薪酬披露"含蓄"了很多，我国信息披露薪酬方面都不够规范化和透明化。薪酬信息的充分披露有利于建立职业经理人市场的竞争性和公平性，有利于资源的优化配置。在美国，花旗集团的董事会以及薪酬委员会对每年高管的薪酬制定了详细披露要求，要求明确详细地披露和说明主席、首席执行官、首席营运官在内的 6 名高管人员 3 年的具体薪酬数额、结构和奖励原因等信息，以便于公司股东和社会公众了解和监督。高管人员是接受股东的委托经营管理公司的受托人，他们的薪酬和业绩情况与他们拿多少钱相关，都是股东应该知情的。上市公司理当及时披露高管薪酬的完整信息，例如股权激励、各式各样的福利、业绩奖金、在职消费中的大额消费及其用途甚至涉及的一些可能存在的隐性收入的信息。证监会应加强对上市公司管理者薪酬信息披露内容的要求，同时要提高高管薪酬信息披露的真实性、充分性和及时性。在此过程中，信用评级公司、律师事务所、会计师事务所等中介机构应积极发挥其专业机构的作用，公众也可通过公开的信息对披露的薪酬进行监督，从而促使上市公司高管薪酬的披露制度有效化和规范化。

中国建设银行经营者的激励与约束机制可以主要从以下几点着手进行完善。

一是针对建设银行薪酬激励结构缺乏长期激励的问题，建设银行应该建立长期和短期相结合的激励机制。以年薪激励和股权激励相结合，建设银行的经营者所持股份等其离职或退休后予以兑现，这样可以弱化建设银行经营者的短期行为，把建设银行的利益与其经营者的利益结合起来，有利于建设银行的长远发展。

二是针对"建设银行经营者的薪酬仍受国家影响限制，激励作用有限"这个问题首先要完善建设银行董事的市场化激励约束机制，即建设银行市场化的遴选、激励、约束和退出机制。加大对董事的激励力度，可以实行一些长期的激励机制，如期权、期薪、期奖等方式。使建设银行董事的薪酬与其责任轻重、风险大小、生产经营成果和资产保值增值挂钩，将建设银行董事的薪酬与建设银行市值的稳步增长更加紧密地联系起来，将有利于建设银行的长效发展和长期利益的提升。市场化的董事激励机制可以采用基础津贴加奖励报酬和风险报酬三部分，将董事的利益同建设银行的利益相结合。同时激励既要考虑短期因素，也要考虑长期因素，可以考虑在薪酬中加入股权或期权激励的部分。其次是要完善建设银行高级管理层的市场化激励约束机制。高级管理层是建设银行经营的核心团队，必须淡化银行高管人员的行政级别，建设银行的高管的任命要从行政化转向市场化竞聘机制，减少隐性的职务消费，充分发挥经理人市场的价值导向和汇集四方人才的作用，降低建设银行高管层的选人成本。要建立科学的绩效考评方法，把建设银行高管的自身利益与建设银行的利益紧密结合起来，并适度缩减固定工资，扩大绩效工资的比例，加大考核力度，将责任目标津贴与考核结果挂钩，推广非国有商业银行（如民生银行、招商银行等）高管的股票期权激励，选择合理的薪酬挂钩指标，加强建设银行高管薪酬的信息披露。

三是针对"高管人员薪酬透明度不高，与普通员工薪酬差距过大"这个问题。首先要完善建设银行高管薪酬的信息披露，公开其薪酬来源，职务消费的明细，依据、考核标准以及公务活动开支等，让全体建设银行员工和社会公众参与监督，减少不必要的行政开支。其次，要健全建设银行职工流动机制，使有能力的建设银行职工的晋升渠道畅通。在操作过程中尽可能做到公开、公平、公正，将人才选拔工作引到良性循环轨道上。

在建设银行的中层和高层管理岗位上实现"引得进、用得上、管得好、留得住",人才的好坏决定了建设银行发展的成败,建设银行要建立完整的识别人才、引进人才、使用人才、培养人才、保留人才的制度体系,不断培养自身的人才。要坚持以人为本,更新用人理念,创新用人机制,给优秀人才以机会和舞台,在建设银行内部形成浓郁的尊重人才、重创新的氛围,营造良好的人才成长环境,改变崇尚"关系"和论资排辈的陋习,打破"大锅饭"和"官本位",让普通建设银行职工的个人命运与银行发展联系在一起,提升建设银行员工的职业自豪感和工作成就感。

另外,还要大力培育我国金融行业的职业经理人市场。目前,我国职业经理人市场还在摸索阶段,而在金融行业内,各种外籍人,有国际金融市场工作经验的人领取着高额薪酬,而这样的薪酬没有通过充分的高管人才市场来决定。而我国国内在职的多数高管却是由政府直接任命的高级管理者。对于高管身价的决定,可以通过开放劳动力市场的方法来解决问题。职业经理人,也是劳动要素,也可以像一般生产资料一样建立一个规范的高管市场,这样的市场有供给方(高管自己)、有需求方(金融公司)、有相关中介机构(资格认证中心、猎头机构)、有行业的自律性组织(职业经理人协会)、有主管机构(人力资源和社会保障部、监管委员会)、有健全的制度(档案库制度、管理制度)等,充分发挥人力资本的资源配置作用。这样的市场可以自己完成定价,也可以起到对高管的激励与约束作用。而为了改善我国金融机构高级管理者由政府委派的现象,也是要按照公平、公正、公开、宁缺毋滥的原则,形成一种择优录取的经理人竞聘机制,按照科学的人才选拔方式,竞聘上任,通过市场机制"优胜劣汰";并且按照欧美测评人才的先进方法,对高管进行专业能力、领导能力、人际沟通能力、执行能力、团结合作能力等的综合考核,培养和留住一批最适合企业自身的优秀人才,带来新鲜的活力,更为完善职业经理人的市场要素,同时也是树立行业内的人才标准。

五　改革金融机构监管体制,加强监管部门之间的协调,避免重复监管与监管真空

首先,各监管部门之间要对监管信息充分沟通,搭建统一的信息共享平台,通过各部门之间的协作交流,界定各自的监管范围与权责,尽量避免重复监管的规章制度,并去除监管的盲区。其次,由于金融全球化,金

融机构跨国经营活动日渐频繁，尤其是大型的银行，跨境兼并收购与股权投资活动越来越多，并向证券与保险渗透，在这种情况下就需要监管部门跨境监管与并表监管。最后，完善金融监管协调机制是当前解决监管体制弊端的主要途径，这就要求我们进一步改进监管协调机制，健全监管联席会议制度，建立多层次金融监管协调机制（中央层面的监管协调机制和地方层面的监管协作机制）。[①] 此外，金融创新产品目前在我国发展迅速，而这些金融创新产品具有较大的风险，那么监管部门加强人才引进与培训、提高监管部门的执业敏感性与执业水准，使这些金融创新产品为金融业更好的服务是非常有必要的。

综上，由于金融机构所具有的两大最突出的特点，一是上市金融机构资产中含有大量外部人的金融资产，主要是社会公众的金融资产权益；二是上市金融机构所提供的金融服务产品往往呈现出较大风险。其资产、服务与风险往往涉及千家万户的利益，其风险对整个国家，甚至对全球的宏观经济可能造成冲击，因此，更加需要良好的公司治理来控制风险。作为我国的四大国有银行，在其银行公司治理中还存在着一些问题，为了在防范风险的前提下进一步提高四大国有银行的竞争力，必须要有效发挥银行公司治理的机制在四大国有银行发展中的核心地位。

---

① 蔡维里、王剑铭：《加强金融类上市公司监管的政策建议》，《财政监督》2008 年第7 期。

第三章 城市商业银行的公司治理

1995 年，我国首家城市商业银行——深圳城市合作银行（1997 年国务院决定城市合作银行改名为城市商业银行）成立，至今，城商行的发展已经走过了 20 多年的时间。二十多年来，城商行实现了从无到有、从小到大、从简单粗放到规范集约、从风险积聚到资产优质、从基础薄弱到业绩卓越的转变，经历了刻骨铭心的变革，发生了脱胎换骨的变化。经过发展，我国城商行的资产日趋壮大，根据银监会公布的官方数据显示，截至 2013 年，我国城商行的总资产额已经突破 13.1 万亿元，资产比例占整个银行业总资产的 9.4%，其资产的不良贷款率从以前的 10% 以上降至 0.83%，实现了今非昔比的变化。与此同时，城商行资本实力、盈利能力也突飞猛进，品牌价值和社会形象大幅提升。根据银监会官方网站数据显示，截至 2013 年全国共有超过 140 家城商行，数量规模在银行业中是非常庞大的。在英国《银行家》杂志公布的全球 1000 家大银行排名中，入围的城商行数量也大幅增加，以雄辩的业绩，向世界展示中国城市银行的良好形象和优质品牌。城商行发展壮大的原因何在，城商行作为一种特殊的公司，和其他商业银行的治理相比又有什么样的特殊性，研究城商行公司的治理又能够带给我们什么样的启示和经验，这些问题都是进行此项研究的意义所在。

新的时期城商行面临诸多挑战，经过快速发展阶段之后，现在又面临很多新的问题，主要面临以下八个方面的挑战。一是世界经济形势依然复杂，总体形势开始企稳，但复苏基础不牢，深层次矛盾不断显现。二是国内经济多重矛盾、多重挑战交错。既要进行经济结构调整，又要保持经济增长；既要控制通货膨胀，又要保证就业等。三是自 2008 年金融危机以来，超常规的信贷投放形成的风险开始暴露。已经出现的不良贷款率的反弹现象就是其造成的结果。四是支持经济增长与管控金融风险的平衡。从社会方面来说，经济的发展要求银行强有力的、持续的支持。而另一方面，风险又有所暴露，两者之间如何平衡？现在社会上讨论 M2① 与 GDP 的比重，2012 年年底为 188%，按世界的标准来说，已经是过度投放，由此说明风险已经暴露。与此同时，地方政府又要求城商行支持经济增长，又要如何平衡这两者之间的关系呢？对于城商行而言绝对是一个很严峻的挑战。五是同业之间的竞争日趋激烈。城商行既面临着五大国有商业银行、12 家股份制商业银行和外资银行的竞争，又面临着村镇银行甚至影子银行②的竞争。同时，城商行之间的竞争也是异常激烈的。六是利率市场化③，一方面压缩了城商行的盈利空间；另一方面增加了相应的市场风险，比如利率市场的波动、城商行的定价能力不足等若干相应的短板和风险会暴露出来。七是金融脱媒④。现在人们越来越关注第三方支付"余额

---

① 广义货币（Broad money）是一个经济学概念。M0、M1、M2、M3 都是用来反映货币供应量的重要指标。M 反映着经济中的现实购买力；M2 同时反映现实和潜在购买力。若 M1 增速较快，则消费和终端市场活跃；若 M2 增速较快，则投资和中间市场活跃。中央银行和各商业银行可以据此判定货币政策。M2 过高而 M1 过低，表明投资过热、需求不旺，有危机风险；M1 过高而 M2 过低，表明需求强劲、投资不足，有涨价风险。资料来源：http：//baike. baidu. com/view/198669. htm？fr = wordsearch，最后登录时间 2014 年 4 月 10 日。

② 影子银行系统（The Shadow Banking System）的概念由美国太平洋投资管理公司执行董事麦卡利首次提出并被广泛采用，又称为平行银行系统（The Parallel Banking System），它包括投资银行、对冲基金、货币市场基金、债券、保险公司、结构性投资工具（SIV）等非银行金融机构。"影子银行"的概念诞生于 2007 年的美联储年度会议。"影子银行"是美国次贷危机爆发之后所出现的一个重要金融学概念。它是通过银行贷款证券化进行信用无限扩张的一种方式。这种方式的核心是把传统的银行信贷关系演变为隐藏在证券化中的信贷关系。这种信贷关系看上去像传统银行但仅是行使传统银行的功能而没有传统银行的组织机构，即类似一个"影子银行"体系存在。资料来源：http：//wiki. mbalib. com/wiki/% E5% BD% B1% E5% AD% 90% E9% 93% B6% E8% A1% 8C，最后登录时间 2014 年 4 月 10 日。

③ 利率市场化是指金融机构在货币市场经营融资的利率水平。它是由市场供求来决定，包括利率决定、利率传导、利率结构和利率管理的市场化。实际上，它就是将利率的决策权交给金融机构，由金融机构自己根据资金状况和对金融市场动向的判断来自主调节利率水平，最终形成以中央银行基准利率为基础，以货币市场利率为中介，由市场供求决定金融机构存贷款利率的市场利率体系和利率形成机制。2013 年 7 月 20 日起全面放开金融机构贷款利率管制。资料来源：http：//baike. baidu. com/view/696508. htm？fr = wordsearch，最后登录时间 2014 年 4 月 10 日。

④ 金融脱媒是指随着直接融资（即依托股票、债券、投资基金等金融工具的融资）的发展，资金的供给通过一些新的机构或新的手段绕开商业银行这个媒介体系，输送到需求单位，也称为资金的体外循环，实际上就是资金融通的去中介化，包括存款的去中介化和贷款的去中介化。资料来源：http：//baike. baidu. com/view/259086. htm？fr = wordsearch，最后登录时间 2014 年 4 月 11 日。

宝"，它不是金融机构，但可能会对城商行形成很大挑战。八是监管的强化。强化监管是十分必要的，有利于促进城商行持续健康发展。与此同时，监管的强化也是城商行目前发展面临的挑战之一。城商行作为我国银行业中一个特有的群体，位置处于国有银行和全国大型股份制商业银行的背后，从总体的资产规模来看，可以说是作为我国银行业的第三梯队存在着的。近年以来，随着农村商业银行的逐渐发展以及金融体制改革下民营银行的登场，更不用说互联网金融时代的到来，纷纷涌现的强劲对手，在激烈的银行业、金融业市场竞争中不断地向城商行发起猛烈的攻势，在如此复杂严峻的形势下，如何生存和发展壮大是城商行不能逃避的问题，因此对于城市商业银行公司治理的研究就颇具现实意义。

但是，目前围绕着商业银行公司治理的研究大多是关于国有银行和大型股份制商业银行，而且很多都是从经济学、企业管理学专业着手，相较而言，从法学角度研究城市商业银行公司治理研究的文献还不是很丰富。本章旨在通过对城市商业银行特殊性的分析，研究公司治理对于城市商业银行的重要性以及探讨我国城市商业银行在公司治理方面需要的改进之处并提出完善建议。

第一节　城市商业银行的发展概况

一　我国城市商业银行的前世今生

从城市商业银行的发展历程中，可以窥探我国金融制度改革和变迁的缩影。考察城商行的发展历史可知，城市信用合作社是城商行的前身，即现在的城商行是在以往城市信用合作社的基础上重组整改而来。城商行成立之初以整合城市信用合作社资源，改革股权结构，健全内控体制，降低区域金融风险为目的。股东类型包括国有企业股东、地方财政投资、外资股东、民营股东和少部分的个人股东。探寻城市信用合作社的成立起因，主要是为了解决日益发展的个体工商户、私营企业的融资需求。但在其成立之初，由于各地存在投资饥渴，地方政府及各部门把它视为能自由支配的资金来源的渠道，申办的积极性很高。中国人民银行各地的分支行当时又是以促进地方经济发展为指导思想，迁就地方的意愿，同时相关的监管制度、法规制度滞后，特别是对机构审批的条件偏松，加之对金融体制改革的片面认识，导致城市信用合作社成立一哄而起，机构过多。自 1979 年开始，我国的城市集体经济开始涌现，经济所有制结构处于不断地调整之中，而在这一时期，个体私营经济也开始迅速、蓬勃发展。作为传统的工、农、中、建四大银行都有其各自独特的专业发展领域和范围，而这些国有大银行主要是服务于国有经济的。国家成立城市信用合作社，宏观方面目的就在于解决与经济结构变化相对应的金融问题。从 1980 年开始，城市信用合作社在全国各地陆续建立起来，在 1986 年得到迅速发展，到 1986 年 9 月底已经有 362 家，其重点是为城市集体经济和个体经济服务。①

　　独立核算、自主经营、自负盈亏、民主管理的原则是城市信用合作社的经营原则。城市信用合作社（以下简称"城信社"）获得的所有盈利都是由集体共同享有的，并按股份分红。这些城市信用合作社主要的经营业务包含以下几个方面：一是代办保险和其他结算、代理、代办业务；二是面向城市集体企业、个体工商户以及城市居民聚集资金；三是为其开办存款、贷款、汇兑、信息和咨询。城信社的建立对支持生产和流通、促进城市集体企业和个体工商户经济的发展起到了积极的作用，为城市经济增添了活力。不可否认，在我国特定的历史时期，城市信用合作社的设立和发展，对非国有性质经济的发展做出了非常积极的贡献。但是之后城市信用合作社的风险不断地涌现出来，这种情况的出现和城市信用合作社自身存在的缺陷和问题不无关系。城市信用合作社风险增长的时期正是中国经济转型和经济忽冷忽热的几年，同时期的中国金融业也整体发展壮大。从经济高增长的 1988 年到市场开始疲软的 1989 年，接着再到经济过热的 1992—1993 年期间，这段时期同时存在着违规拆借、金融混乱等乱象，由于大环境的影响，加之城市信用合作社的资金规模本身就比较小，支付危机威胁着这些城市信合作用社。综合上述对于城市信用合作社历史发展的了解，城市信用合作社显然不能被看作一类成功的金融机构。造成其不成功的原因有很多方面，具体来说可以概括为以下几个方面：一是地方政府不当的行政干预行为，不当的行政干预行为造成了城信社的不良资产滋生；二是大部分的城信社资金成本高、产权不清晰、政企未分开、法人治

----

① 　刘鸿儒：《论中国金融体制改革》（上卷），中国金融出版社 2000 年版，第 157 页。

理结构不完善，这些缺陷使得城信社想要对抗地方政府的行政干预几乎是不可能的；三是从城信社的管理人员分析，很多城信社的负责人缺乏金融专业、银行专业方面的知识，道德约束层面也不够自律，进而情理之中造成了大量的烂账。随之，城市信用合作社被市场淘汰也是理所应当的。从1995 年 9 月开始，国务院开始决定在撤并城市信用合作社的基础上，分期分批地组建地市合作银行，这些地市合作银行的股东构成包括了城市企业股东、居民个人股东以及由地方财政投资的地方政府股东，股东类型还是比较多元的。这一批组建的地市合作银行分布在 35 个大中城市。随着这批银行的快速发展，1996 年 6 月，中国人民银行城市合作银行组建工作领导小组做出决定，组建城市合作银行的范围由原来的 35 个大中城市扩展到 60 个地级市。到 1997 年 12 月，根据 95 家城市合作银行的组建进程，国务院继续批准了在东莞等 58 个地级市继续开展城市合作银行的组建工作的建议。直到 1998 年 3 月，通过国务院批准，国家工商行政管理局和中国人民银行一起联合发出通知，将城市合作银行的名字统一更改为城市商业银行。[①]

城商行的改革发展历程，可以划分为四个阶段。

第一阶段：艰难起步（1995—2000 年）。这一阶段，城商行从非常薄弱的基础上艰难起步，克服了体制机制、管理水平、人员素质等方面的先天不足。很多城商行经历了巨额历史遗留不良资产的严峻考验，一些城商行甚至被推到了生死存亡的边缘，经受了血与火的洗礼，实现了平稳转轨过渡。

第二阶段：整顿开拓（2000—2004 年）。在支付挤兑风险得到有效控制的基础上，城商行面对历史包袱沉重、公司治理有待完善、资本实力明显不足的严峻形势，努力调整发展方式，积极谋求稳健发展。经过坚持不懈的努力，历史遗留风险得到有效化解，公司治理机制得到不断完善，平均资本充足率实现由负转正，奠定了初步发展的基础。

第三阶段：创新发展（2004—2012 年）。以 2003 年银监会成立为起点，城商行的改革发展思路更加清晰。贯彻"一行一策，分类监管"的指示，城商行发展呈现出百舸争流、气象万千的局面，公司治理、资本水

---

① 楼文龙：《改革开放半甲子，城市商行一轮回——城市商业银行改革发展的回顾与展望》，《中国金融》2008 年第 14 期。

平、内控质量、风险抵补和业务创新能力不断提升。一些城商行实现了引入外资、走出区域、发行上市等发展突破，经营业绩、服务品牌在银行业不再处于后进水平。

第四阶段：转型升级（2013 年至今）。以贯彻落实党的十八大精神为指引，城商行发展必将进入转型升级的新阶段。面对金融改革进入攻坚的关键时期，来自互联网金融对传统银行金融行业的挑战越发激烈，如何在新的历史环境下立足继而发展壮大和提升是需要城商行积极思索、面对的问题。公司治理毫无疑问的已经成为现代银行制度的核心，是保障商业银行良好运营的基础。想要获得和维持公众对银行体系信任和信心的基础，有效的公司治理是必不可少的制度，是银行业甚至于整个经济体系稳健运行的关键所在。①

二　我国城市商业银行的总体情况

截至 2012 年年底，包括大型商业银行、股份制商业银行、城市商业银行、农村商业银行和外资银行在内的各种类型的商业银行资产规模持续增长。根据银监会的数据统计，我国总共有城市商业银行 144 家，与 2011 年年底数量基本持平。2012 年，城商行资产总额和负债总额在全部银行业金融机构资产总额和负债总额中的比例延续 2003 年以来的持续增长趋势。2012 年年底，城商行资产总额在全部银行业金融机构资产总额中的比重由 2011 年的 8.81% 增长至 9.24%，但仍远低于大型商业银行和股份制商业银行的 44.9% 和 15.6%；负债总额占比由 2011年的 8.79% 增加至 9.24%，但远低于大型商业银行和股份制商业银行的 44.9% 和 17.8%。②

至 2012 年年末，我国银行业金融机构总资产达 104.6 万亿元（本外币合计，下同），比上年末增加 16.2 万亿元，同比增长 18.3%。资产组合中，各项贷款余额为 51.7 万亿元，比上年末增加 7.2 万亿元，同比增

---

① 闫冰竹：《打造稳健与服务双升级的优秀中小银行》，2013 年城商行广州年会上城商行委员会第一届常委会主任、北京银行董事长闫冰竹在城商行委员会成立仪式上发表的主题演讲，http://bank.jrj.com.cn/2013/06/17174615408802.shtml，最后登录时间 2014 年 3 月 10 日。

② 中国银行业监督管理委员会：《2012 年中国银行业运行报告》，http://www.cbrc.gov.cn/index.html，最后登录时间 2014 年 3 月 10 日。

长16.1%，占资产总额的49.4%；债券投资余额为16.6万亿元，同比增长9.7%，占资产总额的15.9%。各类商业银行中，资产余额同比增长最快的是农村商业银行（增幅47.1%，主要原因是部分农村信用社与农村合作银行改制为农村商业银行），其次是股份制商业银行（增幅28.0%）和城市商业银行（增幅23.7%）。城商行在银行业中的地位持续提升，但其资产规模仍远低于大型商业银行和股份制商业银行。

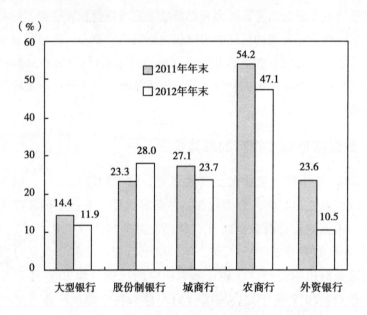

图3-1　2012年各类商业银行资产同比增速

根据2013年中国银行业运行报告显示，2013年商业银行继续保持平稳运行，资产负债规模稳步增长，资本充足率和资产质量总体保持稳定，同时也面临流动性短期波动增多、信用风险有所上升等挑战。数据显示，截至2013年12月末，中国银行业金融机构总资产为148.05万亿元，比2012年同期增长12.8%，总负债为137.92万亿元，比2012年同期增长12.5%。其中，城市商业银行总资产为15.18万亿元，比2012年同期增长22.9%，占银行业金融机构比例为10.3%；总负债为14.18万亿元，比2012年同期增长22.9%，占银行业金融机构比例为10.3%。城市商业银行资产规模持续增长，在各类商业银行中资产余额同比增长幅度达到22.93%，仅次于农村商业银行（增幅为35.49%，主要原因是部分农村信用社与农村合作银行改制为农村商业银行），高于股份制商业银行（增幅为 14.49%)。①

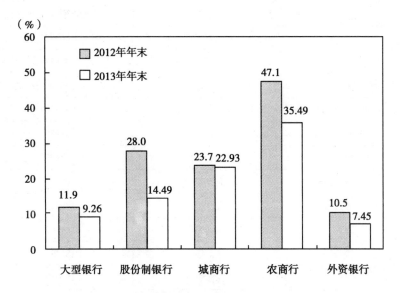

图 3-2 2013 年各类商业银行资产同比增速情况

2012 年 10 月,在北京,国际评级公司标准普尔发布了其时隔 5 年后第二份《中国 50 大银行》信用观察报告专辑。报告显示,与 5 年前相比较而言,中国的 50 大商业银行名单除去前五名外其余名次的排序变动都非常的大,其中有 17 家银行从名单中消失,总部在内陆省会城市的一些城商行取代了一部分在沿海地区的农商行。从下面的表格中可以看出,城商行在 50 大银行榜单中所占数量超过 20 家,城商行持续发展壮大。

表 3-1 2012 年中国以资产计 50 大银行榜单中上榜的 20 家城商行

排名	银行	总资产(百万元)
14	北京银行	956499
16	上海银行	655800
17	江苏银行	514146
24	南京银行	281792
27	宁波银行	260498

① 中国银行业监督管理委员会:《银行业运行报告(2013 年度)》,http://www.cbrc.gov.cn/index.html,最后登录时间 2014 年 3 月 10 日。

排名	银行	总资产（百万元）
28	徽商银行	256982
29	杭州银行	243937
30	天津银行	235360
31	盛京银行	221170
32	广州银行	205985
33	哈尔滨银行	202499
34	大连银行	187893
36	吉林银行	186428
38	包商银行	181941
39	成都银行	181394
42	龙江银行	153019
45	汉口银行	137943
47	昆仑银行	130295
49	重庆银行	127217
50	东莞银行	122623

2013 年中国商业银行竞争力评价报告发布会盛大开幕，会上公布了2012 年度城市商业银行的各项奖项。获奖银行名单如表 3 – 2 所示。

表 3 – 2　　　　　　　　2012 年度城市商业银行的各项奖项

所获奖项名称	公司名称
最佳城市商业银行奖	成都银行
资产规模 2000 亿元以上城市商业银行评价前 5 名	第一名 成都银行 第二名 南京银行 第三名 包商银行 第四名 杭州银行 第五名 徽商银行
资产规模 1000 亿—2000 亿元城市商业银行评价前 5 名	第一名 贵阳银行 第二名 南充市商业银行 第三名 郑州银行 第四名 长沙银行 第五名 西安银行

续表

所获奖项名称	公司名称
资产规模 500 亿—1000 亿元城市商业银行评价前 5 名	第一名 九江银行 第二名 攀枝花市商业银行 第三名 邯郸银行 第四名 日照银行 第五名 洛阳银行
最具品牌影响力城市商业银行	北京银行
最具成长性城市商业银行	贵阳银行
最佳公司治理城市商业银行	富滇银行 莱商银行
最佳风险管理城市商业银行	南京银行 南充市商业银行
最佳小微企业金融服务城市商业银行	包商银行 浙江稠州商业银行
最佳科技金融服务城市商业银行	杭州银行
最具经营效益城市商业银行	日照银行 石嘴山银行
最佳金融创新城市商业银行	晋城银行
最佳进步城市商业银行	长沙银行
最佳新锐城市商业银行	景德镇市商业银行

2014 年 1 月 9 日，由金融界联合清华五道口金融学院主办"第二届领航中国金融行业创新发展高峰论坛"在北京威斯汀酒店隆重举行，本届论坛的主题为"金融改革再出发"。在本次论坛的颁奖盛典中，北京银行、宁波银行从众多城商行中脱颖而出携手获得了最佳中小商业银行奖，最佳区域性银行奖获得者包括了江苏银行和浙江稠州商业银行。

下文将主要从表 3-1、表 3-2 中选取具有代表性的 32 家城商行为考察样本进行分析，分析重点集中在我国城商行的公司治理架构、股权结构、股东性质以及高级管理人员履职情况等方面。

表 3-3　　　　　2012 年年度报告期末主要城市商业银行情况一览

公司名称 （股份有限公司）	资产总额 （人民币百万元）	资本充足率 （%）	不良贷款率 （%）	利润总额 （人民币百万元）
1 北京银行	1119968.926	12.90	0.59	14769.535
2 上海银行	816903.953	13.17	0.84	9192.605
3 江苏银行	650237.905	12.16	1.01	9625.877
4 南京银行	343792.154	14.98	0.83	4980.404
5 宁波银行	373536.589	15.65	0.83	5098.041

续表

公司名称 (股份有限公司)	资产总额 (人民币百万元)	资本充足率 (%)	不良贷款率 (%)	利润总额 (人民币百万元)
6 杭州银行	324964.470	12.46	0.97	4474.572
7 徽商银行	324224.357	10.30	—	5680.038
8 盛京银行	313204.158	11.65	0.54	4468.308
9 天津银行	301625.627	13.01	0.72	3284.246
10 大连银行	256800.388	11.23	0.90	2253.330
11 广州银行	251777.132	12.56	0.04	3419.567
12 成都银行	240299.293	14.52	0.62	3262.998
13 包商银行	207618.288	16.84	0.87	2845.104
14 龙江银行	186055.365	14.18	0.77	4787.480
15 昆仑银行	184815.270	13.72	1.08	2337.060
16 长沙银行	162595.671	12.91	0.72	4208.297
17 汉口银行	162382.243	13.53	0.96	2414.775
18 重庆银行	156148.492	12.63	0.33	2518.447
19 东莞银行	139977.010	13.43	0.80	2479.170
20 富滇银行	105331.849	13.27	0.96	1276.380
21 洛阳银行	81974.402	15.56	0.56	1826.399
22 九江银行	81217.605	16.80	0.89	2193.085
23 日照银行	50876.236	13.01	0.98	1329.247
24 邯郸银行	50808.699	13.45	0.29	832.685
25 晋城银行	31107.3802	17.06	0.67	565.7195
26 石嘴山银行	24878.770	13.97	0.60	643.210
27 西安银行	12204.94058	13.82	0.76	190.88376
28 贵阳银行	10491.3018	15.64	0.61	202.9643
29 郑州银行	10373.4010	15.26	0.47	192.2800
30 稠州银行	8649.7199	12.32	1.06	129.30491
31 攀枝花银行	6118.3210	14.75	0.09	98.674
32 莱商银行	4486.2185	19.13	0.50	895.75329

说明:1. 表3-3考察的城商行样本选取自表3-1和表3-2所列出的我国具有代表性的一些城商行,数据整理自以上各城商行官网发布的2012年年报。

2. 表3-3中徽商银行在其2012年年报中未公布不良贷款率。

第二节　主要城市商业银行公司治理的现状分析

经过十多年的快速发展，特别是在抓住了宏观经济环境较好和监管政策较为宽松的有利机会，城市商业银行在各方面取得了巨大成绩。

城市商业银行是一个既有许多共性但差异化也越来越明显的银行群体。说共性，它们有共同的出身，与地方政府有着良好的关系，都有着相同的定位；然而，随着各自发展的不同，它们的差异性也是明显的，而且越来越大。本书将通过对我国一些主要城市商业银行官方公布的 2012 年年度报告分析，从样本数据着手探讨城商行公司治理的现状和问题，从而试图找到改善公司治理的方法。

一　商业银行公司治理的组织架构

从考察的 32 家主要城市商业银行的官方网站和其 2012 年年报公开的数据显示，这些城商行根据《公司法》《商业银行法》等法律、法规，以及监管机构的部门规章制度，普遍构建了"三会一层"的现代公司治理架构，建立了以股东大会为最高权力机构、董事会为决策机构、监事会为监督机构、高级管理层为执行机构的有效公司治理架构。

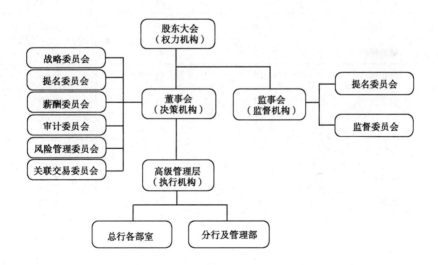

图 3-3　以北京银行为例的城商行公司治理架构

二　股权结构和股东大会

表 3 – 4　　　　　截至 2012 年年度报告期末主要上市城市商业
银行股权结构情况一览

（各类型股东所占总股本比例）　　　　　（单位:%）

股东类型 公司名称	国有股	外资股	个人股
北京银行	13.92	13.64	72.44
南京银行	25.00	14.74	60.26
宁波银行	16.18	13.74	70.08

表 3 – 5　　　　　2012 年年度报告期间主要非上市城市商业银行
股权性质及其股份比例情况一览　　　　（单位:%）

股份性质 公司名称	国有股	法人股	个人股
上海银行	54.17	24.14	21.69
杭州银行	52.30	42.62	5.09
龙江银行	75.25	20.89	3.86
徽商银行	61.91	35.31	2.78
江苏银行	34.18	95.15	4.81
富滇银行	69.31	25.92	4.77
洛阳银行	37.78	62.17	0.05
盛京银行	31.29	65.42	3.29
广州银行	92.64	4.15	2.45
石嘴山银行	21.55	56.27	22.18
邯郸银行	28.92	61.57	9.51
成都银行	40.07	57.45	2.48
大连银行	25.98	64.62	9.40
稠州银行	0	99.30	0.70

表 3 - 6　　　　　2012 年报告期内主要城商行前十大股东持股情况一览

公司名称	第一大股东及其股份比例（%）	前十大股本比例共计（%）	其中国有股比例（%）	国有股东数量（家）	其他股东数量（家）
北京银行	ING BANK N. V. 13.64	45.96	15.37	3	7
宁波银行	新加坡华侨银行有限公司 13.74	63.91	16.18	2	8
南京银行	法国巴黎银行 14.74	41.38	23.56	5	5
上海银行	上海联合投资有限公司 19.24	49.36	38.37	8	2
江苏银行	江苏省国际信托有限责任公司	43.51	34.18	6	4
龙江银行	黑龙江省大正投资集团有限公司 20.50	74.88	69.5	8	2
杭州银行	澳洲联邦银行 20.00	70.98	34.76	6	4
富滇银行	云南省投资控股集团有限公司，中国大唐集团财务有限公司 19.50	76.64	70.14	8	2
东莞银行	东莞市财政局 22.220	54.468	31.106	3	7
汉口银行	联想控股有限公司 15.33	49.16	34.86	6	4

表 3 - 7　　　　　2012 年报告期末主要城市商业银行最大
股东持股情况一览

公司名称	最大股东	最大股东所占股份比例	最大股东性质	有无外资参股
洛阳银行	洛阳市财政局	17.12	国有	无
包商银行	包头市大安投资有限公司	5.51	民营	无
长沙银行	长沙市财政局	20.89	国有	无
成都银行	成都投资控股集团有限公司	20.07	国有	有
稠州银行	浙江东宇物流有限公司	9.24	民营	无
大连银行	大连融达投资有限公司	18.35	国有	无
广州银行	广州国际控股集团有限公司	63.99	国有	无
贵阳银行	贵阳市国有资产投资管理公司	19.46	国有	无
邯郸银行	邯郸市建设投资公司	9.98	国有	无
徽商银行	安徽省能源集团有限公司	9.99	国有	无

续表

公司名称	最大股东	最大股东所占股份比例	最大股东性质	有无外资参股
晋城银行	厦门育折进出口有限公司	5.87	民营	无
九江银行	九江市财政局	21.06	国有	无
昆仑银行	中国石油天然气集团公司	82.00	国有	无
莱商银行	莱芜钢铁集团有限公司	20.29	国有	无
攀枝花银行	攀枝花市财政局	18.86	国有	无
日照银行	日照港集团有限公司	18.00	国有	无
盛京银行	沈阳恒信国有资产经营集团有限公司	12.99	国有	无
石嘴山银行	国电财务有限公司	19.80	国有	无
天津银行	天津保税区投资有限公司	24.17	国有	有
西安银行	中国信达资产管理股份有限公司	21.00	国有	有
郑州银行	郑州市财政局	12.45	国有	无
重庆银行	重庆渝富资产经营管理集团有限公司	20.14	国有	无

说明：截至 2012 年年报期末成都银行参股的外资股东为丰隆银行，其所占股份比例为 19.99%。截至 2012 年年报期末天津银行外资股东为澳大利亚和新西兰银行集团有限公司，所占股份比例为 17.60%。截至 2012 年年报期末西安银行外资股东为加拿大蜂业银行，所占股份比例为 19.00%。

近年来，中国城市商业银行的治理结构正在不断完善，很大一部分银行的公司治理已然达到了比较高的水平。大多数银行股东大会、董事会、高管层和监事会各司其职，运作相对规范，但是关于公司治理不平衡的问题也存在。长期以来关于公司治理的文献对股权结构作了深入的研究，尽管结果有较大差异，但是一个比较公认的结论是公司股权高度集中和股权过分分散都不利于公司的发展。股权集中可能会引发大股东侵害小股东利益的事情，小股东无法形成对大股东的制衡。相对地，股权过于分散则往往会导致较为严重的内部人控制。

从以上样本中对主要城市商业银行年报的数据整理分析中可以看到，其股权结构有如下一些特点。一是股东类型的差别，城市商业银行股东类型呈现多样化趋势。和改制初期刚组建的城市商业银行国有股份"一股独大"的情况不同，现在主要城商行的股权结构更加多样，有外资股东、民营资本的加入。二是大部分的城市商业银行都没有控股股东的存在，股份比例相对分散。从上述样表中分析，只有广州银行一家存在国有控股股东，其控股比例达到 63.99%。其余的国有资本进入到城商行中通常有以下两种途径：一种是由城商行所在地的地方财政局持有最大股份的，例如郑州银行、攀枝花银行、长沙银行；另一种是由国有独资公司或者国有控股的公司持有最大比例股份的，例如成都银行、天津银行、盛京银行等。三是从相对分散的股份比例的性质考察，在主要城商行的前十大股东中，国有性质的股份所占总股份比例是相对占优势的。以北京银行和杭州银行为例（如图 3-4 和表 3-8 所示）。北京银行第一大股东是外资银行 ING 银行，其股份占总股本比例为 13.63%，而作为第二大和第三大股东的北京市国有资产经营有限责任公司和北京市能源投资（集团）有限公司所持股份比分别为 8.84% 和 5.08%，两家公司股份比例相加为 13.92%，略高于外资股东。再比如杭州银行第一大股东为澳洲联邦银行，其持股比例达到 20%，然而根据该公司 2012 年年报显示，公司的实际控制人为杭州市财政局。

　　另外，我们还发现上市的城商行都引进了外资股东，而且外资股东持股的比例与国有股东持股比例相对比较平衡，个人股比例较高。反观非上市城商行股权结构，虽然也不乏外资股东的投资，但是毕竟为数不多，这些城商行中，国有性质的股份占总股份比例的平均数超过了 30%，可以说国有股比例在数量上占有优势地位。

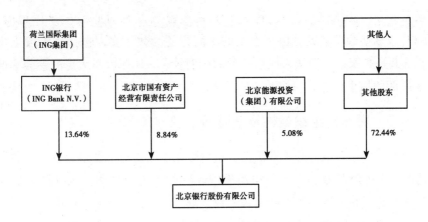

图 3-4　2012 年年度报告期末北京银行股权结构实际情况

表 3 - 8 2012 年杭州银行股权结构情况

序号	股东名称	持股数量（股）	持股比例（％）
1	杭州市财政局	220000000	13.16
2	杭州市财开投资集团公司	109508000	6.55
3	杭州市余杭区财政局	25000000	1.50
4	杭州经济技术开发区财政局	20000000	1.20
5	杭州上城区投资控股集团有限公司	17707000	1.06
6	杭州市下城区财政局	15000000	0.90
7	杭州市江干区财政局	15000000	0.90
8	杭州市西湖区财政局	15000000	0.90
	合计	437215000	26.17

股东会是公司的最高权力机构。股东大会决定公司重大的根本性的发展战略。召开股东大会的次数可以从一个侧面反映该公司股东对于公司决策权力的控制力，相应地也是体现股东权益得到重视和保护程度的一种检验。通过考察和分析各家主要城市商业银行的 2012 年年度报告，我们发现有下面几个特点。（1）股东大会召开次数普遍在一次以上。根据统计的 20 家城商行的数据发现，有 3 家银行召开了三次股东大会，分别是贵阳银行、汉口银行、九江银行，另外有 8 家银行召开了两次股东大会，8家召开了一次股东大会，剩下 1 家长沙银行没有对此做出具体说明。（2）股东参会率较高。由于上市的城商行还为数不多，包括在港股上市的一共是 5 家，一般法人股东持股的比例较大，所以股东大会的参会率普遍在 80% 以上，这是一个比较好的现象。

三 董事会组织架构及其履职情况

董事会作为银行的决策机构，董事会成员的组成和董事会成员的履职情况，不可辩驳地在银行公司治理中起到的是核心作用。从统计数据来看，城商行的董事会都相继引入了独立董事制度，独立董事的引入将起到进一步完善和加强董事会的功能。根据《商业银行公司治理指引》的规定，商业银行应当根据自身规模和业务状况，确定合理的董事会人数及构成。董事会由"执行董事和非执行董事（含独立董事）组成"。①

表3-9　　　　　2012年报告期内主要城市商业银行董事会情况

公司名称	董事人数	其中独立董事人数及比例（%）	董事会会议召开（次数）
北京银行	17	6.35	10
上海银行	19	7.36	7
宁波银行	18	6.33	7
南京银行	13	5.38	7
江苏银行	15	5.33	4
龙江银行	13	3.23	5
广州银行	9	0.0	3
富滇银行	12	3.25	8
郑州银行	15	3.20	2
成都银行	15	5.33	9
天津银行	15	5.33	6
稠州银行	12	7.58	10
汉口银行	11	4.36	6
九江银行	11	4.36	5
邯郸银行	14	2.14	4
大连银行	11	3.27	5
贵阳银行	15	5.33	8
洛阳银行	15	5.33	9
包商银行	15	3.20	16

从以上19家城商行统计的数据中我们发现，有12家城商行董事会独立董事的比例达到甚至超过了1/3，6家城商行独立董事的比例接近1/3，1家城商行没有设立独立董事，平均计算以上城商行独立董事在董事会中的比例为29%。这说明随着城商行的改制转型，独立董事制度得到了绝

① 执行董事是指在商业银行担任除董事职务外的其他高级经营管理职务的董事。非执行董事是指在商业银行不担任经营管理职务的董事。独立董事是指不在商业银行担任除董事以外的其他职务，并与所聘商业银行及其主要股东不存在任何可能影响其进行独立、客观判断关系的董事。http://wiki.mbalib.com/wiki/%E6%89%A7%E8%A1%8C%E8%91%A3%E4%BA%8B，最后登录时间2014年3月10日。

大部分城商行的重视，拥有独立董事的城商行比例越来越大，并且大部分的城商行在官方公开的年报中详细公布了独立董事的任职情况以及董事会的出席率情况，也反映了公司治理水平的提高。

董事会会议召开的次数也是反映董事会功能的一个重要指标，公司法规定股份公司每半年需召开一次会议，这是最低要求。《商业银行公司治理指引》规定："董事会例会每季度至少应当召开一次。董事会临时会议的召开程序由商业银行章程规定。"可见商业银行公司治理的要求要比一般的公司更加严格。根据样本数据，分析各家城商行的董事会会议的召开次数，我们发现80%的城商行都达到了这一要求，最高的包商银行达到16次。可以得出一个明确的结论，那就是城商行的重大决策权基本已经集中到董事会的手中。随着董事会会议召开次数的增多，董事会会议召开的形式也开始多样化，除了普通的现场会议以外，通信表决方式和视频会议方式也越来越广泛地应用，这样能够进一步提高董事会运作的效率。

出席董事会会议是董事履职的主要形式。根据《商业银行公司治理指引》规定，董事应当投入足够的时间履行职责，每年至少亲自出席2/3以上的董事会会议；因故不能出席的，可以书面委托同类别其他董事代为出席。总体来看，城商行的董事会都具有比较高的出席率，上市的城商行均详细列出了董事的出勤情况，尤其是独立董事的出勤率，其他资产规模比较大的城商行在这方面也做得比较好，在年报中详细披露了董事的出勤情况，但是大部分中小型城商行对此基本上没有披露。

表3-10　　　　2012年报告期内南京银行独立董事出席董事会情况

董事姓名	是否独立董事	本年应参加董事会次数	亲自出席次数	以通信方式参加次数	委托出席次数	缺席次数	是否连续两次未亲自参加会议
林复	否	7	7	3	0	0	否
夏平	否	7	7	3	0	0	否
周小祺	否	7	7	3	0	0	否
王海涛	否	7	6	3	1	0	否
艾立飞	否	7	7	3	0	0	否
徐益民	否	7	7	3	0	0	否
洪正贵	否	7	7	3	0	0	否
晏仲华	否	7	6	3	1	0	否

董事姓名	是否独立董事	本年应参加董事会次数	亲自出席次数	以通信方式参加次数	委托出席次数	缺席次数	是否连续两次未亲自参加会议
颜延	是	7	7	3	0	0	否
范卿午	是	7	6	3	1	0	否
范从来	是	7	6	3	1	0	否
张援朝	是	5	5	2	0	0	否
朱增进	是	4	3	2	1	0	否

在董事会的构架中，我们发现大部分城商行的董事会都已经建立起各种专门的委员会，比如说战略委员会、薪酬委员会等，各种专业委员会的建立是董事会职能专业化的表现，对公司治理是一个有利的趋势。另外，一般城商行的董事长往往也兼任着党委书记一职，把握着城商行的政治方向。

四　监事会架构与履职情况

在实践中，监事会的主要工作就是对董事会的日常工作进行监督，监督管理层是否履行了信托职责，其在公司治理体系中起着异常重要和把关的作用。我们主要可以从以下几个方面来考察监事会的运行效果。

首先是监事会的构成。从样本数据分析来看，各城商行的监事会规模以及构成基本符合要求。主要表现在大部分城商行的监事会都有职工监事、股东监事和外部监事三种类型。然而实际上监事会毕竟只是一个监管机构，实践中存在监事会获取信息严重不对称的问题。监事会工作的成效可以从监事会会议召开的次数、监事列席董事会会议的情况以及出席股东大会的情况这几个层面来考察。在相关制度要求中，监事会会议召开次数和董事会要求一致，2012 年的情况是，报告期内 18 家城市商业银行监事会会议平均次数达到 4 次以上。还有的城商行存在监事会下设的各专门委员会各自开会的情况，例如富滇银行、徽商银行。最后，从样本中各主要城商行的监事会异议事项的披露来看，所考察的城商行监事会的异议率空前的一致，都是无异议。

表3-11　　　　2012年主要城商行报告期内召开监事会会议次数

公司名称	会议（次数）	公司名称	会议（次数）
包商银行	9	大连银行	3
洛阳银行	5	北京银行	6
成都银行	5	稠州银行	4
大连银行	3	广州银行	3
贵阳银行	4	邯郸银行	2
汉口银行	4	杭州银行	4
江苏银行	4	晋城银行	4
九江银行	2	昆仑银行	4
龙江银行	3	南京银行	3

五　信息披露

城市商业银行需要及时披露相关的年报信息，这是银监会对于城商行信息披露的明确规定。及时、公开地披露年报信息对于公司治理的改善和提高有着极大的激励和促进作用，同时也相当于为公司增添了第三方监管。潜在投资者和社会公众舆论都会对公司内部各方形成监管压力，特别是对于那些想要尽快上市的城市商业银行来说更是如此。

在披露信息的过程中，很多城市商业银行的做法是较为规范的，比如在相关的安全性指标上都列出了监管部门的监管最低要求，这样就大大方便了利益相关方对公司信息的及时了解，重要的是对该银行的经营状况有直接明了的认识。但是我们在考察中也发现，一些银行在相关的信息披露过程中并未做到规范、翔实。还存在一些问题，比如有的城商行在信息披露过程中，并未按照相关的监管要求来公布年报信息，在披露在任的各位监事和董事报酬的信息时，只单披露总人数和总金额，具体的信息则拒绝进一步披露。但是我们也看到大部分城市商业银行的一些进步的趋势。在2006年及以前，城商行的信息披露质量很差，除了在指定的报纸做过披露之外，再没有相关的来源可以查到披露内容，这些银行的信息披露只是被动而为，信息披露的质量也可想而知。但是2007年随着各地城商行注资重组的展开，股权结构得到改变，公司治理水平大为提升。大部分的城商行都有自己的网站，而且网站内容翔实，各项信息披露逐步向上市银行的标准看齐。2012 年的情况就是如此，我们所收集的相关数据都可以直接在这些银行的官方网站找到并且下载，极大地方便了利益相关方。①

第三节　主要城市商业银行公司治理存在的突出问题

一　行政干预公司治理

从以上对部分样本数据的分析可以得出，我国城市商业银行公司治理缺陷的根源仍然是不可回避的产权结构问题。产权、治理与绩效，属于层层递进的决定式关联关系。经过了前期的重组，现在占绝大多数比例的城市商业银行在产权安排上是清晰的，在股东结构上是多元的，但同时各级政府实质上仍然居于主导地位。通过对样本数据的考察，城市商业银行的国有性质最大股东一般包括当地地方财政局和国有控股或者国有独资的大中型企业这几类。往往城商行的股权结构形成了国有股占绝对或相对控股的局面，主要城商行中担任董事长、行长等高级管理职位的人员，在此之前一般都在政府部门或者国有企业任职，城市商业银行在日常经营中还是隐约能看到国有企业经营管理模式和思想的影子。随着城市商业银行的发展，城市商业银行与地方财政在目标上是存在差异的。② 对作为独立法人的城市商业银行来说，它的经营目标就是追求利润的最大化，而地方政府或是国有性质的股东往往依据其持股比例，对于城市商业银行的日常经营会进行直接或是间接的干预，以实现其自身的目标。这样一来，两者在目标上的不一致将会直接影响经营业绩的好坏。综观城市商业银行近些年以来的发展，它们实际上充当着当地政府的融资工具和第二财政部门，政府运用经营者选择权即对各类银行高级管理人员的任免或掌控，在很大程度上影响了银行的治理。③ 这样在其运行机制和管理模式上难免会烙上"行政化"的劣迹，大大阻碍城市商业银行朝着市场化方向发展的进程。

---

① 欧明钢：《城市商业银行问题研究——公司治理与发展战略》，中国经济出版社 2010 年版，第 38 页。

② 同上书，第 40 页。

③ 孙世重：《银行公司治理的中国式问题：反思与启示》，《中国银行业监督管理委员会工作论文》2013 年第 5 期。

这样的事例不止一次地引起媒体的报道。2009 年 11 月 30 日徽商银行发布公告，将于 12 月 16 日召开董事会会议，审议董事会、监事会换届事宜，但在新公布的审议名单中，当时担任徽商银行执行董事、行长李和并未进入新任董事候选名单。这意味着，新任董事会成立后，李和很可能将不再担任行长职务。而对该问题的质疑，表面上是任命或免职程序不符合中国银监会颁布的《股份制商业银行公司治理指引》的相关规定——解聘高管层成员应由董事会 2/3 以上的董事通过。徽商银行独立董事吴晓求公开表示，此事他事先并不知道。而有学者认为，问题的根源，是一家地方银行与地方政府的关系，以及政府在银行公司治理中的角色。这样，关于银行行长由谁任命的问题就凸显了出来：是组织部门，还是董事会？

2013 年北京银行换监事长所引发的风波，再一次凸显公司治理的缺陷，引发中小股东们的质疑。事情起因于时任北京银行董事的任志强发微博炮轰北京国资委而引发关注，"代表只有不到 10% 股权的小股东的北京市国资委居然可以给上市公司的北京银行下达了撤销未到届应改选的现任监事长（保留了监事），并任命不是监事的人员担任监事长的命令文件。严重地违反了上市公司的管理规定和严重侵害了其他股东的利益"。此次的监事长风波也引起了众多中小股东的质疑。当时北京银行的第一大股东是荷兰国际集团，其持股比例为 16.07%，另外两大股东分别是持股 10.41% 的北京市国资委和持股 5.98% 的北京能源投资（集团）有限责任公司，后两者均为北京市政府独资企业，两者持股共计 16.39%，超过第一大股东荷兰国际集团。① 这一事件的发生，揭示了国有股东对于城商行治理强大的干预和操控力，这是城商行公司治理长久以来的诟病。以这种非常规的方式产生的高级管理者和权力机构，这样的公司治理结构又怎么能让人信服呢？这一事件带给众多城商行的国有股东们的启示，是作为一家城商行的股东，应该做好股东的本分，担当起股东应该担负的责任，将手中的权力交给市场，遵循公司治理机制，把选用公司高管的权利交给股东会和董事会。

---

① 《北京银行换届风波任志强噤声 治理结构难让人信服》，http://finance.ce.cn/rolling/201301/17/t20130117_17044006.shtml，最后登录时间 2014 年 4 月 17 日。

二　地方政府与城市商业银行关系的处理

1. 地方政府需要将城商行办成真正的银行。随着地方政府对金融越来越重视，地方官员中拥有更多熟悉金融事业的官员（金融办的主要领导大多来自金融机构、人民银行或银监会系统），这应当是改善地方政府对城市商业银行治理的契机。地方政府可以弱化对城商行的股权联系，将银行作为一个金融企业而不是"第二财政部门"来对待，使其不仅成为当地重要的融资来源，而且成为重要的税收来源，使银行成为当地重要的名片。一般来说，城商行都在前面冠有当地城市或者省份名，银行经营得好，市场声誉高，也会带来地方形象的提升。地方政府应当履行注资时的承诺，适当逐步减少股份持有，引入更多的投资者。

2. 城商行需要妥善处理与地方政府的关系。一般来讲，地方政府控股对于城商行而言有如下收益：第一，提高城市商业银行的信誉。城商行可以凭借与地方政府的密切关系来提高自身的信誉，通过自身与政府的宣传，扩大知名度，赢得投资者的信赖。这一点在城商行初创时期非常重要；第二，有利于扩大银行的资金来源。一般来说，地方政府会将地方性财政预算资金、预算外资金、各类社会保障基金、属地公务员代发工资等都优先考虑存入"自己"的银行，有时政府甚至要求有关单位必须将资金存放在当地商业银行。例如杭州市市级公务员的工资代发就由杭州市商业银行代理；第三，支持城市商业银行增资扩股，提高资本充足率，银行抵御风险的能力得到有力的增强。自成立之初，城商行就普遍被资本充足率不高、资本补充渠道狭窄等问题所困扰。从当前阶段的形势看来，诚然外资、民营资本已经开始向城市商业银行渗透，但是涉及的面和量有限，要想在短时间内大范围实现上市融资是不太现实和可能的。除此之外，城商行内部职工入股的数量也非常有限，在社会法人股中仍然存在着对民间资本进入的种种顾虑。因此，除国有企业外，地方政府是现有支持城市商业银行增资扩股的主要力量。

相对地，地方政府控股对城市商业银行发展的负面效应在于弱化了公司治理。从法律上说，地方政府股东与其他股东具有平等地位，但从实践来看，地方政府股东却有着其他股东所没有的人事控制权，特别是地方政府相对控股的公司更是如此。这样就会直接损害公司治理安排。如直接干预银行的决策、银行高管的官员化倾向、内部人控制现象以及弱化股东大会和董事会。

伴随着改制、重组的完成，地方政府对城商行的股份持有比例也被逐渐稀释，失去了控股权甚至持有极少的股份，但是对城商行来说，其影响力依然非常强大。地方政府现在用来制衡银行的方式已经很少是通过行政命令直接发出要求，而是大量运用政府资源来影响和控制银行。如果银行对当地经济支持贡献多、力度大，获得政府政策倾斜也会相应较多；相反地，如果对当地经济贡献少、支持小，其享受政策倾斜的可能性也会相对减少，甚至遭到"惩罚"。"某家银行在当地的贷款余额和新增额多，财政存款就会多存在你这里，如果你贷款新增或余额少了，就减少对你的存款，再直接一点，就直接把开在你这里的户头撤了。"一家城商行高层曾经作过这样的表述，很直白地说明城商行要在当地生存，就不能不支持当地政府。

在与地方政府关系的处理上，城市商业银行需要发挥监管部门的作用。监管部门的政策和相应的监管意见可能比自身沟通要有效得多。城市商业银行的高管人员应当加强与地方政府的沟通，特别需要普及银行知识，让政府各级领导对银行运行有较高的认知。

第四节　进一步改进城市商业银行公司治理水平的建议

一　准确把握银行公司治理的特殊性

银行公司的治理是具有其特殊性的，一般的非金融类公司的治理和银行公司的治理是存在着一定的差别的。区分银行治理和非金融机构公司治理两个关键的区别在于：第一个是银行有比非金融企业更多的利益相关者；第二个是银行的业务是不透明的和复杂的，并且可以相当迅速地改变。[1] 具体来说可以包括以下几点：（1）高负债性是商业银行资本结构的一个显著特征。商业银行的股东对于银行利润的追求，再加上高杠杆性特征的商业银行的资本结构，是使商业银行更加具有冒险冲动的原因之一；（2）银行合约信息的不完全对等性。存款人与银行、股东与银行都存在信息不对称，使之无法有效了解银行的经营。从存款人的这一方面来说，

---

① Hamid Mehran, Alan Morrison, Joel Shapiro（2011）. Corporate Governance and Banks: What Have We Learned from the Financial Crisis? Staff Report no. 502, June 2011. Federal Reserve Bank of New York Staff Reports.

高度分散的存款人是银行客户的特性，这样的债权人对于银行的监督效果可想而知，相对而言小股东们也没有有效的办法可以低成本地了解所需要的银行信息；（3）银行产品的特殊性。这一方面是在于，银行主要的产品贷款质量的好坏不是在短时期内可以得知的，加之银行贷款产品通常不是存在传统的活跃的交易市场，这样就导致银行可以其会计处理方便地隐藏对其自身的不利信息，这些客观存在的原因促使外部机构想要判断银行的好坏其实并不容易。由此得出结论，银行公司治理理所应当地比一般的公司治理要求要更加严格。

二　进一步完善当前我国城市商业银行公司治理相关法规

我国银行业监管机构借鉴经济合作与发展组织（Organization for Economic Co-operation and Development，OECD）和国际清算组织（Bank for International Settlements，BIS）关于公司治理的先进理念，结合我国银行业的实际情况出台了一系列有关公司治理的指导性文件。2013 年 7 月，中国银行业监督管理委员会发布了新的《商业银行公司治理指引》，对于明确今后银行业金融机构公司治理的发展方向和路径起到进一步的指导作用。在此之前，中国人民银行于 2002 年 6 月发布了《股份制商业银行独立董事和外部监事制度指引》，中国银监会于 2005 年 9 月发布了《股份制商业银行董事会尽职指引（试行）》，2006 年 4 月发布了《商业银行信息披露办法》。这些指导性文件和《公司法》《商业银行法》等一系列监管法规以及各银行内部的《公司章程》等构成了银行公司治理的原则性依据。当然，上市银行还应遵循《公司法》《证券法》以及中国证券监督管理委员会和交易所的相应规定。在中国，虽然没有直接针对城市商业银行公司治理的法规，但因为城市商业银行一般都是股份制银行，可以直接适用股份制商业银行的治理要求。然而银行公司治理的完善是一个持续改进和不断完善的过程。

三　引进民营股东优化股权结构

机构、法人股东是最佳的公司治理主体，相对于其他类型的股东而言。[①]

---

① 孙光焰：《公司治理的理论分析框架与法律制度配置》，中国社会科学出版社 2012 年版，第 125 页。

在中国当前的背景下，想要全面否定地方政府对于中小银行的控股地位是缺乏充分依据，显然也是不具备普遍操作性的。现阶段中小商业银行寻求战略合作伙伴，大致分为境外投资者和境内投资者。其中外资主要包括境外商业银行和专业投资机构，内资则主要包括境内金融机构和工商企业。对于已实现跨区域经营的较大规模的中小商业银行，可以考虑引进境外战略投资者。境外战略投资者的入股会带来先进的公司治理机制，这有利于中小商业银行公司治理水平提高。境外占投持股比例的提高有利于增强对管理层的监督，降低代理成本，提高公司业绩。外资金融参股的加入，不仅仅使股权结构、资本充足等问题可以得到解决，还可以引入外资银行的金融产品，可以借助外资银行的结算渠道，迅速提升对外向型企业和外资企业的服务水平，这样一来城商行的竞争能力就能增强。近些年，上海银行、南京银行、北京银行已相继引入国际金融公司等外资金融机构，对于其完善公司治理结构、提高经营管理水平均起到积极的作用。今后，志在实现跨区经营的而且已经有一定实力的中小银行可以继续选择这一条股权结构完善之路，这是迅速提升企业素质的一条捷径。

对于开始跨区域经营的中小商业银行，重点引进目标市场大型企业，从而在业务资源、客户渠道等方面形成合力优势。同时，也要特别注意控股权问题。工商企业在与商业银行洽谈股权战略合作的目标上，已不再满足于获得股权投资收益和业务合作利益，而是要么要求控股商业银行，要么进行业务产品上的捆绑合作。对于前者，银监会仍持不鼓励态度。对于立足本地发展的纯粹地方性银行，则可以考虑本地化业务交叉的需要，以本地大型企业为主来引进战略投资者，同时可以通过组建战略联盟的形式加入大中型银行发起的服务网络，为本地客户提供更丰富的金融产品以及更便捷的全国性支付结算平台。全国性商业银行经过数十年的改革发展，公司治理逐步规范，内部控制和风险管理机制相对健全，在网点布局、业务创新和人才资源方面具有绝对优势。但另一方面，中小商业银行对当地经济生态和政策环境比较了解，能够推出适合当地经济发展需要的特色服务，与当地中小企业一直保持长期、稳定的融资合作关系，占据信息和服务本地化的比较优势。

除此之外，公开上市，对于中小商业银行调整进而优化股权结构是一条很好的发展道路。上市不仅可以扩大公司的资金规模，更重要的是可以借此转换经营机制，完善法人治理结构。但是，众所周知的是上市的门槛还是比较高的，并不是所有中小商业银行都能够在规定的时期内达到的，大部分的中小商业银行还应立足于多种渠道补充资本金，优化股权结构。在现阶段，有不少经济和金融方面的专家就提出鼓励民营资本控股城商行的建议，概括而言主要包括以下几点：一是推动政府从城商行中退出，彻底切断地方政府对地方银行的行政干预，将城商行改造成真正的民营银行；二是制定政策鼓励民营企业控股，真正发挥其在治理结构和贴近市场方面的优势。

四　采取措施提升董事会履职水平

有外国研究结果表明，董事会结构对于银行系统性风险承担会产生重要影响。特别是，分析数据清楚地呈现，董事会结构的每个特征似乎更加有效地影响银行风险的具体类型。[①] 由此可见董事会的重要性，而且普遍的理论都主张董事会的独立性是各国公司治理的关键。

中小商业银行董事会在执行董事和非执行董事之外，也应该要有一定人数比例的独立董事。重点关注存款人和中小股东的利益应该作为独立董事的主要职责，对于董事会讨论的各类事项发表独立且客观的意见，其关注的重点在于重大关联交易、利润分配方案、高级管理人员的聘任和解聘、可能造成商业银行重大损失、可能损害存款人或中小股东利益等这些重大事项方面。按照监管部门要求，上市银行独立董事人数应不少于全体董事总人数的1/3，这是保证独立董事充分发挥作用的一个最低的制度设计要求。对于广大非上市中小商业银行，也应该大致按照这一原则来组建董事会，独立董事应有一个起码的比例，在董事会决策中有足够的声音。中小商业银行由于多未上市，股权结构一定程度上的集中难以避免，独立董事比例不可能很高。但是考虑到银行公司治理的特殊性以及银行业对风险管理的更高要求，独立董事甚至是全职形式的独立董事对于城商行公司治理是必不可少的。

此外，要使董事会充分履职，董事会还应该重视辅助性制度建设，如董事会应当制定内容完备的董事会议事规则，包括通知、文件准备、召开

---

① Domenico curcio, Angela gallo, Francesca Battaglia (2013), Does corporate governance matter in systemic risk-taking? Evidence from European banks. Working Paper of Department of Management, University of Naples.

方式、表决形式、会议记录及其签署、董事会的授权规则等。董事会议事规则中应包括各项议案的提案机制和提案程序，明确各治理主体在提案中的权利和义务。在会议记录中明确记载各项议案的提案方。董事会应设立董事会办公室等内设职能部门支持其工作。为确保董事会各项决议得到有效落实、便于董事全面了解银行经营管理情况，董事会还应制订董事会调研、考察与培训计划。

五　加强监事会监督的独立性

对于银行治理的讨论关注点不仅在董事会，而且银行的监管应该有明确的问责原则的治理。[①]"首先应该使监事会组织上的独立性加强。这也就是说，要求监事会成员与本公司或者关联公司的决策者和经营者之间没有行政隶属关系、上下级关系等彼此制约的关系。但是我国的相关法规（《公司法》[②]第51条和第117条规定了董事、经理及财务负责人不得兼任监事）对于监事职务兼任的界定比较概括和不全面，难以保证监事会组织上的独立性，所以建议可以增加一些内容使规定更加细化，例如对于公司董事的直系亲属、配偶或是在生活上依赖董事的人担任监事时予以限制；对于在任的监事，应该考察其就任前一定年限内是否担任过关联公司或企业的高级管理人员并且限制此类监事的人数等实践中可能会影响监事独立履职的因素。其次要明确监事会及其成员的义务和责任。监事在行使其权利时，应该尽到善良管理人的注意义务，这是对监事义务的首要考量。除此之外，监事还应该秉持诚实信用原则行使监督权。若是监事怠慢监督义务，致使公司或是第三人遭受损害的情况下，监事应该对公司或第三人担负损害赔偿的责任。"[③]

六　培植公司治理文化

公司治理文化是一种公司民主文化，而培养一种文化并不是一蹴而就

[①]　Jean Dermine (2011). Bank Corporate Governance, Beyond the Global Banking Crisis. Fauclty & Reseach Working Paper, March 2011.

[②]　最新《公司法》全文于2013年12月28日第十二届全国人民代表大会常务委员会第六次会议通过修订，并于2014年3月1日起施行。

[③]　陈淡卿：《浅论完善我国公司内部监事会监督制衡机制》，《南方经济》2000年第6期。

的，这种文化需要内植于银行股东、高管以及其他利益相关人的心中。只有建立起公司的经营管理者、所有者以及其他利益相关者达到利益平衡制约的一整套规则，才能实现良好的公司治理运行架构。当然，公司治理不是万能的，不一定能保证银行类公司实现超乎寻常的发展，但是可以明确的一点是保障银行的风险管理水平的提高和银行的经营稳健离不开公司治理。公司治理的效果远非是一年或几年的短期指标所能体现出来的。中国城市商业银行的治理效果，仍然不能完全从所谓的当前的计量模型来展现。如果仅以规模增速和利润增长等指标来评价银行的好坏可能会误导银行。公司治理结构在赋予银行参加者权利的同时也赋予了相应的义务。需要董事长、行长、监事长等各方面从内心有一种程序意识、制度意识和民主意识。尽管任何一家银行都会或多或少打上银行董事长或行长个人的烙印，良好的公司治理仍是可以保证银行经营和发展保持连续性和稳定性的制度安排。公司治理是一种文化，需要长期的坚持使之形成习惯。

　　总之，城市商业银行的发展对于我国银行业的贡献是有目共睹的，城商行这个群体的出现也使得我国金融业的结构更加健康和合理。城市商业银行脱胎于改革初期全国各地成立的信用社，因此其具有不同于其他商业银行的特性，城商行一开始的定位是旨在服务于地方政府、城市居民和中小企业。城市商业银行具有的特色优势在于决策链条短、市场敏感性高、服务意识强，正因为如此，城商行在效率上才有可能与其他类型的银行相竞争。当前的中国城商行，虽然经过了多年的发展，公司治理有了质的飞升，但是还是有一部分城商行被政府或政府控股的企业所掌控着，且总体呈现规模小、业务单一和资本不足的特点，在经济迅速发展的时代还面临着一系列新的挑战。因此，与其被动等待，不如及早突破和转型求生。

第四章 私募股权投资基金的治理

私募股权投资基金始于 20 世纪 70 年代的美国，在短短 30 多年里，作为资本市场中的一类集合投资渠道和工具，私募股权投资基金从小到大，从美国到全球，表现出了强大的生命力和影响力。2007 年，全球私募股权投资基金总融资额首次超过全球各公开交易市场公司股权发行融资的总和。

中国的私募股权投资基金行业起步较晚。20 世纪 90 年代以风险创业投资的引入发展为主。2000 年后，孵化成长投资和并购投资开始被中国市场认识并逐渐接受。2003 年，伴随着经济快速增长，全球大量资金以各种方式涌入中国，以私募股权投资基金为名融资和投资的各类投资机构大量出现。注意到私募股权投资基金快速增长的影响力，政府部门及监管机构也积极地开始了引导和立法的尝试。普华永道 2006 年的全球私募股权投资基金的研究报告指出，全球私募股权投资基金行业发展正在进入一个新的发展阶段，私募股权投资行业的结构正在发生深刻变化，整个行业正在向增加透明度，完善内部治理的方向加速转变。

2009 年《证券投资基金法》开始修订，此次修订扩展了证券的内涵，首次将私募基金纳入法律监管视野中，其中也包括了私募股权投资基金，私募股权投资基金迎来了迅速发展的大契机。在此背景下，对私募股权投资基金治理问题进行研究，具有重要的学术价值和社会意义。

据英国调查机构 Private Equity Intelligence 统计，1991 年，全球私募股权投资整个行业的筹资总额仅为 100 亿美元。时隔 20 年，清科研究中心发布的 2011 年中国私募股权投资市场数据统计显示，2011 年共有 235 只可投资于中国大陆地区的私募股权投资基金完成募集，为 2010 年的 2.87 倍，其中披露募集金额的 221 只基金共计募集 388.58 亿美元，同比上涨 40.7%；2011 年中国私募股权市场发生投资交易 695 起，其中披露金额的 643 起案例共计投资 275.97 亿美元，其中 PIPE（投资于上市公司）类投资占比扩大，机械制造、化工原料及加工行业取代生物技术/医疗健康和清洁技术行业，成为 2011 年投资热点行业。短短 20 年间，私募股权投资行业发展惊人，其巨大的融资能力也是各国支持其发展的最根本原因。目前全球私募股权基金拥有近万亿美元的融资能力，是继银行信贷和证券市场之后的第三大融资市场。无疑，其已经成为国际金融市场发展的新趋势。

综观国内理论界对私募股权投资基金的研究，大多在围绕介绍其基本理论的基础上，对其运作模式、退出渠道、组织模式、法律实务、投资案例等进行分析，鲜少提及基金的"治理"问题。

第一节 私募股权投资基金概述

一 私募股权投资基金的概念

私募股权投资基金（Private Equity Fund，PE）目前尚无明确的定义，各个不同的机构和个人依据自己的理解，给出了很多种定义，如下是一些富有代表性的观点。

第一，按照欧洲私募股权与风险投资协会的定义，私募股权投资基金包括对所有非上市公司进行权益性投资的基金。

第二，美国风险投资协会和美国两家重要的研究机构 Venture Economics 与 Venture One 将其定义为，所有的风险投资，管理层收购，以及夹层投资、基金的基金，但不包括天使投资者、商业天使、房地产投资以及其他上市市场外的投资的基金。[1]

第三，我国学者盛立军等认为，私募股权投资基金是指"通常投资于包括种子期和成长期的企业，即创业投资基金，也包括投资扩展期企业的直接投资基金和参与管理层收购在内的并购投资基金，投资过渡期企业的或上市前企业的过桥基金也是私募股权基金的范畴，即凡是在一家企业上市以前所获得的股权投资都属于 Private Equity 这一投资产业"[2]。

---

① 韩良：《非证券类投资基金法律问题研究》，中国金融出版社 2011 年版，第 322 页。

② 盛立军、刘鹤扬、夏样芳：《私募股权基金 300 问》，暨南大学出版社 2005 年版，第 42 页。

在诸多的著作及论文中，部分学者认为私募股权投资基金针对的是未上市企业的股权投资，然而，在实践中，也存在对上市企业的股权投资，当然，不是通过证券公开发行交易的方式，可以选择通过定向增发方式投资上市公司的非登记类股权。

相较而言，在隋平编著的一书中，用动态的方法将私募股权投资基金定义为"是以非公开的要约形式，向少数的机构或者个人投资者募集资金，建立一个资金池，然后向有发展潜力的企业进行的股权投资，在该企业价值升值后，通过被投资企业上市、并购转让或者管理层回购等方式退出该投资企业，从而获利的金融活动"。① 这一定义避免了对基金投资对象的类型描述，生动地刻画了私募股权投资基金的运作模式。

二　私募股权投资基金的特点

从私募股权投资基金的定义上看，我们不难发现其具有以下特点。

第一，"私募"决定了基金的资金来源不公开。该类基金仅面向少数符合特定条件的个人和机构投资者筹集资金，如风险基金、杠杆并购基金、战略投资者、养老基金、保险公司等具有一定的投资经验和知识，了解投资风险，有承受风险能力的特定投资者。并且，不得通过公开宣传的方式集资，这也就决定了主要依靠基金管理人的人脉和信誉。

第二，基金运作专业，整个基金从资金的筹集、托管、项目选择、资金投入、后期退出都由专业的基金管理人操作。

第三，流动性低，私募股权投资基金主要投资于非上市企业的股权，而实现股权的价值增值一般需要很长时间，而且往往不存在公开的股权交易市场，投资者只能通过协议转让股份，投资缺乏流动性。

第四，权益性投资，该类基金不同于证券投资基金，其主要目的不是通过二级市场资本套利，而更注重所投资企业的成长性、组织结构和管理层的管理能力，基金管理人、投资人可能参与企业的管理，为企业带来技术、市场、信息等资源，促进企业快速成长。②

---

① 隋平：《私募股权投资基金法律实务》，法律出版社2010年版，第1页。
② 章丹雯：《论中国私募股权投资基金的监管与自律》，《时代金融》2009年第6期。

三　私募股权投资基金的组织形式

组织形式是企业的重要组成部分，特定的企业组织形式规定了企业所有者对企业的责任和义务，影响企业的决策程序和管理者积极性的发挥，以及管理人员在风险和收益面前的不同权衡，进而影响企业的绩效。同样，对于私募股权投资基金来说，组织形式的不同，亦存在很大区别。从世界范围看，私募股权投资基金的组织形式有四大类：合伙制、契约制、公司制及混合制。最为常用的是合伙制中的有限合伙，其中美国80%的私募股权投资基金采用了这种形式。[①]

1. 合伙制

合伙制主要分为有限合伙制、普通合伙制和特殊的普通合伙制三类。其中，有限合伙制应用得最为广泛。有限合伙制私募股权投资基金包括两种投资者，一类是普通合伙人（General Partner），承担无限连带责任，行使合伙事务执行权，负责企业的日常经营管理；另一类是有限合伙人（Limited Partner），以其投入资金依据合伙协议享受合伙权益，对企业债务只承担有限责任，不对外代表合伙，也不直接参与企业经营管理。倘若有限合伙人介入合伙事务，则失去有限责任性。有限合伙的信息对内、对外的公开，让合伙人自主决定，并由此达到合伙经营、监督约束的目的。有限合伙人可以在许多方面参与合伙事务的管理和投票表决，并不构成实施意义上的管理行为，因而无须对有限合伙的债务负责。[②]

2. 契约制

契约制是指投资人和管理人通过订立契约来规定双方的权利和义务，最早的契约制基金都很小，更多地依赖于投资人和管理人之间的个人信誉。随着信托制度的发展，信托逐渐成为契约制私募股权投资基金的主要形式，并且这一类的私募股权投资基金在信托制度非常发达的英国、日本等国家较为常见，在一些不具备有限合伙条件或有限合伙在当前并不成熟的国家也能见到，比如我国。另外，在一些特别的领域，信托是最主要的组织形式，比如在房地产物业投资领域的REITs（房地产投资信托基金）。

在私募股权投资基金中，由投资人和管理人设立信托计划，信托计划

---

① 武圣涛：《境内外私募股权基金比较研究》，《上海金融学院学报》2009年第1期。

② 周昌凌：《私募股权基金组织形式研究》，硕士学位论文，中国政法大学，2010年。

中有投资人及其组成的持有人大会、私募基金管理机构和托管机构三方。由管理公司于基金托管机构订立信托契约，管理人发起私募基金的信托计划，向投资人募集并负责投资管理，托管机构按照契约保管资产和会计核算。私募基金财产与管理机构和托管机构财产独立。在我国，目前部分私募基金管理机构通过信托方式实现"阳光化"，其中私募机构在信托产品中担任投资顾问，收取投资顾问管理费和特定信托计划利益，就属于这种契约形式。

我国的私募股权类的信托计划大多由信托公司集合多个信托投资客户的资金而形成，直接或者委托其他机构进行私募股权投资。如深国投·铸金资本一号和中信信托锦绣一号，均是信托型的私募股权投资基金典型案例。①

3. 公司制

公司制主要包括有限责任公司和股份有限公司两种形式，对于私募股权投资基金而言主要是有限责任制。基金投资者作为公司的股东，可以是自然人也可以是法人，通过股东大会、选举董事和投资决策委员会等方式参与私募股权投资基金的重大决策，由董事会行使基金公司的法人所有权，按其出资额为限对公司债务承担有限责任。基金管理人可以是公司股东，也可以是聘用人员。公司制私募股权投资基金可分为自我管理型和委托管理型。自我管理型与一般意义上的公司管理模式相同。委托管理型一般采取的是决策权与经营权相分离的董事会—经理分权管理制度，体现的是"委托—代理"关系，以基金的名义独立行使民事权力并独立承担民事责任，董事会制定投资方针和对重大投资进行决策。②

第二节　私募股权投资基金治理的基本理论分析

一　私募股权投资基金治理的特殊性

时至今日，国内学术界认为公司治理是这样一种解决公司内部各种代

---

① 李连发、李波：《私募股权投资基金理论及案例》，中国发展出版社 2008 年版，第 67—71 页。

② 王磊：《我国私募股权投资的融资研究》，博士学位论文，西北大学，2009 年。

理问题的机制，它规定着企业内部不同要素所有者的关系，特别是通过显性和隐性的契约对索取权和控制权进行分配，从而影响企业家、管理层和投资者的关系。公司治理边界是公司权利、责任以及治理活动的范围及程度。治理边界既不同于公司制企业规模边界概念，也与公司法人边界不完全相同。公司治理的目标应以提高公司价值为核心，不仅降低代理成本，更要发挥代理人积极性和专业技能，提高代理人决策科学性，使决策收益与代理成本之差，即公司治理收益最大化。

对于私募股权投资基金而言，从某种意义上讲，其是投资者的货币资产与基金管理人的人力资本之间的一个特有合约。在这点上，与一般企业是一样的。因此，在私募股权投资基金业中也存在代理问题和契约不完全的问题，剩余索取权和剩余控制权的不对称同样也是基金合约的一个显著特征：基金管理人拥有对基金资产的剩余控制权，而不享有基金剩余收入的索取权；基金投资者承担基金运作中的所有风险却不拥有对基金的控制权。因此企业治理的一些规则也可以适用于私募股权投资基金领域。①

与一般的公司治理存在差异，私募股权投资基金治理机制是基于"外部投资人"与"内部管理人"之间的"委托—代理"形成制度层面，而非"股东、董事会和管理层"形成的公司法人结构层面。其法律关系是商业信托关系，即出资人不以设立公司的方式来经营事业，而以信托的方式，将出资集中于受托人，而由受托人负责统筹管理运用，以经营特定的事业。另出资人则以受益人的身份，受领信托财产收益的分配。这种法律关系决定了私募股权投资基金治理机制与一般公司法人治理机制相较有以下特征。

1. 私募股权投资基金的治理机制不局限于法人边界。私募股权投资基金的存在是由投资人、管理人、托管人和被投资目标公司构成的委托代理关系和股权投资关系，那么，私募股权投资基金治理边界与一般公司的治理边界不同，超越了法人边界。私募股权投资基金通过企业契约和金融契约在几个独立法律主体间形成治理机制。因此，私募股权投资基金治理机制的边界，以基金资本"融、投、退"为周期，包括基金的内部治理与外部治理。

---

① 赵静：《私募股权基金治理机制研究》，硕士学位论文，复旦大学，2011 年。

2. 解决投资人与管理人的代理问题是私募股权投资基金治理机制的重点。私募股权投资基金的成功依赖于克服代理风险，主要是克服管理人的逆向选择和道德风险问题。与一般的公司治理相比，私募股权投资基金的代理问题更为突出，在私募股权投资基金的运作中更依赖于管理人个人的商业判断和投资经验。如何缓解投资人和管理人之间的信任危机，在投资人和管理人之间形成制衡关系，是私募股权投资基金治理机制的重点。

3. 对投资风险控制权的分配构成私募股权投资基金治理机制的核心。风险控制权是私募股权投资基金治理机制的核心，是投资人与管理人对股权投资决策权的分配。投资人权力过大，会削弱管理人的积极性，影响管理人专业的商业判断；管理人权力过大，会出现道德危机，侵害投资人利益。故此，私募股权投资基金治理机制需作出权衡，以保证基金追求的目标是基金利润最大化，而不是投资人利益最大化。

4. 对私募股权投资基金管理人的约束和激励构成私募股权投资基金治理机制的主要制度。由于私募股权投资基金中投资人与管理人形成的信息不对称，要求基金治理机制一方面要降低代理成本，为投资人提供监督、约束的措施；另一方面又要激励管理人，为管理人提供激励补偿措施，从而把投资人的利益与管理人的利益紧密结合在一起。[①]

二 私募股权投资基金的内部治理问题

1. 私募股权投资基金的代理成本问题

在私募股权投资基金的运作体系中，涉及投资者、私募股权投资基金和被投资企业三方利益主体，形成了双重代理关系：一是投资者和私募股权投资基金之间的委托代理；二是私募股权投资基金与被投资企业之间的委托代理。就私募股权投资基金自身的治理问题而言，其代理成本主要存在于第一层代理关系中，即投资人和基金管理人之间。由于人力资本具有与其所有者不可分离的特性，意味着人力资本的所有者容易"偷懒"，而货币资本具有与其所有者可分离的特性，这就意味着货币资本的所有者容易受到"虐待"。基于此，代理成本在私募股权投资基金运作中的表现形

---

① 赵玉、傅穹：《私募股权基金治理的法律分析》，【会议】北京论坛（2007）文明的和谐与共同繁荣——人类文明的多元发展模式："全球化趋势中跨国发展战略与企业社会责任"法学分论坛论文或摘要集（下）。

式，包括私募股权投资基金运作中的逆向选择以及道德风险问题。

（1）私募股权投资基金运作过程中的逆向选择

由于私募股权投融资过程是一个信息严重不对称的交易过程，因此逆向选择现象很严重。私募股权投资基金融资过程中的逆向选择相对于基金投资人，基金管理者是信息优势方。基金管理者的能力是一种人力资本，它是隐形的、难以辨认的。基金投资人在选择基金管理人时，只能根据基金管理人过去的业绩和管理团队的所表述的素质来选择。但基金管理人在向基金投资人宣扬其管理业绩和能力时，往往以其最好的业绩和能力示人，而隐藏其不好的业绩与能力，甚至于欺骗基金投资者。

例如纳斯达克股票市场前董事会主席伯纳德·麦道夫，一直以来借着自己的好名声"借了新债还旧债"来掩盖自己投资回报不好的业绩，其管理的基金最多时吸引了百亿美元的资金，而在2008年金融危机中，随着人们的大额赎回，终于露出其欺诈的原形。而在此前，他拥有近半个世纪"白璧无瑕般"的从业记录，无论市道好坏，都能保证很高的年投资回报率，曾被誉为另一个巴菲特，但最终被证明是一个"庞氏骗局"。

由此可见，由于信息不对称，基金管理者有机会隐藏其管理能力和管理业绩而获得基金投资者的青睐，这就会使得一些真正有管理能力的基金管理人无法获得基金投资人的青睐。而且如果类似于麦道夫这样的事例多出几例，就会让投资者因无法识别基金管理者的能力而失去信心，并进而退出基金市场，基金管理人就有可能无法募集到资金，而最终使这市场不复存在，这就是私募股权投资基金融资过程中遇到的较独特的逆向选择问题。

当然，如果基金投资人一味追求稳健而透明的投资收益，而不愿意冒风险，就会使一些真正有管理能力、能创造高回报的基金管理人退出市场，从而使得从事风险较高、信息透明度较低的私募股权基金的基金管理人越来越少，而从事于创业晚期的上市前融资的私募股权投资基金的基金管理人越来越多，这是私募股权投资基金融资市场逆向选择的一个结果。这种现象在亚欧和中国是比较明显的，因为在亚欧和中国，大部分的私募股权投资基金都投资于企业的后期阶段，或者是上市前融资，较少投资于企业的早期阶段。①

（2）私募股权投资基金运作过程中的道德风险

私募股权投资基金投资人与基金管理人签署投资协议，并将资金交给基金管理人后，基金管理人机会主义行为的高低就成为基金能否在较低的风险下取得较高回报的基础。由于信息不对称和相关的法律规定，使私募股权投资基金出现事实上和法律上的内部人控制。事实上的内部人控制形成于股权投资的高度专业化带来的信息不对称，这使投资者缺乏对投资的审查和监督的能力，私募股权投资基金管理人往往拥有事实上的控制权。冈拍斯和勒纳（2002）对创业风险投资基金内部代理问题的研究表明，投资于高科技风险企业增加了风险资本家采取机会主义行为的可能性，因为通常会计资料很难反映企业的真实状况，评价高技术企业也需要对企业技术状况及竞争对手情况有一个全面的了解，这就给投资者监控基金管理人行为带来了很大的困难。另外，根据相关法律，在有限合伙制基金中作为有限合伙人的投资者只承担有限责任，按权利与义务相匹配原则，投资者不能干预基金的日常经营活动。投资者对基金投资的干预限定于事前的合约规定，由于股权投资的极大不确定性，这样的合约规定是不完全的，难以对基金管理人形成真正的约束。无论是事实上还是法律上的内部人控制，都可能使投资者的利益受到侵害，尤其是在投资者不能向私募股权投资基金赎回其本金如封闭式基金的情况下，基金管理人几乎绝对地把基金控制在自己手上，这就给基金管理人的机会主义提供了便利。②

2. 私募股权投资基金的治理结构问题

基于前面对私募股权投资基金本质的分析，一种良好的私募股权投资基金治理结构，就是需要对于基金的参与人行为进行良好的约束和激励，使基金的内部成本最小化而投资收益最大化；而从法学的角度来讲，就是保护投资者利益，对私募股权投资基金的当事人的权利、义务和责任进行合理配置。

不同的组织形式会对投资人与基金管理人的权利、义务做出不同的安排，从而导致基金的内部治理结构也不同。能否选择一种适当的组织形

---

① 马超：《我国私募股权基金的委托代理问题研究》，硕士学位论文，天津财经大学，2010 年。

② 同上。

式，直接关系到私募股权投资基金运营成本的高低，关系到对基金管理人激励效果的强弱，以及能否对基金管理人进行适度、有效的约束。[1]

私募股权投资基金选择什么样的组织形式，是产生于私募股权投资基金各主体之间的谈判当中的，而不是一种外部力量的产物；它是内生于一个有效率的企业治理制度安排之中的。那么，一种有效率的组织形式，必然是各方主体对于治理结构的必然选择。从私募股权投资基金的发展历史上看，它并没有一个统一的模式，从最初的非组织制度化，到后来的公司制、信托制和有限合伙制，只要能最大限度地保护投资者的利益并使投资收益最大化，不管采用什么样的形式，都是合理的。[2]

无论私募股权投资基金采取何种组织形式，其内部的治理结构大致可分为决策机构、监督机构和执行机构。以有限合伙制的私募股权投资基金的治理结构为例。一般而言，其内部治理结构包括投资决策委员会、有限合伙人代表委员会，有些还设有投资顾问委员会。投资决策委员会指由普通合伙人选任的成员组成的委员会，其职权是负责批准基金所有投资与撤资行为。在涉及进行投资、退出投资时，普通合伙人代表提出的投资议案必须要经过投资决策委员会的事先批准，在具体表决权上，根据基金合伙协议的不同而有所不同。值得注意的是，一般来说，对主投、初投、跟投项目与退出项目的表决权数也时有区分，比如对于主投、初投、跟投项目，须由特定多数即超过 2/3 投资委员会的人数通过，而对于退出项目可由一般多数及超过 1/2 人数通过即可。部分有限合伙制基金的普通合伙人属于公司性质的话，那其治理结构就与一般公司的治理结构类似，最大的差别就是占基金份额最重的有限合伙人没有参与投资决策，这个与一般性企业投资人股权比例越大，享有表决权、控制权越大存在本质区别。在基金的运营上，有限合伙人一般不参与合伙事务，仅对于超出合伙投资范围和投资限制的投资项目，以及涉及利益冲突的投资项目时，往往才需要有限合伙人代表委员会的事先批准，否则所进行的投资在效力上存在瑕疵。[3]

---

① 周昌凌：《私募股权基金组织形式研究》，硕士学位论文，中国政法大学，2010 年。

② 宋晓燕：《私募股权投资基金组织模式分析——一个治理结构的视角》，《上海财经大学学报》2008 年第 5 期。

③ 华雷、李长辉：《私募股权基金前沿问题——制度与实践》，法律出版社 2009 年版，第 54 页。

3. 私募股权投资基金的激励机制分析

基金激励问题产生的根源在于理性人的行动都以自身效用或利益最大化为标准，代理人的利益与委托人的利益不完全一致，他可能采取有利于自身而损害委托人利益的行为。激励机制的目的就是委托人采取某种方式促使代理人采取有利于委托人利益的行为而不采取损害委托人利益的行为。因此，激励机制就是设计一种契约或者制度，使得代理人能够最大限度地为基金投资者的利益工作。

以契约制私募股权投资基金为例，投资人作为基金的委托人和受益人，通过契约在事前对基金管理人（受托人）的收入分配进行了规定。管理人的收入通过管理分红制度来实现，管理分红制度是基金管理过程中起核心激励作用的关键性制度。它可以是单一酬金的激励契约，也可以是复杂的多样化酬金的激励契约，并随着基金的发展时期和业绩作相应的调整，基金管理人的管理费收入制度可以分为固定费率业绩激励模式和浮动业绩激励模式。同时引入动态激励模式，通过声誉机制激励管理人努力工作。

（1）固定费率业绩激励

我国基金发展的早期多采用这种激励方式，即基金管理人根据基金资产净值收取一定比例的管理费，这种制度安排将管理人的报酬直接和业绩挂钩，能促使管理人努力工作，追求基金净资产持续快速地增长。这种激励机制保证了基金管理人稳定的收益，但是这种激励机制容易使得基金管理人追求短期资产净值，忽略基金的长期发展。

（2）浮动业绩激励

所谓浮动业绩激励是指建立一个基准指标，根据实际业绩与基准指标的比例来调节分红份额。若高于比较基准，则给予基金管理人较高的分红比例；反之，则给予较低的分红比例，甚至更换某些表现较差的管理人。此机制使基金管理人的分红比例随着基金业绩的变化波动，很大程度上激励了基金管理人的斗志，而且能起到基金管理人的自我选择作用，即优秀的基金管理人比较自信，对于这种浮动的分红比例机制并不惧怕，会接受这种报酬条款，略差的管理人考虑到自身的能力和收益的不稳定性，更倾向于选择稳定的收益分配机制。不过，由于外部环境的不确定性，该激励机制下基金管理人所承担的投资风险增大。

（3）声誉机制

声誉机制是基金管理人的自我约束机制。基金管理人的声誉包括名声和荣誉，是在对基金管理的实践管理活动中逐渐形成的。因此，声誉既是基金管理人长期经营的结果，也是对管理人职业素质和专业素养最好的证明。理性的基金管理人之所以会追求声誉，无非有两个动因：一是为了追求长期收益，对于私募股权投资基金而言，业绩口碑非常关键，基金管理人的声誉直接关系到职业生涯；二是为了自我实现的需要。另外，对于投资人而言，随着基金规模的扩大，管理难度的增加，物质激励所需要的交易成本会越来越大，甚至超过激励所带来的绩效的增加，因此，引入声誉机制有利于降低交易成本。当然，声誉的形成最终还是建立于诚信基础之上。①

公司制私募股权投资基金在实践中通常将传统的业绩模式和股权激励相结合来作为对基金管理人的激励机制，避免基金管理人的短期投资行为。股权激励中主要运用股权期权的模式，通常做法是会计年度年初确定业绩目标，到会计年度年末时，根据管理人的业绩水平是否实现预期目标，按上限确定的价格或条件允许基金管理人从投资人手中购买一定公司股份的权利。

有限合伙制私募股权投资基金由于基金管理人本身是普通合伙人，对基金承担的是无限责任，在实际上把基金管理人的利益和投资人的利益绑在了一起，本身就已经具备激励的体制特点。不过，为了最大限度地激励基金管理人，在激励设计上可以采取管理费与业绩报酬相挂钩的方式。

综上所述，无论是在哪一种组织模式下，尽量使基金管理人和投资人的利益保持一致，则能最大限度地激励基金管理人，其中，将管理费率与业绩相挂钩是最直接也最常用的做法。值得注意的是，管理费率的高低并不存在一个统一的标准，而是取决于投资人和基金管理人之间的谈判能力，换一句话说，管理费率的高低是双方博弈的结果。

4. 私募股权投资基金的约束机制分析

采取的组织形式不一样，那么私募股权投资基金内部约束机制也不一样。

---

① 韩良：《非证券类投资基金法律问题研究》，中国金融出版社 2011 年版，第 50—52 页。

（1）公司制私募股权投资基金的内部约束

公司制私募股权投资基金内部约束机制由股东大会、董事会、托管人和声誉约束机制共同组成，在约束制度如股东大会制度、股东诉讼制度等与一般的公司有很多相同的地方。不过，基金的约束存在特殊性。比如与一般的公司相比，公司制基金股东参与治理的程度较浅，基金股东大会的权利也小得多，主要职责有：基金契约修改，对投资计划的重整，解聘基金公司经理，选举董事等。在董事会权力这块上，基金公司的董事会只对基金和基金管理人等的运作进行监督和管理，在此，其负有特别监督义务：对顾问合同的批准。这项义务可以说是董事会对投资顾问履行信赖义务进行有效监督的最重要的方式之一。

（2）有限合伙制私募股权投资基金的内部约束

有限合伙制私募股权投资基金的约束机制主要体现在有限合伙协议中。主要包括但不限于以下几个方面内容：一是基金存续期。一般为10年，基金也可以根据需要延长存续期，但是一般不会超过4年。过了一定的存续期后，基金自动解散，有利于防止基金管理人永远占有基金资产；二是对基金管理人出资额的强制性规定。在相当程度上遏制了基金管理人的高风险行为；三是有限合伙人分期出资。基金设立时，投资人的资金一般不采用出资一次到位的做法，一般而言，基金投资人会视基金管理人运营基金的业绩从而决定是否注入下一期资金，这种设计使得基金投资人享有在基金存续期内随时取消基金协议的权利，当然，已经投入被投资企业的资金不能无故抽回，但是在一定程度上可有效地防止基金管理人道德风险的发生；四是基金管理人重要事项报告的约定。可以保证基金投资人获取关于基金投资情况和财务状况的真实信息，以避免具体运作中因信息不对称而产生的道德风险；五是基金单项投资限额的限制。即限制了投资于单个企业的资本额额度。有效地防止对没有足够回报的高风险项目进行过度投资；六是在实践中，有限合伙制基金通常会设定顾问委员会，监督基金管理人的投资。

（3）契约制私募股权投资基金的内部约束

在契约制基金运作过程中，由于投资人的基金通常是一步到位的，因此对于基金管理人的行为应进行严格的约束。其一是在契约中设定基金管理人的激励评价标准、对基金管理人的选任等对其进行约束。其二是投资人享有信托法中的收益权及各种监督权，如基金管理人、基金托管人违反契约规定而导致基金财产受损时，投资者可以通过基金持有人大会重新选举基金管理人或托管人。其三是引入基金托管人可以做到保全资产的作用，同时监督基金管理人。[①]

三　私募股权投资基金的外部治理机制

私募股权投资基金的治理，不仅包括以激励和约束相容的内部治理机制，还包括各种外部力量对基金的治理机制，即外部治理机制。外部治理机制包括两个方面：一是通过市场竞争等市场力量来对基金的治理；二是通过法律、行政、自律等非市场手段对基金的治理。我们拟从市场竞争与基金监管两个方面展开其对基金治理优化影响的讨论。

1. 市场竞争与基金治理

在现代基金的发展过程中，市场竞争对改善基金治理所起的作用日益增大。在一定程度上弥补了基金内部治理的不足。整个基金产业市场主要分为基金市场、基金管理人市场。各个子市场的内部竞争关系在一定程度上影响着基金的治理水平。

（1）基金市场竞争与基金治理的关系

在基金市场上，面对众多的基金品种和数量，投资者通常根据调整风险后的基金收益率来选择投资对象。在相同风险水平下，投资者更倾向于选择收益率较高的基金；在收益率相同的基金中，投资者更倾向于选择风险较小的基金。由于资本的逐利性必然导致投资者选择投资收益率较高（调整风险之后）的基金，或者是放弃原来持有的业绩不佳的基金另外投资业绩更好的基金，使得其资本能够增值。投资者的这种投资选择必然会导致业绩优良的基金规模发展得越来越大，或者继续设立二次基金。如深国投首只私募股权投资信托产品——深国投·铸金资本一号（2007 年 7 月 25 日正式成立，规模为人民币 1.1 亿元），由于其主要投向具有高成长潜力的拟上市公司的股权，预计收益率高于一般固定收益类的理财产品，且管理团队和投资顾问的一向优良业绩，使得其之后在 8 月推出的该系列第二期信托计划也获得足额的预约投资。而业绩较差的基金由于没有人愿意继续投资或其他原因导致基金计划停止。因此，业绩较好的基金为了进

---

① 韩良：《非证券类投资基金法律问题研究》，中国金融出版社 2011 年版，第 54—60 页。

一步扩大基金规模（基金管理人可以从中获得更多管理费用），它会要求基金管理人保持或提高现有的投资管理水平。业绩较差的基金面对竞争的压力，它会主动及时更换原来能力不强的基金管理人，重新选择资产管理能力更强的基金管理人来改善基金业绩。基金市场竞争无形之中成为基金外部治理机制的一个重要组成部分。

（2）基金管理人市场竞争与基金治理的关系

从理论上讲，基金管理人或投资顾问与基金投资者之间是一种委托代理关系。一方面两者的目标不一致：前者要求收入（管理费用等）的最大化，后者要求投资收益的最大化；另一方面两者的信息不对称：前者掌握的基金信息在总量和实效性上都占优势。因此，投资者无法观察到基金管理人管理的投资组合是否真正从投资者利益出发，容易引发基金管理人的道德风险和逆向选择。

在竞争性的基金管理人市场上，投资人会优先选择有着辉煌战绩和丰富经验的基金管理人旗下的基金产品来投资或者愿意聘请其来为自己的基金来管理。如果基金管理人市场存在竞争程度越大，那么投资人选择或更换基金管理人的余地就越大，这就有效地约束了基金管理人的道德风险和逆向选择行为。在这个过程中，业绩优良的基金管理人一方面可以获得更多的管理费用收入；另一方面反映基金管理人良好管理水平的信息在市场上得到传递，为其获得更高管理费用的工作机会奠定基础。相反，如果基金管理人能力有限，无法胜任管理工作而导致投资者利益受损，这种情况不但减少了基金管理人的管理费用收入，同时在一些约定将基金管理人的资产进行捆绑的基金产品中，基金管理人的利益也会大大受损，此后也对基金管理人在市场上的声誉造成不良的影响。

因此，面对同业的市场竞争，基金管理人为了维持和发展现有的业务规模，不得不主动提高自身的管理水平。从长期来看，基金管理人必须对自己的行为负完全责任。即使没有显性激励合同，基金管理人也会积极努力地工作，因为这样可以改进自己在基金管理人市场上的声誉，从而提高未来的收入。这就间接地改善了基金治理，提高了基金的业绩水平。

综上所述，基金产业各市场的竞争程度一方面可以单独影响基金治理，另一方面，其通过传导机制共同影响基金治理水平：基金市场的竞争程度是决定基金治理水平的最重要的外部因素之一，它可以通过基金投资者"用手投票"和"用脚投票"的机制直接影响基金治理水平；基金市场竞争又决定了基金管理人市场竞争程度，进而间接影响基金的治理水平。基金产业市场竞争在很大程度上已经使基金投资者（包括现实的和潜在的）受益。但是，基金市场的过度竞争或不规范竞争可能导致基金管理人的行为短期化，也可能导致社会资源的浪费。因此，应当注意把握基金市场竞争的规范性与"度"的合理性。①

2. 基金监管与基金治理

保护基金投资者的合法权益是基金治理的基石与核心。尽管基金内部治理与市场约束为投资者保护提供了重要的制度保障，但其力度还远远不够，必须加强基金市场的监管。基金监管作为一种重要的外部治理，对促进基金内部治理的优化，保障市场的有序竞争与有效约束，保护投资者权益具有重要意义。

"监管"有广义和狭义之分，我们通常所指的"监管"是指狭义下的监管，即政府监管。广义的监管的实施监管行为的主体的范围要宽泛得多，具体可分为私人和社会公共机构两种类型，并由此把监管分为"私人监管"和"公共监管"。具体到基金的监管，"私人监管"主要表现为投资者的监督、社会专业人士的监督以及基金内部管理人与托管人之间的相互监督等；"公共监管"主要表现为法律监管、政府行政监管以及基金行业自律组织的监管。在本章中，我们探讨的是其广义的监管。

私募股权市场是一个高风险的市场，然而与证券投资基金等其他金融工具不同，长期以来西方发达国家对私募股权投资基金的监管较为宽松，行业发展放任自由。这与私募股权投资基金的发展历程以及早期的投资特征是分不开的。早期，西方国家的私募股权投资基金由于资金来源问题，大多分散、不成规模，没有蓬勃发展起来，就连已具有 30 年风险投资活动历史的美国也是如此。

并且，政府之所以需要对一类金融工具或金融机构加以外在的监管，是因为市场这只"无形的手"在发挥资源的优化配置、自动调节经济运行作用过程中不可避免地有"力不从心"之处，比如市场的不完全竞争性、外部性、公共物品性、社会不平等性、滞后性等。② 私募股权投资基金作为一种金融投资工具在运行过程中不可避免地存在这些风险。但是，

① 贝政新：《基金治理研究》，复旦大学出版社 2006 年版，第 222—228 页。

② 李东方：《证券监管法律制度研究》，北京大学出版社 2002 年版，第 27 页。

私募股权投资基金自产生以来的"私募性""股权性"这两个本质特征决定了它与公募基金、私募证券投资基金存在着根本的差别。政府监管力度的大小应与该金融工具可能产生的风险大小成正比，不能简单地"一视同仁"。私募股权投资基金在早期发展过程中可能产生的市场风险与能带来的巨大经济效益相比微乎其微，往往被忽略。因此，各国对私募股权投资基金的监管一直以来较为宽松。①

之后，由于政府的支持和机构投资者资金的加入，经过 30 年的发展，私募股权投资基金已成为仅次于银行贷款和 IPO（首次公开发行股票）的重要融资手段，其规模庞大，投资领域广泛，资金来源广泛，参与机构多样化。庞大的经济实力，丰厚的经济利润，较低的税收成本，都使得私募股权投资基金开始进入监管者视线范围。并且由于私募股权投资基金运作中，过高的杠杆比例对金融市场的稳定造成了一定的威胁，也引起了相关政府监管部门的关注。

随着资本市场的不断发展，海外私募股权投资基金监管呈现越来越严格的趋势。为了将私募股权投资基金的各种风险控制在一定的范围之内，各国监管部门纷纷制定并不断完善各种配套制度，力图通过法律法规监管体系、市场监督作用、市场主体自律等方式对可能产生的风险进行有效的防范。比如通过对投资者资格进行严格的限制，降低私募股权投资基金的信息不对称风险；建立有效的激励与约束机制（如采取有限合伙的组织形式、设计薪酬激励、要求普通合伙人承担无限连带责任、有限合伙人可以分期出资、强制分配等具体措施）来降低委托—代理风险等。

目前国际上比较有代表性的有三种模式，一是在法律约束环境下自律监管的美国模式，二是以行业自律监管为主的英国模式，三是政府主导的日本模式。美国模式是建立在美国有限合伙制基金发展相对成熟、信用体系建立较完备的基础上的。它通过对合格投资者、基金设立严格限制，进行实质审查，从源头上控制风险，其他的大部分交由行业协会等自律组织来进行自我监管。英国模式是经过几十年的发展，沉淀下来的一套行业自律管理的模式。其自律组织是英国私募股权投资基金协会。日本模式的建立，是由于日本的私募股权投资基金与中国的基金一样，起步较晚。政府

---

① 沈晗：《私募股权基金监管法律制度研究》，硕士学位论文，华东政法大学，2010 年。

为了帮持其发展，投入大量的财力，以及建立一些社团来促进基金发展。因此，相应地，其监管很严格，带有浓重的行政色彩。

不管是哪一种模式，都是基于其国家内部的基本国情来设定的，只要能顺应私募股权投资基金发展的特征，促进其发展，就有其存在的合理性。而且这种监管模式具有自己的"土壤"，并不是"放之四海而皆准"的模式。我国借鉴其成功经验时，要充分考虑到这一点，不能生搬硬套。

第三节　我国私募股权投资基金的治理现状及缺陷

一　我国私募股权投资基金的发展现状

根据大中华区著名创业投资与私募股权研究机构清科研究中心发布的2011 年中国私募股权投资市场数据显示，2011 年完成募集的可投资于中国大陆地区的私募股权投资基金共有 235 只，为上年的 2.87 倍，再度刷新 2010 年创下的最高历史纪录，披露募集金额的 221 只基金共计募集388.58 亿美元，较 2010 年涨幅达到 40.7%。需要注意的是，一方面私募股权投资基金的募资工作在 2011 年维持了较高的增速，市场中募资热情不减；另一方面年内央行 3 度加息、6 度上调存款准备金率，市场中流动性收紧，基金规模增长发力，平均单只基金募资规模创下新低。

从新募基金类型角度分析，年内完成募集的 235 只基金中共有成长基金 201 只，募集金额 334.59 亿美元，同比涨幅分别为 195.6% 和186.5%；在银根收紧以及调控重拳频出的宏观环境下，房企融资渠道开始拓宽，年内私募房地产投资基金突围而出，共有 29 只基金募集到位，募资总额 40.78 亿美元；并购类基金共有 2 只完成募资，较上年的 4 只有所放缓，2.67 亿美元的募资金额也与上年水平相距甚远。与此同时，2011 年有 2 只夹层基金以及 1 只不良资产基金的募集完成，较 2010 年有所突破。

在 2011 年完成募集的基金中共有人民币基金 209 只，同比增长194.4%，占比由 2010 年的 86.6% 微涨至 88.9%，其中披露金额的 195只基金共计募集 234.08 亿美元，同比增长 119.2%，占比为年度总额的60.2%，较上年的 38.7% 涨幅显著。与此同时，外币基金的募集工作也较 2010 年加快了速度，2011 年共有 26 只可投资于中国大陆地区的外币

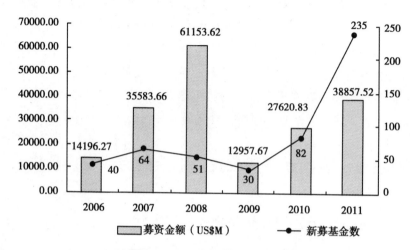

图 4 - 1　2006—2011 年私募股权投资基金募资总量的季度环比比较

资料来源：清科研究中心，2011. 12http：//www. zdbchina. com。

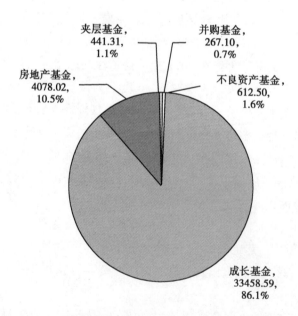

图 4 - 2　2011 年新募私募股权基金类型统计（按募资金额，US$M）

资料来源：清科研究中心，2011. 12http：//www. zdbchina. com。

基金完成募集，同比增长 136.4%，由于上年有大额基金完成募集，募资金额冲高，2011 年外币基金募资规模同比下滑 8.8%，到位金额 154.50

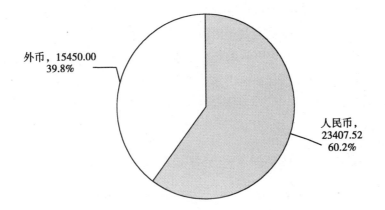

图 4 - 3　2011 年新募私募股权基金币种统计（按募资金额，US $ M）

资料来源：清科研究中心，2011. 12http：//www. zdbchina. com。

亿美元，占比也较上年的 61. 3% 跌至 39. 8%。

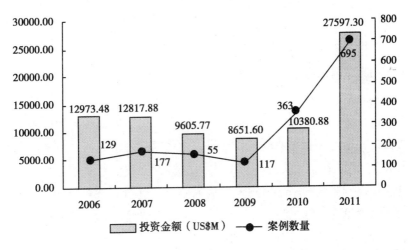

图 4 - 4　2006—2011 年中国私募股权投资基金投资总量的年度环比比较

资料来源：清科研究中心，2011. 12http：//www. zdbchina. com。

2011 年中国私募股权市场中的投资活动也急速升温，共计发生投资交易 695 起，其中披露金额的 643 起案例共计投资 275. 97 亿美元，案例数量和金额同比分别增长 91. 5% 和 165. 9%。从投资规模来看，年内大额投资案例数量及金额较 2010 年显著增长，金额超过 2. 00 亿美元的案例共有 22 起，同比增长 83. 3%，投资总额 129. 27 亿美元，为 2010 年的 3. 21

倍，同时，单笔交易投资规模也较 2010 年小幅度回升。[①]

目前清科研究中心没有关于中国私募股权投资基金采用何种组织形式的数据分析图表，但是根据其的研究报告，可以得知目前我国私募股权投资基金采用公司制形式是主流形式，在 2010 年，占比大约 94.3%。有限合伙制与契约制形式比较，有限合伙制呈逐年增加的趋势，占比 3.8%，略占上风。[②]

二　我国关于私募股权投资基金的立法现状

我国目前已初步形成了公司制、信托制和有限合伙制私募股权投资基金的法律框架，主要有《公司法》《合同法》《合伙企业法》《信托法》等制度性法律。其他涉及私募股权投资基金的管理规定、办法有《外商投资创业投资企业管理规定》《创业投资企业管理暂行办法》《信托公司管理办法》《信托公司集合资金信托计划管理办法》《设立境外中国产业投资基金管理办法》等，涵盖了基金的设立、运营、投资、退出等。

之前，被业界给予厚望的《股权投资基金管理办法》，草案已于 2009 年完成，但至今仍未出台。

2010 年，由国家发改委批准设立的中国股权投资基金协会正式组建。现今已有北京、上海、天津、重庆、深圳和苏州这 6 个发起城市政府认可和支持，一些较有活力的基金机构和从业人员也相继加盟。2011 年 3 月，该协会正式组建了指导原则工作小组，由 7 家律师事务所、3 家会计师事务所和 20 多位专业人士起草了《中国股权投资基金行业指导原则》，对私募股权投资基金的基本原则、投资人关系、基金管理等方面加以规范。该原则虽然没有法律的强制性，但是其对加盟的成员机构具有约束力，且对私募股权投资基金行业具有一定的指导意义，对于我国开启一个全国性私募股权行业自律模式有里程碑意义。

2011 年 12 月，国家发改委公布的《关于促进股权投资企业规范发展的通知》，从五个方面提出了一系列规范要求：一是规范股权投资企业的

---

① 清科研究中心，http：//research. pedaily. cn/201201/20120105289610. shtml，2012 年 2 月 29 日访问。

② 《中国创投业发展十大特征》，http：//finance. jrj. com. cn/2011/11/17135911581626. shtml，2012 年 4 月 28 日访问。

设立、资本募集与投资领域；二是健全股权投资企业的风险控制机制；三是明确股权投资管理机构的基本职责；四是建立股权投资企业信息披露制度；五是加强对股权投资企业的备案管理和行业自律。这是我国首个全国性股权投资企业管理规则，标志着我国股权投资（基金）企业规范发展进入了制度化的轨道。

2012 年 3 月，全国"两会"关于拓宽 PE 基金募资来源、放宽保险、银行投资 PE 门槛的相关提案及议案，有望解决当前 PE 行业面临的募资困境。此外，新修订的《证券投资基金法》草案也在本届"两会"上接受审议。此次《证券投资基金法》修法是从 2009 年 3 月开始，当年即纳入国务院立法计划，由全国人大财经委组建修改小组，历时两年多，终于正式接受审议。对该法的评述在下文"完善私募股权投资基金立法"中具体展开，在此就不赘述了。

三　我国私募股权投资基金治理的典型案例分析

1. 天津鼎晖股权投资一期基金（有限合伙）

2008 年 6 月 12 日，天津鼎晖股权投资一期基金（有限合伙）（以下称鼎晖一期）在天津市工商局注册成立，认缴出资额 319020 万元人民币，唯一普通合伙人是天津鼎晖股权投资管理中心（有限合伙），委派代表是吴尚志。

（1）鼎晖一期出资比例分析

以下是鼎晖一期的出资比例图。可以看出，在鼎晖一期中，吴尚志、焦树阁、王霖、胡晓玲等人与中国投资担保有限公司是鼎晖一期的实际控制人。

在有限合伙中，至少具备一个普通合伙人，图 4 - 5 中，天津鼎晖股权投资管理中心（有限合伙）是鼎晖一期的普通合伙人。作为实际控制人的吴尚志等人并不直接参与到鼎晖一期的普通合伙人天津鼎晖股权投资管理中心，而是先通过全资设立天津泰鼎投资管理有限公司与天津钻石投资管理中心（有限合伙），其次天津泰鼎与中国投资担保有限公司共同出资设立的鼎晖股权投资管理（天津）有限公司，由鼎晖股权投资管理（天津）有限公司以普通合伙人身份、天津钻石投资管理中心（有限合伙）与中国投资担保有限公司以有限合伙人身份共同出资设立的天津鼎晖股权投资管理中心（有限合伙）担任鼎晖一期的普通合伙人。

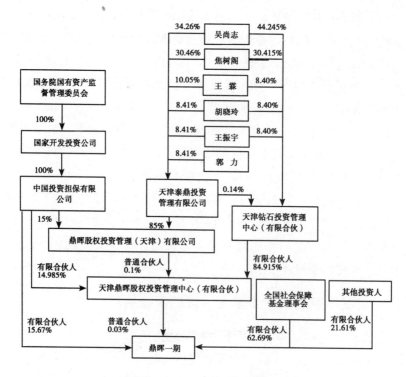

图 4-5　鼎晖一期投资关系结构

（2）鼎晖一期的治理结构分析

《合伙企业法》中关于有限合伙的相关法律规定，对有限合伙制私募
股权投资基金的投资人和管理人权利义务分配有了明确的规定，其中普通
合伙人负责执行合伙事务，承担无限责任。有限合伙人仅享有对企业经营
管理的建议权、涉及自身利益时财务资料查阅权等，没有投资决策权，仅
以出资为限承担有限责任。因此，对于鼎晖一期来说，投资管理决策权是
由担任普通合伙人角色的天津鼎晖股权投资管理中心（有限合伙）掌控。
这就形成了双重合伙的结构。在这个天津鼎晖股权投资管理中心（有限
合伙）中，又存在三方合伙人，分别是中国投资担保有限公司（有限合
伙人）、天津钻石投资管理中心（有限合伙人）、鼎晖股权投资管理（天
津）有限公司（普通合伙人）。又按照有限合伙的基本理论，不难看出，
鼎晖一期的经营管理权实质是由鼎晖股权投资管理（天津）有限公司享
有。接着分析该公司的股权结构，由吴尚志等人全资成立的天津泰鼎投资
管理有限公司占鼎晖股权投资管理（天津）有限公司85%的股权，是大

股东，中国投资担保有限公司占 15% 的股份。按照公司治理理论而言，在投资决策表决权上，天津泰鼎投资管理有限公司有绝对的话语权。

实际上，鼎晖一期的投资决策和经营管理仍是吴尚志等人成立的管理团队说了算。他们是鼎晖一期实际控制人，出资额不到 85 万元。而在鼎晖一期中，占认缴出资比例最大（62.69%，折算人民币约 20 亿元）的社保基金没有基金的投资经营权。

（3）鼎晖一期与鼎晖投资基金管理公司的关系

鼎晖投资基金管理公司，以下简称鼎晖投资，于 2002 年在北京注册成立，机构总部在香港。在 2011 年中国创业投资暨私募股权投资年度排名（清科研究中心）中，属于外资机构的前十名，其本身是我国目前最大的私募股权投资基金之一，也是我国第一家以有限合伙制运营基金的私募股权投资基金管理公司。目前吴尚志是鼎晖投资的创始合伙人兼董事长。

鼎晖投资前身是中国国际金融有限公司（下称中金公司）直接投资部。中金公司是由中国建设银行、摩根士丹利及几家国内外企业联合组建的投资银行。2002 年以前，投资了多个项目。2001 年，中国证监会发布了不允许证券公司从事风险投资业务的规定，中金公司将其直接投资部业务进行分拆，其中，已投资产的外资部分由三家外商投资机构接手并成立了一家创投机构；内资部分则由 7 家合伙人包括苏黎世投资集团、East Light、新加坡政府投资公司 GIC 的全资子公司等在开曼群岛注册成立的 CDH China Fund L. P. 、（CDH）接手，随后，CDH 在北京出资注册成立鼎晖投资。在 CDH 成立前一个月，中金公司直接投资部董事总经理吴尚志、副总经理焦树阁、高级经理王霖、胡晓玲、王振宇五名干将与中国经济技术投资担保有限公司共同出资 100 万元成立了深圳市鼎晖创业投资管理有限公司，作为 CDH 的普通合伙主要负责人 CDH 的管理运作，是 CDH 业务的经营实体。[①] 其中，吴尚志等 5 人占 90% 的股份，享有绝对的控制权。对于鼎晖投资而言，是实际的经营管理者。

不难发现，鼎晖一期的投资管理团队中的 6 人，除郭力外，其他 5 人完全与鼎晖投资的经营管理者重合。其中，这 5 人占了鼎晖一期普通合伙

---

① 李连发、李波：《私募股权投资基金理论及案例》，中国发展出版社 2008 年版，第 230 页。

人份额约 3/4 的比例。即使是出于不让自己的利益受损，吴尚志等普通合伙人也会充分运用鼎晖投资的资源经营管理鼎晖一期，这样一来，鼎晖一期的经营管理权间接地落在了鼎晖投资手里。

（4）风险管理

图中普通合伙人复杂的出资设计，换个角度来看，在某种程度上也是一种隔离风险的做法。基于普通合伙人要承担无限责任，但一家有限责任公司能够承担的实际风险、能力都是有限的。因此，虽然普通合伙人出资额是合伙协议中就规定的，但是通过设计双重有限合伙结构，把大部分的投资通过第二重有限合伙——天津鼎晖股权投资管理中心的有限合伙人天津钻石投资管理中心来出资，极少一部分由鼎晖股权投资管理（天津）有限公司来出资，这样一来，一旦发生投资失败，普通合伙人的那部分出资是以有限责任公司来承担，最终再分解到吴尚志等人的身上的风险就更小。①

这样的出资结构设计，不仅能够规避普通合伙人的责任风险，同时能减轻税务负担，实现投资人利润最大化。税务不属于基金治理问题范畴，在此就不展开叙述了。

（5）利益分配与激励机制分析

根据《合伙企业法》的有关规定，利润分配、亏损分担方式均在合伙协议中约定，除了亏损不能协议约定给部分合伙人承担之外，其他都是意思自治原则。私募股权投资基金的"私募性"，让外人不得而知其协议中的利润分配的具体设置。

按照私募股权投资基金的激励机制基本理论而言，有限合伙制私募股权投资基金由于基金管理人本身是普通合伙人，对基金承担的是无限责任，在实际上把基金管理人的利益和投资人的利益绑在了一起，本身就已经具备激励的体制特点。

2. 中科白云股权投资基金（有限责任公司）

2009 年 8 月 18 日，中科白云股权投资基金（广东中科白云创业投资有限公司，以下简称中科白云）在广州市注册成立，该基金是中科招商创业投资管理有限公司（以下简称中科招商）联合广东省机场管理集团

---

① 《鼎晖投资股权结构图多方讨论 税务问题成焦点》，http：//pe. pedaily. cn/201106/20110618213473_ 3. shtml，2012 年 2 月 20 日访问。

公司、广州凯得科技创新投资有限公司、广东金广建设有限公司等机构共同发起设立的广东省第一只备案制股权投资基金。

（1）基金股权与内部治理结构

基金总规模为 50 亿元，首期注册资本 8 亿元，其中广东省机场管理集团公司出资 3.2 亿元，认购首期资本 40% 的基金份额，成为中科白云的最大股东。刘子静作为其最大股东，广东省机场管理集团公司的总裁担任中科白云的董事长。中科招商同时作为基金管理人身份，入股约 1% 的股份。中科白云设立股东会、董事会、监事会、投资决策委员会和评估咨询委员会。其中，投资最多的前四位投资者均须在投资决策委员会列席。[1] 中科招商的总裁兼董事长单祥双位列投资决策委员会成员。[2]

（2）基金管理模式——中科招商模式

中科白云由中科招商进行专业化管理，委托广东发展银行、浦东发展银行广州分行保管基金资产。基金存续期为 5 年，可延长 2 年。[3]

中科招商，于 2000 年 12 月在深圳市注册，机构总部设在北京。是中国首家经政府批准设立的直接投资基金（创业投资基金、产业投资基金、重组并购基金）的专业管理机构。单祥双担任总裁兼董事长。

作为一个专业的股权投资基金管理机构，它创建了一种专业化的中科招商的基金运作模式，而这种模式被业内称为"加盟连锁"模式。即中科招商在某区域成立全资的子公司，负责管理那个区域募资接洽、后期的项目承揽。中科招商一般与当地政府合作，各出一小部分资金，然后由中科招商在该区域内寻找有实力的投资人，一起参与设立基金。有了地方政府的背景和支持，中科招商募资的难度也大大降低。除了直接与地方政府进行合作外，在一些地方中科招商也会直接寻找当地有实力的公司或人士直接合作设立基金，更多的是用中科招商的品牌效应吸引加盟，共同运作基金。基金通常以设立创业投资有限公司的形式来运作，并统一由中科招商通过委托管理合同以委托代理方式来进行投资、管理。

---

① 《中科招商单祥双：赞成 PE 多元化 采用优先合伙人制》，http：//pe. pedaily. cn/201011/20101114200453. shtml，2012 年 4 月 28 日访问。

② 《中科招商连锁加盟式 PE：单笔投资 20 亿创中国之最》，http：//finance. ifeng. com/news/PE/20120322/5788666. shtml，2012 年 4 月 28 日访问。

③ 滨海国家股权交易所，http：//www. realotc. com/organdetail. aspx？id = 1517，2012 年 4 月 28 日访问。

在此，仍然是这样的模式。在成立中科白云之前，中科招商于 2009 年 7 月在广州市设立了广东中科招商创业投资管理有限责任公司（以下简称中科招商广东公司），单祥双为法定代表人。中科招商广东公司负责广东区域的募资与项目承揽，其中当然包括中科白云的项目开发，项目开发之后，直接汇总到公司总部——中科招商，最后再由中科招商负责项目尽职调查、投资决策、投后管理等。

（3）决策制度分析

在中科招商模式中，区别于其他的基金管理模式而言，最大的特点就是其双董事会决策制。中科招商作为基金的管理机构，主要是负责投资经营业务，并获取管理费和投资净收益的一定比例的分成奖励。在中科招商，每一笔资金的投出都有严格的审批和表决制度。在中科招商的《委托管理合同》中规定，每笔投资以 500 万元金额为界限，在标准之下的投资，由基金董事会授权管理公司管理层决定，但必须报基金董事会备案。在标准之上的投资，则必须报中科招商董事会和基金董事会双重决策，全体董事过半通过。①

我们查阅网上资料中发现，有人提出中科招商的项目投资决策须经过两个投资决策委员会。首先是中科招商接到地方的项目后，有由投资团队、风控、法务等部门负责人及公司高管组成的投资决策委员会，决定项目是否能够投资。而项目在经过这一程序获得同意后，并不能直接投资，而是会将项目给各个基金，由基金层面的投资决策委员会再做判断是否要动用该基金的资金进行投资。投资人最终参与投资决策的这种做法是中科招商吸引大量有"强烈决策意愿"民营企业家的一大独特模式。②

（4）风险管理

中科招商有 6 个职能部门，分别为基金管理部、投资管理部、风险控制部、资产管理部、机构合作部以及国际业务部。其中，风险控制部负责对拟投资项目的风险控制。具体职能包括财务尽职调查、法律尽职调查、对拟投项目的投资价值进行合理判断、出具风险控制方案、本公司的稽核

---

① 李连发、李波：《私募股权投资基金理论及案例》，中国发展出版社 2008 年版，第 237 页。

② 《中科招商加盟连锁快速扩张受关注》，http：//www. dailiba. com/news/view_ 201205_ 40887. html，2012 年 5 月 6 日访问。

和审计工作等。设置独立的风险控制总监是中科招商投资管理的一大特色。

同时，中科白云内部的评估咨询委员会，通过配合双董事会决策制，给基金董事会成员提供项目专业的评估意见，在监督项目风险上，也能发挥一定的作用。

（5）利益分配与激励机制分析

中科白云与作为基金管理人的中科招商利益分配与一般的基金利益分配无异，中科招商每年收取所管理基金实际资产2%的管理费，加上项目退出后，归还完投资者的资金，剩余利润部分的20%作为业绩分红。①

四　我国私募股权投资基金治理存在的缺陷

由于我国没有一部专门针对私募股权投资基金的法律法规，所以在基金的治理问题上，一直都没有如有限公司、股份公司、合伙企业那样，有一套完整规范的企业本身治理的规则。尽管根据目前分散的规定，其设立、运营、投资、退出的基本法律框架已经逐步建立起来，但大多是一些原则性规定，而且，是属于类型化的法律制度体系，相较于私募股权投资基金的活跃的发展势头，仍然存在很多的缺陷。

根据前述案例分析，我们可以总结出以下几点问题。

1. 代理成本问题显著

就私募股权投资基金自身的治理问题而言，其代理成本主要存在于投资人和基金管理人之间的"委托—代理"关系中，就我国私募股权投资基金发展状况来看，其中道德风险问题尤为严重。主要表现在以下两个方面。

一是信息不对称带来的内部人控制，使得基金管理人的机会主义行为可能性增大。不管采用何种组织形式，私募股权投资基金由于其投资运作的高度专业化，往往导致了私募股权投资基金出现事实上和法律上的内部人控制分离。尽管投资者对项目有一定的监督权，但是股权投资的高度专业化带来的信息不对称，使得投资者缺乏对投资的审查和监督能力，基金管理人往往拥有事实上的控制权。在有限合伙制基金中，这个问题更为突

① 《中科招商基金：单笔投资20亿创中国本土VC/PE界之最》，http://pe.pedaily.cn/201203/20120322319220_2.shtml，2012年5月1日访问。

出，因为法律本身就规定了基金管理人作为普通合伙人享有基金的经营管理权。尤其是在投资者不能向私募股权投资基金赎回其本金如封闭式基金的情况下，基金管理人几乎绝对地把基金控制在自己手上，这就给基金管理人的机会主义提供了便利。

二是恶意侵害投资人财产的道德风险高，没有有效的预防与控制机制。以鼎晖一期为例，根据《合伙企业法》规定，在有限合伙制基金中作为有限合伙人的投资者只承担有限责任，按权利与义务相匹配原则，投资者同时不能干预基金的日常经营活动。社保基金等有限合伙人仅享有经营管理的建议权、财务资料的查阅权等，根本没有办法事前预防基金管理人侵吞有限合伙人的财产；一旦利益受侵害，追究起诉权等也只能事后追讨，能完全追回损失的可能性不大。在鼎晖一期中，吴尚志等普通合伙人出资额不到 85 万元，社保基金认缴出资比例最大，占 62.69%，折算人民币约 20 亿元，这样一个悬殊的比例，更增加了管理人侵吞有限合伙人财产的可能性，同时，作为社保基金来说，其资金来源是全国人民的养老保险资金等社会保险资金，一旦发生损失，后果将是不可估量的。

2. 缺乏完善的治理结构

一种良好的私募股权投资基金治理结构，从法学的角度来讲，就是保护投资者利益，对私募股权投资基金的当事人的权利、义务和责任进行合理配置。

我国私募股权投资基金目前仍处于发展初期，即使是同一种组织形式的基金，治理结构都根据各个管理公司一贯的风格来定。以鼎晖一期与中科白云为例。鼎晖一期是有限合伙形式的基金，尽管由于资料有限，没有办法了解其详细的治理结构，按照通常有限合伙制的私募股权投资基金的治理结构设置而言，其内部治理结构一般包括投资决策委员会、有限合伙人代表委员会，有些还设有投资顾问委员会等。从前述对鼎晖一期与鼎晖投资关系的分析中，前者的投资决策权实质是掌握在鼎晖投资手上，这样就导致有限合伙人更难以从外部控制人处了解到项目的运作管理过程，投资监督也无从谈起。

中科招商模式的治理结构对于有限合伙制的鼎晖一期而言相对合理些。既没有将决策权控制在一人手中，也设有独立的风险控制总监，事前、事后都有权力制衡的机制。但是就目前来说，500 万元的投资额标准是不是显得过低，这样一来，尽管能在一定程度上降低投资失败和管理人瓜分项目资金的风险，但是投资的决策周期延长了，很可能造成错过最佳的投资时机。再者，假设其是实行双重投资决策委员会机制，这个机制的优点在于投资人能参与投资决策，降低"委托—代理"风险，但是其弊端在于投资人的项目判断能力和专业素质良莠不齐，一来会造成难以达成一致意见，二来同样会存在延误投资时机的问题。

就目前我国私募股权投资行业的运作状况而言，还没有一个完善的治理结构设计，既能控制私募股权投资基金"代客理财"的投资风险，又能最大限度地发挥基金管理人专业化的投资决策能力。

3. 激励机制仍存在一定问题

基金对于管理人的激励机制是私募股权投资基金治理问题中所要研究的主要制度。合理设计基金管理人的激励机制，能提高内部治理的效率，促使管理人能够最大限度地为基金投资者的利益工作。

在私募股权投资基金中，激励机制一般包括基金的管理费、管理人在项目中跟投的股权比例的分红以及项目退出之后基金利润的分红权。公司制形式的可能稍有差别，引入了股权激励制度。在实践中，这个利益分配的问题在基金成立之初就已经约定好，业绩做得好的，报酬得到的越多。在这点上，是投资人与管理人谈判的结果，不存在争议，大多数基金形成了一个"行规"。但是，大部分基金对于基金管理人中途离职，对其已经决策投入但是还没有完全退出的项目的报酬如何计算，还没有一个定论。

随着国内私募股权投资基金的迅猛发展，基金普通合伙人中途离开屡见不鲜。像凯鹏华盈成立不过四年，前后已有 5 位普通合伙人先后离开。鼎晖创业投资的王功权离职一案，其分红权引发不小问题。

针对这些问题，在行业里有两种做法。一是完全放弃分红权。例外情况是因为身体健康、要跟家人团聚而要离开中国等可以谅解的原因。部分人民币基金采取此种做法，出发点是能让人民币基金合伙人团队更为稳定、在业务上更为进取。二是参照外资基金的有关做法。分为以下几种情形。

一是如果基金是根据交易独立方式进行分红，则离开的合伙人通常可以取得已投资项目的分红回报。即一个项目投资完成之后，就代表交易完成，合伙人即使离开，也可以取得此项交易的分红回报。

二是如果基金是根据基金整体利润方法进行分红，分为两种情况，一种情形是留任合伙人与离职合伙人通过受让方式买断离职合伙人的分红权；另一种情形是保留离职合伙人的部分分红权。这部分可以根据合伙协议的补充协议或者待期权（在后面详述）来规定。

三是如果加入竞争对手的基金，甚至还带走正在看的项目，分红权就要被收回，还可能因违反保密条款而被起诉。①

4. 约束机制不健全

约束机制与激励机制是相互作用的基金内部治理的两个制度。激励机制的目的就是委托人采取某种方式促使代理人采取有利于委托人利益的行为而不采取损害委托人利益的行为。约束机制的目的是通过设计一系列对基金管理人在基金运作过程中的限制，从而使基金管理人在投资人的监督之下，规范运作，防止管理人做出有损基金利益的事情。这两者的最终目的是一致的。

约束机制的内容很多都体现在如何完善基金治理结构、如何降低基金的代理成本问题当中，如在有限合伙制基金中，对管理人出资额的强制性规定，这是一个约束条款，同时在相当程度上遏制了基金管理人的高风险行为。又如在基金中规定要设立如中科招商模式的风险控制总监来进行风险的评估，这是从治理结构角度上对权利分配、责任承担等进行配置。因此，由于约束机制的不健全，导致治理结构不完善，最终导致了代理成本问题显著。

5. 信息披露制度不完善

私募股权投资基金虽然没有义务向社会披露相关信息，不对社会公开信息与投资组合，但定期向基金的投资者和监管部门揭露信息则是应有的责任。

中国股权投资基金协会2011年9月公布的《中国股权投资基金行业指导原则》（以下简称《指导原则》），从行业协会的角度出发，规定了信息披露的一般规定和主要内容。在《指导原则》中，区分了私募股权投资基金运作过程中不同阶段的基金管理人的信息披露义务和内容，分为基金募集阶段、基金设立后、投资项目后这三个阶段。每个阶段披露的内容和披露形式、披露时间都做了较为详细的规定。从这个《指导原则》制订主体来看，算是比较符合实践的。美中不足的地方，

---

① 《PE合伙人离职调查：王功权可能不再回鼎晖投资》，http：//pe. pedaily. cn/201106/20110604212276. shtml，2012年4月20日访问。

是没有设定基金托管人的信息披露义务。

根据《关于促进股权投资企业规范发展的通知》，弥补了上述缺陷，规定了受托管理机构和托管机构负有向备案管理部门的一个信息报告义务。在该文件中规定了私募股权投资基金对于备案管理部门有两项义务，即年度报告义务①和重大事件即时报告②的义务。

义务要求是比较全面的，然而，对于不按照此要求进行信息披露的私募股权投资基金承担的法律后果却没有规定，监管部门也只享有督促权和公开披露权③，没有实质性的惩罚。公开披露私募股权投资基金违规，固然会影响到基金的声誉，然而在实践中，基金在仅仅对投资人尽到信息披露义务的情况下，投资人不在意其由于未向监管部门披露信息这一点声誉上的"瑕疵"。则关于此的规定，就形同虚设。

另外，针对现在很多基金管理公司旗下的基金称呼沿用"集团"名字的特点，防止伪基金盗用名字，一来威胁到基金的声誉，二来可能让投资人上当受骗的此种状况发生，披露的信息内容应该也包括此在内。例如中科招商这个称号，仅仅在深圳注册成立的四家，"深圳市中科招商股权投资管理有限公司""中科招商投资管理有限公司""中科招商创业投资管理有限公司""中科招商创业投资有限公司"。其他的还有很多用"中科"两个字命名的，比如"无锡中科汇盈创业投资有限公司"，这个公司我们在无锡的工商局网站上却查不到注册信息，其公司的网站上内容空白，只有联系电话和法定代表人的名字。

---

① 年度报告义务内容指"股权投资企业除应当按照公司章程和合伙协议向投资者披露投资运作信息外，还应当于每个会计年度结束后4个月内，向备案管理部门提交年度业务报告和经会计师事务所审计的年度财务报告。股权投资企业的受托管理机构和托管机构应当于每个会计年度结束后4个月内，向备案管理部门提交年度资产管理报告和年度资产托管报告"。

② 重大事件即时报告的义务指"股权投资企业在投资运作过程中发生下列重大事件的，应当在10个工作日内，向备案管理部门报告：（1）修改股权投资企业或者其受托管理机构的公司章程、合伙协议和委托管理协议等文件。（2）股权投资企业或者其受托管理机构增减资本或者对外进行债务性融资。（3）股权投资企业或者其受托管理机构分立与合并。（4）受托管理机构或者托管机构变更，包括受托管理机构高级管理人员变更及其他重大变更事项。（5）股权投资企业解散、破产或者由接管人接管其资产"。

③ 《通知》第27条规定："对运作管理不符合本通知规定的，应当督促其在6个月内改正；逾期没有改正的，应将其作为'运作管理不合规股权投资企业'、'运作管理不合规受托管理机构'，通过备案管理部门门户网站向社会公告。"

6. 外部治理机制没有充分发挥作用

外部治理机制包括两个方面：一是通过市场竞争等市场力量来提高基金的治理水平；二是通过法律、行政、自律等非市场手段。目前，我国实践中，外部治理机制并没有如国外那样的发挥作用，主要问题表现在以下几个方面。

（1）没有形成良好竞争的基金市场与基金管理人市场

前面，分析了两类市场竞争对于提高基金治理水平的基本理论。目前，我国处于私募股权投资基金发展初期，虽然市场上有很多只基金，但是算得上优秀的基金却不多，其中，很多还是外资在境内设立的基金。加上没有一个基金评级系统，投资者只能凭借基金的以往表现以及风险低、回报高来挑选基金，结果往往选择有名气的基金，这样新基金要加入这个竞争系统比较难。同时，我国还没有形成基金管理人市场，没有办法发挥市场竞争对于提升基金治理水平的作用。

（2）政出多门，监管存在漏洞

2002 年，国务院成立了由国家发改委、财政部、中国证监会、科技部、商务部等十个部门组成的十部委联席会议，负责研究和制定私募股权投资行业的有关问题。但由于私募股权投资基金波及面广，涉及部门太多，难免造成"政出多门"现象，部门之间的协调和统一都不够完善。而且由于不同部门之间缺乏协调，出台的政策往往自相矛盾。在对本土私募股权投资基金的监管中，发改委负责牵头协调，实行备案管理[1]，对备案的基金给予税收和引导资金的优惠。但是，界定税收优惠由税务部门负责，给予引导资金由财政部门和科技部门确定，所以，发改委很难真正起到管理职能。而涉及外商投资的私募股权投资基金，按照规定由商务部负责备案管理，但实际运行中商务部管理手段匮乏。中国证监会、中国人民银行、外汇管理局等其他部门也仅针对交易所和外汇流动等具体操作细节进行管理，不能掌控全局限制。[2]

---

①　根据《通知》的规定，规模在 5 亿元以上的 PE，在发改委备案；5 亿元以下的，在省级政府指定的备案管理部门备案。

②　韩良：《非证券类投资基金法律问题研究》，中国金融出版社 2011 年版，第 333—334 页。

（3）行业自律监管还不成熟

尽管目前已经成立了中国股权投资基金协会，并且有一个《中国股权投资基金行业指导原则》，但是由于成立时间较短，参与的基金机构还没形成大规模，所以对目前私募股权投资基金发展还没有真正发挥到自律监管的作用。同时，现在加入的基金比较少，方便管理，之后规模变大、数目变多之后，如何自律，协会如何监管，都亟待解决。

7. 缺乏系统规范的法律制度环境

基于对我国私募股权投资基金的立法现状的分析得知，在目前，我国针对私募股权投资基金的规定散见于各个法律法规和办法之中。而专门针对私募股权投资基金设立、运作、监管的法律却没有。零散的规定缺乏协调性，易造成条文之间规定的冲突。如《合伙企业法》为私募股权投资基金确立了有限合伙企业的形式，但是具体操作却没有具体可行的实施细则；如缺乏信息披露制度方面的法律，现存的信息披露的相关规定，效力太低。

此外，在我国资本市场中，私募这一行为仍存在一定的"风险性"。主要原因是由于我国不具备国外那样完善的信用体系和成熟的托管制度，对于以非公开方式募集资金的私募股权投资基金而言，运用民间资本，如何区别于非法集资，存在一定问题。

因此，建立起一个系统规范的法律制度具有重大意义。

第四节　完善我国私募股权投资基金治理的建议

一　建立有效的风险控制制度以降低代理成本

代理成本问题主要来自于投资人与管理人之间的"委托—代理"关系中。针对基金运作中道德风险问题隐患比较突出的现状，可以通过设计一个有效的风险制度来预防与控制代理风险。

针对管理人机会主义行为，在基金设立时，可以首先针对基金投资管理、投资类型等问题进行协议约定来降低管理人机会主义行为。例如可以通过约定管理人在每个项目中，其本人的出资要达到多少比例，比例可以灵活地根据基金所投资的对象行业性质来定，这样就能将管理人与投资人的利益捆绑在一起。这个对于有限合伙制基金作用最明显。其次，为了降低信息不对称带来的内部人与法律人控制的不一致现象，可以通过外聘投资顾问来解决。在尽职调查程序之后，项目投资方案必须由投资顾问给出专业的可行性分析报告，投资人可以根据报告，在投资决策委员会上进行表决。

针对恶意侵害投资人财产的道德风险问题，目前而言，由于我国没有一个基金管理人的评级系统，信用体制尚未建立完善，预防该风险难度较大。建议可以通过让基金管理人提供信用担保来缓解此风险，并配合完善治理结构与约束机制、外部监管等制度设计，一并出力。

二　优化治理结构以在投资人与管理人之间形成有效的制衡关系

在私募股权投资基金中，一个合理完善的治理结构，能在投资人和管理人之间形成有效的制衡关系，降低代理风险，以保证基金利润最大化。

在私募股权投资基金发展最早的西方国家，其私募股权投资基金主要采取有限合伙制形式，这个组织形式相较于其他两种组织形式而言，投资人与管理人之间的权利制衡最差，代理问题最严重。美国的做法是设计一系列复杂的基金合约条款和治理结构以减少代理成本。其中，重点体现在基金结构的设计上，基金合约通过对基金结构进行安排，来规范和治理基金投资人和管理人之间的关系。基金的投资者通常基于法律和效率两方面的考量，在最初的合伙协议中对普通合伙人进行限制。这种限制性的条款可以粗略地分为三大类：基金投资管理、普通合伙人活动、投资类型。具体又可分为 14 种，每种限制性条款都同一种普通合伙人可能进行的谋取个人私利但给有限合伙人带来损失的机会主义行为相联系。[①] 这是经历了很长一段时间的摸索和实践建立起来的风险控制体系。

我国基本国情跟美国大不一样，私募股权投资基金发展时间短，有限合伙制并不成熟，没有成熟的信用体系做基础，美国的这一套不能完全照搬过来。

另外，由于我国目前私募股权投资基金发展还不够成熟，若是制定如上市公司一样严密的治理结构制度，显然是太过苛求，也是不切实际的。

---

① 王苏生、陈玉罡、向静：《私募股权基金理论与实务》，清华大学出版社 2010 年版，第 61 页。

通过前述几个典型案例的分析，结合实际，目前现阶段可以设计一个投资监督管理制度，以此来弥补现在私募股权投资基金发展良莠不齐、不宜对治理结构过高要求的缺陷。

设想如下，在私募股权投资基金中设立专门的监督部门，该机构人员由投资人选任的代表或者共同聘请的财经专业人士担任，该部门只对投资人负责，其有权参与项目尽调程序，有权列席投资决策会议，考虑到尊重投资管理团队的专业性判断，监督部门不具备项目否决权。此时，分两种情况区别对待：一是对于超过约定（如基金规模比例的5%）的大额投资，则必须要附上监督部门的意见书，交由基金持有人大会备案。若是监督部门提出反对意见的，持有人大会有权召开会议，要求管理人做出说明，之后经三分之二多数通过才可；二是小额投资（如基金规模比例的5%以下），除非是超出协议或者公司章程规定的投资范围，以及涉及利益冲突等原则性问题，监督部门不能干涉管理人的投资决策。

这样一来，不仅能限制管理人权力过大，发生道德危机以致侵害投资人利益，也能防止投资人权力过大，保护管理人的积极性。

三 制定分红权的参照标准以弥补激励机制的缺陷

一般来说，基金管理人的收入中最大的一块是基金到期后利润的分红权。

一个基金到期后，按规定，将先返回外部投资者的本金，其他的利润就在管理人和外部投资者之间分成，惯例是二八开。以王功权离职案为例，能参与基金获利利润20%分配的，除了王功权和其他鼎晖创投的四位合伙人外，还有鼎晖投资董事长吴尚志。这是需要合伙人待满基金存续期，才在法律意义上完全归属于他们。基金的普通合伙人中途离职，分红权如何确定没有一个行业标准。

我们认为，参照外资基金的待期权标准比较合理，不该强迫离职方完全放弃分红权。

待期权是指根据协议中规定或者行业惯例，合伙人待满待期权所规定的年份，就能完全获得分红权，若没有待满，则按一定比例折算。待权期年限的选定，往往跟PE基金的投资期有关。一只存续期为7年的基金，往往LP们会默认，GP会在5年内将钱投完，接下来两年好伺机退出。所以，存续期7年的基金，其待权期往往是5年。如果待权期是5年，那么王功权待了近三年，这时属于他的分红权可能为全部分红权的五分之三。除非王功权加入竞争对手，那么其他合伙人才有权惩罚其，收回他的分红权。

但仍未适宜强制要求所有基金适用此标准，但是要认识到，一个具体可参照的标准，必是基金未来规范发展的方向。

四　完善约束机制

前述的建立有效的风险控制制度，降低代理成本以及优化治理结构，在投资人与管理人之间形成有效的制衡关系等措施，均是完善基金治理约束机制方面的内容。除此之外，还包括更细致的方面。公司制基金中，设计董事会、股东大会、基金托管人具体职责等。如基金董事会负有对顾问合同批准的特别监督义务。有限合伙制基金中，主要体现在合伙协议中，比如基金存续期、基金管理人的重要事项报告义务等。契约制基金中，投资人享有信托法中的收益权及各种监督权等安排，均是约束机制的内容。约束机制可以从两个方面进行完善。一是投资人根据基金组织形式的特点以及预期会发生的风险，在基金成立时与管理人进行谈判，通过协议约定。二是通过法律层面上给予强制性规定。比如规定基金资产必须交由银行进行托管，基金管理人的义务以及设定专门的监督机构等。

五　完善信息披露制度

私募股权投资基金与证券投资基金不一样，尽管两者募集资金的方式相似，但是前者不是投资上市公司的股票，因此国家对后者信息披露规定详尽，较严格，但是对于前者却没有太多规定，存在很多灰色地带。

我们的态度是私募股权投资基金需要信息披露，针对不同对象，披露的内容与方式都不一样。

对于投资人而言，向其披露的内容最全面。可以通过加强管理人的报告义务与托管人的监管职责，加强信息披露的强制性和规范性，确保投资人和监管机构得到及时准确的真实和完整的信息。管理人报告事项，包括与项目投资有关的信息。托管人的主要职能是监督基金管理人，保护投资人利益，因此，托管人的信息披露义务主要是与基金管理人投资活动有关的信息披露事项，具体涉及基金募集信息、基金运作信息、基金投资监督、基金资产保管、会计核算等环节。

对于监管机构而言，向其披露的内容主要是基金管理人、基金实际控制人、基金托管人与基金运作过程中的风险管理等相关内容，不涉及项目、投资路径等具体信息。

对于公众而言，披露基金的注册信息、规模、从事的投资领域即可，主要是为了防止伪 PE 借其名进行非法的集资活动。

另外，违反信息披露制度的责任也要明确规定。对于《关于促进股权投资企业规范发展的通知》而言，要出台相应的实施细则，补充规定违反信息披露义务要承担的法律后果，如行政责任。

六　完善私募股权投资基金外部治理机制

1. 大力推动基金管理人市场的发展

一个优秀的基金管理人对于基金而言是相当重要的，广义的基金管理人可以是一个人，也可以是一个团队，还可以是一个法人。目前，很多基金开始转向专业化模式，对于基金管理人的素质要求也较之其他模式的基金高。不仅仅要求其在专业领域范围内对市场的分析能力，对企业发展精准的判断力及对国家政策的洞悉能力，还往往要求其具有一定的行业资源。

从基金的角度出发，一个良好的"基金管理人市场"会节省很多的人力、物力和财力，同时也能促进基金内部治理的效率。这个市场要配套一个良好的评级制度，包括信用制度和业绩制度等，基金管理人的管理和业绩表现均体现在这个评级制度里。

2. 明确监管内容与监管主体，建立信息共享的监管平台

我国私募股权投资基金的发展环境与其他国家和地区有着较大差异，因此在对我国私募股权投资基金监管模式的选择上，既要学习参考国外监管经验，也要学会"量体裁衣"，以建立起适合我国投资基金市场的有中国特色的私募股权投资基金监管模式。

就目前私募股权投资基金在我国的发展来看，既不能严格监管，制定各项强制性措施对私募股权投资基金的运作进行控制，这必然会扼杀私募股权投资基金的活力，也不能单靠资本市场自身的竞争放任私募股权投资基金的发展。所以，强化监管部门责任的大前提是要采取"适度监管"的原则，即在发挥私募股权投资基金融资效率优势与盲目追逐利益危害市场安全之间寻找平衡点。

对于私募股权投资基金而言，其治理问题上，需要监管的内容包括投资人信息、基金托管人的信息、托管财产是否独立安全以及基金运作过程是否违规等。基金备案是在发改委，出于便利原则，对于其治理问题的监管权利可以给予发改委。

在此之下，要合理划分部门之间的监管责任，避免互相推诿。同时，要建立起一个信息共享机制和监管的长效机制。即基金在工商部门登记后，工商部门要及时报备发改委等备案部门，在产权交易所等挂牌的基金，产权交易所要确认其是否在工商部门、发改委等相应地做了登记、备案。可以建立一个信息共享平台，在监管部门内部，就能查阅到基金的动态信息。

3. 加强行业自律监管

目前，由国家发改委批准设立的中国股权投资基金协会的成立，对我国私募股权投资基金的规范发展具有相当重大的意义和作用。我国在完善立法和政府监管的同时，要大力支持这样的权威性行业协会的发展，逐步完善基金行业组织以及相应的自律机制，发挥市场主体的自我约束作用。

将来发展的趋势，可以要求所有的基金必须加入基金协会，由基金协会对基金进行信用评级，并且对基金的不规范运作给予处罚，严重的可以取消入会资格，这样的基金不能进行募资与投资的运作。地域性问题，可以通过在省会建立基金协会分会来进行解决，也便于管理。

七　完善私募股权投资基金立法

《证券投资基金法》草案修订是由全国人大财经委牵头，历时两年多经过几番征求意见稿形成的。2012年12月28日第十一届全国人民代表大会常务委员会第三十次会议修订通过了《中华人民共和国证券投资基金法》，自2013年6月1日起施行。2015年4月24日第十二届全国人民代表大会常务委员会第十四次会议通过《关于修改〈中华人民共和国港口法〉等七部法律的决定》，对《证券投资基金法》又进行了部分修正。

在2012年12月28日第十一届全国人民代表大会常务委员会第三十次会议的修订中，最大的变化体现在三方面：一是拓展了"证券"的定义。二是把私募基金纳入该法调整。由此，该法把私募股权基金也纳入到其调整范围内。三是改变基金备案机关，统一到国务院证券监督管理机构备案，具体办法由其规定。

2012 年修订后的《证券投资基金法》首次将私募基金纳入监管。在该法第 72 条中，将证券定义扩展至"上市交易的股票、债券，以及国务院证券监督管理机构规定的其他证券及其衍生品种"，基金财产应当用于上列证券的投资。第 94 条规定，非公开募集基金财产的证券投资，包括买卖公开发行的股份有限公司股票、债券、基金份额，以及国务院证券监督管理机构规定的其他证券及其衍生品种。2012 年修订后的《证券投资基金法》第 2 条将证券投资基金的含义也扩展为"在中华人民共和国境内，公开或者非公开募集资金设立证券投资基金（以下简称基金），由基金管理人管理，基金托管人托管，为基金份额持有人的利益，进行证券投资活动。"通过扩展规范对象的外延，无疑是为了把私募基金纳入到监管对象范围中，当然，也包括私募股权投资基金。《证券投资基金法》规定了基金的成立形式，以及就服务基金的机构行为作了规定。同时，把之前区分基金规模大小来备案的规定改为统一到证监会备案，以便于全面管理。有分析称，"此前，私募股权基金的登记机关是各地工商局，备案则在发改委，新《基金法》能够将其纳入其中，则意味着 PE 行业具有了明确的法律地位和监管主体。未来，中国 PE 行业有望结束'野蛮生长'时代，经过进一步的分化、整合，实现市场的健康、持续发展"[①]。

总的来说，此次修订是一次重大的突破，在为私募基金尤其是私募股权投资基金提供法律保护方面具有重要的积极意义。

同时，对于 2012 年立法修订，仍存在以下争议焦点。

一是是否该把私募股权投资基金纳入《基金法》监管对象。有学者认为，根据我国的通说，"证券"的含义是不包含未上市企业的股权的。通常的著作也严格区分"证券投资基金"和"股权投资基金"。新修订的《基金法》把"证券"的概念是否扩大到了"未上市企业股权"仍有些解释上的牵强。

在私募股权基金的立法监管方面，我国有关部门已经出台了《外商投资创业投资企业管理办法》和《创业投资企业管理暂行办法》，并有国家税务总局、财政部的配套税收立法。如果强行把私募股权基金纳入《证券投资基金法》，必然面临和现有立法的冲突和衔接问题，因此，私

---

① 《两会欲解国内 PE 困境新〈基金法〉有望今年出台》，http://www.howbuy.com/news/2012-03-16/106.html，2012 年 3 月 18 日访问。

募股权基金不宜放在证券投资基金法里，而更宜单独立法。

在这点上，修订小组组长吴晓灵认为：私募基金尤其是私募股权基金，对实体经济推动作用巨大，需要有合法地位。在谈及此问题时，其表示，证券分为两种，一种是公开上市交易的，另一种是非公开上市交易的，从学术角度看，凡是能够带来收益的等份额凭证都是证券，不管是纸质的还是电子的。但社会对此认识并不一致，这种不一致，有人有理论上的考虑，有人不太清楚。还有人怕把证券定义扩展了以后，会影响监管格局。"如果全社会能够接受这个概念，修法难度就小多了。"

"《证券投资基金法》修订的目的之一，就是要给未上市交易的股权的发展提供合理的法律空间。"吴晓灵表示，金融是为经济服务的，而未上市交易的股权恰恰是培育企业创业和成长非常重要的一个环节。现在中国经济的金融结构过多依靠间接融资，是当下金融体系最大的缺憾，应该发展股票市场、股权市场，建立企业以股权融资的渠道，减少对信贷依赖的同时还增加企业获得融资的可能性。①

我们认为，在这个问题上，要用发展的眼光看问题。《基金法》通过出台后，对应的实施细则也应作相继的颁布，以解决与现有立法的冲突和衔接问题，这都不是什么原则性问题。对于私募股权基金是否该单独立法的问题，事实上，我国有关部门已经尝试过单独为私募股权基金立法。例如，2009 年国家发改委牵头草拟了《股权投资基金管理办法》，只是最终未获颁布。从 2012 年《基金法》修改稿和国家发改委牵头草拟《股权投资基金管理办法》等事实来看，我国政府事实上都在为私募股权基金提供合法的保护作出不懈努力。所以，在未来时机成熟的时候，也存在将私募股权投资基金单独立法的可能，然而目前，为了给民营资本更大的发展空间，鼓励和支持中小企业的发展，将其纳入新《基金法》的规范对象中来，也不失为一个有利的选择。

二是监管。有学者提出，应该把私募股权基金与公募证券基金、私募证券基金相区别，不宜混在一起加以管理。理由是三者存在很大区别。首先是在基金募集和基金投资两个环节各不相同。公募证券基金是"两头在公"，即募集公开且投资对象是公开交易的证券；私募证券基金是"一

---

① 《吴晓灵：证券投资基金法已征求第一轮意见》，http：//funds. hexun. com/2011 - 05 - 21/129825875. html，2012 年 3 月 15 日访问。

头在私、一头在公"，即募集非公开但投资对象是公开交易的证券；而私募股权基金是"两头在私"，即募集非公开且投资对象是非公开交易的未上市企业股权。

正因为三者具有不同的特点，其监管思路也应有所不同。对于"两头在公"的公募证券基金，监管应该最严格。针对实践中问题严重的信息披露不当、"老鼠仓"、操纵市场等方面完善相关立法，加强监管，堵住漏洞。而对于"一头在私、一头在公"的私募证券基金，监管应该相对宽松，且主要重点应是对"在公"的这一头进行监管。2012年《基金法》第十章虽然已经设专章规定非公开募集基金的特别规定，但是把私募股权基金和私募证券基金不加区别地都列为非公开募集的一章，有所不妥。①

我们认为，私募股权投资基金在资金募集和投资对象上，由于不涉及公众，可以通过双方共同意志体现的协议来约束双方的行为，从尊重市场主体意志的角度出发，监管相对是三者之中最为宽松的。相较于私募证券基金，由于后者投资于公开交易的证券，对于此时的行为要重点规范，防范于其操纵市场等行为，对于其非公开募集行为并不需要太多监管，例如，不需要像公募证券基金那样要求承担同等程度的信息披露义务，可以留给基金份额持有人与基金管理人自行在协议中约定。在这点上，同意前述学者的部分观点。在《基金法》中，单列了一章即第十章"非公开募集基金"，其中第94条规定，非公开募集基金募集完毕，基金管理人应当向基金行业协会备案。对募集的资金总额或者基金份额持有人的人数达到规定标准的基金，基金行业协会应当向国务院证券监督管理机构报告。

再者，刑法领域，立法机关要出台相应的法律或立法解释，将私募股权投资基金的私募行为区分非法集资，降低PE的非市场风险，达到充分调动民间的闲置资本，投入企业的经营和发展，创造社会财富的目的。

最终，等到时机成熟，出台专门规范私募股权投资基金的法律法规，指引私募股权投资基金规范发展。

总之，随着国内私募股权投资行业的迅猛发展，私募股权投资已经逐

---

① 《詹朋朋：私募股权基金法草稿待商榷》，http：//wap. chinaventure. com. cn/news. asp？id＝50981，2012年3月15日访问。

渐成为我国资本市场的重要组成部分。私募股权投资基金具有强大的融资能力，是经济发展不可或缺的重要参与者和实践者。然而，其存在一个与生俱来的缺陷，即"外部投资人"与"内部管理人"的"委托—代理"关系导致的代理风险。私募股权投资基金成功与否，关键在于能否克服代理风险。优化基金的治理，就是为了克服这一风险。

第五章　主权投资基金的公司治理

随着我国对外开放的脚步不断加快，与世界各国的经济联系日益加强，我国的综合国力稳步增强，外汇储备量也得到了迅猛发展。根据中国人民银行公布的数据，外汇储备量从 1952 年仅 1.39 亿美元，到 2013 年 9 月增加到 3.67 万亿美元。目前我国外汇储备量和增长速度均位居世界第一。外汇储备量的增加提高了国家综合经济实力，保障国家安全，但外汇储备量并不是越多越好，其总量大，增长幅度过快，也给政府带来管理上的困扰。外汇储备量过多易加剧通货膨胀，是因为外汇储备量在中央银行的资产负债表中对应着资产账户，只有加大对市场的基础货币投放量才能保证资产负债表的平衡，这将导致流动性资产过剩，造成通货膨胀加剧。同时，庞大的外汇储备量还面临着汇率风险等问题。出于资金的安全性和流动性的考虑，外汇管理局把盈余的外汇储备投资发达国家的政府债券和机构债券，特别是美国政府债券，然而一旦美元持续贬值，人民币升值，这又会导致资产的无形缩水。因此，如何有效管理庞大的外汇资产成为政府亟须解决的问题。

国外主权财富基金的成功运作，通过积极有效的管理外汇储备，取得了优异的成绩。这给困扰中的我国外汇管理者指明了方向。2007 年 9 月，在国务院批准下，中国投资有限责任公司（以下简称中投公司）挂牌成立。中投公司自成立时就管理着 2000 亿美元的外汇资本，从而一举加入到全球最大主权财富基金的行列，受到来自全球媒体和各国政府的广泛关注。

虽为全球最大的主权财富基金之一，但中投公司设立时间仍较短，仍为主权财富基金的新秀，面对风云变幻的国际形势和金融业激烈的竞争环境，中投公司该如何运营，才能完成政府所赋予的使命和职责。如何提高外汇投资收益，如何完善我国重点金融行业的公司治理，深化金融领域改革，如何同时完成国内、国外的两种不同职责，这都是中投公司所面临的重要挑战。

为此，我们从中投公司自身的治理方面着手进行研究，重点从法律框架的制定、董事会成员市场化和执行委员会成员专业化等方面展开研究。结合国有独资公司的治理理论和主权财富基金的相关理论，借鉴新加坡淡马锡控股公司的成功经验，试图给出中投公司如何改进公司治理的若干建议，以期帮助中投公司更好地运行，保证外汇资金的保值增值，完成其被赋予的重大职责。

第一节 主权财富基金的兴起及价值

随着大量的主权财富基金活跃在全球金融市场上，引起了来自各国政府部门、各研究机构和各国学者对主权财富基金的兴起、目的、类型及对国际经济的影响与带来的危机的广泛研究。

目前，学术界对主权财富基金的概念没有统一的表述，来自国际货币基金组织 IMF 给出的定义被认为是最权威的。其定义为：主权财富基金是由一国政府拥有和管理的、以外汇储备和商品出口收入为主要来源、主要面向海外投资并以收益最大化为主要目的的市场化、专门化的长期投资机构，该机构管理应独立于货币管理局为稳定币值而进行的被动型外汇储备管理。[1]

关于主权财富基金成立的目的，大部分学者认为应把超出国际支付需求的外汇储备用于国际投资，获取高额的投资回报。还有学者认为为国家的子孙后代建立储备，当然还有用于支持和协助本国的经济和社会发展等观念。

依据不同的角度，不同学者对主权财富基金进行不同的分类。认为根据资金来源的不同，可以把主权财富基金分为资源性商品基金和非资源性商品基金两类。依据设立的初始动机将主权财富基金分为稳定型基金、冲销型基金、储蓄型基金、预防型基金和养老金储备基金五大类。

针对主权财富基金的投资方向，大部分学者认为进行国内外的多元投资，但都主要是关注投资产品的风险性。如 Shuai（Andy）Liu 指出，不

---

[1] 谢平、陈超：《谁在管理国家财富？主权财富基金的兴起》，中信出版社 2010 年版，第 4—5 页。

管是从长远还是从短期来看，资本是国家发展的重要因素之一。尤其在次贷危机的冲击下，东道国如何使用主权财富基金进行投资成为关键。当然税收策略是主权财富基金投资的正确方向，但是它会危及世界福利，也会导致金融保护主义。因此，国际金融组织有必要对此制定蓝图，来指导主权财富基金的投资。[①]

依照采取的法律结构划分，主权财富基金的法律框架，可以分为资产池型主权财富基金、特殊法律规范下的主权财富基金以及普通公司规范下的主权财富基金三种方式。资产池型主权财富基金依据国家法律公开的立法条例来特别规范。特殊法律规范下的主权财富基金是依据公布在官方刊物和政府有关的主权财富基金公报上或者网上的法条条文组成的组织法。普通公司法规范下的主权财富基金通常适用于普通公司法。

根据管理机构的不同划分，主权财富基金的治理模式可以分为政府所有的投资公司管理模式和独立的投资机构管理模式。政府所有的投资公司管理模式，通常由财政部组织，由中央银行进行管理，也有政府指定其他政府机构或者私人管理公司进行管理的情况。其主要特点是政府完全控制国家财富，具有浓厚的政治色彩，运作信息透明度低，其行为往往被认为是国家行为，在国际市场上受到接受国的排斥较大。独立的投资机构管理模式并不是完全推离政府的管理，其在定时或者不定时将财务情况汇报财政部，只是在投资方向上进行独立运作。针对主权财富基金的透明度披露标准研究，各国学者没有统一定论。究其原因，姚明春认为，各国主权财富基金目的、资金、规模、成立的时间、运作模式各不相同，资产价值，投资策略，资产组合及配置，公司治理结构，风险管理体系，企业经营文化，以及主权财富基金控制的内部问责制度也各不相同，很难得到主权财富基金透明度统一标准。[②] 而在信息披露的过程中，各国要制定信息披露的原则、具体标准及重点信息披露流程，以确保信息的准确性和合规范性。

[①]　Shuai（Andy）Liu Changde Zheng（2010），Sovereign Wealth Funds：A Game Model and Taxation Viewpoint，见第三届《中国金融评论》国际研讨会论文集，第222—223 页。

[②]　Miao Yingchun（2011）：Transparency of Sovereign Wealth Funds，January/February CHINA INTERNATIONAL STUDIES 119.

第二节　中国投资有限责任公司的设立及公司治理架构

一　中国投资有限责任公司的设立

外汇储备代表一个国家的综合经济实力和国际清偿能力，是国际储备资产的重要组成部分。随着我国经济的发展，外汇储备量也得到了迅猛发展。适度的外汇储备是进行经济调节、实现经济均衡稳定的重要手段。如何确定符合我国国情的外汇储备量，需要外汇管理机构——外汇管理局依据我国的政治和经济政策方向和我国实际的经济发展程度，制定合理的储备量计划。

这样就可以把我国外汇储备分为两大部分。一部分是为了保证国际清偿能力的外汇储备，这部分资产的投资原则是需要保持资金的绝对安全和高流动性，往往收益比较少。另一部分是盈余的外汇储备，这部分应该采取是在可以接受的风险范围内，追求投资利益的最大化的积极管理。这两部分外汇储备承担着不同的重任决定着需要不同的机构进行风格迥异的投资管理。保证国际清偿能力的外汇储备部分可以由外汇管理局继续进行管理，而追求投资利益最大化的部分则需要重新组建一个机构进行管理，中国主权投资基金公司呼之欲出。

中国投资有限责任公司（以下简称"中投公司"）成立于 2007 年 9 月 29 日，是依照《中华人民共和国公司法》设立的国有独资公司，组建宗旨是实现国家外汇资金多元化投资，在可接受风险范围内实现股东权益最大化。公司总部设在北京，注册资本金为 2000 亿美元。中投公司下设三个子公司，分别是中投国际有限责任公司（以下简称"中投国际"）、中投海外直接投资有限责任公司（以下简称"中投海外"）和中央汇金投资有限责任公司（以下简称"中央汇金"）。

中投公司的境外投资和管理业务分别由中投国际和中投海外承担。中投国际和中投海外均坚持市场化、商业化、专业化和国际化的运作模式。中投国际于 2011 年 9 月设立，承接了中投公司当时所有的境外投资和管理业务。中投国际开展公开市场股票和债券投资，对冲基金和房地产投资，泛行业私募基金委托投资、跟投和少数股权财务投资。中投海外于 2015 年 1 月成立，是中投公司对外直接投资业务平台，通过直接投资和多双边基金管理，促进对外投资合作，力争实现投资收益的最大化。

2003 年 12 月，中央汇金成立，隶属于中国人民银行，其职责为根据我国金融体制改革的整体安排，代表政府优化国有商业银行等重点金融企业的公司治理模式，不进行其他的商业性活动，也不干预金融企业的日常管理，只是帮助其优化公司治理方式，改善金融企业的管理模式。中投公司成立时，其部分注册资本用于从央行购买中央汇金的全部股份。中央汇金公司成为中投公司的全资子公司后，其职责没有发生变化。

中央汇金根据国务院授权，对国有重点金融企业进行股权投资，以出资额为限代表国家依法对国有重点金融企业行使出资人权利和履行出资人义务，实现国有金融资产保值增值。中央汇金不开展其他任何商业性经营活动，不干预其控参股的国有重点金融企业的日常经营活动。

中投国际和中投海外开展的境外业务与中央汇金开展的境内业务之间实行严格的"防火墙"措施。[①]

中投公司承担了负责大量外汇储备的保值和增值职责，同时还被赋予了管理本国金融体系，完善金融体系改革的任务。

中国投资有限责任公司及与旗下中投国际有限责任公司（以下简称"中投国际"）和中央汇金投资有限公司（以下简称"中央汇金"）两个全资子公司的股权关系，详见图 5 - 1。

二　中投公司的运营管理

1. 公司业绩

2012 年，中投公司境外投资业务账面净投资收益率约为 10.60%。公司自成立到 2012 年年末，累计年化净收益率达 5.02%。[②]（见表 5 - 1）截至 2012 年 12 月，中投公司总利润为 81963 百万美元，净利润为 77399 百万美元，其中总资产合计为 575178 百万美元，总负债为 79261 百万美元，所有者权益为 495917 百万美元。[③]

中央汇金公司的盈利能力取决于控股、参股的金融机构的盈利水平。

---

① 中国投资有限责任公司官网，关于中投，http: //www.china-inv.cn/，最后访问时间 2016 年 10 月 31 日。

② 中投公司 2012 年度报告，http: //www.china-inv.cn/，最后访问时间 2013 年 4 月 8 日。

③ 同上。

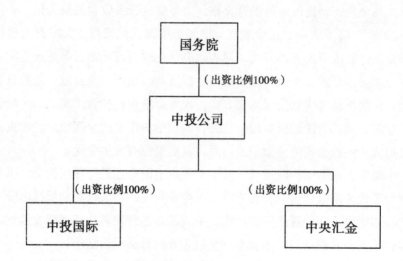

图 5－1　中投公司股权结构

表 5－2 显示中央汇金公司控股、参股金额前五位的金融机构和持股比例。

表 5－1　　　　　　　　　　境外投资组合投资业绩概要　　　　　　　　（单位：%）

年份	年化收益率	年度收益率
2008	－2.1	－2.1
2009	4.1	11.7
2010	6.4	11.7
2011	3.8	4.3
2012	5.02	10.60

说明：累计年化收益率和 2008 年业绩均从公司成立日 2007 年 9 月 29 日起计算。

表 5－2　　　　　　中央汇金公司控股、参股金额前五位金融
机构（截至 2012 年 12 月 31 日）　　　　　（单位：%）

金融机构	持股比例
国家开发银行	47.63
中国工商银行	35.46
中国农业银行	40.21
中国银行	67.72
中国建设银行	57.21

2. 投资战略

中投公司在可接受风险范围内实现股东权益最大化的总原则下开展投

资工作，做到严格遵守本国和投资国或地区的法律法规，不干涉被投资企业的日常工作，不对被投资企业进行控制。

投资委员会按照"权责匹配、产品导向、循序渐进"的投资决策原则，全面指导公司决策和管理。为了进一步完善投资决策和授权体系，保障投资资金的安全，成立专业、高效和合规经营的投资决策队伍，中投公司已经建立和完善覆盖项目审批、投资决策和管理和项目管理退出的全过程的系统流程。这为公司科学、规范和有效实施项目奠定了坚实基础。

3. 风险控制

中投公司遵循的全面风险理念，制定高效的风险管理规章制度，确定行之有效的风险控制流程，建立起覆盖所有岗位和部门的全面风险系统，确保投资活动的有序进行，保障公司的资产安全和获得最大利益。

中投公司建立风险管理委员会对风险进行管理。风险管理委员会制定风险管理规章制度，统一风险业务流程和及时量化分析检测投资风险的风险管理系统，保障公司科学有效地进行风险投资。

三　中投公司的公司治理架构

中投公司治理架构由董事会、监事会和执行委员会三部分组成，详见图 5 - 2。三者间职责明确，各负其责，有效制衡，共同为中投公司的发展服务。

1. 董事会

董事会是中投公司的最高权力机关，下设执行委员会、薪酬委员会和国际咨询委员会。董事会由 11 名董事组成。董事会的职责主要有依据国务院制定的经营目标，审核和批准公司的发展战略、决定公司的有关战略、评估公司业绩，任免高管人员和公司内部管理机构的设立等。

2. 监事会

中投公司监事会由 5 名成员组成，李晓鹏为监事长。三位公司监事分别是现任审计署副审计长董大胜、现任中国银行业监督管理委员会副主席周慕冰和现任中国证券监督管理委员会副主席的庄心，还有一位职工监事为本公司纪委副书记崔光庆。监事会下设监督委员会和审计委员会。监督委员会主要负责对董事、高级管理人员的经营行为进行监督，审计委员会主要负责监督、检查公司的财务状况。

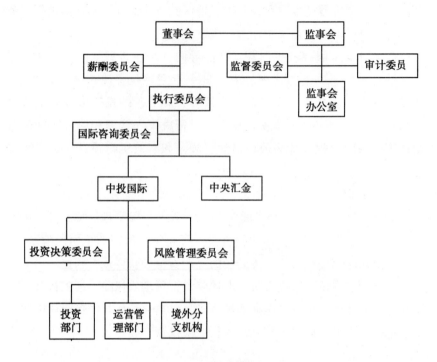

图 5-2 中投公司组织结构

3. 执行委员会

中投公司执行委员会由 11 名人员组成,丁学东任首席执行官,高西庆任总经理。下设投资决策委员会和风险管理委员会,具体分设投资部门、运营管理部门和境外分支机构。执行委员会负责执行董事会决议,依据董事会授权管理公司日常事务,具体工作是设置和调整公司机构,完善公司运行机制,执行公司绩效评估和薪酬激励内容等。

四 中投公司的人力资源建设

中投公司坚持"以人为本"的人力资源管理理念,重视人力资源的建设。通过全球招聘的方式寻求既了解中国国情和文化又有国际金融投资经验的专业人才,建立海外人才资源库,以满足中投公司业务需求。截至 2013 年 6 月 30 日,中投公司员工总人数为 583 人,其中境外投资团队为 443 人。境外投资团队中,60% 以上的人员拥有海外工作或学习经历。[①](见表 5-3)

---

① 中投公司 2012 年度报告,http://www.china-inv.cn/,最后访问时间 2013 年 4 月 8 日。

表 5 - 3	员工构成情况（截至 2013 年 6 月 30 日）			
人数	高等学历	海外工作经验	海外教育经历	外籍员工
443	363	174	250	41

中投公司完善员工培训体系，依据公司的发展目标和人才培养，制定多元化全方位的培训项目，加强公司的经营管理水平和公司整体的向心力和团结力。采用多维度的考核模式，参照国际同行业的数据，对部门及员工进行有效业绩考核。

公司已经逐步建立与企业文化相匹配的发展战略，以相对市场化的方式进行业绩考核，充分发挥绩效激励奖金的作用。

第三节　中投公司的公司治理问题分析

衡量主权财富基金治理结构是否合理的标准是：是否实现了政府的公共管理职能与所有者职能的机构分离与职能分离；政府与其他所有权部门之间是否有清晰稳定的权力边界；是否确保公司按照商业目标追求资本有效利用；能否吸纳高素质人员加入公司董事会于管理层；决策程序是否高效、科学。[①]

成立以来，中投公司治理模式不断进行调整完善。然而中投公司的治理也还有亟须完善的地方，依据上文关于治理结构合理与否的标准，采用与新加坡淡马锡控股有限公司对比分析的方法，具体比较中投公司和淡马锡公司与股东关系问题、董事会和高级管理者人员背景对比等方面内容，探寻中投公司在公司治理方面的突出问题。

（一）董事会与股东、政府关系模糊

中投公司是依据全国人民代表大会的决定而设立，依照《中华人民共和国公司法》（以下简称《公司法》）设立的国有独资公司。在法律结构上，采用了适用普通法的模式，与淡马锡公司采用的法律结构是一样的，淡马锡是一家遵循《新加坡公司法》规定而成立的商业性投资公司。然而不同的是，在淡马锡董事会股东关系、与政府关系的问题上，淡马锡

---

① 谢平、陈超：《谁在管理国家财富？主权财富基金的兴起》，中信出版社 2010 年版，第84—85 页。

公司依据其宪法第五号规章规定，总统或政府和财政部均不参与其的投资、出售或任何其他商业决策。政府如果给淡马锡下达非商业化的任务，财政部会专门拨付款项弥补淡马锡的损失。淡马锡因为政府政策的更改造成不利影响时，政府也会提供相应的补偿。但是为了保护政府的储备金，淡马锡董事会成员和首席执行长的任免和续任必须得到总统的同意。

中投公司在与股东关系、与政府关系方面认识模糊，没有法律条文进行规范。中投公司的运行管理方面也存在着与《公司法》冲突的地方，也没有任何特殊条文进行详细规范。《公司法》中关于国有独资的规定，公司章程需要由国有资产监督管理机构（以下简称国资委）制定或者由董事会制订报国有资产监督管理机构批准。根据《公司法》第66条规定，国有独资公司不设股东会，其权力由国资委行使，董事会成员也需要由国资委委派等。然而，在中投公司的公司章程中规定董事长和副董事长由国务院指定。这些规定表明了，中投公司不受国资委管理，而是直接接受国务院的领导。这是否意味着中投的股东是国务院呢？到底谁是中投公司的股东，中投公司对哪个机构负责，受哪些机构管理，中投公司自身也花了一段时间来认识。依据2008年年度报告内容：中投公司的投资收益将作为利润上交股东（国家），力争覆盖特别国债的利息支付需求。① 这里所指股东为国家，然而国家是个宽泛概念，没有具体到哪个行政部门。而在2009年年度报告内容显示：中投公司的投资收益将作为利润上交股东，力争支付特别国债的利息需求。② 2009年年度报告省略了"国家"两个字，也没有具体说明股东到底是哪个机构。2010年年度报告在股东是谁的问题上描述得与2009年一致，而2011年年度报告中没有出现"股东"字眼。直到2012年年度报告，才明确规定了谁是股东，股东权利由谁行使。具体内容为：中投公司按照《中华人民共和国公司法》设立了董事会和监事会，国务院代表国家行使股东权利。现代企业治理中，谁出资，谁就是股东，这种认识的过程体现了中投公司还没有完全采用现代公司治理理念，受到政府的行政干预比较严重。

在中国投资有限公司的官方网站上公布的公司章程仅仅规定，国务院指定董事长和副董事长，由国务院下属部门——发改委、财政部、商务

① 中投公司2008年度报告，http：//www.china-inv.cn/，最后访问时间2013年4月8日。
② 同上。

部、人民银行和外汇局各提名一位部门负责人作为非执行董事人选。[①] 公司章程里找不到其他表明中投公司和国务院的关系内容和对关于中投公司运行和监管的问题。

中投公司作为我国最大的主权财富基金，其投资行为无可厚非与我国的战略相匹配，如李元亚指出，中投公司持谨慎态度投资国外公司，不寻求对其政治控制，是基于我国的领导人强调的"和平崛起"的外交政策。让中国邻国和其他全球大国知道，中国的崛起在经济上和军事上不会影响世界的和平和发展，中国会尝试发展与其他经济体"双赢"的合作伙伴关系，而不是成为一个竞争对手。[②] 虽然中投公司对外宣传是采用自主经营，实行商业化运作、自身定位为负责任的机构投资者，但是其自身都没有一个清晰准确的定位，与股东的模糊关系却成为在国际金融投资领域的短板。在国际金融资本市场中，因为我国是社会主义国家，存在西方资本主义国家对资本安全和政治目的质疑，中投公司与国务院模糊的界定，很容易被误解为国务院另外一个行政机构，而不是一个独立的商业性公司

淡马锡从其设立背景来看，其也类似于政府的行政机构。新加坡与马来西亚分离独立建国时政府面临着各方面严峻的考验，尤其是经济方面的挑战。如何稳定快速地发展本国经济，以及如何解决就业问题等都亟待解决。然而，新中国成立之初，新加坡工业基础还不完善，新加坡政府通过建立经济发展局来引导经济发展，完善基础工业建设。但是私人投资者因为资金有限，风险承担能力有限，不愿意涉及铁路、石油化学、钢铁等高风险、高投入的行业。此时，经济发展局以政府的名义进入这些高风险领域，建立了如新加坡发展银行、海皇轮船公司、新加坡航空公司等国有公司。随着国有企业设立得越来越多，资产越来越大，如何管理这些国有企业成为难题。1974 年，政府决定由财政部组建一个公司专门管理这些国有企业，这就组建了淡马锡控股有限公司。然而淡马锡公司却成为其他国家主权基金争相效仿的对象，连续 10 次获得评级机构穆迪和标准普尔所授予的 aaa／AAA 最高整体企业信贷评级，2013 年一季度财政年度报告，

---

① 中投公司官方网站，http：//www.china-inv.cn/，最后访问时间 2013 年 4 月 8 日。

② LI Yuanya（2008），Public Wealth Management：An Approach Based on the SWFs, 4th International Conference on Public Administration 144.

其投资组合价值为 2150 亿新元①，这又是一个新纪录。其成功经验也表现在其明确规定与政府关系，进行彻底的去政府化。淡马锡在《新加坡公司法》的调整下开展商业活动，在涉及与政府的关系问题上，又有第五号规章进行特别的规定，做到设立、运行和管理均有法律可依。中投公司的设立方式行政化，而法律地位、经营模式和公司治理的法律依据模糊，不利于中投公司作为主权财富基金进行海外投资，容易受到东道国的投资阻碍和质疑。

（二）董事会成员官员化阻碍公司市场化

1. 中投董事会成员背景与淡马锡董事会成员背景介绍

2014 年中投董事会由 11 名董事组成，包括三名执行董事，为丁学东、高西庆和李克平；5 名非执行董事、2 名独立董事和 1 名职工董事。详细董事背景资料见表 5 - 4。

表 5 - 4　　　　　　　　　中投公司董事会董事背景

姓名	职务	从政背景	从商背景
丁学东	董事长兼首席执行官	历任国家国有资产管理局办公室主任兼人事教育司司长、产权司司长，财政部国有资本金基础管理司司长、农业司司长、教科文司司长，财政部部长助理、副部长，国务院副秘书长。②	无
高西庆	副董事长兼总经理	历任中国证券监督管理委员会首席律师兼发行部主任，中银国际副董事长兼执行总裁，中国证券监督管理委员会副主席，全国社会保障基金理事会副理事长。③	中银国际副董事长
李克平	执行董事、副总经理兼首席投资官	历任国家经济体制改革委员会宏观调控体制司副司长，国务院经济体制改革办公室宏观体制司副司长，全国社会保障基金理事会投资部主任、秘书长、副理事长。④	无

① 淡马锡 2012 年度报告，http：//www. temasek. com. sg/，最后访问时间 2014 年 4 月 8 日。
② 中投公司官方网站，http：//www. china-inv. cn/，最后访问时间 2014 年 4 月 8 日。
③ 同上。
④ 同上。

续表

姓名	职务	从政背景	从商背景
张晓强	非执行董事	历任中国驻美国大使馆经济参赞、国家发展计划委员会外资司司长、国家发展计划委员会秘书长。①	无
李勇	非执行董事	历任财政部世界银行司司长、中国驻世界银行执行董事，中国注册会计师协会秘书长，财政部部长助理，财政部副部长。②	中国驻世界银行执行董事
陈健	非执行董事	历任中国海外工程总公司副总经理，对外贸易经济合作部国外经济合作司司长，对外贸易经济合作部、商务部部长助理，商务部副部长。③	中国海外工程总公司副总经理
胡晓炼	非执行董事	历任国家外汇管理局政策法规司副司长、储备管理司司长，国家外汇管理局副局长、局长，中国人民银行行长助理。现任中国人民银行副行长，并兼任本公司非执行董事。④	中国人民银行副行长
方上浦	非执行董事	历任福建兴业银行副行长，中国人民银行上海分行行长，国家外汇管理局上海市分局副局长、国家外汇管理局总会计师。现任国家外汇管理局副局长，并兼任本公司非执行董事。	福建兴业银行副行长中国人民银行上海分行行长

资料来源：表格内容根据中国投资有限公司官方网站资料整理。

　　上文指出中投公司的设立方式行政化，其法律地位、经营模式和公司治理的法律依据模糊，不利于中投公司作为主权财富基金进行海外投资，容易受到东道国的投资阻碍和质疑。依据表5-4来看，中投公司的董事会成员中，执行董事丁学东和高西庆是国务院指定的，五位非执行董事，也是依据国务院的要求，从发改委、财政部、商务部、人民银行和外管局的部门负责人中选任。中投公司前任董事长楼继伟因现担任财务部部长而辞去中投公司董事长职务，这意味着中投公司的董事成员的任免和调动全部由国务院一手操作，而不是进行市场化的选聘程序。董事会成员的选聘程序充斥着行政色彩，这导致董事会更像是国务院的派出行政机构，其投资行为往往会被认为是政府行为，其投资行为会受到接受国政府的限制，

---

① 中投公司官方网站，http://www.china-inv.cn/，最后访问时间2014年4月8日。
② 同上。
③ 同上。
④ 同上。

不利于中投公司的长期发展。作为中投公司最核心部门的董事会,其成员的官员化完全违背了其宣称的商业化运作。

2014 年淡马锡董事会共有 10 名成员,其中除总裁何晶外,均为非执行董事,各位董事承担职务和背景见表 5-5,董事会又分为执行委员会、审计委员会和领袖培育与薪酬委员会。每个委员会主席均由非执行董事担任,丹那巴南担任执行委员会和薪酬委员会主席。柯逢豹担任审计委员会主席。淡马锡拥有明确的定位——机构投资者。在投资决定和资金使用方面享有完全自主权,政府不参与公司的运转,只通过董事会提供报表了解经营状况,也不给予任何特殊政策和资金扶持。公司以独立的机构投资者身份参与市场竞争,不承担任何的行政职责,除非需动用过去的储备金,需总统批准。有时,为了兼顾国家的产业政策,在政府给予亏损补偿的情况下,才进行特定项目的投资。淡马锡董事都是来自私营企业的商业领袖,拥有丰富的实战经验,保证其决策的方向的正确性。国际委员会和顾问委员会成员也来自各个行业的商业领袖,其真知灼见和丰富经验,为董事会制定决策和管理层执行决策时提供保障。淡马锡董事会成员大部分为非执行董事,不参与公司的日常管理,只有总裁何晶为执行董事,董事长会不定期与总裁交换意见,但不参与其具体管理的事宜。这些赋予管理层执行决策的自主权,有效避免了一人控制公司的情况。董事会与管理层各负其责,又相互沟通,做到上下齐心,共同管理好国有资产。

表 5-5 淡马锡董事职务和背景

姓名	职务	是否为独立董事	从政背景	从商背景
丹那巴南	董事长 执行委员会主席 薪酬委员会主席	未披露	1978—1994 年间在新加坡政府内阁担任数项职务	星展集团控股主席 新加坡航空公司主席
林文兴	董事	未披露	曾任全国职工总会秘书长 1993—2011 年担任新加坡政府内阁职位数项职务	无
郑维强	副董事长	是	无	永泰集团主席
柯逢豹	董事 审计委员会主席	是	无	康福德高集团总经理 新捷运公司及维康有限公司副主席

续表

姓名	职务	是否为独立董事	从政背景	从商背景
吴友仁	董事	是	无	吴控股有限公司总经理 狮诚控股有限公司主席
何晶	执行董事及首席执行长	否	无	新科集团总裁
连宗廉	董事	是	无	华兴公司执行主席
张铭坚	董事	未披露	曾担任数个政府部门的常任秘书	新传媒集团
马库斯·瓦伦堡	董事	未披露	无	瑞典银瑞达集团总裁
黄鲁胜	董事	是	无	艾伦格禧有限合伙律师事务所主席
罗伯特·佐利克	董事	未披露	2005—2006年曾出任美国副国务卿	世界银行行长

资料来源：根据淡马锡官方网站资料整理。

2. 董事会成员官员化减弱人才竞争力

结合表5-4和表5-5，总结出淡马锡和中投公司董事成员是否有过从政经验和从商经验的比例，详见表5-6。

表5-6　　　　　　　　　　**董事成员背景经验比例**

	淡马锡董事总数（11人）		中投董事总数（11人）	
	人数	比例（%）	人数	比例（%）
从商经验比例	10	90	5	45
从政经验比例	4	36	11	100

从表5-4、表5-5和表5-6对比可以看出，淡马锡董事大都是来自商业界的领袖和精英，跨国集团主席、国有企业的领导者、私营企业的合伙人等，只有董事长和一位董事二人曾经担任过政府内阁职务。而中投公司董事会成员11位均曾经有过政府高官背景或者正在政府部门担任要职，仅仅只有5人有过从事商业运营的经验。面对风云变幻的国际金融形势，有理由怀疑没有从事商业行为经验的董事进行金融投资的能力。面对

风起云涌的国际形势，实现股东利益最大化并不是件容易的事情，需要对政治变化、信息真伪做仔细甄别等，也就需要有实战经验的投资管理专家团队来完成。中投公司聘请国际咨询委员会就是为了在全球经济、投资与监管等方面提供咨询和建议，然而作为权力机构的董事会成员里，却没有拥有丰富商业实战经验的专家团队，仅仅是来自国务院各个部门的负责人。董事会成员官员化，不代表官员没有能力，只是不适合管理商业。其带来的弊端如下：第一，政府高官更多地注重其仕途，在风险接受程度上，更倾向于风险较小的投资产品组合。这违背了中投公司实现股东利益最大化的宗旨。第二，没有商业实战经验的政府官员，对于商业投资领域的认识肯定比不过拥有丰富经验的专业管理团队。仅仅依靠聘请国际上享有盛名的专家提供咨询和建议和聘请有投资经验的员工来进行投资是不够的。董事会是确定公司经营发展目标，负责制定公司经营方针、投资战略的权力机构，没有实战经验如何完成董事会的职责。第三，董事激励不足。政府高官人员不在企业内部获得薪资，仍是在体制内拿工资，不适用市场化薪资水平。也就是说公司经营的好坏对于中投公司的董事来说，只有政治上的影响，没有薪资上的改变。这就导致董事激励不足问题出现，公司业绩直接与董事的薪资挂钩，不管是执行董事还是非执行董事均能获得这种物质上的鼓励方式，更能激励其努力工作。

与之对比，新加坡财政部在淡马锡董事的任免上充分体现了其商业化性质。以董事会的职责需要为出发点，拒绝官僚化和理论化，没有现任政府官员和纯理论的没有实战经验的大学教授，广泛搜集有能力的人才为董事会服务，这就是淡马锡取得成功的重要经验之一。

（三）执行委员会缺乏全球金融投资专业人才

1. 中投公司高管背景与淡马锡高管背景介绍

中投公司执行委员会由 11 名人员组成，丁学东担任首席执行官，高西庆担任总经理。

表 5 - 7　　　　　　　　中投公司执行委员会成员背景资料

姓名	职务	从政背景	从商背景简介
丁学东	董事长兼首席执行官	具体参见表 5 - 4	无
高西庆	副董事长兼总经理	具体参见表 5 - 4	中银国际副董事长

续表

姓名	职务	从政背景	从商背景简介
李晓鹏	监事长	无	中国工商银行副行长
李克平	执行董事、副总经理兼首席投资官	具体参见表5-4	无
范一飞	副总经理	无	中国建设银行总副行长
谢平	副总经理	中国人民银行政策研究室副主任	申银万国证券董事长 中央汇金公司总经理
梁骧	副总经理纪委书记	化学工业部规划院副院长	无（注：曾任中国进出口银行纪委书记）
周元	首席策略官	无	美国道富银行研究部主任 瑞士联合银行执行董事 芝加哥商品交易所亚洲业务发展总监 香港商品交易所执行副主席
郭向军	首席风险官	国务院经济体制改革办公室宏观体制司副司长 国家发展和改革委员会财政金融司副司长	无
华桦	首席信息技术官	无	美国瑞德信息技术有限公司架构师 长软国际科技有限公司副总经理
赵海英	执行委员会成员	中国证监会战略规划委员会委员	中国工商银行派出董事

资料来源：根据中国投资有限公司官方网站资料整理。

淡马锡管理层在董事会的授权下，管理公司日常运营。高级管理人员具体职务和背景见表5-8。

表5-8　　　　　　　　淡马锡控股高级管理人员背景

姓名	职务	从政背景	从商背景简介
何晶	执行董事及首席执行长	无	新科集团总裁
谢松辉	投资部总裁 中国区联席总裁	无	格罗方德半导体股份公司首席营运长
约翰克莱恩	投资组合与战略部联席总裁	无	瑞银集团首席财务官 瑞士银行有限公司首席执行官
科尔	总裁	无	美国银行首席风险官
李腾杰	总裁	无	新加坡科技电信媒体公司总裁
韩明毅	非洲区联席总裁	无	历任协和能源、瑞士信贷和贝恩公司高管

姓名	职务	从政背景	从商背景简介
邢增成	市场部联席总裁 东南亚区总裁	无	德意志银行香港分行副总裁
拉维蓝柏	印度区联席总裁	无	历任花旗集团、瑞士信贷和富林明集团高管
梁慧玲	首席财务官	无	莱佛士控股副行政总裁
白淑兰	首席法律官 投资部高级执行总经理	无	新科电信媒体私人有限公司副总裁
狄澜	企业发展部总裁 新加坡区总裁 美洲区联席总裁	无	新加坡王律师事务所执行合伙人
罗锡德	投资部联席总裁 印度区总裁 中东区联席总裁	无	摩根士丹利东南亚投资银行部总经理
沈宏文	市场部总裁 美洲区总裁	无	瑞士信贷并购部全球总裁
陈崇礼	新加坡区联席总裁 欧洲区联席总裁	无	美国美林银行东南亚区总裁
吴亦兵	中国区总裁	无	中信证券金石投资有限公司董事长 中信产业投资基金管理公司总裁

资料来源：根据淡马锡官方网站资料整理。

2. 对比结果分析

结合表5-7和表5-8内容，总结出淡马锡和中投公司高级管理人员从商经验比例详细见表5-9。

表5-9　　　　　　　　高级管理人员从商经验比例

	淡马锡高管总数（15人）		中投高管总数（11人）	
	人数	比例	人数	比例
从商经验	15	100%	7	63%
双重任职	0	0%	3	27%

依据表5-9内容，中投公司执行委员会成员有过从事商业经验的人员为7人，占执行委员会的63%。具体为曾就职于中银国际的高西庆、曾就职于中国工商银行的李晓鹏、曾就职于中国建设银行的范一飞、曾就职于申银万国证券的谢平、曾就职于中国进出口银行的梁骧、曾就职于美国道富银行的周元、曾就职于美国优利公司的华桦和曾就职于中国工商银行的赵海英。在这7人中，还有3人曾经任职于政府部门。根据表5-8

内容，淡马锡的高级管理层全部是来自于全球知名公司的杰出人才。如有过 30 年银行经验的科尔、曾就职于瑞银集团的约翰克莱恩、曾就职于意志银行香港分行的邢增成等。专业化人才是取得成功的基石。在仅有的 7 位有从商经验的高管里，他们的从商经验大部分为本国金融机构，没有涉及国际金融投资领域，在面对风云变幻的国际金融市场，我们有理由对其在国际金融投资领域的专业性表示怀疑。

（四）董事会成员与高管成员高度重合

结合表 5 - 7 和表 5 - 8 内容，总结出董事会成员兼任高级管理人员比例详见表 5 - 10。

表 5 - 10　　　　　　　　　董事会成员兼任高级管理人员

董事会占高级管理人数	淡马锡董事会人员总数（11 人）		中投董事会人员总数（11 人）	
	人数	比例	人数	比例
	1	9%	3	27%

依据表 5 - 7 和表 5 - 10 内容可以发现，董事会 3 个成员分别在执行委员会担任要职，丁学东担任首席执行官、高西庆担任总经理，以及李克平担任副总经理兼首席投资官。监事长和纪检书记也在执行委员会中担任要职。在现代公司治理结构中，董事会的核心任务是解决股东和管理层之间的委托—代理关系，在保证完成股东会战略目标和任务的同时有效监督经理层的行为。经理层接受董事会的领导。中投公司执行委员会也是根据董事会授权，对公司的日常运行进行管理，对董事会负责。董事会三名董事参与执行委员会运作，存在着自己监督自己行为的情形。职责为监督的监事会和纪检部门，其监事长和纪委书记均参与执行委员会运作，也存在着自己监督自己的情形。这种自己监督自己行为的情形违背了现代公司治理结构。

（五）监事会监督力度弱化

监事会成员分别为监事长、职工监事和分别来自审计署、银监会和证监会的三名兼职监事。在具体公司运行和管理中，监事长为执行委员会的成员，参与公司具体事务的决策。监事会的职责之一是主要负责对董事、高级管理人员的经营行为进行监督，而监事长却是高级管理者中的一员，存在着监事长监督自己行为的情形。监事长领导着监事会，监事长的意见可能会影响监事会其他人员的判断，存在着自己监督自己行为的情形，会影响监事会整体的监督力度和效果。淡马锡虽没有单独设定监事会来监督其董事和高级管理者的行为，但其有完备的监督体系：公司内部的审计委员会承担了内部监督的职责，政府设立专门的贪污调查局进行外部监督。同时相关法律规定：国有企业无论上市与否，基本情况应公开。国民可以查询国有企业的基本资料，了解国有企业的运行状况，政府也鼓励媒体对工作人员廉洁行为曝光。

中投公司设立监事会，把审计委员会纳入监事会旗下，发挥其监事作用。分析中投公司的审计委员会成员，没有独立董事参与监督，而是通过三位分别来自审计署、银监会和证监会兼职监事来监督。这三位兼职监事，不参与公司的运行和管理，可以认为是来自审计署、银监会和证监会三个机构的监督，对公司董事和高级管理人员的行为监督和财务监督发挥了不可磨灭的作用。然而，其监督力度也是有限的。审计署、银监会和证监会都是接受国务院领导的，也会形成有利于国务院的统一意见。其政府高管的身份也面临着关心仕途、激励不足等问题。

中投公司监事会的职责和行使监督的手段并没有具体规定在公司章程中，只在每年的年度报告中简单介绍。特别是监督手段，规定了直接向股东报告的权力、可以聘请外部审计的权利和列席董事会会议和参与执行委员会管理。列席董事会会议和聘请外部审计，遇到违背公司章程和法律规定情形，只能向股东报告。监事会的行使监督的权力最终只有向股东报告的权力，监督的手段单一，也不可能做到所有问题不管大小均向股东报告，往往会放任小问题，导致监督效果不明显。

第四节　中投公司公司治理的完善建议

中投公司作为我国第一个主权财富基金，其设立和发展都是靠自身的摸索，依据我国实际国情和经济发展水平等作出不断调整，还需要不断学习国外主权财富基金成功经验。虽然已经建立了趋于完善的公司治理架构，但仍有问题存在。针对前述问题，提出以下建议。

（一）健全主权财富基金法律框架

一个国家设立主权财富基金必须保证其运行的合法性，在国内要有完善合理的法律制度作为支持，规定投资的方向、目的和风险规避，如果缺少法律的规制，其投资就不能得到有效的规范，与财政部门或中央银行的政策相偏离，宏观经济的目标就难以实现，除此之外，制定的法律还需要明确规定与别国投资机构之间的关系，避免投资纠纷出现时责任不清晰明确。[①]

依据前文所列举的主权财富基金理论研究中，主权财富基金法律框架可以分为资产池型主权财富基金、特殊法律规范下的主权财富基金以及普通公司规范下的主权财富基金三种方式。许多国家均出台特殊法律对主权财富基金进行约束和管理。中投公司签署的"圣地亚哥原则"，也规定主权财富基金需要一个健全的国内外法律框架保证其运行的合法性。中投公司可以认定属于普通公司规范下的主权财富基金。然而中投公司在与股东和政府关系方面，股东对其管理和问责方面都没有相关的法律条文支撑。所以通过制定特殊法律来规范中投公司运作势在必行。

（二）贯彻市场化运作理念

政府是主权财富基金的所有者，主权财富基金也会不可避免地承担部分社会职能，但必须通过制定法律来约束商业职能和社会职能的边界。然而主权财富基金本质上是商业化运作，应该摆脱政府化的组织结构，避免变成政府的行政化机构，应该赋予董事会更多的独立性和决策自主性，提高基金的运作效率。

中投公司贯彻市场化运作原则，需要做到以下两方面。第一，如上文所述，制定一部法律规范中投公司与政府、国务院关系、规范公司治理结构和监督等方面的内容来约束中投公司的运营和管理。使中投公司成为真正的市场主体、其投资行为有更加明确的法律依据，以此打消接受国政府的疑虑。第二，可以采用以下三种方式减少国务院对中投公司治理的干预，一是以提名的方式行使国务院作为股东对于董事会成员的任免权。二是为中投公司如设立总体政策目标、投资使命和可接受的风险水平等总原则进行宏观引导和管理。三是以审查报告的方式对董事会进行监督。具体可以学习淡马锡控股的成功经验。淡马锡每年从淡联企业取得红利的同时，需要上交自己利润的50%给财政部直接纳入新加坡政府财政收入。定期向财政部报告最新财务状况，每年提交法定财务报表。还要定期向财

---

① 游春：《圣地亚哥原则及其对我国主权财富基金发展的启示》，《贵州农村金融》2009年第5期。

政部报告其重大投资行为和工作进展。对于淡联企业的管理，淡马锡每半年需要向财政部提交淡联企业的分析报告。每两年，财政部长亲自到各淡联企业进行视察。所以国务院对中投公司的监管方式可以通过审查财务报告的方式、不定时抽查的方式管理和监督公司的运营情况。总而言之，政府不应该参与公司具体决策的制定，只进行宏观的指导和监督。

（三）提高董事履职能力

1. 淡化董事行政色彩

企业的所有权和经营权出现了两权分离，所有者和经营者形成了委托代理关系。现代公司制度要求产权明确，既要确定谁是所有者、谁来对公司行使所有权，还要求所有者对经营者的制约与激励，从而使经营者能更好地完成职责。国有独资公司的所有者是国家，经营者是董事会，然而国有独资公司董事会治理所代表的不是我们所熟悉的那种上下尊卑分明、下级服从上级的层级制治理文化。董事会不是股东的下级，他们之间的关系是由公司法和相关法律界定的一种委托代理关系，所以，国有独资公司要采用现代公司治理模式，实行政企分离，减少国家对企业的行政干预。中投公司是国有独资公司，股东是国务院。上文已经介绍中投公司应采用市场化运作，与国务院关系模糊影响其进行海外投资。然而，理清国务院与中投公司关系需要国家立法明确外，还需要国务院减少对中投公司董事的任免，淡化董事的行政色彩。国务院在公司之外行使任免董事权与国家任命行政官员无异，董事常常以行政级别的升迁为目标，不是很关心企业的经营。这种人事任免对于主权财富基金的发展是不利的。减少国务院对中投公司的董事任免，淡化董事行政色彩，才能更好地规范中投公司法人治理结构的运作，依法自主经营，进一步保证股东的利益。

2. 全球招募专业化董事会成员

上文提到，中投公司的董事会和执行委员会成员大多为政府高官，易受政府政策的影响，影响其市场化运作。然而面对风云变幻的世界经济局势，我们有理由怀疑没有商业经验的政府高官们是否有足够能力去应对。招揽既熟悉中国实际国情和本土文化，又有国际投资项目管理经验的人才对于中投公司有着重要意义。中投公司每年都会进行全球招聘，意图在全世界寻找有国际金融投资经验的精英，也建立海外人才库。然而从董事会成员结构来看，并没有董事会成员是通过海外人才库引进而来的，更多的是依据国务院批准的公司章程规定，由国务院进行任命。可以认为此人才库信息仅仅是针对投资和管理团队里的重点岗位，并不包含董事人员的选聘。淡马锡公司董事会设有领袖培育与薪酬委员会，其主要职责是依据有关的业绩衡量和薪酬制定负责向淡马锡董事会评估领袖人员继任或者推荐新人选计划等。丰富的人力资源是淡马锡成功的重要保障。为了保障人力资源的延续性，淡马锡成立了淡联企业董事、总裁人才库，还请猎头公司聘用外部人才。在人才的选聘上，以拥有丰富经验和管理水平，最重要的是是否适合的岗位为标准，不考虑其政治背景，不接受单纯的理论学者等。淡马锡董事会成员还包括外国人，这种秉承开放的人才引进原则是中投公司需要学习的方向，更是国务院对中投公司人事任命放权的有力证据。国务院应该放开对中投公司的人事操纵，让中投公司真正做到秉持开放招揽人才的原则，把合适的人员放在合适的岗位上，提高管理团队的投资能力，而不在乎这些岗位是董事长还是首席执行官。

据此，我们建议全球招聘中投公司的董事会成员。国务院确定董事会人数及各个董事职位的职责，明确所选董事应具备的条件，向全球公开选拔，建立董事人才库。为了留住招聘的董事人员，还要制定市场化的薪资标准和有效的激励考核机制。

3. 强化独立董事独立性

中投公司董事会学习英美公司的内部治理模式，建立了执行委员会和薪酬管理委员会。独立董事一般是不在公司任职、与公司也没有交易关系和与公司高层管理人员也没有亲属关系的人员。设立独立董事的目的，利用其不易受其他董事干预，可以有效预防公司股东操作董事或者董事为了某些利益作出的损害全体股东或者公司整体利益，独立董事大多是来自不同领域的专业化的精英，其容易作出独立的、客观职业判断，提高公司整体治理结构效率。

中投公司董事会结构包含 3 名执行董事、2 名独立董事和 5 名非执行董事，独立董事和非执行董事的数量已经超过了 70%。然而 5 名非执行董事分别是任职于发改委、财政部、商务部、人民银行和外管局的部门负责人。2 名独立董事分别任职于注册会计师事务所和中央财经工作领导小组办公室。除了来自注册会计师事务所的独立董事没有政府高官背景外，其他 6 名均在政府部门担任重要的职务。这种格局可以认为是中投公司要接受来自发改委、财政部、商务部、人民银行和外管局的监督。中投公司的公司章程明确规定了中投公司的股东为国务院。发改委、财政部、商务部、人民银行和外管局也均为国务院的下属部门。这几个部门共同由一个部门领导，容易行成统一于有利于共同领导的意见，也容易受到政府政策的影响，行政色彩浓厚，其监督的力度和效果不言而喻，其在提供独立、客观的职业建议方面的能力也是值得商榷的。

为了充分发挥独立董事在中投公司的作用，首先保证独立董事的背景多元化，继续保留部分政府官员担任独立董事，代表国家监督其他董事的行为，但要限制其人数总数，提高有投资经验的专业人才担任独立董事的比例。其次就是依照法律规定，在公司章程里制定独立董事权力、职责和监管等相关内容。最后就是要制定独立董事激励机制，主要采用控制权和声誉激励方式。

（四）建立国际化薪酬体系和物质与精神相结合的激励约束机制

引进人才非常重要，而留住人才则是关键。这就需要建立完善的薪酬体系、培养系统和激励体系。淡马锡建立了健全的考核和激励机制。年度现金花红、共有激励机制、财富增值花红储备和共有长效奖励四个层次，覆盖短期、中期和长期激励。多层次的激励机制，提高员工的工作积极性、激发员工的潜能和保持员工的稳定性。这也能引导员工以长远收益为目标，避免了短期的投机和盲目，保证资产的长远增值。中投公司一定程度上做到了业绩与薪酬挂钩，但是中投公司的薪资比其他国家要低，中投公司的市场交易员的年薪约为 10 万美元，大大低于市场水平。[①] 如果没有一个合理薪酬激励水平，专业优秀人才的能力很难得到充分激发。中投公司应该采用相对市场化的薪酬体系，依据我国经济发展的水平的同时遵照国际平均高级管理人员的薪酬水平制定薪酬法案，具体可以是采用年薪制和业绩奖金的薪酬体系。

对于董事和高级管理人员的业绩考核，我们认为，应该制定相关法律授权给职工代表大会和监事会成员共同决定和考核，公司其他人员的业绩考核由公司的薪酬委员会进行。

在制定年薪制和以业绩奖金考核为主要的薪酬体系时，同时还可以制定相关内容对员工进行精神上的激励，如控制权激励和声誉激励等。在物质和精神两个层面激励员工，提高员工的工作积极性。在制定控制权激励

---

① 马红漫：《国企高管薪酬困局何时能解开？》，《东方早报》2009 年 2 月 10 日。

法案时，我们建议要在公司章程里明确规定部门及员工的职责范围和权力范围，这些范围都是要经过深思熟虑的考虑，不得随意更改。同时，还要制定监督和约束权力的法案，防止形成"内部人"控制局面。

（五）完善监事会监督职责

1. 强化审计委员会成员独立性

英美国家的内部治理模式中是不单独设立监事会的，只是通过规定一定量的独立董事，担任执行委员会、审计委员会和提名委员会和薪酬委员会成员来进行监督，淡马锡公司便是如此。淡马锡不单独设监事会，对董事和高级管理人员的监督责任由审计委员会担任。审计委员会的人员全部为独立董事，其职责包括审查公司内部控制体系、财务报告、审计报告的内容和流程是否符合法律法规的规定等，还包括为了保证外部审计师的独立性的出具审核报告的真实性，审计委对其进行再独立性审核及对审核结果进行复核。审计委员会的人员有权不受限制地对所有记录、财产安全和人员进行审核，对审计出现的问题可以直接报告首席执行长。科威特投资局的董事会中也设有一个审计委员会，由两名私营部门董事会成员组成。还通过聘请两家外部独立的审计机构来评估其基金增值。中投公司监事会下设监督管理局和审计委员会。审计委员会主要负责监督、检查公司的财务状况。审计委员会成员为三位分别来自审计署、银监会和证监会兼职监事组成，没有独立董事参与。这三位兼职监事监督力度是有限的，审计署、银监会和证监会都是接受国务院领导的，也会形成有利于国务院的统一意见，其政府高管的身份也面临着关心仕途、激励不足等问题。为了更好地发挥审计委员会的作用，保证公司的财务的独立性和安全性，我们建议中投公司建立包含两名独立董事和其他外部监事组成的审计委员会。审计委员会外部监事成员可以由从上市公司退出的独立董事担任，或者由原来公司董事会中专职审计的独立董事担任。审计委员会主席的选任，可以由董事会选任上报国务院批准，其他成员均由监事会选任。审计委员会成员要求是具有商业背景的懂财务和审计方面的人员。其主要负责董事会内部监督以及对公司财务审计，特别是需要复核财务部制作的财务报表，提高公司发布的财务报表的可靠性。

2. 扩充监事会监督权限

上文指出监事会的监督手段单一的问题，针对这个问题，我们建议扩大监事会成员的监督权限。在保留其原先的权力的同时，赋予监督委员会成员列席董事会、经理层会议的权力和不定时抽查公司项目账目的权力等。有权对涉嫌违反公司章程和法律规定的事宜，要求董事会成员或经理层成员做出解释，证实确实违反公司章程和法律规定，要求其立刻改正，若其拒绝纠正，立刻向股东报告。

（六）减低董事会、监事会与经理层的人员重合度

现代公司治理结构中，经理层对董事会负责，执行董事会决策，承担着重要职能。执行委员会要按照董事会制定的战略作出自主投资决策，保护其免受不必要的、直接的政治干预和影响来增加投资接受国的支持。最重要的是要保证管理层的独立经营，发挥管理层的作用。中投公司的执行委员会成员包含了三名董事、一名监事长和一名纪委书记人员。三名董事参与公司的日常运作，巩固了董事会决策的方向性和决策的执行力，有利于公司发展。但作为监督机构的董事会过多地参与具体事务，容易造成"一言堂"的情形，还存在着自己监督自己行为的情形，董事会的监督力度大打折扣。同样，作为监督机构的监事会和纪律监督委员的一把手参与公司的日常运作，也会影响这些机构的独立监督性。淡马锡的监督机构——审计委员会成员全是独立董事，没有直接参与公司日常管理科威特投资局的审计委员会成员也没有参与公司日常管理。所以，为了发挥执行委员会的作用，我们建议中投公司应该减少董事会、监事会与经理层的人员重合度，让监事长和纪委书记退出执行委员会，减少执行委员会中的执行董事数量。

（七）探索更好地发挥党组织的政治核心作用的途径

中投公司是管理着国家 2000 亿资产的国有独资公司，在公司内部建立党组织机构，接受党的领导、发挥党组织的政治核心作用是非常必要的。

在中投公司的管理体制中，纪委书记担任了副总经理职务，成为执行委员会的一员。经营管理层人员与纪委书记职务重合，虽然在一定程度上可以更好地参与公司的管理，加强对公司的监督。但是，这种情形缺乏组织之间的互相制衡，存在自己监督自己行为之嫌，弱化了党组织的功能。党组织在企业中发挥政治核心作用，主要是监督企业的决策和管理人员的行为是否符合国家法律和党的政策。这种监督作用应该退出具体的执行管理层，应该作为一个独立的机构进行监督。为了发挥好政治核心的重要作用，可以在公司章程中赋予党组织有参与董事会和执行委员会会议的权

利，但是在会议上没有发言权和决策权。当董事会或者执行委员会的决议程序违法、内容违反了党和国家的政策方针或者危害了出资人利益和职工利益时，事后进行讨论，让其纠正，得不到纠正时向上级反映。会议之后，对会议中可能违反程序，违法党和国家法律的内容与董事会或者执行委员会进行沟通协调，加强了各个组织之间的联系，积极发挥各个机构的职责。对公司的具体决策内容采用参与会议这种事前监督的方式，有利于增强监督的效果。让纪委人员退出管理层，给予管理层更多独立决策的同时，也更有利于发挥纪律委员会的监督作用。

掌控着 2000 亿美元的注册资本的资产，中投公司跃身为全球最大的主权财富基金之一，备受国际关注。然而中投公司设立时间不长，其仍为主权财富基金的新秀，面对风云变幻的国际形势和金融激烈竞争环境，中投公司面对着各种挑战。解决目前存在的问题是完成挑战的最佳途径。借鉴国际上主权财富基金如新加坡淡马锡控股等的成功经验，不断完善中国投资有限公司的公司治理，是提升公司绩效的重要途径。

下编　金融企业集团的公司治理

第六章　金融控股集团公司治理的分析路径

　　金融服务全能化是适应经济全球化飞速发展的一条广受重视和备受青睐的金融业发展道路。金融控股公司的经营模式越来越被广泛地采用，因为其全能化金融服务适应了时代的需求。一方面，组建金融控股公司可以裁汰冗员，可以节约技术和相关的硬件等改造投资，可以削减成本支出来提高收益率；另一方面，金融控股公司还能整合资源，实现金融资产负债的多样化，发挥"1＋1＞2"的边际规模效益递增的效应，获得更多的竞争优势。因此，金融控股公司是经济发达国家金融机构企业公司结构的首选。目前我国国内金融体系是按照分业经营、分业监管的思路构建的。国内法律和部门规章还未就金融控股公司的法律地位加以明确，但现实生活中已经存在很多工商企业控股或参股了商业银行、证券机构、保险公司等金融企业，还出现了由金融机构直接控股或参股的类似金融控股企业的公司。这些"准金融控股集团"的发展也给我国相关法律和监管部门提出了更高的要求。集团公司从管理实践的角度来看就是公司治理与运营管理的融合。发达国家金融控股公司一般都拥有良好的治理机制和完善的公司治理结构，因为这些国家一般都对金融业实行了混业管理与混业经营。目前，我国已经组建的一些金融控股公司内部治理状况极为复杂，其发展还远未达到规范的程度。在我国分业经营与分业监管金融政策背景下，如何设计公司治理结构或治理机制成了国内金融控股集团不约而同所面临的棘手问题。

　　总体来看，目前国内关于金融控股集团公司的运营与公司治理的理论研究仍处于起步阶段。一方面，中信集团与光大集团作为中国的两大金融控股集团都陷入了"协同陷阱"以及"母公司边缘化"的困惑，现实中它们都碰到了母公司如何对金融子公司进行管理和控制的治理问题，它们的运营实践似乎证明不了金融控股集团的效率较单一制的银行企业的经营效率要高；另一方面，特别是在中国的"分业经营"限制条件下，还需要对金融子公司的管控边界以及管控路径进行清晰描述，对母公司控制权的内涵与外延进行准确辨析，因为现有公司法并没有赋予母公司在公司内部的权力配置和管理结构中统一管理权行使的空间，而目前还鲜有研究涉入这些方面和这些领域。现有研究针对金融控股集团母子公司控制与制衡、管控机制如何建立、管控框架如何搭建、母公司控制权与对价、管控路径如何设计的研究还相对较少。所有这些都是还需要进一步深入探讨的重要内容。

第一节　金融控股集团公司的类型和核心特征

一　金融控股集团的内涵

金融控股集团是当代金融体制变革过程中新出现并运作较为成功的创新组织，是适应金融综合经营和金融现代化的一种金融组织形式。然而何为金融控股集团，仍未有统一的定义，现阶段，理论界主要参照国际三大金融监管机构以及美国、欧盟、我国台湾地区的定义或监管经验。目前有代表性的定义主要有以下几种表述。

1. 国际三大监管部门的解释

1999 年 2 月，《对金融控股集团的监管原则》由国际上三大金融监管部门——巴塞尔银行监管委员会、国际证券联合会、国际保险监督协会发起成立的多样化金融集团联合论坛颁布，其对金融控股集团所下定义为："在相同统一的控制权下，能在银行、保险、证券中两个以上不同的金融行业大规模地提供服务的金融控股集团公司。"[1] 金融控股集团基于上述国际通行定义分析，其必须具备以下三个条件：不主要是信托、期货、基金等其他金融行业，而是要在至少涉足银行业、证券业、保险业三大支柱金融业中的两个行业；对业务规模提出了要求，要求该集团能"提供大规模金融服务"，排除了城市商业银行、小证券或保险公司等；明确提出母公司对上述业务部门或所属企业的控制要求，即要在"同一控制权"

---

① 《巴塞尔银行监管委员会文件汇编》，中国金融出版社 2002 年版，第 158 页。

之下，不是简单地参股或相对控股，而一般是股份大于50%或者虽达不到50%但却能实质性地控制。

2. 美国监管部门的界定

在美国，金融控股集团是指：可以从事任何具有金融性质业务活动（或附属于这些金融业务的业务活动）的控股机构并经联储理事会和财政部认定。1999年美国的《金融服务现代化法》只规定了金融控股集团的经营范围而没有定义金融控股集团。考虑到其在防止内部关联交易、利益冲突及维持资本充足率等方面的因素，美国1956年的《银行控股公司法草案》对金融控股公司做出了广义定义，金融控股公司还包括以控制他公司的人事、财务或业务等方式而实质支配他公司者，而不以持有股份为限。这是在考虑到金融控股公司在防止内部关联交易、利益冲突及维持资本充足率等因素下，在各国监管实践中对金融控股公司的一个广义定义。

3. 欧盟监管部门的释义

2001年，《金融集团审慎监管统一指引》在欧盟获得通过，金融企业集团能在金融领域内提供多种服务并从事跨行业的金融活动，至少包括一个获得许可的受管制实体。

4. 我国台湾地区监管部门的定义

我国台湾地区《金融控股集团法》对金融控股集团的定义为：金融控股集团是指依法设立的能控股一商业银行、证券机构或保险公司的集团公司。控制性控股的要求为：母公司持有一商业银行、保险公司或证券机构有表决权股份总数超过25%，或持有的资本总额占比超过25%，或者能选任或指派一商业银行、保险公司或证券机构超过半数以上的董事。

5. 日本监管部门的规定

日本法律规定金融控股公司是以商业银行、保险公司、证券机构为子公司的控股公司。

在我国法律界，金融控股绝对是一个"炙手可热"的概念，尽管迄今为止，金融控股公司、金融集团等字眼没有被国内任何一部法律、法规或规章提及。夏斌（2001）是国内较早、较深入从事金融控股公司研究的学者，他从跨业经营的角度对金融控股集团进行了阐述。金融控股集团一般有两层含义：一是指一种金融企业的结合方式；二是指一种金融企业集团的经营管理体制，即金融经营集团以控股公司形式组成。[①]

综上所述，我们认为，中国的金融控股集团公司也应当有必要经营两类以上的业务，且应全部为金融业务。因此，我们可以对我国的金融控股集团公司给出以下定义：金融控股集团公司至少要控制商业银行、证券公司、保险机构中的两类以上的机构作为其子公司，且集团的金融性子公司的资产占整个集团公司的绝对主体地位。至于集团公司自身是否直接从事任何金融业务的经营活动则不是必须要考虑的。

二　金融控股集团的主要类型

1. 国外金融控股集团的主要类型

随着经济金融的全球化和信息技术的发展，金融综合经营已经成为当今世界金融业发展的必然趋势和现实选择。金融业综合经营是指银行业、证券业和保险业可以跨业经营的金融制度。金融业综合经营主要有两种模式（见图6－1）。

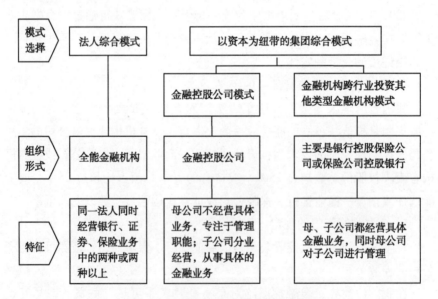

图6－1　金融业综合经营的两种模式

金融控股公司作为一种金融企业组织模式，就是综合经营这一事物本

---

　　①　夏斌等：《金融控股公司研究》，中国金融出版社2001年版，第35页。

质的具体表现。当今世界，凡最著名的银行或金融集团几乎都成为金融控股公司，如美国的花旗集团、英国的汇丰控股集团、日本的瑞穗金融集团等。目前，发达国家或地区金融控股集团按照不同的标准可以进行不同的分类，具体如表6-1所示。

表6-1　　　　　　　　　　　　**金融控股集团的分类**

分类标准	分类内容
根据母公司职能	全能型控股公司、专业型控股公司
根据母公司所从事的具体业务	银行控股公司、保险控股公司、证券控股公司
根据母子公司之间的管理方式	直接参与型、间接参与型、松散财务管理型
根据控股集团业务经营的范围	单一银行控股集团、金融服务控股集团、多元化控股集团
根据母公司产权性质	国有金融控股集团、私有（民营）金融控股集团
根据控股集团组织模式	子公司型金融控股集团、事业部型金融控股集团

如表6-1所示，国际上的金融控股集团根据母公司职能的不同，可以分为两大类。一是全能型控股公司，不仅子公司能提供专业化的金融服务，母公司也能提供具体金融服务，同时还履行监管职能。二是专业型控股公司，即母公司主要职能是监督管理、人事调整、集团内部管理协调等，不从事具体业务。

2. 我国金融控股集团的主要类型

在国内，现实金融体系是按照分业经营、分业管理的思路构建的，目前法律和部门规章也未明确金融控股公司的法律地位，对金融控股公司的内涵、运营机制等法律都没有相关的规定，更没有出台关于金融控股集团公司的专门法律，理论上讲目前不具备金融控股公司存在的条件，尤其是从金融控股公司母公司对子公司"控制"的要义出发来看。我国金融业从分业经营向综合经营的转变，也必然会选择金融控股公司的发展模式，这在我国的理论界和实务界已达成了共识。但现实生活中既存在着不被人们关注的通过各种形式控股证券、保险、城市信用合作社等金融企业的工商企业，也存在着金融企业直接控股金融企业的公司。这些"金融控股公司的雏形"[①] 的形成和发展，大致有三种情况（见表6-2）。

---

① 潘东：《金融控股集团公司治理研究》，博士学位论文，重庆大学，2007年。

表 6 - 2 我国金融控股公司现状

分类		实例	特征
纯粹型金融控股集团		光大集团 中信集团	母公司全资或控股经营各类金融业务的子公司，为一家投资控股公司
以金融机构为主体的金融控股集团	以银行机构为主	中国工商银行集团 中银集团 中国国际金融有限公司	母公司通过其下属控股参股公司，参与相关金融业务，为主要经营某种金融业务的银行、保险、证券公司等
	以保险机构为主	中国人寿 平安保险集团 太平洋保险 中国人保	
	以证券机构为主	银河证券 南方证券（已解散）	
以实业公司为主体的金融控股集团		山东电力集团 海尔集团 新疆德隆（已破产）	母公司全资或控股其他金融服务公司或专门金融机构，本身为一非金融机构的经济实体

从另一个角度看，我国"金融控股公司的雏形"还可分为以下三类。

第一类是光大、中信、中国人寿、平安保险等一些金融机构，它们以金融机构身份同时控制着银行、证券、保险、信托机构甚至工商企业的金融集团，它们是纯粹型金融控股公司。

第二类是以汇金公司、建银投资等代表中央政府持有银行、证券、保险等股份的"金融控股公司"，它们是 2006 年以来，管理层明确要开展金融控股公司和金融综合经营试点以来成立的。

第三类是以山东电力、海尔集团等为代表的一批企业集团。1996 年山东电力集团开始投资金融业，2000 年 7 月成立的山东鑫源控股有限公司由它与鲁能集团共同出资 18 亿元组建，还是华夏银行的第二大股东、湘财证券的第一大股东，同时控股信托公司、期货公司等。海尔集团控股了长江证券，与美国纽约人寿合资成立了寿险公司（各占 50%），全资拥有海尔财务公司，已控股鞍山信托、青岛商业银行。

在国际上金融集团主要经营方式变为金融控股集团的同时，我国目前已出现了一些大型集团公司，它们看起来是符合巴塞尔委员会关于金融集团定义的，但是与真正意义上的金融控股公司相比，还有实质性不同。按照三类情形归类看，第一类组织形式与金融控股公司存在明显差异，但也属于金融集团；第二类还存在游离于监管之外的系统风险，在内容和形式上都不符合金融控股公司的定义；第三类机构实质是专门负责对金融机构投资的投资管理公司，因为它们不从事任何经营决策，尽管形式上符合金融控股公司的定义。因此，在我国当前的法律实践中，也仅仅只有中信集团、光大集团、平安集团等寥寥几家真正符合上述条件，是纯粹型金融控股公司，许多企业实际上要走的路还很长，包括一些上市公司、民营企业及地方政府投资公司等纷纷号称要打造中国金融控股集团的公司。

三　金融控股集团的核心特征

金融控股集团基本模式可以说是大同小异，虽然各国（地区）金融控股集团制度也并不完全相同，上述关于金融控股公司的定义表述也不尽一致，但其核心特征主要有以下几点。

1. 统一控制权的凸显

金融控股集团对下属金融子公司的持股一般会达到控制股权比例，对旗下金融企业具有控股的财务要求，具有实际控制影响力。绝对控股和相对控股两种形式是这种影响力的表现。根据财政部相关会计政策的规定，相对控股地位是指直接或间接达到持股公司 20% 的股权比例；绝对控股地位是直接或间接达到持股公司 51% 的股权比例。控制的关键是母公司对子公司实施有效的指导和管理，确保出资人的基本权益，要能够决定子公司的战略取向以及董事、经营班子成员的人事任免和薪酬决定。同时，要打造比较竞争优势，促使不同门类的金融机构之间产生协同效应。否则，其实质不是法律意义上的金融控股公司，而是投资管理公司。

2. 经营综合化

金融控股集团必须通过法人机构间的防火墙来防范、减少和化解整体风险，必须限制不正当内部关联交易，防止不同金融业务、不同金融机构风险的相互传递，但必须是明显从事银行、保险、证券中的两种以上金融业务领域的金融集团。

3. 财务报表需合并

金融控股集团实现税收优惠的重要手段就是通过平抑各子公司的利润规模，在最优规模下统一纳税。子公司自负盈亏，集团统一报表。

4. 金融业务居于主导地位

金融控股集团作为现代金融综合经营的一种企业制度，其合并报表中全部或主要资产和利润均来自金融业，并完全或主要经营金融业务。

5. 集团内各子公司分业经营

金融控股集团的实践更多地体现了"集团综合、子公司分业"的核心特征，特别是在目前国内"金融业分业经营、分业监管"的大环境下。金融控股集团是一种试图结合分业经营风险最小化优势和混业经营效益最大化优势的企业组织，为防止不同金融机构、不同金融业务风险的相互传递，在子公司与不同业务部门间设置防火墙，它同时要求各个独立法人子公司分别经营不同的金融业务，并限制其之间的不正当关联交易。

6. 相互依存与利益共享

除业务联系之外，各子公司在流动资金、客户信息共享等方面都有千丝万缕的联系，所以各子公司金融业务之间总是具有一定的相关性，虽然经营不同的业务，母公司为了实现整个集团公司共同的利益和目标，通过对子公司的决策加以干预影响，这样各方都能从中获得最大利益。

第二节　金融控股集团公司治理的特点和主要问题

一　集团公司不同于单一公司的治理特点

当前单一公司是国内关于法人治理的研究和建议的主要目标，而且主要是以上市公司为蓝本的股权结构多元化的公司设计的一套既分权又制衡的制度安排，形成的一些标准的法人治理结构模式——公司的股东会、董事会、监事会及经理层"三会一层"的结构安排。对于像金融控股集团这种多级法人并存、多种类型的子公司并存的集团架构来说，并不能普遍适用这种单一的治理结构模式。

集团公司的法人治理主要包含三个方面内容，更多、更广、更复杂的法人治理的制度安排是集团公司的法人治理所面临着的主要问题。

（1）母公司要考虑如何从子公司不同的股权治理结构的实际出发，合法有效地行使对子公司的控制权和管理权。

（2）子公司自身的治理结构安排也是母公司要考虑的。

（3）母公司同时还要考虑如何完善自身的法人治理结构安排。

由此可见，集团公司的法人治理制度建设比单一公司更复杂。一般来讲，母子公司间的股权结构关系起到了决定性作用。母公司对成员企业行使监督职能是通过股权来进行的，通过多数股权，选派董事、监事等来传达股东的意志。

二　控股集团公司治理的特殊问题

无论国内或者国外，金融集团公司中母公司与金融子公司的关系设置都是产生治理难题的根源，因为债权人处于相对弱势的地位，同时一些重要利益相关者，如投保人、存款人和投资人的利益保护问题很难实现；母公司的诚信义务和子公司法人资格弱化的问题，金融子公司中董事或高管利益的矛盾冲突，也会伴随母子公司之间的博弈关系而产生，严重的可能导致金融子公司的背离行为与母公司的过度控制的同时发生。

1. 金融控股集团公司治理中的权力与利益的博弈问题

一种对管理层的激励与约束机制是金融控股母公司对子公司的监管本质。现代企业中所有权和控制权的分离导致的委托—代理问题，也就是资本提供者（股东）与人力资本和创新能力提供者（经理人）职能分离带来的问题，使得这一机制显得非常必要。这一问题表现在：一方面，经理人可能会提高自己的支配能力，通过降低努力水平、收取回扣、财务作假、更多的在职消费、扩大企业规模等手段，来最大化个人利益，甚至直接侵吞股东财产；另一方面，资本实现尽可能大的增值和股票价格的尽可能上扬是所有者所希望看到的。可见，作为委托人的股东和作为代理人的经理人的利益在两权分离的情况下是不一致的。一方面，作为委托人的股东无法完全观测到经理人的行为，因为信息不对称的存在；另一方面，经理人有最大化个人效用的潜在动机和需求，因为其效用函数与股东的效用函数并不是一致的，所以经理人敢于采取这样的行为。根据信息经济学原理，当合同不完全时，即使最终没有实现合同中的要求，经理人也可以将原因归于其他方面，代理人就有冲动为了个人利益而做出违背股东利益的行为，因为这种情况下委托人无法完全观测代理人的行为；当信息完全时，代理人最优的选择就是努力工作，实现合同规定的要求从而获得个人收益，否则代理人就得不到报酬，而委托人和代理人之间就可以达成一个最优合同，这个合同规定代理人必须实现怎样的业绩增长，这种情况下委托人能够完全掌握经理人的信息。因此，两权分离后的公司治理结构中，一方面，产生了如何保证外部投资者的合法权益不被经理层侵吞的监督问题；另一方面，经理层的激励控制深刻影响着企业的绩效，产生了经理层、内部人的利益与外部投资者利益的兼容的激励问题。激励机制的作用促使经理人为了股东也为了自身的利益而努力工作，使经理人的目标函数与股东的目标函数尽可能地达到内在的一致，在一定程度上解决剩余控制权和剩余索取权分离产生的矛盾，通过让经理人成为企业股东（现实的或未来的），使经理人的行为为了股东的利益最大化，赋予其部分剩余索取权。降低代理成本，控制代理风险是监督机制的作用所在。为了有效防范代理人的风险行为，现代公司中普遍聘请外部董事和聘请外部中介监督机构来降低委托人和代理人之间的信息不对称程度，或者采用设立董事会、监事会并设的形式。

委托代理理论认为，委托人付出更多的激励成本、少付出监督成本来促使经理人努力工作，因为委托人对于代理人的监督和激励具有替代效应。但问题是，传统的激励约束理论无法解释金融控股集团的治理问题，金融控股集团中关注其经营好坏或其资产质量是作为债权人的储户及利益总代表的国家，股东的利益并不十分明显。

2. 母公司代理人角色的冲突及母子公司利益冲突问题

金融控股公司核心要义是子公司服从于来自母公司的外部力量的控制和管理，赋予母公司对子公司的控制权。母子公司之间存在着合作与冲突的博弈行为，是控制与被控制关系。金融控股公司不同于其他企业集团，它的母公司与子公司都是属于独立的法人，在分析公司代理人角色冲突及母子公司内部利益冲突的时候，主要利益相关者可分为三类：母公司利益集团，如母公司股东、董事会等；子公司利益集团，如子公司的中小股东、董事和管理成员等；母公司代理人，母公司代理人代表母公司到金融子公司担任董事或经营管理者，它们的主要收益来源于固定的工资和由子公司经营业绩决定的奖金。

当母公司所制定的整体发展策略与子公司的利益没有冲突的时候，母公司所制定的决策不会影响各子公司的正常业务，甚至可以带来各个公司的利润最大化，这三组利益相关者的利益在这种条件下是可以统一的。①但是母公司与子公司常常在金融控股公司的经营过程中产生利益冲突：其一是母子公司之间可能存在利益竞争冲突，比如事业型的金融控股公司中，母子公司从事的金融业务是相同或可以相互替代的，这种时候母公司

---

① 潘东：《金融控股集团公司治理研究》，博士学位论文，重庆大学，2007年。

可能利用自己的控制权优势做出有利于自己的决策；其二在纯粹的金融控股公司中，母子公司也可能存在利益冲突，经济人的假定会使得母公司损害到子公司的局部利益，在这种情况下，母公司因其拥有子公司的控股权无论是哪种情况都占据博弈的优势。

表 6 - 3　　　　　　　　　　母子公司利益博弈

		子公司	
		甲方案	乙方案
母公司	甲方案	P1，- P2	0，0
	乙方案	0，0	- P3，P4

假定双方存在利益冲突，如表 6 - 3 所示，乙方案对子公司有利，甲方案对母公司有利。如果母公司和子公司都选择执行乙方案，子公司可得到收益 P4，母公司损失利益 P3；如果选择执行甲方案，子公司会损失利益 P2，母公司将会获利利益 P1。如果双方不能做出决策时，即没有改变原有的经营状态，获利都为零。

母公司代理人的角色冲突就反映了母公司和子公司的利益冲突没有得到调和时的矛盾。

表 6 - 4　　　　　　　　　　母子公司利益博弈影响

	固定工资	奖金	长期雇用
执行甲	不变	负面影响	正面影响
执行乙	不变	正面影响	负面影响

如表 6 - 4 所示，如果母公司代理人选择甲方案，对长期雇用是有利的，对母公司的利益也有利，但可能影响母公司的权威，甚至导致公司经营成本的增加，降低业绩，被忽视的一些中小股东和管理人员会选择拒绝与母公司配合，甚至母公司也会被迫进行调换。相反，如果代理人选择决策乙，可能导致决策紊乱，更为严重的是逆向选择和机会主义行为可能会产生。[①]

----

① 张维迎：《博弈论与信息经济学》，上海三联书店 2004 年版，第 126—130 页。马胜、周思伟：《企业集团治理中母子公司的利益博弈》，《求索》2011 年第 4 期。

3. 母子公司及不同股东之间的战略协调问题

战略的不协调是指母公司经常会受到来自子公司其他股东的制约和限制而感到难以施展集团统一的发展战略和措施。国有企业在我国集团公司的组建和改革过程中，普遍采取的模式是组建股份公司，并争取上市，将核心业务及相关经营性资产予以剥离、重组、改制。这样的集团结构在这一过程中逐渐形成：一是子公司变成了股份公司或上市公司，二是原国有企业变成一个存续企业，也就是控股公司，或者叫母公司，多数是国有独资企业，旗下的子公司多数是股份公司。这样母公司对子公司在法律地位上属于控股或参股的股东。国资委认为这种模式在为国有企业实现公司化改制和拓展融资途径方面取得了一定效果，但同时也留下了许多问题，它是在过去特定的环境和国有企业经营现实情况下完成公司制改造的历史选择，这是自 2003 年以来，国资委对其管理的 189 家央属大型集团企业研究后得出的结论。但也发现了不少的问题，主要包括：母公司与小股东的利益冲突问题、国有控股股东与股份公司的利益冲突以及分拆后存续的母公司的管理和控制问题。母公司在子公司的股权分散后，经常会受到来自子公司其他股东的制约和限制而感到难以施展，尤其在实现集团统一的发展战略和措施时，这是这种模式安排使集团的运营管理中面临的最主要问题。

4. 金融控股子公司人格"形骸化"问题

如果母公司直接行使对子公司的业务管理权，就会带来母公司对金融子公司人格挑战的问题，即使母公司按照金融控股公司的内涵拥有对子公司的控制权。我国《公司法》在公司内部的权力配置和管理结构中并没有赋予母公司统一管理权行使的空间，是单一公司立法。所谓法人，按照传统公司理论，四种相互制约的权利共同构成公司内部治理权，在公司法人内部治理结构中，经理拥有经营权，监事会拥有监督权，董事会拥有实际控制权，股东大会拥有最终控制权，这就是"独立人格、意思自治、独立责任"。这种治理权力是《公司法》所确认的一种正式治理制度安排，来源于以公司出资者所有产权为基础的委托代理关系。其间，母公司的行权空间及路径安排并没有被法定体制赋予。而母公司控制权的行使在金融控股集团中，会对子公司自身的意思能力产生支配性影响，可能影响子公司的责任能力，可能会发生不公平的内部计价、利润转移、担保、不公平的产权转让或者无偿借贷。在事实上带来了金融子公司"形骸化"

现象，完全冲击了金融子公司的独立人格。① 如果由母公司直接行使对子公司的业务管理权，不通过法定的派出董事、高管的渠道行使控制权，这种情况下会带来母公司对金融子公司法人资格的挑战。我国分业经营的背景也限制了母公司行使事实体制控制权的行为。

当前我国公司治理学者还很少研究传统的公司治理理论指导下金融控股母公司这只手应该如何挥舞。同时，即便是金融监管当局，制定了如累积投票制度、表决权回避制度等去保护金融子公司的独立人格以及小股东的利益，充分考虑了金融子公司受到来自这些外部力量的冲击。由于目前金融控股公司这种特殊的组织结构形式而担心无法对其实现有效的监控，设计了监管机制以及路径。证监会在《上市公司治理准则》中规定："控股股东不得以其他任何形式影响其经营管理的独立性，也不得向上市公司及其下属机构下达任何有关上市公司经营的计划和指令"，"上市公司业务应完全独立于控股股东"等。由此，却带来了母公司的困惑，从监管当局给出的这些意见看，似乎告诉我们金融控股母公司这只手不能挥舞。金融集团要有关联交易和协同行为，要有母公司的统一控制，除了概念和品牌上的意义之外，还要有内部交易，这是金融集团的优势和特点，金融集团带来协同效应和综合经营优势，也有便利风险传递之弊，其内部交易具有两重性。一般认为否定了内部交易就是否定了金融集团，否定了可以得到的潜在效率。

5. 债权人在治理体系中的劣势地位与权益保护不力的问题

与其他企业集团相比较，在资产负债率这个指标方面，金融控股集团母子公司的数据显然要高得多，债权人因此成为金融控股集团公司治理的关键因素；金融风险具有外部性，虽然是债权人利益损害的问题，但是仍有可能危及整体金融安全，因为各金融子公司间的风险传递可能会相互感染，而金融企业的负债来源影响面大、涉及数量多，如自然人、机关事业单位、法人机构等都是。母公司和债权人在向股东分配利润的问题上的利益期望也是相反的。

对于金融集团控股公司来讲，债权人如存款人、投保人、委托人、投资人等是金融企业资产的主要提供者，与其他企业集团相比较，债权人是

---

① 潘东：《金融控股集团公司治理研究》，博士学位论文，重庆大学，2007 年。

金融控股集团公司治理理论中的重要局中人，其利益损害问题显得更加关键。如按照 2005 年的统计数据，各金融集团的资产负债比：工行集团为 96%、中行集团为 95%、光大集团为 98% 等。在金融子公司缺失偿付能力的情况下，股东利益退居次要，公司利益很大程度上是债权人利益，当然一般情况下，公司利益被认为是股东利益。在此情形下，债权人债权的实现必然受危及，其经济地位势必受到影响和侵害，特别是当一公司沦为另一公司利益服务的工具时。目前，我国有限责任异化为一种法律难以追究母公司责任的障碍，严格的责任追究止于出资到位的资本数额，法律关于金融子公司债权人对母公司的责任追究是空白地带。我们认为，有限责任制度加大了金融子公司债权人的风险，虽然保护了金融控股母公司。

6. 不同监管部门在监管理念和制度关注点上的差异性问题

当前我国法律在完善法人治理结构建设中，存在照搬照抄国外一些制度的问题，如监事会、审计委员会、独立董事的并存设置等。这其实是一种误区，容易造成多龙治水，职能重叠。法人治理结构模式在国外主要有三种。一是单一委员会制的治理结构即英美模式的单层结构，公司机关无独立监事会，只有董事会和股东会。公司的独立董事在这种制度下承担内部监督的任务，公司业务的执行归于董事会。对公司内部的监督通过审计委员会、提名、薪酬、关联交易委员会等实现，这些委员会在董事会下主要是由独立董事组成的。二是德国的双层结构模式，既有董事会，也有监事会。其监事会的权力很大，董事由监事会选派，董事会对监事会负责。三是日本模式的双层结构，董事会和法定监察人会分别行使管理权和监督权。这与德国的模式不同，法定监察人会（也有人译为监事会）和董事会，都是在股东大会之下分设平行的机构。事实上，日本自 2002 年进行的改革规定，日本公司可以坚持它们传统的监事会体系，也有权利选择美国或英国以董事会或委员会结构为中心的公司治理结构。

我国公司治理结构模式实际上是借鉴的日本模式，通常是"三会一层"的结构。对公司的财务监督和合法性监督权属于监事会职权，公司决策管理权按照这种模式主要在董事会。近年来理论界提出中国的治理结构要向美国学习，美国模式随着美国经济的强大很受推崇。我国 2005 年修改的公司法规定了上市公司可以设立独立董事制度，具体内容授权国务院制定相关规则，使得我国公司内部监督机制呈现出更加多元化的发展趋势。

证监会对监事会的监督权方面不太关注，比较重视充实审计委员会、独立董事的监督权。但是，中国人民银行 2002 年发布的《股份制商业银行公司治理指引》（修改后的《商业银行公司治理指引》也坚持了这一点），明确提出以监事会为核心的监督机制是商业银行在公司治理中要建立、健全的目标；因此，我国商业银行将在治理结构选择上会遭遇这两个不同的监管要求，特别是将来如果要上市的话，由此可见，目前国内不同的监管部门理念还是不同的。

第三节　金融控股集团公司治理制度的总体架构

一　适度引入多元化的投资主体构建有效的股权制衡制度

可以大力吸引外部资本尤其是国内的民营资本进入金融控股公司，塑造金融控股公司多元化产权结构，从根本上改变国有独资公司投资主体还较单一的局面。适度改变国有金融控股公司的股权结构，形成多元化的股权制衡格局。[1] 投资主体的多元化必将解决"内部人控制"的问题，帮助实现公司价值的最大化，由于股权的适度分散化，可以使公司产权管理更加明确，就会存在不同且相互制约的利益主体。当前，投资主体较单一的情况普遍存在于大多数的金融控股公司中，长期以来国有独资公司政企不分、内部人控制、股权高度集中等现实问题客观存在，完全可以通过适度引入多元化的投资主体来解决。

二　完善金融控股集团母子公司的控制与制衡制度

1. 完善母公司的控制机制

首先，要正视母公司这只"看得见的手"。要承认这种来自于母公司的外部力量的控制或统一管理，赋予母公司对子公司的控制权。每个金融子公司的独立人格必须让位金融控股集团是一个整体的经济实体这一现实，金融控股集团的统一性是通过母公司的统一管理来观察得到的。

其次，母公司的控制与统一管理是否有效率，对于金融控股集团来

---

① 魏杰：《国有投资公司治理结构的特点研究》，《管理世界》2001 年第 1 期。

讲，对金融控股集团整体竞争实力的影响更加直接、更加明显，这一点不同于其他企业集团。其一是金融企业的资产要素包括资本、信息和企业家才能三种，金融资产的同质性很强，这些资产的同质性，使金融控股公司在集合不同业务单元时产生较强的组织经济、规模经济与范围经济。其二是金融市场协同效应较强，总量扩大，金融需求可以相互诱发并螺旋式增加，金融企业的客户资源具有重叠性、共享性。其三是金融子公司间的竞争伤害不明显，金融产品的互补性相对较强。因此，对子公司的有效控制需求，对金融控股母公司而言，是内生的，也是外生的。

再次，金融控股集团母公司可能采取多种方式实现控制权的行使，如：对国有金融控股集团可以通过党的垂直管理体制来实现党管干部、党管人才、党管重大事项决策、把握大局；通过订立合同取得对金融子公司的控制权；对有关金融业务的一体化控制管理可以通过金融业务流程控制实现；控制金融子公司董事会决策通过影响提名的董事实现；母公司意志通过法律赋予的资本多数表决机制在股东大会实现。

最后，金融母公司既不能冒被认定操纵子公司人格而承担无限责任的风险，又需要保留对金融子公司的控制。因此，需要建立相应的母公司对子公司的责任机制或者制衡机制，同时，还要建立合法化机制，以方便金融控股集团统一管理关系或外部力量控制。这里，赋予母公司对子公司控制权包括实现：风险控制；资本与资产控制；战略控制；人事与薪酬控制；财务与资金控制等。必须依托金融控股母公司合理的组织架构和业务流程来实现这些控制。

2. 完善控制权的制衡机制

一是建立金融控股母公司对子公司的加重责任制度，作为控制权让渡的对价或补偿，谨慎突破有限责任。企业责任原理认为，在现实中，应当将两个在法律上相互独立的机构作为一个企业进行监管，要求母公司承担子公司的责任的基础是共同控制的理念，若它们是一个整体的经济单元。这种加重责任具体体现在：对金融子公司债权人的救济机制；表决权回避制度、平等对待原则以及强制要约和强制收购制度、小股东的退出权制度（异议股东股份收买请求权）等对金融子公司小股东的救济机制；实际控制人和控制权的信息披露制度。

二是加大母公司维持资本充足的责任。母公司有帮助金融子公司在资本充足率达不到监管标准时的补足责任。欧盟、美国等都把金融控股母公司或者集团的整体资本充足率纳入到了监管之下，巴塞尔协议等明确规定了金融控股集团资本充足率的计算方法。

三是将利益补偿的启动权交给债权人掌握，赋予子公司债权人代为子公司享有利益补偿请求权。当母公司通过操纵子公司，损害了金融子公司利益，直接或间接地使其进行不符合常规或者其他不利于子公司利益的经营活动时，母公司应当补偿子公司利益损失或承担损害赔偿责任。由此，应当赋予子公司债权人利益的法律保护，特别是当母公司的不当控制导致消极后果时，但同时要注意把握三个要点，不能因债权人滥用这种权利而使母公司陷于尴尬境地：其一是赋予母公司抗辩权；其二是否定子公司的独立人格和母公司的有限责任，赋予债权人直接向控制母公司主张债权的责任；其三是减轻债权人的负担，实现举证责任倒置原则。

四是建立母公司债权不得抵消规则和衡平居次机制。母公司的债权在金融子公司的清算、和解或重组等程序中，应次于子公司的其他债权人而后受偿，即在金融子公司破产时，应视母公司债权为次级债权和劣后债权。

三　完善企业经营者的监督制度

法人治理结构中的一项重要内容就是对经营者的监督。企业经营者是由股东委托的企业代理人，是企业的实权者。

内部控制机制和外部控制机制构成对企业经营者的监督。企业设置有董事会制度作为内部控制机制。企业外的监督有来自政府监管机构和同级的资产管理部门、同业组织行业协会等，还有来自资本交易市场和经营者劳动力市场的外部控制机制，因为通过股权结构的变化资本市场可以影响董事会的构成和效率，在劳动力市场，通过价格来实现对经营者需求的调节，优胜劣汰机制会产生约束激励经营者的作用。此外还有各种制约、检查制度防止经营者滥用权力。德国和日本的监事会和董事会是国际上较为典型从政府和"监管代理人"方面对经营者行为进行监督的企业内部控制机制。对我国的国有金融控股公司实施外部监督的不仅有同级的国有资产管理部门或类似的国家授权投资机构，而且还有金融监管当局。国有资产的保值与增值是国有资产管理部门的监管责任，而金融监管部门关注的则主要是违法和违规的问题。

四　进一步完善金融控股公司的内部控制

要保证金融机构的法人治理结构的效率，一个内外统一的约束机制是必不可少的。国际监管机构关注到了金融机构内控制度的健全性、有效性，也特别强调来自外部的约束。在这样的背景下，对金融机构的内控制度管理也出现了新变化。《银行业内控制度的框架文件》就体现了这一变化，这个文件是1998年巴塞尔银行委员会颁布的。关于如何建立完善内控制度，这个文件是做出了很多指导性规定。这个框架文件对金融控股公司及下属子公司，提出了一系列法人治理方面的要求。主要内容有：管理层的职责；董事会的职责；风险评测体系的建立；良好的企业文化的作用，明确职工的职责和作用；职责的分离设计，一些关键岗位由不同人来执行，控制风险的产生，它们包括代理与自营业务、审批和发放、贷款审核和跟踪、交易代理和顾问、交易账户与银行账户的区别管理等；严格内控措施；信息系统的安全与可靠性；有效的信息来源；对主要风险的监测；有效的沟通渠道；对内控缺陷的处理；内部审计。构建既符合国际惯例，又符合我国实际的金融控股公司的内部控制制度，应充分考虑和贯彻这些原则。

五　进一步强化风险监控制度和信息披露制度

经济合作与发展组织（OECD）1999年提出，公司治理结构应保证及时准确地披露包括所有者状况和公司治理状况、财务状况、经营状况等与公司有关的任何重大问题。为有效地保证对公司经营风险的防范和控制，公司治理结构安排应与外部监管机构在风险控制方面进行合作。[1] 可见，国际上非常重视风险监控制度和信息披露制度对公司治理结构完善的意义。信息披露也受到一些因素制约，如内部与外部两种制度，它是决定公司治理效率的关键。外部制度其实就是指国际组织、国家和有关政府机构的各种规定，这些规定对公司信息披露产生直接影响。而内部制度，当然就是指公司治理结构安排中的一些自我约束规定，这些规定是对信息披露的自我安排。总的说来，信息披露制度的完善与否直接决定公司治理结构

---

① 经济合作与发展组织（OECD）：《OECD公司治理准则》，1999年5月。

的成败。完善的信息披露制度是对公司进行监督的强有力的工具，因为股东拥有要求说明权。一个良好的信息披露制度能促进资源配置合理化，维护资本市场的信心，有助于吸引资金，因此，国际银行业已经把改善信息披露制度作为加强监督和完善法人治理结构的一项重要任务。

六　强化金融控股集团利益相关者的保护制度

一是员工和债权人作为金融控股集团的主要利益相关者方面，要强调并落实他们的权利和作用。

二是建立与董事会良好沟通的渠道，积极培育"全员参与的机制"。要保护员工表达看法的权利和重视员工表达的看法，包括个体员工和他们的代表者在内的利益相关者应该能够自由地和董事沟通他们的看法。

三是培训员工信息沟通技能，快捷地传递到公司。在公司治理的环境中，提高参与程度的机制，从而使公司直接或间接受益。

四是重视在公司治理中债权人所扮演的重要角色，强调对公司运作债权人发挥外部监管者的重要作用，有效的债权执行机制和有效率、有效果的清偿框架是对有效公司治理结构的重要补充，对债权人的利益保护十分关键，长远来看，也是对股东权利的有效保护。

七　充分发挥政府职能，营造企业控股集团健康发展环境

金融控股集团公司作为金融业产业集聚的表现和结果，市场机制还是起到了主导或基础性作用，其形成是微观金融主体行为结果，是他们自发和自觉地追求规模效益递增而实现的。因此，政府首先要构建金融服务业的产业集群，夯实其发展的基础，同时政府要逐步增强金融业产业集群区域的承载力，努力创造一种制度环境来充分发挥出微观金融主体的积极性和创造性。

1. 进一步严格规范政府的介入行为

政府监管制度和政策支持在金融控股集团的组建及其未来发展中起着至关重要的引导作用。金融控股集团在发展的萌芽期，这时需要政府的引导和介入，不然难以产生持久的广泛与持久的产业收益，技术进步的动力不足，往往层次较低。但是，政府的适度介入应该以市场发挥主导作用为前提。

令人不无担忧的是，政府作为宏观管理者，可能过度介入，再加上政

府的政绩考核制度影响，政府必然出现短视，机会主义盛行，寻租事件也很难避免，因为对于微观信息，政府很难准确获得，因此，必须通过立法来严格规范政府的介入行为。

2. 明确综合经营的边界，严格监管关联交易行为

在我国目前的金融分业体制下，监管机构几乎是不能接受关联交易、涉及商业利益在集团内部的转移等，但金融控股集团母公司的有效控制则会带来大量的关联交易及商业利益在集团内部的转移。从我国目前金融监管角度看，建议监管机构尽快明确综合经营的基本底线，特别是金融控股集团在目前的金融分业体制下的底线。

3. 进一步改善金融生态环境

必须努力推进金融行业协会等中介组织的建设，强化金融机构的信托责任和社会保障制度的建设，改善金融生态环境，来推动金融控股公司的形成和健康发展。

4. 进一步加快金融市场化的进程

大力发展非银行金融机构并积极稳妥地推进国有金融企业股份制改革，推进投融资体制改革，加快金融市场化进程，提高金融资本运作效率。积极培育金融市场，建立完善的金融体系，大力发展资本市场，完善短期融资的市场机制和金融中介服务体系。

5. 严格防范金融风险，着力提高金融协同监管能力

随着经济金融全球化的发展，金融混业已是大势所趋，在这样的背景下，金融风险的防范尤其重要，为了适应角色的转换，要提高金融监管的效率，构建新型金融监管组织体系，建立"一行三会"派出机构之间的信息互通机制，有必要对我国现行金融业分业监管的体制框架适当调整。另外，各级地方政府部门也要行动起来，配合监管部门，推动行业自律体系建设，金融企业、金融中介组织要建立各自的行业组织，充分发挥行业组织的自律作用，形成自我约束与市场约束机制，依靠第三方力量来完善金融控股集团公司的信息披露与风险控制机制。各个部门通力协作，互通有无，建立跨行业、跨地区、跨部门的金融风险预警系统，建立符合金融国际化需要的金融风险监管体系。

第七章　中国人寿保险（集团）公司治理实证分析

　　随着市场经济的发展壮大，公司治理的结构也得到了很大的改进，公司的有效治理不仅对个别企业的发展生存有重大影响，甚至对一个国家整体宏观经济的健康运转起着关键性作用。特别是金融危机以来，资本市场环境更加不确定，导致了各个公司的经营的风险越来越大，对于市场投资者则更加关注在这种情况下公司管理层将采取何种有效措施，对不稳定的市场环境能否应对自如，这就进一步要求以更高的标准来考核公司治理的完善性。在国内外市场竞争日益严峻的背景下，一个企业如果要想得以持久生存、有效发展，那么该公司就必须适应经济大潮流的大致发展趋势，遵循客观的发展规律，严格按照市场要求进行公司治理。

　　自从我国改革开放之后，保险行业在我国快速发展，但保险公司又具有专业性、广泛的社会性、持续性、高负债性等特点，所以保险业的治理素来都是需要高度监管的行业。当前我国保险公司有国有和民营之分，也有上市与非上市之别，其治理结构各有侧重。而且子公司的治理还不能完全脱离母公司的管制而"各自为政"，母子公司之间还需要特殊的机制来协调，母公司既要加以完善自身的治理，又要考虑子公司的治理安排，还要根据法律的规定合法、有效地行使集团公司对子公司的控制，所以保险集团公司的治理则有其特殊的、更高的要求，公司治理的创新、改革也更加艰巨。

　　中国人寿保险（集团）公司（下称"集团公司"）是我国设立最早的保险公司之一，是我国保险行业具有代表意义的公司，早在新中国成立之初就由国家出资予以建立，随后经历了一系列的整顿、重组。现如今的集团公司旗下已经有八家控股子公司，其中有两家全资子公司和一家上市公司；该上市子公司已经完成了在中国深圳、中国香港、美国三地上市，也是国内第一个在三地上市的公司，该公司中集团股占有60%以上将近

70%，集团持股占有绝对控股地位，而集团公司又是国资委全资注册成立的公司，所以该上市子公司具有显著的国有控股公司的特征，而其他子公司间也相互进行了交叉持股，这对集团公司的治理更添复杂与困难。所以对中国人寿保险集团公司的治理结构进行研究，就囊括了对我国保险集团公司、上市公司、国有控股公司等多方面的研究。

中国人寿保险（集团）公司的股权100%由国家掌握，是典型的国有保险公司，而国有保险公司的治理中最大的问题就是国有股的持有单一、过大，难以形成有效的监管机制，所以公司的治理略显疲软、滞后。而集团公司的董事及监事会成员多是由国资委委派的，所以更加难以起到有效的监管力度，加上我国上市公司的独立董事制度尚不完善，独立董事多是具有名气的大学教授、企业家等名誉加入，对公司的具体问题不甚了解、专业知识更是涉及理论方面实务性的不多，这一点加剧了对国有保险公司内部的监管问题。而我国外部市场还处于发展阶段，相关的法律制度尚不健全且多具有滞后性，加上我国的审计、会计、工商等方面的监管专业化还没有达到一定的高度，所以对于集团公司的有效治理都是严峻的考验。

而集团公司不单要考虑自身的治理机制，还要兼顾对旗下子公司的治理，但对子公司的治理又难以采用统一的治理标准。例如其旗下的子公司——中国人寿保险股份有限公司是上市公司，在公司的持股比例中还有外资股、其他公司的持股等，国有股尽管占控股地位，但治理也不同于全资子公司；对于全资子公司——中国人寿（海外）股份有限公司和国寿投资控股有限公司，它们的治理结构又不相同，一个是在海外的子公司，另一个是内地的子公司，它们的主营业务不同，公司的治理理念不同，这也要求集团公司对其治理采用不同的方式，该方式不能完全等同于集团公司的治理，更不能等同于上市公司的治理，所以集团公司的治理加上集团公司对其子公司的治理是一个整体，互相兼容但又不能完全等同。但是如果上市公司有上市公司治理结构，全资公司有全资公司的治理结构，控股公司采用一套结构，集团公司又采用另外一套结构，这难免又会有些资源过于浪费、治理过于分裂、混杂，代理成本加大等弊端。而在我国，集团母公司和子公司间的治理多是通过母公司对其进行人员调动、派遣，资金流动等方式来加强对子公司的治理的，母公司一般并不直接插手经营，对子公司的重要决策也不进行直接的参与，但是子公司的高管往往由母公司决定，甚至还需要国资委的审批，使国有控股公司无法真正实施出资者的权利与义务，而这一"集权"管理也势必会造成子公司与母公司在行为目标上出现趋同现象，二者在治理上都难以共赢。

据此我们将对集团公司从多方面提出优化建议，从而掌握我国国有保险集团公司治理中亟待解决的问题和发展方向，以便对如何完善国有集团公司的治理提出进一步的完善建议。

第一节　中国人寿保险（集团）公司的发展历程

一　中国人寿保险（集团）公司的重组改制

中国人寿保险（集团）公司的前身为中国人民保险公司，于1949年10月创建，是当时我国国内唯一的国有保险公司。随着经济的发展，改革开放的加强，中国人民保险公司更其名为中国人寿保险公司。随着公司的不断发展壮大，公司组建了不同营业内容的保险子公司，所涉及的范围也更加的丰富，有财产保险、人寿保险、资产管理、养老保险、信托等多方面，涉及范围更加全面。其中的子公司——中国人寿股份保险有限公司是2003年设立的，主要由国家控股，2003年12月该公司在纽约、中国香港同步上市，随后2007年又在上海上市，成为国内唯一一家早期在三地上市的公司。集团公司在国外还专门设立了中国人寿（海外）有限公司，主要承保海外的一些业务。到目前为止，中国人寿保险（集团）公司旗下已经拥有了6家子公司，并有自己的专门保险职业学院，培养专业的人才，集团公司正在以飞一样的速度发展壮大，公司的治理要求更加严格，同时也给公司的治理增加了难度。①

中国人寿保险（集团）公司在经历了一系列的发展、改革、重组之后，集团公司与其各子公司之间在主营业务上进行了区分，集团公司主要经营重组之前一段时间的旧有的产业及保单，而上市子公司经营重组后新生的业务以及新开发的业务，主要业务见图7-1、图7-2。

重组后的中国人寿的效益一度为负千亿，为了偿还巨额的欠款，中国人寿联合国家财政部共同成立了特殊目的基金会，主要是为了解决当时的

---

① 百度百科："中国人寿保险（集团）公司"，http://baike.baidu.com/view/338398.htm? fromId=85114，最后访问时间2012年10月12日。

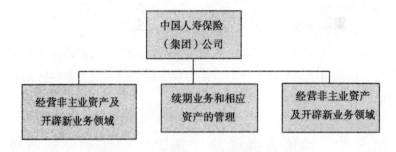

图7-1 重组后的集团公司的主营业务内容

图7-2 上市后的中国人寿保险股份有限公司的主要业务

偿付力的不足问题，若遇到重大的项目需要资金而资金又紧缺时，财政部则调拨该基金会的资金来偿还；而在给付责任的完成之后该特殊基金会就会随之进行解散。

目前中国人寿保险集团及其子公司在我国商业保险圈内已经基本达到一枝独大的局面，其业务范围也有广泛的涵盖面，包括寿险、财产险等多个领域，另外还在很多非相关领域如银行等进行了参股，其营业收入及集团规模都稳居国内保险业首列，同时在我国国内市场上它还是最大的保险集团。中国人寿保险（集团）公司作为国内最大的机构投资者之一，也积极致力于国民经济的建设，在金融机构改革、国企改制上市等方面都做出了巨大贡献。

此外，集团公司还持有南方电网、广东发展银行的股权，参与中信证券和民生银行定向增发；参与了各大银行如中国银行、中国工商银行、交通银行、招商银行、中信银行以及一些重点企业如中国国航、中交建设、大秦铁路、中国重汽、中煤能源等 A 股、H 股的配售；还对一些基础重点设施的建设如天津城投、上海地铁等重点进行了支持。

二 集团公司的其他子公司及主营业务

集团公司的子公司除了以上上市公司外还有以下几个公司，其成立时间、控股股东及主营业务见表7-1。

表7-1 各子公司具体情况

子公司名称	成立时间	控股股东	主营业务
国寿投资控股有限公司	2007年1月8日	集团公司	留存资产经营管理、实业经营和直接投资等，该公司的持股、参股企业遍布全国，涉及房产、酒店业、实业投资、养老养生投资及资产管理等多方面
中国人寿养老保险股份有限公司	2006年	由中国人寿保险（集团）公司、中国人寿保险股份有限公司、中国人寿资产管理有限公司共同发起设立	企业年金管理等业务
中国人寿资产管理有限公司	2003年11月23日	集团公司和中国人寿保险股份有限公司共同成立	固定收益类投资、项目投资、权益类投资及国际业务
中国人寿财产保险股份有限公司	2006年12月30日	集团公司及中国人寿保险股份有限公司共同设立	责任保险、信用保险、财产损失保险、意外伤害保险及保监会批准的其他业务等
中国人寿（海外）股份有限公司	2006年	集团公司	寿险、投资、信托等业务

在这些子公司中，其中资产管理公司的成立意味着我国保险业走上专业运作的道路，也促进了集团公司的保险业务及相互关联的产业、金融及服务业的集群式发展。中国人寿（海外）股份有限公司是内地在特别行政区规模最大的国有人寿保险公司。其中有国有控股的上市公司——中国人寿保险股份有限公司，有集团公司的全资子公司——国寿投资控股有限公司、中国人寿（海外）股份有限公司。在持股状况中不仅母子公司之间存在了互相持股状况，而且各个子公司之间还互相持股，这一现象使集团公司的治理更加复杂。

中国人寿保险（集团）公司及其子公司链条以其专业的资历、知名的品牌以及优秀的专业竞争力始终在本国保险行业独占鳌头，并且从某种意义上来看中国人寿保险（集团）公司的发展也反映了本国保险业的历程，所以中国人寿保险（集团）公司的公司治理就更加令人关注、值得探究，对其公司治理状况的研究可以更具体地了解我国目前保险行业的公司治理现状及存在的问题，进而对探讨我国国有公司的公司治理问题都具有重大启示意义。

第二节　中国人寿保险（集团）公司的治理结构分析

一　中国人寿保险（集团）公司的股权结构分析

（一）集团内股权结构均存在"一股独大"现象

中国人寿保险（集团）公司为国有企业，其股份 100% 为财政部持有，集团公司包含的其他子公司的股权分配情况如图 7-3 所示。

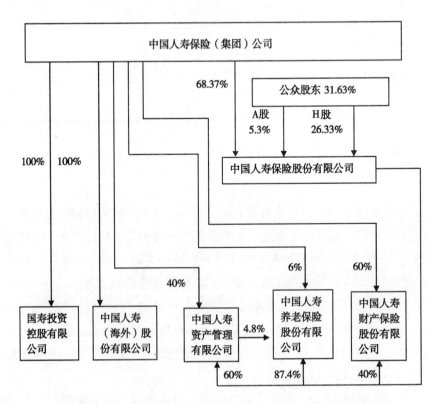

图 7-3　中国人寿保险（集团）公司及其子公司间控股情况

根据图 7-3 可知，集团公司内部子公司的股份分布，除养老保险股份有限公司有独立第三方持股 1.8% 外，其余子公司要么是集团公司全部持股，要么是子公司之间相互持股。例如，其中养老保险股份有限公司与资产管理有限公司的控股权在中国人寿保险股份有限公司，持股比例达到了60%及以上，这表明在母子公司之间，除了母公司对子公司的绝对控股权之外，在子公司之间还存在了互相持股现象，这一现象的存在对各公司的治理带来了不可避免的弊端，各公司间相互持股，必然会导致一些"内部人控制"现象，集团公司或者控股公司为了自身的利益难免会牺牲控股子公司的利益，当控股公司出现资金周转困难时，控股子公司也成了资金筹集的必不可少之选；当公司出现债务危机时，子公司也是不可或缺的转嫁之路，很多时候子公司成了母公司的"替罪羔羊"，加上母子公司之间、子子公司之间的互相交叉持股，致使在利益的驱使下子公司成了母公司进行公司治理改革的缓冲地带，毁损子公司的利益。①

而其下的上市子公司——中国人寿保险股份有限公司截至2012年12月31日国有股东持股约占68.37%，外资股东约占25.73%，对公司所持有的股份占10%以上的股东在如下表7-2中所示。

表7-2　　　　2013年1月报告期末股东总人数及前十名
无限售条件股东持股情况　　　　　　（单位：股）

报告期末股东总数（户）	A股股东 210377 户 H股股东 35926 户		
前十名无限售条件流通股股东持股情况			
股东名称（全称）	期末持有无限售条件流通股的数量	持股比例（%）	股东性质
中国人寿保险（集团）	19323530000	68.37	国有法人
HKSCCNOMINEESLIMIT-ED	7274330150	25.73	境外法人
国家开发投资公司	35685900	0.13	其他类型的政府机构、事业
全国社保基金一零三组合	26560929	0.09	全国社保基金
中国人民人寿保险股份有限公司—分红—个险分红	31563321	0.11	保险公司
中国国际电视总公司	18452300	0.07	一般企业
中国建设银行—博时主题行业股票证券投资基金	26650604	0.09	证券投资基金

①　刘金霞、齐青婵：《我国国有控股保险集团公司治理结构研究》，《浙江金融》2008年第6期。

续表

报告期末股东总数（户）	A 股股东 210377 户 H 股股东 35926 户		
前十名无限售条件流通股股东持股情况			
股东名称（全称）	期末持有无限售条件流通股的数量	持股比例（%）	股东性质
中国投资担保有限公司	29200000	0.1	典当行（担保公司）
中国工商银行—景顺长城精选蓝筹股票型证券投资基金	15600000	0.06	证券投资基金
中国核工业集团公司	20000000	0.07	其他类型的政府机构、事业单位

资料来源：中国人寿保险股份有限公司 2013 年第一次临时股东大会材料。

由表 7-2 中可以看出，中国人寿保险股份有限公司 68.37% 的股份是由集团公司所持有的，而其他公众仅占了 30% 左右，集团公司绝对控股。表面的控股股东虽然为集团公司，但实际上的控制人则是——财政部。

这就意味着集团公司为国有公司，主要依靠国资委来出面管理，国资委对集团公司的人事、资金进行着管理，而作为国资委授权的国有公司——集团公司一般只是通过董事会监管下属子公司，并不直接插手经营，也无法决策子公司的重大事项，子公司的高管往往由母公司决定，甚至还需要国资委的审批，使国有公司无法真正做到出资人的权利义务，而这一"集权"也必将造成子公司与母公司在治理结构上相近或者相同，治理效果不佳。而对于子公司，国有股所持的股份处于"一股独大"，子公司的掌控权绝大部分在集团公司的手中，尽管子公司属于上市公司，它们严格按照上市公司的要求设立，治理结构相对科学、合理，各方面信息披露制度都很透明，但是集团公司所持的绝对优势的股份更使其方便对子公司的各方面重大决策进行控制，集团公司通过对子公司的人事、决策进行控制，使集团公司和旗下子公司的治理结构几近趋同。

（二）母子公司之间的股权关系形分实合

中国人寿保险（集团）公司从国有独资企业经过改革，首次成立了中国人寿保险股份有限公司并推行上市，试图使股权的结构向多方向发展，但是从以上所列出的一系列图表中可以看出，集团公司的股权单一，仅为财政部一方，而子公司方的股权又过分集中，各子公司的国有股东持股有的达到 68.37% 、有的达到 60%，有的达到 40%，处于绝对控制和相对控股的地位，股权结构的单一性并没有通过公司重组而有所改良，股权结构极度不合理。

尽管中国人寿顺应了市场经济发展的潮流，但中国人寿的改革却暴露出了更多的国有公司及国有控股公司的治理问题以及治理的紧迫性。公司治理的本身是为了维护股东们的利益，而这也是股东积极进行公司治理的动力来源，然而国有公司本身具有十分强烈的行政色彩，主要领导人又都来自于政府的委任，他们的经济利益一般都较少与公司的绩效挂钩，所以对公司治理的积极性并不高，反而是更愿意维持现状，保证自己对公司的现有控制权，这样为了使保险公司紧跟上时代的步伐——成功上市不仅不会改变政府与其之间的关系，同时还会保证内部人的利益，国有保险公司重组改制为"集团公司"且在政府的授权下成为上市子公司的最大控股公司，以保证政府这一大股东对公司绝对控制权的实现。[①] 但国有股东往往对公司治理表现漠然，所以他们一般不直接参与经营，而是通过层层的委托授权其他管理者代理经营；并且国有股东代表追求的往往不是国有资产的保值和增值，而是个人收入的增长，中小股东又缺乏公司治理的动力，这必将导致内部人控制和一系列的委托代理问题。

以上集团公司与控股子公司之间的这一结构又凸显出其他的问题：集团公司一边负责原国有保险公司的剩余下来的人员和财产，一边控制着子公司。当国有保险公司出现资金困难时，集团公司更容易对上市公司的资源进行支配，最终导致集团公司与上市公司形分而实合，还有母子公司间领导层、高管高度重合、交叉任职、内部人身跨两边，都使控股股东和子公司失去独立性，内部关联交易操作就更加方便。

二　中国人寿保险（集团）公司的董事会分析

（一）集团公司及子公司的董事会领导人高度重合

国有企业的领导人员是由政府部门任免的，具有强烈的行政色彩，中国人寿保险（集团）公司也不例外。在 2012 年中国人寿经历了高层人员的变动。

集团公司党委书记、总裁是杨明生，同时兼任中国人寿保险股份有限

---

① 何红渠、廖斌：《中国上市公司治理评价研究》，湖南人民出版社 2007 年版，第 120 页。

公司的董事长、总裁，中国人寿财产保险股份有限公司的一把手董事长。杨明生曾任农行党委书记、行长，保监会副主席等职务。而对于总裁这一职务近两年内经历了两次变动，曾在 2011 年 6 月，袁力接任中国人寿总裁，但此时正值集团公司偿付力、盈利、业务增速的低迷时期，即便袁力竭力重整中国人寿的管理问题，也难逃"船大难掉头"的命运，在 2011—2012 年的第一个季度中国人寿的利润率一直处于下降趋势；2012 年 5 月，杨明生接过重任担任集团公司总裁。

张响贤任集团公司党委委员、纪委书记和副总裁。缪建民、万峰、时国庆、王建、崔兰琴、庄作瑾、王思东、刘健为集团公司的党委委员、副总裁。

中国人寿保险股份有限公司在 2012 年也经历了董事会成员的选举变动，2012 年 7 月 10 日公司召开了第一次临时股东大会，选举出了第四届董事会执行董事——杨明生、万峰、林岱仁、刘英齐，非执行董事——缪建民、张响贤、王思东，以及独立董事——孙昌基、梁定邦、唐建邦、莫博世。其中选举杨明生先生担任公司第四届董事会董事长。股份有限公司的董事会成员所涉及的范围涵盖了经济、保险、法律等多个行业，这些董事会成员在其他子公司中也均有兼职。

其他的几个子公司的董事会成员也进行了部分变动，总体来说集团公司的董事会成员在其他子公司中的兼职情况如表 7 - 3 所示。

表 7 - 3　　　　　　中国人寿保险（集团）公司与其子公司
重合的领导人及其职务

母子公司间重合的领导人	在中国人寿保险集团公司中的职务	在中国人寿保险股份有限公司中的职务	在中国人寿保险（海外）股份有限公司职务	在国寿投资控股有限公司的职务	在中国人寿财产保险股份有限公司职务	在中国人寿资产管理有限公司职务	在中国人寿养老保险股份有限公司的职务
杨明生	党委书记、总裁	董事长、执行董事及其总裁			董事长		
张响贤	党委委员、纪委书记和副总裁	非执行董事					
缪建民	党委委员、副总裁	非执行董事				党委书记、董事长	
万峰	党委委员、副总裁	总裁、董事			董事	董事	董事

续表

母子公司间重合的领导人	在中国人寿保险集团公司中的职务	在中国人寿保险股份有限公司中的职务	在中国人寿保险（海外）股份有限公司职务	在国寿投资控股有限公司的职务	在中国人寿财产保险股份有限公司职务	在中国人寿资产管理有限公司职务	在中国人寿养老保险股份有限公司的职务
王思东	党委委员、副总裁	非执行董事		董事长、总裁			董事
时国庆	党委委员、副总裁	董事	董事长				
庄作瑾	党委委员、副总裁	董事				董事	董事
刘健	党委委员、副总裁				党委书记、董事、总裁	董事	
崔兰琴	党委委员、副总裁		董事		董事		
王建	党委委员						党委书记、董事长

从表7-3中可以看出，集团公司的党委委员在子公司的董事会里都有不同程度的兼职，这就会导致以下问题。其一，集团公司领导成员一方面在子公司兼职比例过高，这难免会导致他们无法对其中一个公司尽职尽责。集团公司的领导层的成员在其下属子公司的行政级别一般都较集团公司的高，他们往往都会将股东单位的职位作为自身晋升的通道，这就使他们会更加地注重子公司的业绩，反而可能导致他们将在集团公司的董事职务作为第二兼职，则会勤勉不够，关注不多；另一方面，这种情况还会引发"内部人控制问题"，集团公司的高层领导人一般多是由组织部来任命的，国家对他们所任命的领导人到底是否有能力去保证国有资产的增值其实并不是十分的了解，并且集团公司的总裁还兼任了子公司的董事长，他既是国有资产的代表人又是子公司自身利益的代表，他将党委书记与总裁集于一身，这一点必将导致约束的缺乏，使母子公司之间的制衡机制失衡。[1] 在这种情况下，公司的领导者为了谋取自己及雇员的利益，往往会从子公司的角度出发，董事会成员会竭尽全力去创造良好的业绩而使利益

---

[1]　朱伯玉、管洪彦：《公司治理法律问题研究》，中国人民公安大学出版社2008年版，第138页。

达到最大化；而从国有母公司的角度出发，母公司的领导人则更容易、更方便运用对子公司的控制权及关联交易、向上市子公司转嫁相关负担来使母公司的状况得以改善。

其二，子公司的董事会受大股东操纵，缺乏独立性，从而导致决策低效。在集团公司内，子公司中国人寿保险股份有限公司是国有控股公司，其余的子公司间大多互相持股，且除养老保险股份公司有独立第三方持股1.8%外，其余子公司要么是集团公司全部持股，要么是子公司之间相互持股。例如，其中养老保险股份有限公司与资产管理有限公司的控股权在中国人寿保险股份有限公司，持股比例达到了60%及以上，这就导致了股东会中没有核心股东群体的制衡，董事会内部董事的人数大大超过了外部人数，但外部董事人员也多是由董事长或总经理来提名的，如此一来，董事会就很可能受大股东操纵。而大股东指定的董事会就会成为大股东的代言人，且官本位的传统的思想对其影响深刻，致使董事会所做的决策很可能是为大股东们谋取不当利益的，从而危害了小股东的利益。

（二）子公司的董事会会议议题趋于虚化，投票流于形式

除了以上母子公司间董事会成员高度重合会引发"内部人控制"等问题外，在子公司中还发现子公司的董事会的会议次数过于稀少，董事会的作用没有得到充分的发挥；会议议题的投票也流于形式。以下列举了在2012—2013年，国有控股子公司中国人寿保险股份有限公司举行了五次董事会议，进行了董事会人员的变动以及其他相关事宜的决议，具体情况如表7-4所示。

表7-4　　中国人寿保险股份有限公司第四届董事会会议情况

会议次数	开会日期	董事会总人数	出席会议人数	缺席会议人数	会议议题	赞成票数	反对票数	弃权票数
第一次	2012年7月25日	11	8	3	1. 关于选举杨明生先生担任公司第四届董事会董事长的议案；2. 关于公司第四届董事会专门委员会设置及人员组成的议案	11	0	0

会议次数	开会日期	董事会总人数	出席会议人数	缺席会议人数	会议议题	赞成票数	反对票数	弃权票数
第二次	2012年8月28日	11	10	1	1. 关于2012年中期报告（A股/H股）的议案；2. 关于2012年半年度财务报告的议案；3. 关于2012年半年度偿付能力报告的议案；4. 关于修订《董事会议事规则》的议案；5. 关于修订《公司章程》的议案；6. 关于公司2012年上半年内部审计工作的议案；7. 关于《风险偏好项目进展报告及2012年风险偏好陈述书》的议案	11	0	0
第三次	2012年10月26日	11	11	0	1. 关于公司2012年第三季度报告的议案；2. 关于公司在广发银行办理协议存款的议案；3. 关于补充提名中国人寿资产管理有限公司董事候选人的议案	11	0	0
第四次	2012年12月21日	11	11	0	1. 关于公司2013年度审计师聘用的议案；2. 关于召开公司2013年第一次临时股东大会的决议；3. 关于《中国人寿保险股份有限公司大额和可疑交易报告综合试点工作实施方案》的议案；4. 关于《中国人寿保险股份有限公司控股子公司管理暂行办法》的议案；5. 关于修订《法人授权书》的议案等	11	0	0
第五次	2013年2月25日	11	11	0	1. 关于《中国人寿保险股份有限公司与国寿投资控股有限公司关于保险资金另类投资委托管理协议》的议案；2. 关于提名中粮期货有限公司监事会主席、董事和副总经理人选的议案	6 / 11	0 / 0	0 / 0

说明：1. 表中第五次会议的投票人数为6人，因为董事会在审议这一议案时，关联董事杨明生、张响贤、缪建民、万峰、王思东等5位董事回避该议案的表决。

2. 表中数据来源于公司每次董事会会议决议公告。另外对于其他子公司，如中国人寿养老保险股份有限公司，其第二届董事会自从2009年11月24日，召开第二届董事会第一次会议，选举王建为第二届董事会董事长，至今并没有披露董事会会议的召开情况；其他子公司的董事会会议情况信息披露不详细。

董事会在公司中有两个职能：一个是对公司的战略目标及聘任机制进

行监督，另一个是对高管进行考核与激励。而这些职能多是通过董事会会议做出的决策来实现的。据悉，美国上市公司的董事会全体会议年平均16次、每周举行一次执行委员会。① 而中国人寿保险股份有限公司在一年内召开的董事会会议仅有不到十次，相较而言，这对于面对市场经济如此激烈的竞争，公司所需要的及时创新、对结构的及时调整显然过于稀少。不仅如此，董事会会议的议题也趋于虚化，会议重点大多是关注公司的战略与财务安排，对业务方面几乎很少涉及，尽管在2012年公司新设了其下属的执行委员会，但是子公司董事会长期缺乏董事会下属执行委员会，导致董事会在较长期限内都脱离了日常的业务、管理职能过于虚化、相关决策的空乏等问题；且从各董事对议题的表决投票来看，董事对议题进行的投票中反对票数一直为零，所有议题全部都是全票的通过，这无疑使董事会会议流于形式。

三　中国人寿保险（集团）公司的监事会分析

中国人寿保险（集团）公司监事会主席为陈方磊，是由国务院派任于中国人寿的监事会成员，负责对集团公司的经营状况、财政状况等实行不定期检查、监督，并不参与和不干预国有保险集团公司的经营决策、管理活动，国有企业在经营、发展和盈亏方面都自己对自己负责，使企业得到了良好的发展的同时也得到了有效的监督。然而集团公司的监事会成员是由国家委派的，主要负责监督财务账目，所以应该对财务、经济、保险、法律、审计等知识有相当的了解，但是如果监事会成员缺乏专业知识，对企业的监督就无法尽职尽责。当公司有议案时，监事会反对而公司专业人员赞同时，结果一般都会以监事会妥协而告终，这样就造成了监事会资源浪费，对那些专业的监事会成员也是一种打击，不利于监事会积极行使权利、深入展开工作。国务院在派驻监事会成员时有可能会导致人才的定位不准确，无法对派驻人员的专业知识做详细了解，所以对于国有集团公司的监事会由国务院派驻还是有些弊端。

对于子公司——中国人寿保险股份有限公司，监事会成员有5人：股东代表监事3人，其中夏智华担任监事长，史向明先生和罗忠敏先生任监

---

① 何红渠、廖斌：《中国上市公司治理评价研究》，湖南人民出版社2007年版，第46—52页。

事；职工代表监事 2 人，分别为夏翠莲女士和李学军先生。监事会成员受控于大股东，独立性较弱。

对于子公司——中国人寿养老保险股份有限公司监事会成员共 3 人，自从 2006 年 11 月 11 日举行第一次股东大会召开选举贾玉增、张林广为监事，2006 年 12 月召开临时股东大会增选张慧敏为公司监事，担任监事长。之后的监事会至今并没有新增监事会成员。

对于子公司——中国人寿财产保险股份有限公司监事会成员共 3 人，其中职工代表监事 2 人，魏达铨为监事会主席，另外两名监事为于福平、杨芳。

以上各子公司的监事会成员的履历如下表 7 - 5 所示。

表 7 - 5　　　　　　　　　　子公司监事会成员履历

成员	现任职公司	职务	简介
夏智华	中国人寿保险股份有限公司	监事长	曾担任国务院派驻国有重点金融机构监事会副局级、正局级专职监事，且现兼任中国内审协会常务理事
史向明	中国人寿保险股份有限公司	股东代表监事	理学学士，曾先后就职于本单位人力资源部副总经理、办公室主任
罗忠敏	中国人寿保险股份有限公司	股东代表监事	毕业于经济管理专业，曾任保险协会会长
夏翠莲	中国人寿保险股份有限公司	职工代表监事	毕业于经济管理专业，曾任本公司部分地区分公司经理
李学军	中国人寿保险股份有限公司	职工代表监事	毕业于国际保险专业，曾任本公司上海地区分公司总经理
贾玉增	中国人寿养老保险股份有限公司	股东代表监事	毕业于北京师范大学，同时还获香港公开大学MBA学位，曾就任于国家监察部办公厅主任科员，中纪委监察部监察综合室部长办公室副主任，中纪委办公厅正处级检查员等职位
魏达铨	中国人寿财产保险股份有限公司	监事会主席	在 2004—2009 年，先后曾担任过中国人寿保险股份有限公司业务管理部的总经理、中国人寿保险（集团）公司人力资源部的总经理，毕业于北京师范大学政治经济学专业并获经济学学士学位
于福平	中国人寿财产保险股份有限公司	职工代表监事	曾任职于本公司人力资源部的副总经理，毕业于中央党校经济管理专业，系高级政工师
杨芳	中国人寿财产保险股份有限公司	职工代表监事	曾任职于本公司内控合规部法律事务处、法律合规处的高级经理，获得中国政法大学民法学硕士学位、清华大学的商法学博士学位，为高级经济师

根据以上信息可以看出，在集团公司内，各个监事会组成存在以下问题。

1. 公司监事机制软弱。根据各监事的履历可以看出：公司各监事在担任公司监事之前大多数曾就职于本公司一些部门总经理等职位，在行使监事权时可能无法做到客观、公正。因集团公司作为子公司的绝对大股东，而集团公司又是国有性质，所以来自于集团公司的监事对保险公司的信息掌握不充分，无法对公司的经营、管理作出有效监督。甚至一些监事是国家局级以上干部，其监事权难免容易受到国家相关部门的控制，从而致使公司的监事机制软弱，无法起到相应的作用。

2. 部分子公司监事会成员信息不公开、透明。除了以上所列出的公司监事会成员，还有一些其他子公司的监事会成员在信息披露或者公司相关文件中尚还难以查证，说明在我国的集团控股子公司中信息披露制度还不完善，很多关键信息不够透明。而在已经查找到的子公司的监事会成员中也有部分监事会的成员履历通过公开渠道难以查证，这都体现了我国国有公司及其子公司在人事信息披露上的不透明的弊端。

3. 监事会相关法律不健全，监事任职无期限限制。在子公司——中国人寿养老保险股份有限公司中的监事会成员从2006年至今并没有新增或者更换人员，根据《中华人民共和国公司法》第五十二条规定"监事的任期每届为三年。监事任期届满，连选可以连任。"从法律的规定来看，中国人寿养老保险股份有限公司的监事会组成并不违反法律规定，但是如果长期不更换或者选举新的监事会成员，就容易导致监事会成员与公司的董事、高管长期结合而关系过于紧密，不利于他们对公司的状况进行客观、公正的监督。而我国的法律对监事会成员的任职期限并没有强制性规定，这就致使在实务中无法可依，难以强制性轮换。

4. 职工代表监事作用难以有效发挥。在监事会，虽然某种程度上都设立了职工代表监事，但这些监事大多不是国家保监会委任就是在集团公司有过兼职或者是直接由集团公司委派的，职工代表监事难以有效代表广大员工的利益，职工代表监事机制得不到有效的发挥。

5. 除此之外，在公司治理过程中，监事会职责与独立董事的角色定位较多重复，监事工作面临挑战。而独立董事在职权范围和薪酬方面都远高于监事，原本已弱化的监事会在独立董事面前更加是"退居二线"，监督的积极性大大降低，监事会的工作更加难以实际实施。

四　中国人寿保险（集团）公司管理层状况分析

中国人寿保险（集团）公司是国有企业，其管理主要采取经理负责制，现任杨明生为集团公司党委书记、总裁。虽然改制后的国有企业想要达到政企分开的效果，但集团公司的党委书记、总裁仍是由国家行政任命的。具体任职情况如表7-6所示。

表7-6　　　　中国人寿保险（集团）公司管理层人员及职务

管理层人员	职位
杨明生	党委书记、总裁
张响贤	党委委员、纪委书记和副总裁
缪建民	党委委员、副总裁
万峰	党委委员、副总裁
时国庆	党委委员、副总裁
崔兰琴	党委委员、副总裁
王思东	党委委员、副总裁
庄作瑾	党委委员、副总裁
刘健	党委委员、副总裁
王建	党委委员

从表7-6可以看出，集团公司的总裁、副总裁与党委会成员有几乎90%以上的人员重合，这就意味着公司的决策者同时还是执行者，这就有可能导致管理层的人员之间的职责不明，权利、义务间的分工不明确。对于国有企业的母公司，实际上政府是国有资产的代理人，而公司所有者的权利转移到管理者的经理手中，总裁又是政府的代理人，形成两次的代理关系，这无形中扩大了公司的代理成本，提高了公司的经营成本，从而引发一系列问题：政府任命的管理人未必是最合适、专业的，而且其与党委会人员高度重合，使管理层内部操作更加容易，他们的工资、级别等与政府官员相当，所以导致他们对公司的业绩好坏并不十分关心，更谈不上什么激励制度，这就容易导致公司内部治理机制低下等。

经理层与董事会成员部分重合这一问题在其子公司中或多或少地也有体现：如中国人寿保险股份有限公司中总裁万峰、副总裁林岱仁、刘英齐均兼任董事，中国人寿财产保险股份有限公司总裁刘健兼任党委书记、董事；另外的子公司中国人寿养老保险股份有限公司总裁林岱仁并兼任董事；中国人寿资产管理有限公司的总裁刘慧敏，并兼任董事。

根据我国的法律规定，经理层与董事会本属于不同的职能机构，经理层的主要职责是公司日常工作的管理以及对董事会、股东大会决策的执行。他的任免由董事会决定，对董事会负责。然而根据中国人寿保险（集团）公司内的情况来看在母子公司中或多或少存在了经理层与董事会重复任职的情况，这就意味着董事会的成员有可能选任自己为总经理，并对自己的决策进行执行，这就导致了决策权与执行权集于一身，董事会无法对经理层有效监督，而经理层的权限无法明确控制，使公司的治理结构难以达到预想效果。

另外，中国人寿保险（集团）公司的高级管理层与子公司中的经理之间以及子公司的各管理层人员之间也有部分重合。具体情况如表7-7所示。

表7-7　　　2012年7月至今集团内经理层人员的重复任职情况

	在中国人寿保险集团公司中的职务	在中国人寿保险股份有限公司中的职务	在中国人寿保险（海外）股份有限公司的职务	在国寿投资控股有限公司的职务	在中国人寿财产保险股份有限公司的职务	在中国人寿资产管理有限公司的职务	在中国人寿养老保险股份有限公司的职务
杨明生	党委书记、总裁	董事长、执行董事及其总裁					
万峰	党委委员、副总裁	总裁、董事					
王思东	党委委员、副总裁			董事长、总裁			
林岱仁		副总裁、董事					总裁、董事
刘健	党委委员、副总裁				党委书记、董事、总裁		

由表7-7可以看出，集团内的一些经理人员在其他子公司或者集团公司中还兼职担任董事，他们既是本公司的执行者，又是其他兼职公司的决策者，这就意味着对于集团公司来说，集团公司的决策者有可能是子公司的执行者，在经济利益面前，为了集团的利益或者部分决策者的利益时，就有可能牺牲子公司的利益，并且执行起来会更加方便容易，对于公

司的监管等问题就会变得愈发困难。而子公司的一些执行者为了子公司获得更大的利益也会冒着违背母公司政策的风险，来使本公司的利益更大化，致使母公司的决策难以有效实施。这都为集团公司的治理问题加大了难度。

经理层与董事会的重合，更加致使公司的治理结构没有一个能充分发挥效应的制衡机制。经理由董事兼任，有些公司主要高管部分与董事会人员重合，或担任集团公司董事，或担任集团子公司董事，甚至还有一些来自政府部门，在福利待遇上、各方面保障上都具有强烈的行政色彩，与其业务的好坏不挂钩，这阻挠了经理层活动的积极性。这一现象可能造成管理层人员既是公司经营的战略决策者，又是政策方针的执行人，两者之间想要相互制衡难上加难。加上在目前的公司治理中，大部分对员工的激励制度即是工资奖励一类，形式比较单一，这样对员工的激励效果不大。公司高管、董监人员都属于"内部人"，这些人较最容易擅用职权来谋取一定利益，从而形成"内部人控制"，这终将影响内部约束机制的形成，最终损害所有者的利益。

第三节　中国人寿保险（集团）公司治理的完善建议

一　多元化核心大股东，加强中小股东利益保护

其一，营造稳定的、多元化的核心大股东。核心股东是指一个股东在公司中进行长期持股，并且持有较大的比例，常通过公司的战略调整和价值来提升而获取长期的利益。[①] 核心股东的多元化，以促进大股东间的牵制，从而在做决定时以公司的利益和法人的意志为出发点，抵制有损公司利益的决策，进而有效预防大股东对公司的侵害。在目前的集团内部，集团公司为国有独资，其上市子公司的控股股东为集团公司，而对于其他子公司的股份又大多集中于部分大股东，这样的情况致使集团内母子公司股权结构过分单一，容易引发"内部人控制问题"。集团公司属于国有企业，对于其股权多元化主要可以通过以下途径：首先可以通过增资扩股向

---

① 李钢：《以健全机制为核心深化保险公司治理》，《保险研究》2005 年第 8 期。

社会企业筹集新的资本，形成多元化大股东；其次还可以通过企业上市来加大持股的多元化；另外还可以以收购、兼并等方式通过二级市场来实现股权多元化。①

其二，降低国有股权的持有，提高非国有股权的比例。改善国有公司的治理现状，其根本方法就是要优化一个公司的股权结构，而国有控股股权结构中最大的弊端便是国有股的一股独大，所以基础的目标便是降低国有股份的持有量，提高非国有股权的比例，在保持国家控股的前提下改变国有公司的股权结构，公司的产权也由公权向私权进行适当转化，进而促进公司的法人意志与行为主体的个人意志有机结合，这一举措对推动公司成长、保护公司利益都具有重大意义。根据国外的一些公司的情况可以看出：欧美及其他亚洲国家企业的控股股东们，都是以极低的持股比例来管理和控制企业的；在上市的公司这一层面，除了法国、新加坡这两地，控股股东的持股比例要超过 30% 的企业已不多；在美国的企业中，像 IBM、微软、GE 这样的跨国公司，大股东们的持股比例均不到 10%；在亚洲地区的家族企业中，控股股东的持股比例稍高，最高 40% 左右，最典型的是李嘉诚的黄系和长实系。② 但中国人寿保险（集团）公司的国有持股状况相对于以上情况还是相对较高，致使公司行政色彩浓重，对公司的有效治理十分不利。而西方企业通过低比例持股的控股结构可以对企业资本杠杆来大幅度放大，从而加速企业的发展。更重要的是，这样还凸显了商业精英和优秀企业家在资源配置和效率方面的能动性和约束力。要降低国有股的持股比例，可以将国有股转化为社保基金的持有，社保基金代表的是全体人民的利益，这样也可以从根本上来解决国有企业所有者虚置的现象。

其三，建立与完善中小股东利益保护。在集团公司内部，国有股处于绝对优势地位，这样对于其中占很小部分的小股东的利益保护显得尤为重要。在公司的股权结构中，中小股东的地位较为弱势，这一点不仅要承受管理层进行的机会主义所引发的巨大代理成本，还要受大股东们的侵害。而中小股东在公司的地位为可替代、至关重要，保护了它们的利益实质上就是为一个公司打牢了基石，保全一个公司的价值，如果没有了广大中小

---

① 李莹：《国有企业的出路——股权结构多元化》，《冶金财会》2006 年第 8 期。

② 蔡洪平：《降低控股比例是国企改革钥匙》，《上海国资》2012 年第 1 期。

股东的积极参与，就没有了一个公司资源的优化配置，由此可见建立、完善中小股东的保护机制对构筑国有公司的坚实基础是有重大的现实意义的。对中小股东的保护可以从法律和政策层面入手，完善相关法律制度，如目前的《公司法》对股东大会的召集权掌握在持有10%的股票的股东手中，这明显对中小股东不利，所以可适当降低这一比例。

二　完善董事会选举及相关工作制度

1. 完善相关的法律制度，限制董事会成员的兼职数量。目前相关法律和公司的章程对于董事会成员的兼职情况并没有做过多的规范，所以现在董事会的成员多是身兼数职，则无法尽心勤勉地为集团公司尽责，只有通过完善相关法律制度，明确在决定董事会人选时该董事的兼职情况是入选的消极条件，进而保证董事会的成员在公司中可以安身立命，积极为公司的发展、尽心尽责。

2. 在选择董事会成员上，上市子公司应进一步推行累积投票制度。《公司法》第105条规定：“股东大会选举董事、监事，可以根据公司章程的规定或者股东大会的决议，实行累积投票制。本法所称累积投票制，是指股东大会选举董事或者监事时，每一股份拥有与应选董事或者监事人数相同的表决权，股东拥有的表决权可以集中使用。”累积投票制的存在和发展对保护中小股东的利益，特别是对完善我国公司治理结构具有独特的价值。首先如果使用股权平等原则要求少数服从多数。这种计量化的决议方式，很有可能导致大股东对表决权的滥用，损害中小股东利益，破坏内部公司治理结构。而推行累积投票制度在一定程度上能够弥补股权平等原则的不足，中小股东可以将自己的表决权集中使用在一个人选上，这样就为中小股东意思的表达增加了胜算，实现大股东和中小股东表决权实质上的平等，从而与股东平等原则取得内在的一致。其次累积投票制使中小股东能够获得公平的投票权，使代表自身利益的候选人进入董事会，从而在保证机会公平的同时促进结果公平的实现。

法律制度的完善为我国上市公司的治理提供了依据，但是在实践中，集团公司内的上市子公司中国人寿保险股份有限公司章程及年度报告中，对于选举的进行并没有披露是否进行了累积投票，也没有相应的规定。而在现阶段的董事会成员仍然是由大股东来控制的，中小股东的利益很轻易就会受到严重的侵害，只有推行累积投票制度的话，中小股东才会有机会去推选出自己的代表来担任董事的职务，从而也就维护了公司及广大中小股东的相关利益，也就冲击了大股东们的垄断、独裁的地位，进而得以对公司的内部的治理机制进行优化。对于其他的子公司，在选举董事会成员时，应该严格控制董事会成员的兼职数量，例如可以在资格审查时对于在集团公司或者其他子公司兼职超过一定数量的就没有竞选资格。

3. 增加董事会会议次数，充实工作内容，严格会议纪律。现在中国人寿保险集团公司中董事会会议次数较少，且会议流于形式，为解决这一现象，建议董事会应该至少每月举行一次董事会会议，以保证对公司事务的及时充分的了解。会议过程中还要严格会议纪律，提高会议的出勤率，对无缘无故不出勤者予以警示等，严重者甚至可以辞退。① 同时还应充实董事会会议讨论事项的内容，董事会职责不仅是决策和监督，还应将公司的重大营业政策的制定、重要客户关系管理、确定营业过程中关键问题的解决方案等列入工作之中，强化董事会行使职权的信息来源。

三　加强监事会成员监督的独立性与客观性

监事会制度起源于大陆法系国家——德国。德国的公司治理结构是设立股东会，其下再设立监事会和董事会，且监事会的权力比董事会的高。德国的《股份公司法》中规定，监事会职权有：任免权——对董事会成员任免，任命董事会主席，决定董事的薪酬；监督权——对公司的财务状况检查，随时要求董事会报告公司业务执行情况；公司代表权——原则上归董事会，但特殊情况，如董事与公司之间产生诉讼时，监事会可以代表公司；临时召集股东大会的权利。这种模式中监事会在维护大股东的利益方面发挥了积极作用。而英美法系国家，公司不设监事会，股东会之下只设有董事会。独立董事行使资产的监督权，这种模式下独立董事难以对内部董事进行制约，内部人控制情况较容易发生，致使企业只为短期利益，侵害股东利益的法律风险、高管报酬奇高等现象时有发生。

我国的监事制度是在借鉴西方成熟经验和结合我国国情中建立起来的。我国国有企业监事会工作的定位不是很明确。就中国人寿保险（集团）公司来说，目前集团内监事会主席为陈方磊，是由国务院派任的，

---

① 吴定富：《完善保险公司治理结构，推进体制改革和机制创新》，《经济观察》2008 年第 2 期。

监事会成员在行使监督权的过程中，集团公司监事会成员容易受国家相关部门的影响，而由集团委派到子公司的股东代表监事更是难以有效维护中小股东的利益。针对这一问题，首先，保证监事会成员表达意思的独立性，在对监事会成员的选任上要经过严格的投票制度，减少国家对监事的委任。其次，要正确认识监事会的重要性，扩大监事会的监督权。监事会担任着的是一个公司的日常监察、维护公司的利益的职责，它的专业性职能是独立董事无法取代的，所以对独立董事和监事会的职能区分也至关重要，只有对监事会的职权正确定位，它才能与独立董事共同发挥有效的监察职责。对监事会成员加大薪酬激励、荣誉激励，以鼓励其监督的积极性。[①] 再次，完善相关法律制度，对监事会成员的任期进行一定的限制或者轮换等强制性规定，以避免监事会成员与公司长期结合过密而导致的不客观监督。最后，在监事会成员中适当增加被保险人。被保险人与公司的利益息息相关，保险公司的兴衰也与被保险者利益直接联系，所以吸收具有保险知识的被保险人进入监事会来监督董事会与管理层的行为，对维护投保人利益有重大作用。

　　除此之外，还应对母子公司的监督资源进行统一。根据集团公司和子公司的主营业务可以看出：集团公司主要经营重组之前一段时间的旧有的产业及保单，而上市子公司经营重组后新生的业务以及新开发的业务，集团公司实际上是一个管理机构，如今的主营业务大部分集中在各个子公司之中，集团公司的监事会的工作指示在集团层面听工作报告，基本上很难深入到子公司，而经营的风险、频繁的经济活动是集中在下属子公司之中的，由于各个子公司的业务板块都有不同的特点，子公司之中也有审计、纪检等监督机构，也设有监事会，这样的情况下应该将子公司的监督机构统一于集团公司，这样集团公司的监事会统一领导企业子公司的监督资源，子公司的监事会机构由集团公司监事会负责并报告工作，集团公司对其进行工作考核，这样集团公司监事会的工作就可以延伸到下属企业，及时了解到监管企业生产经营一线的情况，以便提早发现风险、提示风险和化解风险。

---

① 张娜、陈彬：《国内保险公司治理理论研究现状和建议》，《上海保险》2010 年第 6 期。

四　限制集团内经理人的兼职数量，加强任职分离

《公司法》第 114 条规定："公司董事会可以决定由董事会成员兼任经理。"从中可以看出，公司法对于董事会成员兼任经理层实质上是认可的，并没有任何限制。对于两职是否应该兼任学界有不同的观点，经济学界一般认为，鉴于董事会成员与经理职务兼任或分任各有利弊，探讨两职关系的重点不在于是否分离，而在于分离的程度。对于这一问题，西方学者有三种不同的学说："两职分离假说"——是基于委托代理理论，认为公司和经理层间、董事和经理层间分别形成了两层委托代理关系，董事和经理必须分任才能维护董事会监督的独立性，提高公司的绩效；"两职合一"假说——是基于现代管理家理论，认为两职合一才能使总经理成为公司的好管家；"环境不确定"假说——认为两职是合是分应依环境而定。

在国外理论的基础上，我国学者根据我国国情及我国公司治理情况进行了分析，结论并不一致，但均认为董事会成员中兼任经理职务的数量应有一定的限度，主要的分歧在于董事长与总经理是否兼任的问题上。反对者认为，两职兼任应谨慎。[①] 原因是我国国有股权偏大，国有股代表董事很可能通过不正常途径——行政命令产生，这就可能使其权力膨胀、越位，对股东权益的侵犯难以避免，这时候董事长兼任总经理会使情况更糟甚至雪上加霜。赞同者认为，两者兼任可以降低代理成本，节省总经理的酬劳，并且还可以避免领导的利益摩擦与公司业绩不佳时的责任推脱。[②] 对于任职缺乏独立性的问题可通过从公司外部聘请董事、完善经理市场等方面来解决。

我们认为，限制经理人在其他公司的兼职数量，使其积极履行勤勉、忠实义务。另外，经理层还应与董事职务两职分离。经理人与董事的两职合一使得经理的权利膨胀而削弱董事的监控，从而导致了公司缺乏有效的监督约束机制而形成内部人控制问题。另外，对于集团公司及其子公司的股权结构本身存在单一性的问题，公司的权力过于集中，缺乏制衡问题，所以董事会作为公司内部监督机制之一的职能部门能否发挥有效的制衡机

---

① 李仁东：《股份制企业机构建设之我见》，《行政与人事》1998 年第 1 期。

② 张淑珍：《我国上市公司领导结构问题探讨》，《经济体制改革》1998 年第 3 期。

制对公司的发展尤为重要。为了解决这一问题的发生，应将两职分离，使经理回归原位，这样两者独立，董事会就能有效地发挥监督机制来防范公司运营中的代理风险，从而避免经理层既是监督者又是被监督者的尴尬局面，避免经理层利用手中的职权谋取私利。[1]

完善经理的聘任机制。目前，国有公司对高层管理的做法一般是国资委直接任命，但根据法律相关规定，经理是由董事会来聘任的，聘任中通过多数投票通过的即可签订聘任合同。自从我国的职业的经理人快速发展起来以后，经理还可由董事会向市场聘任。随着市场经济的发展，董事会与经理人之间是委托—代理关系，所以一个经理人的素质就决定了管理层对业务的执行水平的高低，同时对公司的业绩也有很大的影响，在对经理层进行选聘中可以筛选没有董事职务的适当人选来担任经理层人员，从选聘上杜绝与董事重复的人员进入经理层。

---

① 成思危：《现代公司治理研究》，中国人民大学出版社 2006 年版，第 80—153 页。

第八章　中国平安保险（集团）公司治理实证分析

第一节　中国平安保险（集团）股份有限公司的改制过程

中国平安保险（集团）股份有限公司（以下简称"中国平安"），是中国第一家股份制保险企业，自 1988 年成立以来，其至今已发展成为集证券、信托、银行、资产管理、企业年金等多元金融业务为一体的综合金融服务集团公司（见图 8 - 1）。

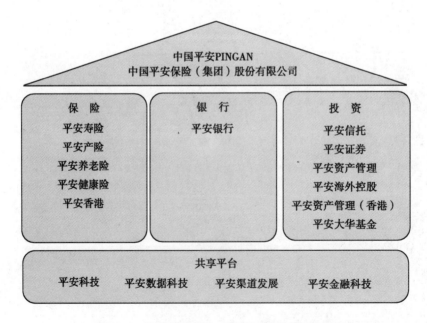

图 8 - 1　中国平安保险（集团）股份有限公司

1988 年 3 月 21 日，中国平安的前身"深圳平安保险公司"在广东省深圳市成立，是中国第一家股份制、地方性的保险公司。创办当时只有两家股东：中国工商银行和招商局，持有的股份分别为 49% 和 51%。1989 年 9 月，中国远洋运输（集团）总公司成为中国平安的股东，持有公司总份额的 25%。1991 年 8 月，深圳市财政局成为中国平安的股东，持有公司总份额的 14.91%。为了优化股权结构，1992 年，中国平安引入了新股东平安员工合股基金，持有公司的 10% 股权。至此，股东增为五家，分别是招商局蛇口工业区有限公司、中国工商银行、中国远洋运输（集团）总公司、深圳市财政局和平安员工合股基金①。1992 年 6 月 4 日，经国务院批准，更名为"中国平安保险公司"。

1993 年 1 月 1 日，中国平安在全国定向募集法人股。1993 年 12 月，中国平安向两家国际著名的大财团——美国摩根投资银行和高盛集团敞开了大门，它们各自出资 3500 万美元溢价入股中国平安，各持有 5.56% 的股份。此时，中国平安成为中国大陆第一家吸引外资参股的股份制保险公司。1995 年 12 月，中国平安扩股得到了中国人民银行的批准，此时中国平安的股本扩大到 15 亿元人民币，股东单位数达到 54 名。之后，中国人民银行总行同意中国平安增资扩股，中国平安的股本从 15 亿元扩至 25 亿元。

1997 年 1 月 16 日，中国平安更名为"中国平安保险股份有限公司"。中国平安实行股份制改造，中国工商银行、招商局蛇口工业区有限公司、中国远洋运输（集团）总公司、深圳市财政局和新豪时投资发展有限公司为五大发起人。其中，招商局和工行都持有约 15% 的股权，深圳市财政局约有 5.2% 的股权，大摩和高盛的持股比例同时增加到了 7.63%。1997—2002 年，中国平安虽没有主动增资扩股，但股东间的股权交易造成了股权进一步分散。中国工行、中国远洋、招商局蛇口工业区先后减持平安股权，除深圳市投资管理公司外，平安的十大股东其他几大股东持股比例都不到 10%。2002 年 10 月，汇丰斥资 6 亿美元参股平安 10% 的股份，成为当时位列第二的大股东。第三大股东是江南实业。② 2003 年 2

---

①　平安员工合股基金成立于 1989 年，1992 年改制为职工合股基金公司，1996 年更名为新豪时投资发展有限公司。

②　江南实业和新豪时投资发展有限公司都是平安员工持股机构。

月，更名为"中国平安保险（集团）股份有限公司"。

2004 年 6 月，中国平安在香港上市，股票代码：2318。汇丰斥资 12 亿港元，增持平安股权至 9.99%，至中国平安第一大股东。2005 年 5 月 9 日，汇丰从高盛和大摩手中购买 9.91% 的平安股权，从而使持股比跃升至 19.9%。2006 年 12 月，经银监会正式批准，中国平安保险集团成为深圳商业银行最大股东，平安集团持有深圳商业银行的 89.36% 股份。2007 年 3 月 1 日，中国平安 A 股在上海证券交易所上市，股票代码：601318。

中国平安在 25 年的发展中，根据市场化的选择频繁改变股权结构，追求股权多元化，最终形成了外资企业、国有企业、民营企业、员工以及社会公众共同持股的格局，这在中国公司中是难能可贵的。中国平安是引进了许多国外的先进管理理念，建立了股东大会、董事会及监事会的"三会"制度，实行了董事长与总经理角色分离并由两人担任，聘请了国际知名咨询顾问公司麦肯锡及独立的外部精算公司。此外，它是国内第一家聘用国际会计师事务所的保险公司，并从国外率先引入许多优秀的高级管理人才，为公司的健康发展奠定了基础。

总的来说，中国平安在公司治理方面是比较成功的，但是还存在一些不足。通过对中国平安公司治理状况进行研究，可以具体地了解我国目前保险行业的公司治理现状及存在的问题。总结中国平安保险（集团）股份有限公司发展的经验和教训，对研究探讨我国上市公司、保险公司的公司治理具有重大意义。以下将结合中国平安公司治理的现状、其取得的成果及存在的问题展开论述。

第二节　中国平安保险（集团）股份有限公司治理状况

一　中国平安的股权结构

中国平安先后于 2004 年 6 月和 2007 年 3 月在香港联合交易所及上海证券交易所上市，股份名称"中国平安"，股票代码分别为 2318 及 601318。截至 2012 年 12 月 31 日，A 股 4786409636 股，H 股 3129732456 股，具体如表 8 - 1 所示。

表8-1	中国平安股份简介	（单位:%）
	股份数目	占发行股本的比例
A 股	4786409636	60.46
H 股	3129732456	39.54
总股本	7916142092	100.00

　　本公司持有公司5%以上股份的股东有：汇丰保险、汇丰银行、深圳市投资控股有限公司。[①] 中国平安第一大股东、第二大股东是汇丰控股有限公司的两家全资附属子公司汇丰保险及汇丰银行，合计持有中国平安H股1232815613股，约占公司总股本的15.58%。汇丰保险于1969年6月17日成立，注册地址为英国，其主营业务为金融保险，专注于发展汇丰集团的全球保险业务。汇丰银行于1866年8月14日成立，注册地址为香港，是汇丰控股有限公司的创始成员及其在亚太区的旗舰，也是香港最大的本地注册银行及三大发钞银行之一。中国平安第三大股东是深圳市投资控股有限公司，持有中国平安A股股份481359551股，占公司目前总股本的6.08%。深圳市投资控股有限公司是国有独资有限责任公司，成立于2004年10月13日，注册地址为深圳市，法定代表人是范鸣春，其控股股东为深圳市国有资产监督管理委员会。

　　在前十名股东中，境外法人股东有汇丰保险及汇丰银行，持股约占公司总股本的15.58%；境内国有法人股东有深圳市投资控股有限公司、深业集团有限公司、全国社会保障基金理事会转持二户，共持股9.75%；境内非国有法人有源信行投资有限公司、林芝新豪时投资发展有限公司、林芝景傲实业发展有限公司、深圳市武新裕福实业有限公司、工布江达江南实业发展有限公司共持股16.31%（见表8-2）。

表8-2	（截至2012年12月31日）前十名股东持股情况			（单位:%）
股东名称	股东性质	持股比例	持股总数	年度内增减
汇丰保险控股有限公司	境外法人	7.82	618886334	—
香港上海汇丰银行有限公司	境外法人	7.76	613929279	—
深圳市投资控股有限公司	国家	6.08	418359551	—

---

① 上海证券交易所上市公司公告及中国平安官网。

续表

股东名称	股东性质	持股比例	持股总数	年度内增减
源信行投资有限公司	境内非国有法人	4.80	380000000	—
林芝新豪时投资发展有限公司	境内非国有法人	4.03	319094187	−5088283
林芝景傲实业发展有限公司	境内非国有法人	3.46	273701889	−4334714
深业集团有限公司	国有法人	2.27	179675070	—
深圳市武新裕福实业有限公司	境内非国有法人	2.26	178802104	—
工布江达江南实业发展有限公司	境内非国有法人	1.76	139112886	—
全国社会保障基金理事会转持二户	国家	1.40	111007892	—

说明：汇丰控股有限公司的两家全资附属子公司汇丰保险控股有限公司、香港上海汇丰银行有限公司与正大集团（卜蜂集团）的四家全资持股子公司同盈贸易有限公司、隆福集团有限公司、商发控股有限公司、易盛发展有限公司、正大环球（香港）投资股份有限公司于2012年12月5日签署了《购买和销售中国平安保险（集团）股份有限公司协议》，各方约定：汇丰保险及香港上海汇丰银行同意悉数出售其所持的中国平安保险股权，相当于中国平安已发行股本的15.57%，即1232815613股予同盈贸易、隆福集团、商发控股及易盛发展，总价为727.36亿港元。

本次权益变动前，卜蜂集团通过全资子公司林芝正大环球投资有限公司持有工布江达江南实业发展有限公司63.34%的股份，工布江达江南实业持有中国平安139112886股A股（即卜蜂集团有限公司间接持有中国平安已发行股本的1.76%）。

本次变动后，卜蜂集团有限公司通过同盈贸易、隆福集团、商发控股及易盛发展分别持有中国平安394500996股（占已发行股本的4.98%）、221906810股（占已发行股本的2.80%）、246563123股（占已发行股本的3.11%）和369844684股（占已发行股本的4.67%）境外上市外资股（H股）股份，合计持有中国平安17.33%的股份。中国平安的股份结构及股份性质不发生变化。

据2013年2月1日中国平安在上海证券交易所网站上披露，本公司于近日收到中国保监会《关于中国平安保险（集团）股份有限公司股权转让的批复》（保监发改〔2013〕113号），中国保监会批复同意汇丰保险控股有限公司及香港上海汇丰银行有限公司将其所持有的本公司976121395股H股股份转让给卜蜂集团下属四家间接全资附属公司同盈贸易有限公司、隆福集团有限公司、商发控股有限公司和易盛发展有限公司。2013 年 2 月 6 日交易双方完成了股份登记过户手续。

由于正大集团、汇丰均是外资企业，且正大集团接管了之前汇丰的全部股权，至今，中国平安的股份结构及股份性质不发生变化。由于此次接管不影响我们分析中国平安公司的公司治理问题，故仍以 2013 年 12 月 31 日前的资料为准。

二　中国平安内部治理结构的现状

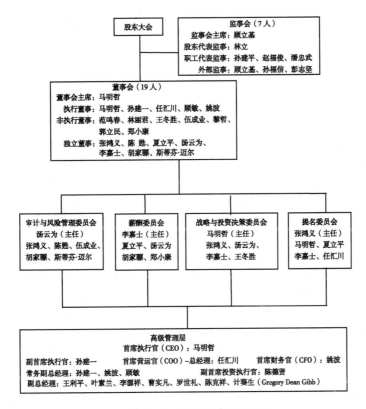

图 8 - 2　中国平安治理结构

说明：因汇丰控股有限公司的间接附属机构汇丰保险控股有限公司已将占中国平安 3.24% 的 H 股股份，转让给正大集团有限公司的相关附属公司，王冬胜及郑小康于 2012 年 12 月 7 日辞去公司非执行董事职务。伍成业于 2013 年 2 月 4 日向公司董事会提出了书面辞职函。

1. 董事会

表 8 – 3　　第七届董事会组成人员（2006 年 5 月—2009 年 6 月 29 日）

执行董事	3 人	马明哲（董事长）、孙建一（副董事长）、张子欣（总经理）、王利平、姚波
非执行董事	7 人	陈洪博、林丽君、王冬胜、伍成业、黎哲、胡爱民、白乐达
独立非执行董事	7 人	鲍友德、邝志强、张永锐、周永健、张鸿义、陈甦、夏立平

说明：第七届董事会是 3 名执行董事，9 名非执行董事，7 名非执行董事。2009 年 6 月 3 日的 2008 年度股东大会实行了换届选举，王利平、姚波自 2009 年 6 月 9 日起出任公司执行董事，即执行董事由 3 人增加到 5 人，非执行董事由 9 人降到 7 人，独立非执行董事仍然是 7 人。张鸿义、陈甦于 2007 年 3 月 19 日当选为公司独立非执行董事，夏立平于 2007 年 6 月 7 日当选为公司独立非执行董事。白乐达于 2008 年 2 月 8 日当选为公司独立非执行董事。鲍友德、邝志强、张永锐于 2009 年 6 月 3 日退任公司独立非执行董事，汤云为、李嘉士、钟煦和于 2009 年 6 月 9 日起出任公司独立非执行董事。

表 8 – 4　　第八届董事会组成人员（2009 年 6 月 29 日—2012 年 6 月 27 日）

执行董事	5 人	马明哲（董事长）、孙建一（副董事长）、张子欣—任汇川（总经理）、王利平、姚波
非执行董事	7 人	陈洪博—范鸣春、林丽君、王冬胜、伍成业、黎哲、胡爱民—郭立民、白乐达—汤德信
独立非执行董事	7 人	张鸿义、陈甦、夏立平、汤云为、李嘉士、周永健—胡家骠、钟煦和

说明：王利平、姚波自 2009 年 6 月 9 日起出任公司执行董事，即由 3 人增加到 5 人。胡爱民于 2010 年 2 月 11 日辞任公司董事职务；郭立民先生自 2010 年 2 月 11 日起出任公司非执行董事。张子欣因个人原因提出辞去总经理职务的辞呈，2010 年 11 月 20 日获得董事会批准，其总经理任期持续至 2011 年 3 月 18 日，2011 年 3 月 29 日转为公司非执行董事；任汇川于 2011 年 3 月起担任公司总经理。周永健于 2011 年 7 月 22 日退任公司独立非执行董事；胡家骠先生于 2011 年 7 月 22 日接替周永健先生出任公司独立董事。汤德信自 2011 年 10 月 8 日起辞任公司非执行董事。

　　中国平安第九届董事会由 19 名董事组成，其中，执行董事 5 名、非执行董事 7 名、独立董事 7 名，符合我国《公司法》和《中国平安公司章程》规定。其中，马明哲是董事长，孙建一是副董事长。马明哲、孙建一、任汇川、顾敏、姚波既是执行董事，又是公司高级管理人员。

　　董事会下设战略与投资决策委员会、提名委员会、审计与风险管理委员会和薪酬委员会四个专业委员会，并且在这四个专业委员会中大多数由独立董事担任，各专业委员会对董事会负责。战略与投资决策委员会：马明哲（主任）、张鸿义、汤云为、李嘉士、王冬胜，有3名独立董事。审计与风险管理委员会：汤云为（主任）、张鸿义、陈甦、伍成业、胡家骠、斯蒂芬·迈尔，有5名独立董事；薪酬委员会：李嘉士（主任）、夏立平、汤云为、胡家骠、郑小康，有4名独立董事；提名委员会：张鸿义（主任）、马明哲、夏立平、李嘉士、任汇川，有3名独立董事。

表8-5　　　　　第九届董事会组成人员（2012年6月27日至今）

执行董事	5人	马明哲（董事长）、孙建一（副董事长）、任汇川（总经理）、顾敏、姚波
非执行董事	7人	范鸣春、林丽君、王冬胜、伍成业、黎哲、郭立民、郑小康
独立非执行董事	7人	张鸿义、陈甦、夏立平、汤云为、李嘉士、胡家骠、斯蒂芬·迈尔

说明：范鸣春自2012年3月起任。因汇丰控股有限公司的间接附属机构汇丰保险控股有限公司已将占中国平安3.24%的H股股份，转让给正大集团有限公司的相关附属公司，王冬胜及郑小康于2012年12月7日辞去公司非执行董事职务。在第九届董事会第四次会议公告的资料及现中国平安网董事会组成人员的资料显示没有王冬胜、郑小康。即中国平安现董事只有17人，王冬胜、郑小康不是公司董事。伍成业于2013年2月4日向公司董事会提出了书面辞职函。因为汇丰保险及汇丰银行将其所持有的公司976121395股H股股份转让给卜蜂集团下属四家间接全资附属公司同盈贸易有限公司、隆福集团有限公司、商发控股有限公司和易盛发展有限公司，董事将可能会有大变动，故在此仅以截至2012年12月7日的董事组成为准。

董事会成员间年龄跨度比较大，最年轻的39岁，年纪最大的75岁。40岁以下的有1人，40—50岁的有6人，51—60岁的有4人，61—70岁的有4人，70岁以上的有2人。性别方面，在17名董事中，有两名女性。学历方面，大多数是硕士学位，甚至是博士学位，不少董事是大学教授。专业方面，法律（5人）、工商管理（6人）、经济、国际贸易、中文、数学、会计、财务、计算机、金融、工程学等有涉及，对公司治理来说是好事，因为公司治理就是一个跨学科性的研究，特别是法律、经济、管理等层面的交叉性的复杂问题。

独立董事的任职条件之一是"具有五年以上法律、经济或者其他履行独立董事职责所必需的工作经验"。为了让独立董事充分发挥作用，我国对独立董事的经济及法律方面的专业水准及管理经验都有比较高的要求。中国平安的7名独立董事中，张鸿义、汤云为、夏立平是经济学专家，陈甦、李嘉士、胡家骠是法律专家，斯蒂芬·迈尔是计算机专家及数学专家，都符合法律规定的专业及工作经验的要求。

2. 监事会

表8-6		2010年监事会组成成员
外部监事	3	顾立基（监事会主席）、孙福信、彭志坚
股东代表监事	1	宋志江
职工代表监事	3	王文君、丁新民、任汇川—孙建平

表8-7		2011年监事会组成成员
外部监事	3	顾立基（监事会主席）、孙福信、彭志坚
股东代表监事	1	宋志江—林立
职工代表监事	3	丁新民、孙建平、王文君—肖继艳

表8-8		2012年监事会组成成员
外部监事	3	顾立基（监事会主席）、孙福信、彭志坚
股东代表监事	1	林立
职工代表监事	3	孙建平、赵福俊、潘忠武

中国平安2012年监事会监事有7名，顾立基是监事会主席，3名外部监事，3名职工代表监事，1名股东代表监事，职工代表监事的比例达到了1/3，没有董事或高级管理人员担任监事。根据我国2005年修订的《公司法》第118条："股份有限公司设监事会，其成员不得少于3人。监事会应当包括股东代表和适当比例的公司职工代表，其中职工代表的比例不得低于1/3，具体比例由公司章程规定。"因此，监事会符合我国《公司法》及《中国平安公司章程》规定。

3名外部监事都是退休人士，其中监事会主席顾立基，曾是深圳市招商局科技投资有限公司执行董事、招商局蛇口工业区有限公司董事总经理等多家公司董事、总经理，曾担任中国平安保险公司副董事长、招商银行董事。孙福信、彭志坚都在国家机关任职过，孙福信曾是大连市政府副秘书长、大连市商业银行董事长，彭志坚曾是广东监管局党委书记、局长及广东省政协常委、广东省政协经济委员会副主任，都是金融行业的专业人士。3名职工代表监事分别是孙建平、赵福俊、潘忠武，都集中在50岁左右。孙建平现任中国平安财产保险股份有限公司董事长兼首席执行官，赵福俊现任平安寿险副总经理兼中西区事业部总经理、平安寿险党委书记及本公司党委委员，潘忠武现任集团办公室副主任，曾先后任职于平安产险综合管理部及集团办公室。股东代表监事林立，湖北工学院财会专业并获得美联大学博士学位，现任深圳市立业集团有限公司董事长，曾任职于中国银行深圳分行等。

3. 高级管理人员

首席执行官由董事长马明哲担任，总经理是任汇川，首席财务官是姚波。本公司设立了一个执行委员会，是董事会下的最高执行机构；在执行委员会之下设立了四个管理委员会，即投资管理委员会、预算管理委员会、投资者关系管理委员会和风险监控委员会。投资管理委员会现由10名成员组成，主席由本公司执行委员会副主任出任。预算管理委员会现由8名成员组成，主任由本公司首席财务官出任。投资者关系管理委员会现由12名成员组成，主席由本公司总经理出任。风险监控委员会现由9名成员组成，主任由本公司首席稽核执行官担任。

表8-9　　　　　　　　　　管理层组成

首席执行官（CEO）	马明哲
副首席执行官	孙建一
首席营运官（COO）—总经理	任汇川
首席财务官（CFO）	姚波
常务副总经理	孙建一、姚波、顾敏
副总经理	王利平、叶素兰、李源祥、曹实凡、罗世礼、陈克祥、计葵生
副首席投资执行官	陈德贤
首席信息执行官	罗世礼
董事会秘书	金绍樑
首席稽核执行官、审计责任人及合规负责人	叶素兰
首席律师、公司秘书、法律事务部总经理	姚军

第三节 中国平安保险（集团）股份有限公司 治理存在的突出问题

一 股权结构过度分散导致内部人控制严重

中国平安自1988年3月成立至今有25年，在这25年的过程中，其股权结构不断在变化。国内许多公司是从国有独资企业经重组改制成国有控股，在股权国企改制的过程中，大多试图股权结构向多元化发展，改变"一股独大"的局面，如中国人寿。中国平安公司创立初期，股权比较单一，只有两个股东，也曾碰到了股权过度集中的许多问题，后为了公司的良性发展，采取多种措施对股权结构不断优化，如吸引外资参股等，最终形成了外资企业、国有企业、民营企业、员工以及社会公众共同持股的格局，总体是不错的。这在中国公司中并不多见，应该说难能可贵。

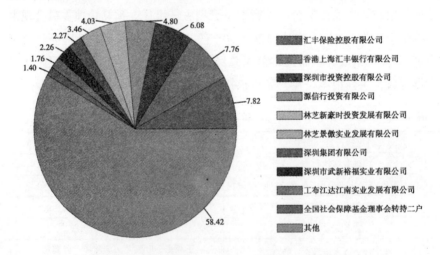

图 8-3 （截至 **2012** 年 **12** 月 **31** 日）前十名股东持股情况（单位:%）

中国平安现在的股权结构过于分散（如图8-3），其前十名股东（具体数据如表8-10）共持股41.64%，但是持有5%以上股份的股东只有三家，汇丰保险（7.82%）、汇丰银行（7.76%）、深圳市投资控股有限公司（6.08%），而且这三大股东的股权比重和只达到21.66%。正大集团的四家子公司与汇丰保险及汇丰银行对中国平安占有的股权达成交易后，中国平安的股权依然过于分散。在股权比较集中的公司，往往存在"一股独大"现象，控股股东可以利用控股优势而做出权利滥用行为，损害中小股东的利益。中国平安公司股权过于分散的好处在于大股东权利滥用的可能性小，但是，股权过于分散也有弊端，从"一股独大"的极端走到了另一个极端，不利于公司稳定。

1. 股权过于分散导致股东大会出席率低

股权过于分散，股东大会出席率低，股东"搭便车"现象比较严重，特别是内资股东。从中国平安 2007—2012 年十多次股东大会的数据可以看到，股东参会率大多都在 50%—60%，而且多年来股东参会率在逐渐下降。

表 8－10　　　　　　　2008—2012 年期间的股东大会情况　　　　（单位：%）

会议时间、名称、表决方式	公司总股本股份数	参会的股东及股东代理人数	参会投票表决的股份数	参会的股份占公司总股本比数	参会内资股约占公司总股本比	参会外资股约占公司总股本比
2008 年 3 月 6 日 2008 年第一次临时股东大会，现场和网络投票	7345053334	8934（8917＋17）	5697465953	77.5687	55.1971	22.3716
2008 年 5 月 13 日 2007 年年度股东大会，现场投票	7345053334	104	4903099585	66.7538	—	—
2008 年 7 月 17 日 2008 年第二次临时股东大会，现场投票	7345053334	46	4699910043	63.9874	—	—
2009 年 6 月 3 日 2008 年度股东大会，现场投票	7345053334	110	4400168065	59.9066	—	—
2009 年 8 月 7 日 2009 年第一次临时股东大会，现场和网络投票	7345053334	610（605＋5）	5592823470	76.1441	52.2081	23.9360

续表

会议时间、名称、表决方式	公司总股本股份数	参会的股东及股东代理人数	参会投票表决的股份数	参会的股份占公司总股本比数	参会内资股约占公司总股本比	参会外资股约占公司总股本比
2009 年 12 月 18 日 2009 年第二次临时股东大会，现场投票	7345053334	40 (36 + 4)	4285278682	58. 3424	33. 9817	24. 3606
2010 年 6 月 29 日 2009 年年度股东大会，现场投票	7644142092	81 (73 + 8)	4449332095	58. 2058	32. 7157	25. 4901
2010 年 11 月 1 日 2010 年第一次临时股东大会，现场和网络投票	7644142092	512 (505 + 7)	4593113057	60. 0867	33. 8058	26. 2809
2011 年 6 月 16 日 2010 年年度股东大会，现场投票	7644142092	71 (62 + 9)	4255153032	55. 6655	29. 0325	26. 6330
2012 年 2 月 8 日 2012 年第一次临时股东大会，现场和网络投票	7916142092	570 (563 + 7)	4968896125	62. 7692	35. 9040	26. 8652
2012 年 6 月 27 日 2011 年年度股东大会，现场投票	7916142092	83 (76 + 7)	4504250517	56. 8996	29. 5135	27. 3861
2012 年 9 月 20 日 2012 年第二次临时股东大会，现场投票	7916142092	49 (43 + 6)	4312224476	54. 4738	27. 2653	27. 2085

资料来源：根据上海证券交易所上市公司公告及中国平安官网资料整理。

2. 董事长马明哲兼 CEO 更容易发生“内部人控制”

在 19 名董事中，执行董事有 5 名，全是由公司高级管理人员兼任，其中马明哲是董事长兼 CEO（首席执行官），孙建一是副董事长、副 CEO、常务副总经理。而董事会的职责之一是根据董事长的提议聘任或解聘公司高级管理人员，决定其报酬事项及奖惩事项；公司章程规定公司设 CEO，由董事会聘任或解聘。提名委员会由张鸿义（主任）、马明哲、夏立平、李嘉士、任汇川组成，其主要职责是就填补公司董事会及高级管理人员空缺的人选进行评审、向董事会提供意见及提出推荐意见。

根据《公司法》第110条，董事长和副董事长由董事会以全体董事的过半数选举产生，董事会会议由董事长召集和主持。《公司法》第38条、第100条规定"股东大会有权选举和更换非职工代表董事、非职工代表监事，决定有关董事、监事的报酬事项。股东大会由董事会召集，董事长主持。"这就是说假如董事会要解聘 CEO，就得由董事长马明哲向董事会提议，而马明哲本人就是 CEO，这样就变成了若要解聘马明哲的 CEO 职位只有两个办法：要不马明哲自己提出辞职，要不董事会在全体董事过半数同意的基础上罢免马明哲的董事长职位再罢免他的 CEO 职位。而这两个办法在实际中几乎不可能实现。不难得出以下结论：马明哲作为董事长及 CEO，即使他不能履行职位职责时，也不可能更换他。也就是说董事会完全可能被马明哲操纵，即导致内部人控制。

3. 股权结构过于分散导致非执行董事更换频繁

中国平安股权经常发生变动，导致股票流动过于频繁，直接造成董事成员变化，特别是非执行董事人员。如第七届、第九届的非执行董事成员分别是，陈洪博、林丽君、王冬胜、伍成业、黎哲、胡爱民、白乐达；范鸣春、林丽君、王冬胜、伍成业、黎哲、郭立民、郑小康（注：王冬胜、郑小康因汇丰集团与正大集团股权交易变动辞职）。即 7 名非执行董事，只有林丽君、黎哲没更换。

林丽君没被更换是因为在 2000—2012 年 6 月期间她是新豪时投资发展有限公司董事长，现在是新豪时投资发展有限公司总经理、中国平安工会副主席，新豪时投资发展有限公司是中国平安 5 家发起人之一并且是至今仍持有中国平安股权的唯一一家股东。黎哲自 2009 年 6 月起担任本公司非执行董事，且自 2012 年 4 月 2 日起是福和集团控股有限公司现任执行董事，自 1991 年 7 月以来一直在律师事务所从事律师、法律顾问工作。黎哲没被更换是因为她就职在律师事务所从事法律工作，即使在中国平安担任非执行董事也主要是在法律方面发挥作用。

　　但是，董事长马明哲及副董事长孙建一一直没变动过，前总经理张子欣是自己提出辞职的，现由任汇川担任总经理职务。马明哲既是董事长又是 CEO 不利于董事会发挥作用。马明哲自 1988 年 3 月平安保险公司成立以来，历任本公司总经理、董事、董事长等职务，全面主持公司的经营管理业务，此前是招商局蛇口工业区社会保险公司副经理。马明哲自 1994 年 4 月至今担任执行董事、董事长，且自 2001 年 4 月以来至今担任 CEO，现在，仍是董事长兼 CEO。马明哲是自中国平安公司成立起就在中国平安，见证了公司的发展历程，对公司非常熟悉。（注：招商局蛇口工业区有限公司是中国平安公司的创始人之一，当年的 5 家公司发起人中国远洋运输总公司、深圳市财政局、中国工商银行、招商局蛇口工业区有限公司和新豪时投资发展有限公司除新豪时投资发展有限公司外，其他四家所持有的股份已全部转让。）

　　股权结构过于分散，不利于董事会对 CEO、总经理等高管人员的有效监督，从而容易发生"内部人控制"现象。股权过于分散，公司所有权与经营权分离，此时 CEO 或总经理处于公司治理结构的核心地位。由于 CEO 及总经理对本公司的信息了解非常充分，在许多方面提供的意见对那些不了解公司信息、没机会真正参与公司决策的中小股东有极大的影响。即使管理人员提出损害公司利益的方案，中小股东也不知情，何况在结构分散的公司中小股东持有的股份很少，他们也缺乏推翻 CEO 或经理人的提案的动力。因此，股权过于分散导致 CEO 或总经理不易更换，想对高管人员实施有效监督绝非易事，何况本公司的 CEO 是董事长马明哲兼任，这样，就难免保证"黄光裕—陈晓案"不会在中国平安公司发生。

二　董事会规模过大影响会议效率

　　中国平安借鉴了英美公司的公司治理模式，有许多成功之处。这与中国平安吸引外资入股也有必然的关系。外资股东的进入，带来资金的同时，也带来了先进的技术和成熟经验。改善了股权结构，使董事会的制衡机制得到增强，给平安带来了国际化视野和全新的管理理念，也给董事会带来了深远的影响。然而，我们看来，董事会在以下几方面存在问题。

1. 董事会出席率低且会议效果差

董事"搭便车"严重。不少董事不亲自出席会议，甚至多次，难于真正积极履行董事的职责。中国平安第七届、第八届、第九届三届董事会每年度的董事会会议几乎是 6 次或 7 次，次数不多，但还是经常有董事不能参加董事会，在一个年度中不参加的次数甚至达到 3 次，即达到一半。非执行董事王冬胜，在 2009 年、2010 年、2011 年连续三个年度20 次董事会会议中缺席 12 次，在 2012 年召开的第九届共四次董事会会议中缺席 3 次。非执行董事白乐达，2009 年应出席会议 7 次但缺席 4次，2010 年度应出席会议 3 次但缺席 1 次，即在 2009 年、2010 年连续两个年度 10 次董事会会议中，应出席 10 次却缺席了 5 次（白乐达于2010 年 8 月 10 日辞任）。

然而，从来没有董事因为多次缺席受到惩罚或被罢免。尽管常有董事成员变动，但是那些退任的董事是因为股权变动退任的，或是自己提出辞职的，但是没有董事是因为不积极履行职责而被罢免的。尽管王冬胜现在不是非执行董事，但是其是辞任的，而且他的离职是因为汇丰集团把在中国平安持有的股权转让给正大集团，而不是因被罢免。这样下去，将会导致认真负责、严格履行职责的董事越来越少，也就是说"搭便车"的董事会更多，从而降低了董事会会议的效率。

不仅董事成员缺席率高，董事会的会议效果也不理想，有点流于形式化。从第八届董事会 2010 年、2011 年、2012 年共三个年度及第九届董事会举行的 20 次董事会会议来看，董事对议决事项及方案，从未提出过异议也从未有否决票或弃权票。

第九届董事会第一次会议是一次非常重要的会议，此会议通过了《关于审议第九届董事会专业委员会人员组成的议案》《关于选举第九届董事会董事长、副董事长的议案》《关于聘任马明哲先生出任公司首席执行官（CEO）的议案》《关于聘任公司高级管理人员的议案》《关于明确公开发行 A 股可转换公司债券与偿付能力资本有关的特别条款的议案》《关于修订〈公司章程〉的议案》《关于召开 2012 年第二次临时股东大会的议案》《关于审议〈公司未来三年股东回报规划〉的议案》。但是会议应出席董事 19 人，实到董事才 14 人，王冬胜、郭立民、黎哲、陈甦及斯蒂芬·迈尔缺席会议。在这样重要的会议，仍有 5 人缺席，可想而知，中国平安的董事会会议效率怎么能高？

2. 董事会规模太大不利于公司绩效的提高

董事会规模是指董事会的成员人数。对于董事会规模是否与公司绩效有关联，Lipton 和 Lorsch（1992）、Jensen（1993）认为董事会规模与公司绩效存在负相关关系，即规模小的董事会比规模大的董事会更有效，因为随着董事会的规模扩大，董事会成员"搭便车"等问题就会出现，许多董事就不会认真履行职责，董事会效率大打折扣。Gertner、Kaplan、Yermack（1996）的研究也持有相同的结论。Lipton 和 Lorsch（1992）认为公司董事会的人员数量应在 10 人之内，8—9 人最佳。董事会规模若超过 10 人，董事会的有效性将降低，因为董事会的组织协调过程降低的效率超过了董事成员人数增加所带来的收益，也更容易为公司经理所控制。其实，这与经济学上的边际效用递减规律有点类似。Jensen（1993）完全接受 Lipton 和 Lorsch 的说法，他主张"当董事会的成员数量超过 7 个或 8 个人的时候，董事会就难有效发挥作用，而且易被 CEO 控制"。

总之，关于董事会规模与公司绩效的关系，大多数专家认为在一定程度上（一般不超过 9 人）扩大董事会规模、增加董事会人数可以使公司的经营绩效上升，但当董事会规模增加到了一定程度（如 10 人），再扩大董事会规模将极可能导致经营绩效降低。我们也认同此观点，因为若董事会成员过多，有的董事就可能会指望"搭便车"。我国《公司法》第 109 条规定，股份有限公司设董事会，其成员为 5—19 人。中国平安的董事高达 19 人，尽管符合法律规定，但由于董事会规模太大，就容易导致董事"搭便车"，许多董事就会因此不作为。如中国平安董事会经常有人缺席，缺席的董事占董事会总人数的比重甚至达到 1/3。

三　非执行董事和独立董事形同虚设

1. 非执行董事兼职过多影响履行职责

独立非执行董事兼职过多，时间难以保证，很可能就使独立董事这一称谓流于形式，因此独立董事被戏称为"花瓶董事"也不足为奇。如，王冬胜，61 岁，现任汇丰控股有限公司集团常务总监及集团管理委员会成员、香港上海汇丰银行有限公司行政总裁、汇丰银行（中国）有限公司的董事长兼非执行董事、马来西亚汇丰银行有限公司的董事长兼非执行董事、越南汇丰银行有限公司的非执行董事；恒生银行有限公司的非执行董事、交通银行股份有限公司的非执行董事以及国泰航空有限公司独立非执行董事；香港金融管理局外汇基金咨询委员会委员、香港特区政府大珠三角商务委员会委员、香港银行学会会长、香港总商会理事会成员、中美交流基金有限公司顾问委员会成员；中国人民政治协商会议湖北省委员会第十届常务委员、天津市市长（海外）顾问、重庆市市长国际经济顾问、中国银行业协会常务理事会副会长兼理事会理事、中国红十字会理事；中央财经大学客席教授。曾任花旗银行、渣打银行（香港）有限公司、汇丰集团总经理兼香港上海汇丰银行有限公司执行董事，负责香港及中国内地业务。可以看出，王冬胜的兼职太多，缺席会议也不让人吃惊。

中国平安公司2009—2011年的连续3次年度股东大会会议中的数据显示，许多董事没有亲自出席董事会会议，甚至多次。王冬胜在2009年、2010年、2011年连续三个年度20次董事会会议中缺席12次，在2012年召开的第九届共四次董事会会议中缺席3次，而且缺席了2012年7月25日召开的第九届董事会第一次会议，此次会议非常重要。非执行董事白乐达在2009年、2010年连续两个年度10次董事会会议中缺席5次。本来中国平安每年的董事会会议次数就不多，一般6次或7次，但是即使这样，不少董事都不能按时参加。此外，20次的董事会会议的所有决议项全是全票通过，就足以说明非执行董事几乎如同虚设。但是，作为非执行董事，本来对公司的了解主要源于董事会上执行董事的陈述。既然连一年7次会议都有一大半不参加，要那些常缺席董事会会议的董事平时去关注公司、挖掘公司的问题这一要求怎么可能实现？更别说是其他更高的要求了。

2. 非执行董事成员变动频繁难以发挥作用

董事人员虽19人，但董事成员变动频繁，尤其是非执行董事和独立董事。如第七届、第九届的非执行董事成员分别是陈洪博、林丽君、王冬胜、伍成业、黎哲、胡爱民、白乐达；范鸣春、林丽君、王冬胜、伍成业、黎哲、郭立民、郑小康（注：王冬胜、郑小康因汇丰集团与正大集团股权交易变动辞职）。即7名非执行董事，更换了5名，而且不少董事在任职结束前就提出辞职。第七届、第九届的独立非执行董事成员分别是周永健、张鸿义、陈甦、夏立平、鲍友德、邝志强、张永锐；张鸿义、陈甦、夏立平、汤云为、李嘉士、胡家骠、斯蒂芬·迈尔，即7名独立非执行董事中，更换了4名。

　　非执行董事的变动，与股权结构过于分散、股权交易频繁有一定的联系，如王冬胜及郑小康于 2012 年 12 月 7 日辞去本公司非执行董事职务是因股权变动。此外，许多非执行董事的主动辞职与董事会会议的效率有直接关系。正是因为董事会规模太大，在董事会上董事若对议案有问题时不一定会以主人翁的精神作为第一人把问题指出，相反他们可能寄托于其他董事。此外，由于有 19 名董事，若董事想提出一个新的方案要一半以上人数的董事支持，也比较难，毕竟非执行董事是代表了不同股东的利益，而且执行董事在 19 票中就占了 5 票。因此，有的董事在意识到自己几乎没有话语权，根本就是个摆设时可能就会拂袖而去。如中国平安多年的股东年度大会中的董事会会议情况就显示了几乎每年都有非执行董事在任期结束前主动提出辞职，如胡爱民于 2010 年 2 月 11 日提出辞职，白乐达于 2010 年 8 月 10 日提出辞职，周永健于 2011 年 7 月 22 日提出辞职等。伍成业于 2013 年 2 月 4 日向公司董事会提出了书面辞职函。不少董事是自己提出辞职的，尽管有的声明是个人原因，但是毫无疑问肯定暴露出了非执行董事在董事会的尴尬境地。

　　在多次董事成员变动中，许多新的董事对公司的内部情况还不怎么了解，在任职一段时间后慢慢熟悉了公司的运营情况，开始发现了公司的问题可能会积极履行职责。但是由于董事会会议上难以发出自己的声音，他们就可能不作为，选择沉默或辞职，而不是据理力争。这样就会导致恶性循环，越是非执行董事没有真正话语权，他们就越采取辞职这种消极抵抗，那就将导致更多的董事成员变动，董事成员越是经常变动就越难了解中国平安公司的相关问题。

　　所以说，非执行董事特别是独立非执行董事并未真正起到实质性的作用，在目前内部人控制严重的状态下他们也难于真正发挥作用。尽管在中国平安公司 2009—2011 年连续 3 年的年度股东大会会议资料中，独立董事供职报告中说独立董事审慎、认真、勤勉地履行了独立董事职责，但是只是在形式上，尽管独立董事几乎都按时出席了会议，但是从未提出过反对票或弃权票。董事会强化的动力来源于《公司法》及《公司章程》的法律规制、非执行董事的专业水平及非执行董事的团队凝聚力。① 所以

---

① 李维安：《公司治理》，南开大学出版社 2001 年版，第 291 页。

说，非执行董事变动越是频繁，就越难以发挥作用。

四 职工监事和外部监事流于形式

表 8 - 11   **2009 年度监事会会议出席情况**   （单位:%）

监事类别	姓名	委任为监事日期	实际出席会议次数	应该出席会议次数	出席率
外部监事	顾立基（主席）	2009 年 6 月 3 日	3	3	100
	肖少联（已退任）		3	3	100
	董立坤（已退任）		3	3	100
	孙福信	2003 年 5 月 16 日	6	6	100
	彭志坚	2009 年 6 月 3 日	3	3	100
股东代表监事	车峰（已退任）		3	3	100
	林立（已退任）		3	3	100
	段伟红（已退任）		3	3	100
	宋志江	2009 年 6 月 3 日	3	3	100
职工代表监事	胡杰（已退任）				
	都江源（已退任）				
	任汇川（已退任）	2009 年 6 月 3 日	3	3	100
	王文君	2006 年 5 月 25 日	6	6	100
	丁新民	2009 年 6 月 3 日	3	3	100
	孙建平	2010 年 3 月 19 日	0	0	

表 8 - 12   **2010 年度监事会会议出席情况**   （单位:%）

监事类别	姓名	委任为监事日期	实际出席会议次数	应该出席会议次数	出席率
外部监事	顾立基（主席）	2009 年 6 月 3 日	4	4	100
	孙福信	2003 年 5 月 16 日	4	4	100
	彭志坚	2009 年 6 月 3 日	4	4	100
股东代表监事	宋志江	2009 年 6 月 3 日	4	4	100
职工代表监事	王文君	2006 年 5 月 25 日	4	4	100
	丁新民	2009 年 6 月 3 日	4	4	100
	孙建平	2010 年 3 月 19 日	4	4	100
	任汇川（已退任）	2009 年 6 月 3 日			

表 8 – 13　　　　　　　**2011 年度监事会会议出席情况**　　　　　　（单位:%）

监事类别	姓名	委任为监事日期	实际出席会议次数	应该出席会议次数	出席率
外部监事	顾立基（主席）	2009 年 6 月 3 日	4	4	100
	孙福信	2003 年 5 月 16 日	4	4	100
	彭志坚	2009 年 6 月 3 日	4	4	100
股东代表监事	宋志江（已退任）	2009 年 6 月 3 日	2	2	100
职工代表监事	丁新民	2009 年 6 月 3 日	4	4	100
	孙建平	2010 年 3 月 19 日	4	4	100
	王文君（已退任）	2006 年 5 月 25 日	2	2	100
	肖继艳	2011 年 5 月 5 日	2	2	100

从 2009 年至 2011 年连续三个年度的监事会会议可以看出，监事会出席率比较高，几乎没有缺席，但是有些流于形式，还有许多改善的地方。

1. 职工代表监事的界限模糊

现任总经理任汇川在 2007 年 4 月至 2011 年 5 月期间担任平安产险董事长兼 CEO，2009 年 3 月至 2010 年 3 月期间是本公司职工代表监事。在 2010 年 6 月至 2011 年 3 月期间是本公司副总经理，2010 年 6 月—2010 年 12 月兼任首席保险业务执行官。即可以看出，任汇川在 2009 年 3 月至 2010 年 3 月期间担任的职务有：平安产险董事长兼 CEO，中国平安的职工代表监事。孙建平是现任平安产险董事长兼 CEO，赵福俊现任平安寿险副总经理兼中西区事业部总经理、平安寿险党委书记及本公司党委委员，潘忠武现任中国平安保险（集团）股份有限公司办公室副主任，曾先后任职于平安产险综合管理部及集团办公室。孙建平是本公司的监事，又是本公司的子公司的董事长。这就产生了一个问题：子公司的董事担任母公司的监事是否合适？职工代表监事应该由什么样的职工代表来担任？

2. 职工代表监事变动频繁难以发挥监督作用

2010—2013 年的职工代表监事分别是：2010 年王文君、丁新民、任汇川—孙建平（任汇川于 2010 年 3 月辞任监事职位，后孙建平接替任汇川担任监事）；2011 年丁新民、孙建平、王文君—肖继艳（王文君于 2011 年 3 月辞任监事职位，后肖继艳接替王文君担任监事）；2012 年孙建平、赵福俊、潘忠武。《公司章程》规定监事任期三年，但是由 2010 年、

2011 年、2012 年的年度监事会报告可以看出，职工代表监事变动过于频繁，而且他们都是在任期结束前自己申请辞职的。这就给我们带来了疑问：为什么这么多的职工代表监事申请辞职？尽管监事会会议成员出席率比较高，没有缺席，但是在多届监事会中，全是赞成票，没有弃权票也没反对票。如 2011 年度、2010 年度均召开了 4 次监事会会议，出席率100%，无人缺席，但是也无弃权票也没反对票。

五　管理层薪酬与业绩关联度不高

1. 管理层薪酬与公司业绩存在的正关联度低

总的来说，中国平安的高管薪酬不合理，薪酬增长过快。通过对2005—2007 年中国平安 CEO 薪酬增长与股息增长情况的比较（见表8 - 14），本公司 CEO 薪酬的增长每一年都高于股息的增长率，虽然二者都在增长，但是 CEO 薪酬的增加的幅度明显高于股息增长的幅度。公司董事长马明哲 2007 年的年薪为税前 6616 万元，平均每天薪酬18.12 万元，创下了国内高管年薪的最高纪录。尤其是在 2006—2007年，CEO 薪酬的增长由 66.32% 飞速达到181.42%，这显然是不可思议的。由以上分析可知，本公司 CEO 马明哲在追求自己的利益最大化，忽视了股东及其他利益相关者的利益，这种行为很不合理，应引起公司的高度重视。

表 8 - 14　中国平安 CEO 马明哲的薪酬增长变化（2005—2007 年）[1]

项目	2005 年	2006 年	2007 年	三年平均值
CEO 年薪（万元）	804.6	1338.2	6616.1	2919.6
CEO 薪酬增长率（%）	20.77	66.32	181.42	89.50
净利润增长率（%）	27.99	79.33	107.86	71.73
股息增长率（%）	16.67	57.14	127.27	67.03

通过上述分析我们不难看出，中国平安薪酬存在问题，高管人员的薪酬与公司绩效关联度不大。近年来，中国平安高管薪酬暴涨，2008年竟有四名高管的年薪超过四千万元，我们不禁要问：他们为公司做了

---

[1]　陈书蕊：《中国平安保险 CEO 薪酬增长合理性分析》，《市场论坛》2009 年第 1 期。

多大的贡献？让其获得如此高薪是否合适？应该说，高薪是重视人才的体现，高管若尽心尽力且经营管理有方，提升了公司的业绩，能够给股东及相关利益者带来较大回报，那么他们享受高薪也无可厚非。可是，2007 年中国平安的股价则由顶峰时的 149.28 元一路下滑，跌至 48.30 元，业绩并不好。

2. "高薪门"到"零年薪"事件反映薪酬体制不规范

尽管当年中国平安的新闻发言人盛瑞生及人力资源相关负责人对此回应，"平安的薪酬激励是根据国际、国内的薪酬水平、公司利润及业绩的增长确定，经董事会薪酬委员会考虑及建议，并由股东大会审议及批准。平安实行绩效导向的薪酬体系，高管的薪酬由固定底薪和业绩考核奖励两部分构成，其个人收入与其本人表现，对公司经营业绩、绩效的贡献挂钩。与此同时，作为率先引入海外高管的国内金融企业，平安前 100 名高级管理层，有近 60% 来自海外，这部分高管实行与国际接轨的薪酬体制"。尽管似乎很合理，但是中国平安董事长马明哲兼 CEO，董事会的薪酬委员会是受董事会领导的，而董事会由 5 名执行董事、7 名非执行董事、7 名独立非执行董事组成。前面也谈到了本公司非执行董事成员经常变动并且如同虚设，难于真正发挥作用。而本公司的执行董事全由高级管理人员兼任，《公司章程》规定高管人员的聘任或解聘由董事长提名，所以说虽然由 19 名董事参加董事会会议，但是几乎没人反对马明哲的提议，从多次董事会会议就可以看出，因此说马明哲的高薪不得不让人怀疑他在攫取私人利益。

2007 年因"高薪门"陷入舆论旋涡的马明哲在 2008 年做出一个令外界吃惊的决定——在 2008 年领取零薪酬。于是，又出现了很多质疑——马明哲零年薪，良心发现还是故作姿态？2007 年"高薪门"到 2008 年"零年薪"透露了什么？此时，也不得不让大家更怀疑马明哲拿 6600 万元年薪不正当。然而，马明哲 2010 年的年薪是 987 万元，但是中国平安业绩增长不到 24%。从 6600 万元年薪到零，如此戏剧性的巨大反差，暴露了上市公司管理的巨大漏洞。董事会和高管自定薪酬不守"规矩"也无"规矩"可守，让薪酬在天价和零之间随意地互换。

第四节　完善中国平安保险（集团）股份有限公司治理的建议

一　建立股权相对集中的股权结构

1. 股权结构相关研究

股权关系是公司最基本的法律关系，而体现股权关系的股权结构便是公司治理的基础。股权集中度是指一个公司的所有股东因持股比例的不同所反映出股权是分散还是集中的量化指标。从总量上看，股权集中度是指公司前几位大股东持股比例的总和与公司总股本的比值。比值越大，股权便越集中；比值越低，则股权越分散。从结构上看，股权集中度还反映了控股股东和其他非控股股东的股权比例关系。[①]

根据股权集中度的高低，可以将公司的股权结构分为以下三类：股权分散型、股权相对集中型和股权集中型。英国、美国公司的股权结构比较分散，流动性比较强；而德国、日本公司的股权结构比较集中，流动性不高。目前在公司治理的相关研究中，对于这三大类没有指出一个明确的界限，我们建议可以从以下几个因素考虑：最大股东的股权比重，前 3 名（或前 5 名、前 10 名）大股东的股权集中度及主要股东类型。

我国《公司法》第 217 条规定"控股股东是指其出资额占有限责任公司资本总额 50% 以上或者其持有的股份占股份有限公司股本总额的 50% 以上；出资额或者持有股份的比例虽然不足 50%，但依其出资或者持有的股份所享有的表决已足以对股东会、股东大会的决议产生重大影响的股东。实际控制人是指虽不是公司的股东，但通过投资协议或者其他安排，能够实际支配公司行为的人"。所以，从股权比重及实际控制权考虑。

股权集中型：最大股东股权占 50% 以上，"一股独大"是极端的股权集中型即最大股东的股权占 50% 以上并且第二大股东、第三大股东对第一大股东完全不能制约。股权相对集中型：最大股东股权处于 25%—

---

① 苏武康：《中国上市公司股权结构与公司绩效》，经济科学出版社 2003 年版，第 133 页。

50%或前三大股东的股权集中度不低于50%，同时第二大股东、第三大股东等其他大股东对最大股东可以起到有效的制约。股权分散型：最大股东股权低于25%且前三大股东股权集中度低于50%，过于分散型是极端的股权分散型。

表 8 – 15 美国及欧洲国家上市公司前三大股权集中度和最大股东股权①（单位:%）

国家	前三大股权集中度	最大股东股权	股权结构类型
英国	26.84	14.14	股权分散型且过于分散
美国	32.26	22.77	股权分散型
荷兰	40.64	26.94	股权相对集中型
西班牙	47.06	32.13	股权相对集中型
比利时	59.28	44.75	股权相对集中型
意大利	63.05	51.86	股权集中型且一股独大
奥地利	65.9	52.4	股权集中型且一股独大
法国	78.2	55.7	股权集中型
德国上市公司	71.4	61.5	股权集中型且一股独大
德国指数公司	32.2	24.3	股权分散型

说明：上述国家的公司股权结构类型是我们按上述理论作出的假设分类。其中，数据为引用数据。

英美国家的许多上市公司是股权分散型，德国、日本、法国等国家的许多上市公司是股权集中型，西班牙、比利时等欧洲国家的大多上市公司是股权相对集中型。②

2. 相对集中的股权结构是最优的股权结构

股权集中度是反映公司的股权分布状态的重要特征量，也是衡量一个公司是否稳定的重要指标，股权集中度对分析公司治理具有重大意义。股权集中度越高，即公司的前几位大股东所持有的股份比例就越多，公司的股份也越稳定，公司通过外部市场被敌意接管的概率和成功率就越低，即公司的外部监督机制所起的作用就比较微弱，但发生内部人控制现象的可

---

① Becht, Marco et al. (1997), The Separation of Ownership and Control: A survey of 7 European Countries. Preliminary report to the European Commission. Volume 1 – 4. Brussels: European Corporate Governance Network.

② 孙光焰：《公司治理模式趋同化研究》，中国社会科学出版社 2007 年版，第 73 页。

能性也不高。

　　股权集中度的结构性指标可以显示公司第一大股东对公司的控制程度及第一大股东与其他前几位大股东的制衡关系。若最大股东处于公司的绝对控股地位，即"一股独大"，那么最大股东就可以利用其优势地位损害其他中小股东利益；但若前几位大股东持股比例相差不大，就可以形成比较稳定的博弈关系，公司治理就能得到更好的完善。股权结构表现得越分散，委托人对代理人的监督就越难，企业的股东就越难实现利益最大化，并且容易发生内部人控制现象，在股权分散型的公司更是如此。根据Grossman 和 Hart 于 1980 年作出的研究表明，股权过度分散会降低股东对经理人监督的积极性。[1]

　　股权集中型公司往往有控股股东。当公司有控股股东而其他股东都是分散的小股东且公司经理人又是该控股股东本人时，小股东对经理人的监督也同样存在问题。当公司有控股股东，若公司的经理人不是控股股东本人而是他的代理人，那控股股东就有能力并且有动力去监督公司经理人，就不太可能发生内部人控制现象，当然即使是这样，中小股东的权益也难于得到保障，毕竟大多公司的经理人是董事兼任的，公司的董事会成员是通过股东大会选举的，公司的经理人就是控股股东的利益代表人。

　　而在股权相对集中型的公司，相对控股股东有对经理人员进行有效监督的优势也有动力。在经理人是相对控股股东的代理人的情况下，其他股东持有一定数量的股权的情况下就具备监督的动力和能力，因为他们有一定的话语权，他们就很少会和股权集中型/股权分散型公司的中小股东那样有"搭便车"的心态，对经理人有效监督获得的收益远远大于因监督付出的成本。

　　总之，公司的股权结构不同，对公司治理机制的作用程度也不同。相比较而言，股权相对集中型会比股权集中型、股权分散型更有利于一个公司的公司治理，更利于公司的良性发展。进一步完善中国平安股权结构，防止股权过度分散，尽量向股权高度集中型与股权过于分散型中间状态的股权相对集中型结构发展，比如最大实际股东的股权控制在 20%—30% 左右，前五大股东的股权和为 50% 左右。

---

　　[1]　见张红军《中国上市公司股权结构与公司绩效的理论与实证分析》，《经济科学》2000年第 4 期。

在完善中国平安股权结构的过程中，要充分发挥市场经济的作用，也要注重中国的实际，如资本市场的有效性还不高等外部环境因素。要以中国是一个社会主义国家和处于社会主义初级阶段的国情为出发点。此外，中国平安是以保险业务为主就得重视债权人及投保人的利益，不能一味地为了股价上升、公司盈利而做出不利于社会和谐的投机取巧的行为。

二　完善投票制度，提高会议出席率及效率

1. 加大网络投票的使用提高股东大会的出席率

网络投票成本小、费时少、实践中可操作性强。用现场投票和网络投票相结合的表决方式的参会率比同年度其他只采用现场投票的股东大会的参会率高，如2008年3月6日、2009年8月7日、2010年11月1日、2012年2月8日这四次用了现场投票和网络投票相结合，参会率相对比较高。在股东大会召开前，通过多种途径（公司网站、新闻报道、报纸等）介绍会议信息，扩大宣传。尽量每次股东大会都使用现场投票和网络投票相结合的表决方式，鼓励中小股东积极参与。如中国平安在最近5次股东大会中，2010年第一次临时股东大会和2012年第一次临时股东大会都采用了现场和网络投票相结合的表决方式，股东参会率分别是60.0867%和62.7692%，普遍高于同年度其他只采用现场投票表决的股东大会的参会率，并且参会的股东及股东代理人数也增加很多。

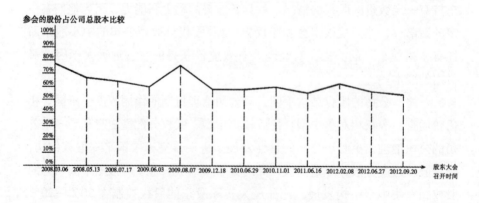

图8-4　公司股东及股东代理人参会情况

2. 实行累积投票制度及差额选举有助提高会议质量

股东大会选举董事时，实行累积投票制度，中小股东就更有可能选出

自己的代表担任董事，从而防止大股东权利滥用及发生"内部人控制"现象。

尽管中国平安现在没有"一股独大"现象，但是并不能说就绝对没有股东权利滥用现象发生。此外，中国平安现在的股权过于分散，种种迹象表明内部人控制严重。多年来，每次董事会或监事会的议案都是一致通过，从没有过反对票或弃权票。但是有许多非执行董事不出席会议，还有不少董事及监事在任期结束前就申请辞职，这就是非执行董事、独立董事难于发挥作用的消极抵抗，也可以说是对内部人控制的无奈。从马明哲的简历我们可以看到，从1988年中国平安成立以来，历任公司总经理、董事、董事长，在中国平安至少有25年。他是中国平安的元老级人物，对中国平安来说功不可没，但是若公司没有完善的监督机制就难于对马明哲进行约束，像"黄光裕—陈晓事件"的情况在中国平安也不是没可能发生。

目前，股东大会在选举公司董事、监事人选时，都是等额选举，每次所有的候选人都当选。若每次选举都是等额选举，就可能使股东大会流于形式，导致"搭便车"现象更严重。为了减少股东"搭便车"，应该尝试差额选举。为了让董事会、监事会的会议真正有效，促使董事、监事、高管人员积极履行职责，也应尝试差额选举。通过差额选举，可以增强董事、监事及高级管理人员的责任感，也可以对那些经常不按时参加会议的人员敲响警钟。正是这样，内部人控制的概率也将大大降低。

三　采取措施提高独立董事及非执行董事的作用

1. 董事长由非执行董事担任，不再由 CEO 兼任

尽管《公司法》第115条规定"公司董事会可以决定由董事会成员兼任经理"，但是董事会成员兼任经理有弊端。建议董事长由非执行董事担任。若董事长由非执行董事担任在实践中可行性低，若董事长马明哲继续兼任 CEO，公司也可以采取措施去实现非执行董事与 CEO 之间的权力制衡。如制定正式的 CEO 评价程序，评价 CEO 对由董事会制定的目标的完成结果；任命一位非执行董事召集人，代表非执行董事对董事会的议程和议案施加影响，必要时代替董事长行使职能；董事会安排只有非执行董事参加的会议，讨论不便对经理成员提起的敏感事项。

2. 严格控制独立董事兼职数及会议请假次数

董事兼职数过多难以保证有时间参加会议，也难以去发现公司运行中的问题。《中国平安公司章程》规定"独立董事的任职条件之一是：含中国平安，兼任独立董事的上市公司数量最多5家"。中国平安目前的7位独立董事尽管没违反规定，但是大多数任职过多。7名独立董事，4名已过65岁（其中两名是国家公务员退休人士），另有两名是律师合伙人并在数家公司任职，还有一名是在中国社科院法学研究所等数家研究所任职并在海洋石油任独立董事。

董事应在每次董事会举行前，多主动了解公司信息，尽可能地发现公司经营管理可能存在的问题，不能仅限于经理人给出的公司信息。正如学术界所说的，"外部董事的工作可能是最难的，难就难在不是如何管理店铺的问题，而是要确保别人把店铺管理得尽可能的好"①。此外，若非执行董事担任的兼职过多，更容易引发潜在的利益冲突。

3. 注重精神奖励，强化非执行董事的作用

目前，在不少上市公司中，尽管有非执行董事，但是非执行董事发挥的作用十分有限，非执行董事成员辞职现象比较普遍。其中的原因可能有以下几方面：（1）独立董事薪酬不高，与执行董事相比差距太大。（2）独立董事一般都是成功人士，如知名学者、企业家、律师或政府官员退休者，独立董事的薪酬对他们的吸引力有限。很多非执行董事参加董事会，并不是为了钱而是想获得新思想，得到一种精神上的满足。② 中国平安股权变动频繁，当非执行董事对CEO的战略认为有不妥之处时，往往选择消极对待。因此，当他们实现不了这种满足时便往往会考虑辞职。（3）独立董事兼职太多，精力有限，何况很多独立董事是退休人士。

要想非执行董事充分发挥作用就得不仅要提供与绩效挂钩的薪酬，还得赋予他们相应的权力。对于新董事的提名，应该由独立的非执行董事构成的提名委员会提名，而不是由CEO负责提名。因为若是由CEO负责提名，那新当选的董事就容易受CEO所左右。

此外，股东也要非常重视非执行董事及独立董事，并给予认可，在物

---

① 韦恩·玛：《外部独立董事是否能提高公司业绩?》，克莱姆森大学工商学院，1991年7月。

② Jay W. Lorsch, "Empowering the Board", *Harvard Business Review*, January-February 1995.

质奖励的基础上给予精神鼓励。强化非执行董事的作用，要认识到非执行董事是一个工作团队，注重培养非执行董事的团队凝聚力。当然，非执行董事可能代表不同的利益集团，难免会存在意见分歧，此时就更需要站在有利公司、有利社会的角度全面分析。中国平安是保险公司，投保人、债权人与公司存在严重的信息不对称，若非执行董事及独立董事愿意并且能够积极发挥作用，这对公司及社会都具有非常重要的作用。

4. 充分利用董事会下设的四个专业委员会

充分利用董事会下设的四个专业委员会，特别是薪酬委员会和提名委员会。

关于上市公司独立董事的提名，《公司法》并没有明文规定，只是说具体办法由国务院规定。

《关于在上市公司建立独立董事制度的指导意见》中规定："上市公司董事会、监事会、单独或者合并持有上市公司已发行股份1%以上的股东可以提出独立董事候选人，并经股东大会选举决定。提名人应当充分了解被提名人职业、学历、职称、详细的工作经历、全部兼职等情况，并对其担任独立董事的资格和独立性发表意见，被提名人应当就其本人与上市公司之间不存在任何影响其独立客观判断的关系发表公开声明。独立董事连续3次未亲自出席董事会会议的，由董事会提请股东大会予以撤换。除出现上述情况及《公司法》中规定的不得担任董事的情形外，独立董事任期届满前不得无故被免职。提前免职的，上市公司应将其作为特别披露事项予以披露，被免职的独立董事认为公司的免职理由不当的，可以作出公开的声明。"

只有充分发挥薪酬委员会和提名委员会的积极作用，才可以保证独立董事的人选正确，才可以让独立董事积极作为而不是"花瓶董事"，才可以对那些不积极履行独立董事职责的具有威慑作用。只有充分发挥薪酬委员会和提名委员会的积极作用，才可以真正体现独立董事及非执行董事的作用。从而，也有助于减少"内部人控制"发生的可能性，解决董事会会议效率低及董事"搭便车"等问题。

四　完善职工代表监事等监事会制度

1. 子公司的董事不能成为母公司的监事

不仅要保证"董事及经理、财务人员、董事会秘书、首席律师等高级管理人员不兼任监事"，还要满足以下内容：子公司的董事不能成为母公司的监事；若本公司的董事已经是其他公司的监事，那其他公司的董事就不能成为本公司的监事，防止损害第三方的利益。虽然子公司的董事成为母公司的监事在我国现行《公司法》上是可以的，但是效果不好。

中国平安的 3 名职工代表监事分别是孙建平、赵福俊、潘忠武，都集中在 50 岁左右。孙建平现任中国平安财产保险股份有限公司董事长兼首席执行官，赵福俊现任平安寿险副总经理兼中西区事业部总经理、平安寿险党委书记及本公司党委委员，潘忠武现任集团办公室副主任，曾先后任职于平安产险综合管理部及集团办公室。

2. 明确监事的权利义务与法律责任

《公司法》规定，必要时，监事会有权提起召开临时股东大会的权利和对董事、高级管理人员提起诉讼的权利。只要监事能积极使用法律赋予的权利，就可以更好地发挥作用。同时，对监事采取一定的激励措施，特别是外部监事。当然，监事在行使其权力的同时要尽到忠实义务和勤勉义务。对监事也要设置一些约束条件，比如兼职数的限制、辞职的限制条件。监事会成员的兼职数要有所限制，以保证有足够的时间去对公司经营实施监督，较好履行监事的职能。只有有足够的时间、精力及丰富的专业技术才能更好发挥监事的职能。

3. 进一步发挥职工代表大会、职工持股会的作用

职工代表大会是我国在多年的摸索中总结出来的，尽管当今我国企业改革面临"股东至上"的市场化要求，但是毕竟我国是社会主义制度，也要考虑我国社会主义劳动主权的要求。所以，为了两者协调，达到既互相制衡又可以实现企业利益的最大化，要完善职工代表大会制度。职工持股参与制度作为我国职工民主参与的一种形式，具有非常重要的意义。首先，职工持股为职工参与开辟了路径，可以激发职工劳动和管理的积极性。其次，赋予了劳动者一定的劳动主权。[①] 最后，职工持股使我国职工民主参与具有广泛性的群众基础。中国平安的股权结构中，职工持股也占了不小的比重，完善中国平安职工代表大会、工会及职工持股会等制度，增强中国平安工会的力量，也有助于对公司更好地监督。

---

① 剧锦文：《员工持股计划与国有企业的产权改革》，《管理世界》2000 年第 6 期。

五　使用"金手铐"和加强监管相结合

管理层薪酬机制可以反映一个公司治理水平效率的程度。给高管人员高薪，会花费公司的巨额财产，但同时也可以促使管理层尽心尽力经营从而给股东及相关利益者带来回报。通常，高管人员的薪酬激励分为两类：一类是以当前经营业绩的好坏赋予经理人员相应的报酬，这类是对其过去努力的认可，但也容易导致经理人的短期行为；另一类是与未来业绩挂钩的通过特定的制度安排构建有效的剩余索取权的机制去实现股东和经理人的利益捆绑。

高管人员的薪酬一般来自四个部分：基本工资、年度奖金、长期激励计划及福利计划。其中，长期激励计划是指用股票期权等手段捆绑经理人和股东长远利益的一种报酬形式，其又可以分为基于市场基础业绩的报酬（又叫基于股票的报酬）和基于会计基础业绩的长期业绩计划报酬。长期业绩计划报酬是指事先制定一个较长时期（通常3—5年）的业绩目标，当其实现了目标就可以得到相应的报酬，报酬可以是现金或股票，也可能是两者都有。目前，我国大多数公司采用的是这种。基于股票的报酬，有股票期权、股票增值权、限制性股票及虚拟股票，公司股价是评价指标，当股价达到了预期目标时，激励对象就可以获取公司股价上升带来的效益。这要求公司的股票价格明确、公平、合理，并且要真实反映公司业绩并对资本市场有效性有较高要求。在美国，企业经理人基于股票的报酬中以股票期权为主。

1. 让薪酬与公司绩效挂钩的"金手铐"真正发挥作用

高管薪酬最大的问题是权责是否相称，薪酬水平是否与绩效、风险紧密联系。为了让高管的薪酬与公司绩效相挂钩，"金手铐"便由此诞生。"金手铐"是指公司利用股票期权、奖金、红利等留住高层管理者的手段，在规定的期间内辞职则不能兑现。这样，公司经理人员就不太可能实施短期行为，而应更多地为公司的长期经营考虑。在大多数经理人的报酬组成中，一般有股票期权。所以，在设计中国平安经理人员的报酬机制时，采取年薪、股票及股票期权的多样化组合，以股票期权为主。

当然，股票期权也不是万能的，有许多不足。（1）股权激励的评价标准不科学，促使经理人员片面追求股价上涨。（2）其价值受股票市场波动异常明显。由于股价容易被操纵，股权激励就容易引发经理人的道德危机。经理人员想获得高的期权收益可能铤而走险，比如做假账、通过操纵期权授予及信息披露时机牟取私利。（3）股权激励可能难以有效激励经理人。股价受行业发展、股票市场、国家经济调控等许多不可控因素影响，并不能完全反映经理人员的努力程度。因此，用股价作为衡量公司高管人员业绩可能有些片面。一方面，当股市繁荣时，表现极差的经理人员也可能因股价上升而获得不该属于他的利益，就如巴菲特所言"在涨水的时候，就连一只游不动的旱鸭子也可以漂得高高的"。相反，当股市萧条时，出色的经理人也可能因整个行业的不景气而受牵连。

　　所以，在使用"金手铐"时，不能以为它是万能的。要注意到影响"金手铐"发挥作用的因素，去预防使用"金手铐"的弊端。"金手铐"不是对任何公司都适用。这一工具在那些高成长、低股息的公司中最有效率。例如，1982 年微软在成长期因使用"金手铐"迅速发展，许多微软员工也成为百万富翁。但是在 2000 年"金手铐"变成了"铁手铐"，因为此时的微软已经是成熟期。这时微软具体情况具体分析，及时作出改变，从期权制度改成了发放限制性股票从而扭转大局，避免了惨败的局面。

　　股权激励是否真正有效，除了与计划方案的设计有关，还与公司的外部治理环境有密切关系，如资本市场的有效性、股权激励信息披露制度的监管、经理人才市场是否规范。与美国相比，我国的资本市场无效或者说比较低效，股票市场的价格与企业的盈利水平相关性弱，公司的经营状况与二级市场的价格甚至有所背离，从而使股票期权等激励措施的实施得不到正确、合理的定价。另外，监督缺乏，促使高管人员的一些投机取巧的行为的发生。

　　2. 对薪酬体制实施有效监管及相应改革

　　我们认为，具体到中国平安的高管薪酬机制，在应用"金手铐"时还要有一套严格的监督制度，要充分发挥薪酬委员会及独立董事的作用。只有建立对公司管理层有效的监督机制，才能有效降低上市公司高管薪酬的不合理性。针对社会反映强烈的"平安高管 6000 万元高薪"的问题，国家也陆续出台了相关规定，"其他中资股份制保险公司也要依照本通知精神，加强对高级管理人员薪酬工作的管理。公司股东大会、董事会以及提名薪酬委员会要切实发挥作用，对薪酬制定和发放程序以及薪酬方案的合理性等进行认真审查，并将有关情况作为 2008 年度公司治理结构报告的重要内容报送保监会"。财政部于 2009 年 4 月 15 日颁布了"限薪令"，对上市金融公司高管的薪酬与企业的绩效不相关联的问题进行重点整治，这说明了目前我国上市金融公司高管现金薪酬过高，不与企业绩效呈正相关，高管激励约束机制不够完善。① 面对公众对国企高管是否存在"天价薪酬"的持续质疑，2009 年 9 月 16 日，人力资源和社会保障部等六部门联合出台《关于进一步规范中央企业负责人薪酬管理的指导意见》，这也是我国首次对所有行业央企发出高管"限薪令"。

此外，中国平安是以保险行业为主，要考虑投保人及债权人等利益相关者的利益，还得考虑保险事业对国家稳定的影响，所以不能说股票期权等绩效考核制度就没有弊端。短期限薪措施有利于遏制"天价年薪"，但是对于高管薪酬体制进行改革的最终目的不只是为了规范高管薪酬，而是为了促进企业更规范、更持久地发展，因而与薪酬体系相配套的各项管理制度也应及时进行改革，以期通过薪酬体系的改革带动整个管理制度的完善。

第五节　中国平安保险（集团）股份有限公司治理的启示

我国正向经济社会转型发展的同时人口老龄化进程速度也在加快，我国于 2001 年已进入老龄化社会。尽管人们现在的生活水平有了很大提高，但是人均 GDP 并不高，中国内地的许多城市还比较贫穷，养老成本高。自实行计划生育政策至今已 30 多年，很多家庭是独生子女，养老问题比较严峻。可以说，我国已是一个"未富先老"的国家。尽管社会保险为人们的生活提供了最基本的保障，但是这些保障是远远不够的。面对强大的保障需求，商业保险的产生也是必然并且非常有用的。因此，对于保险公司的公司治理问题也就显得尤为重要。但是，保险与其他行业也有不同。保险经营活动既不直接生产也不直接经营物质产品，而是提供保险服务，并且保险产品具有许多其他行业没有的特性。② 它具有高比例的负债

---

① 王力、步艳红：《我国上市银行公司治理存在的问题及改善对策》，《农村金融研究》2010 年第 8 期。

② 王丹：《论我国保险公司治理的特殊性及模式设计》，《中国集体经济》2010 年第 21 期。

性、保险产品的特殊性、风险的集中性、保险合同的附和性。因此，在保险公司的公司治理中，不能简单套用公司治理理论，要充分认识它的共性与特殊性才不会出错。保险公司特别是商业保险公司的公司治理有一定的特殊性，在应用通用理论时，应更多地关注投保人等利益相关者的利益而不能仅仅局限于股东本身。

中国平安作为国内保险行业的领头羊，许多宝贵经验值得其他保险公司借鉴。总的来说，中国平安的公司治理是比较成功的，中国平安多次在《中国上市公司 100 强公司治理评价》中上榜，而且多年来保持在前列。其公司治理吸收了英美模式与德日模式的许多优点，与国际化接轨。它是第一家在中国大陆引进外资股东的保险公司，并在国内创造了许多佳绩。它不像国内许多公司那样"一股独大"，经过不断改革，它形成了外资企业、国有企业、民营企业、员工共同持股的格局，股权结构相对合理均衡。它建立了股东大会、董事会、监事会"三会"制度，实现了董事长和总经理的角色分离，从海外大规模引进了优秀专业人才，建立了国际化、专业化的卓越管理团队。不仅引入了独立董事制度，还应用了股票期权的激励制度与高管问责制。尽管有不少方面还需完善，但是中国平安的创新意识难能可贵。此外，中国平安存在的不足在许多公司中也可能存在，所以说，对中国平安的治理进行研究有利于解决其他公司特别是保险公司的治理问题。

第九章　中国光大集团公司治理实证分析

第一节　中国光大集团公司的组织架构

中国光大集团公司（以下简称"光大集团"）是在 1983 年经国务院批准成立的大型国有企业。光大集团自成立以来有两个总部，分别是光大集团总公司（北京总部）和光大集团有限公司（香港总部），这两个总部均由财政部出资，但彼此之间并无股权上的关系，在法律上各自独立。多年以来，光大集团一直通过这两个总部来管理境内外的业务，正是因为这个原因，光大集团内部的管理运作不规范，多年来，光大集团一直在积极寻求改革重组。

截至 2012 年，光大集团改革重组的方案已经持续了 10 年。2012 年12 月，光大集团进一步的重组改革完善方案也得到了国务院的同意批准。这次的重组方案中，财政部将自己对两个总部的股权、财政部的借款本金和利息作为出资成为光大集团的股东，汇金公司则将自己对光大银行 200亿股权中的 90 亿股权、光大实业股权注资到光大集团，成为光大集团的另一国有股东。由于财政部将自己对香港总部的股权作为资本投入到光大集团，并在香港由光大集团进行登记注册，实现了两部的合一。汇金公司在这次的改革中，将自己对光大银行的部分股权转投资到光大集团，使光大集团成为光大银行的控股股东。改革之前，光大集团是只有国家股东的独资企业，改革重组之后，成为有财政部和汇金公司等股东的股份制公司。这次完善后的方案对光大集团来说意义重大，光大集团结束了多年以来由于两个总部的存在而导致的管理上的混乱状态，实现了两部的统一，同时又明确了光大集团总公司与子公司光大银行之间的股权关系。

光大集团作为我国金融市场上金融控股集团的典型代表，涉及的行业范围非常广泛。光大集团涉及的行业主要是金融行业分别主要有：银行业、证券业、保险基金管理业、信托投资业等，同时，光大集团旗下还有一些非金融企业。光大集团由于主要经营的是金融业务，现在已经发展成为了金融控股集团。目前，集团在境内拥有多家企业，有中国光大银行股份有限公司、光大证券股份有限公司、光大永明人寿保险公司、光大控股有限公司、光大金控资产管理有限公司、光大资本投资有限公司、光大金融租赁有限公司、光大保德信基金管理有限公司、光大期货有限公司、中国光大实业集团有限责任公司、中国光大国际有限公司、中国光大投资管理公司、上海光大会展中心、中国光大置业有限公司、亚龙湾高尔夫球会等（见图9-1）。其中，光大银行股份有限公司和光大证券股份有限公司已在上海证券交易所上市，光大控股有限公司、光大国际有限公司已在香港联合交易所上市。光大集团的发展战略是以金融业为支柱产业，深化改革，建立完善各种机制，充分利用集团内部的资源和信息共享，提高经营业绩，致力于发展成为规范化的金融控股集团。

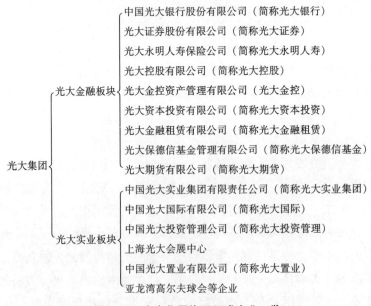

图9-1　光大集团旗下组成企业一览

光大要致力于走金融控股的道路，应该重在控股银行。但是，很长时间以来光大集团一直未能对光大银行控股。2005年年底，光大银行的核心资本为负，为-30.42亿元，没有填补的亏损为139.11亿元，资本很不充足。2007年年末，汇金公司将200亿美元的资金注资到光大银行，

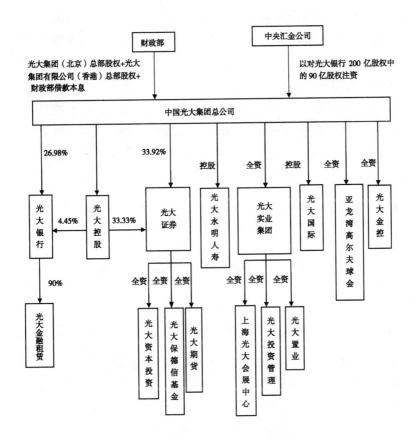

图 9-2　改革重组之后光大集团的组成结构

说明：图中的百分数表示持股比例。

光大银行的 200 亿股份由汇金公司持有，自此，汇金公司对光大银行的持股比例达到了 70.88%，汇金公司成为光大银行的绝对控股股东。汇金公司入股后，光大集团对光大银行的持股份额由之前的 45.55% 减少到13.25%，光大集团居于第二大股东位置。2009 年年底，由于经历了一轮信贷风暴，光大银行的资本金严重短缺，上市已是迫不得已的选择，在这个过程中，光大集团曾经希望汇金公司能将对光大银行的股份无偿地转让给自己，但是由于在光大银行的改革中，汇金公司付出了超过 400 亿元的资本，汇金公司不愿意退出光大银行，光大集团的这个想法没有成为现实。此后，光大集团和汇金公司商量，一致同意先推动光大银行上市，在光大银行完成上市之后实行集团改革重组方案。2010 年，光大银行迅速上市后，在光大银行的流通股中，汇金公司持股 48.37%，光大集团持股 5.18% 是光大银行第二大股东。所以，很长时间以来，光大银行作为光大集团的核心子公司，光大集团并没有对光大银行控股。

2012 年 12 月，改革重组的完善方案得到批准之后，由于汇金公司以对光大银行的股份入股到光大集团，光大集团对光大银行的持股份额达到第一位，光大集团成为光大银行的第一大股东，光大集团实现了对光大银行的控股权。所以说，这次改革重组对光大集团意义非凡，这是光大集团走向于完善的金融控股集团的很重要的一步。对于汇金公司对光大银行的股权怎样折算成对光大集团的股权的这个问题，各方还在商议之中。① 需要说明的是，下文中的分析数据只截至 2013 年 3 月。

第二节　中国光大集团公司治理中存在的若干问题

一　光大集团母公司国有股权过于集中，国有股独大

改革重组之后，光大集团的股东从以前的单一股东变成两个股东，从以前的国有独资企业改制成为由财政部、汇金公司等股东投资的股份制公司（见表 9 - 1）。

中央汇金投资有限责任公司（下称"汇金公司"）是中国投资有限责任公司的唯一子公司，是由国务院批准设立的国有独资有限责任公司，注册资本为 5521.17 亿元。汇金公司的职责是：基于国家的授权对国家的一些在国家经济中发挥重要作用的金融企业进行股权投资，代表国家对这些企业依法行使出资人权利并承担出资义务，实现国有资产的保值和增值。汇金公司不干涉其控股企业的日常经营活动。除此之外，汇金公司不再进行任何的商业性的经营行为。

----

① 2014 年 12 月 8 日，经国务院批准，中国光大集团股份公司在北京正式成立，中国光大（集团）总公司由"国有独资企业"改制为"股份制公司"，并更名为"中国光大集团股份公司"。新成立的中国光大集团股份公司由财政部和中央汇金投资有限责任公司共同发起，财政部持股比例为 44.33%，汇金公司持股比例为 55.67%。重组改制后，中国光大集团股份公司将承继中国光大（集团）总公司（包括境外分支机构）全部资产、负债、机构和人员。这标志着光大集团始于 2003 年，历时 11 年的改革重组最终完成，也标志着本轮十年大型金融机构改革画上圆满句号。

表9-1 　　　　　　　　　　光大集团母公司改革重组前后特征

时间	股东	性质
改革重组前	财政部	国有独资
改革重组后	财政部、中央汇金公司	股份制

经过重组，引入汇金公司这一大股东之后，光大集团变成了股份制公司，原来光大集团的股权结构中只有一个国家股，经过改革重组之后，又引入了汇金公司这一国家股东。光大集团改革重组前后股东的变化使光大集团的资产和利润都得到了增长，据介绍，截至2012年年底，光大集团的总资产额约2.4万亿元，是改革重组初期的4倍，比上一年的总资产增长31%；全年合计实现税前利润约350亿元，比上年增长20%，这些数字的变化充分说明了这次股权结构改革是值得肯定的。但是，很显然，从光大集团的股权结构来看，光大集团即使经过了改革重组，光大集团的股权仍然是国有股占绝对控制地位，汇金公司作为国家股的引入，只是使光大集团的国有产权从一个变成了两个，由政府直接控制变成了二层二元化的间接控制，但光大集团的产权还是国有的。所以，虽然改革后光大集团的产权结构中引入了汇金公司，形成股份制公司，但国有股仍然是光大集团股权结构中唯一的角色，原有国有股"一股独大"的问题并没有解决。

股权结构从本质上来说就是各股东对公司持股的情况，所以股权结构是公司治理中最关键的因素。很多学者的研究也说明，国有股独大不利于我国股份公司的治理。不论股权是非常集中还是非常分散，都对公司治理不利。国外公司中比较完善的公司治理结构均说明：公司的股权集中度是能影响公司的治理的，二者之间的关系是倒U形曲线关系。[1] 国家股独大，如果国家对公司的经营活动干预过多，就容易造成行政干预，也不符合市场经济的发展要求。如果国家对公司的经营活动干涉太少，由于国家所有是一个模糊抽象的概念，就会导致所有者空缺，出现了无人管的"模糊治理"的现象。

二　光大集团母公司董事与经理层重合度高

集团董事会是光大集团的最高决策机构，但是光大集团的部分董事同

---

[1]　吴敬琏：《吴敬琏撰文谈控股股东行为与公司治理》，《证券时报》2001年6月8日。

时又兼职了公司的高级管理层，董事与高级管理层相互重合，如表9－2
所示。

表9－2　　　　　　　光大（集团）总公司董事会人员任职情况一览

姓名	职位
唐双宁	集团董事长、党委书记
臧秋涛	集团副董事长、党委副书记
罗哲夫	集团副董事长、执行董事、总经理、党委委员
郭友	集团副董事长、党委委员
康臻	集团执行董事、副总经理、党委委员
吴少华	集团执行董事、副总经理、党委委员
解植春	集团执行董事、副总经理、党委委员
袁长清	集团党委委员、纪委书记

表9－3　　　　　　　光大集团母公司董事与经理层兼任情况

姓名	是否在董事会任职	是否在经理层任职
唐双宁	是	否
臧秋涛	是	否
罗哲夫	是	是
郭友	是	否
康臻	是	是
吴少华	是	是
解植春	是	是

从法律规定来看，公司的董事会、党委、经理层是不同的组织机构，
各自有不同的职能。董事会的工作内容是负责公司的决策，经理层作为公
司的执行层执行董事会的决策，进行具体的经营活动，董事会对经理层进
行任免、考核等，二者应有不同的职能，二者的职能应相互分开。但从上
表可以看出光大集团公司的一部分董事存在着两职兼任的问题，部分人员
既是公司的董事，同时又担任公司的经理层人员，罗哲夫兼任集团的执行
董事以及集团的总经理，康臻兼任集团的执行董事以及集团的副总经理，
吴少华兼任光大集团执行董事和副总经理，解植春兼任光大集团的执行董
事以及集团的副总经理。光大集团有7名董事，但是这7名董事中就有4

名同时又任职本公司的经理，董事与经理兼任的比例达到了57%，超过了董事人数的一半，公司董事与经理重复任职现象严重。

我们认为，这种领导结构并不合理，法律上要求的董事会和经理层之间是一种委托—代理关系，董事会下达决策，经理层负责实际的执行。如果一人同时担任公司的董事和经理，集董事和经理于一身，就意味着这个人既要作为董事在董事会中行使董事的决策权，又要作为经理层履行经理的职责即具体执行董事会的决策，负责公司的经营活动，这样的结构使得董事会和经理层没有真正地成立委托—代理关系，缺失了公司治理结构下的公司经理层级。不仅如此，董事会对经理层应有的监督作用也无法体现，董事会对高级经理人员的经营执行行为无法进行有效独立的监督，董事会对经理层无法进行考核、激励以及约束，使光大集团母公司经理层变成了"自己监督自己"，也就等于没有监督，这种情况下的经理层人员的权力就会过度集中、过分膨胀，权力一旦失去了约束，经理层操作的空间更大，这对经理层人员正确、有效地履行职责都有影响，管理层可能会产生损害公司和股东利益的行为，从而影响公司的经营业绩。

三　光大集团子公司之间管理层交叉任职普遍

光大集团子公司之间管理层交叉任职情况比较普遍，往往这个子公司的董事同时又兼任另外一个或另外几个子公司的董事，如表9-4所示。

表9-4　　　　　　　　光大集团子公司之间董事交叉任职情况

	唐双宁	罗哲夫	郭友	袁长清	臧秋涛	解植春	吴少华	陈爽
光大银行董事	是	是	是	否	否	否	否	否
光大证券董事	是	是	否	是	否	否	否	是
光大控股董事	否	否	否	是	否	否	否	是
光大金控董事	否	否	否	是	否	否	否	否
光大国际董事	是	否	否	否	否	否	否	否
光大永明人寿董事	是	是	否	否	否	是	否	否
光大实业集团董事	否	否	否	否	是	否	否	否

从表9-4可以看出，光大集团子公司董事交叉任职现象比较明显，唐双宁同时兼任了4家公司的董事，即分别是光大银行、光大证券、光大国际、光大永明人寿的董事。罗哲夫同时兼任了3家公司的董事，即分别

是光大银行、光大证券、光大永明人寿的董事。臧秋涛同时兼任了3家公司的董事，即分别是光大控股、光大国际、光大实业集团的董事。陈爽同时兼任了2家公司的董事，即分别是光大证券和光大控股的董事，这些人平均兼职了3家公司的董事。光大集团子公司董事之间相互交叉任职的现象普遍。

这种子公司董事交叉任职的现象会对公司的经营带来不利影响，由于子公司董事同时在多家子公司任职，可能出现这样一种现象，即这些股东为了维护彼此之间的关系，在对待企业的一些重大问题，比如公司的战略决策、预算方案、投资并购项目、董事和经理人员的薪酬分配、人事任免、母公司对子公司的监督等方面，可能都会以和平、协商的方式和态度来决定，这样的话，就没有应有的监督，在出现问题的时候也无法公平地追究责任。同时，子公司的董事同时又在其他公司兼任董事，会造成公司董事精力分配不足，不能及时高效地参与公司的董事会会议等，从而影响公司的决策，影响公司的经营。

四 子公司董事会人员组成不合理

从表9-5来看，光大集团子公司董事会规模基本都在9—11人，光大银行董事会为15人、光大证券11人、光大控股10人、光大国际为10人，人数规模虽然符合公司法的规定，但从以上的数据中我们看出一个问题，光大控股和光大国际的董事会组成人数都为偶数10个人。由于公司董事会的决策方式中，一个董事是行使一票的表决权，如果10名董事都参加了董事会，都行使了投票表决权，就有可能出现5票对5票的表决结果，显然，这种情况下的表决结果会导致董事会决策的难题，这个时候就会形成一种僵局，董事会无法得出有效的决策。那么，面对这种表决局面，董事会该怎么去处理呢。所以，公司的董事会的人数不应当是偶数，董事会人数设置为偶数的规模结构极为不合理，不利于公司的表决决策，董事会的组成人数应当是单数。我们认为，职工董事的引入是解决上述问题的一个方法。

表9-5　　　　　主要上市子公司2012年董事会特征统计

	光大银行	光大证券	光大控股	光大国际
董事会总人数（人）	15	11	10	10

续表

	光大银行	光大证券	光大控股	光大国际
执行董事人数（人）	7	5	3	6
执行董事比例（%）	46.67	45.45	30.00	60.00
非执行董事人数（人）	3	2	3	1
非执行董事比例（%）	20.00	18.18	30.00	10.00
独立董事人数（人）	5	4	4	3
独立董事比例（%）	33.33	36.36	40.00	30.00
职工董事人数（人）	0	0	0	0
职工董事人数比例（%）	0	0	0	0
董事会专业委员会个数（个）	6	4	3	4

职工董事制度是职工参与公司管理的一种形式，这种制度使职工成为公司董事会成员参与公司决策。现代企业制度的建立应该更加重视职工的民主管理，民主管理要求之一即是应引入职工董事，公司法没有强制规定股份有限公司中必须有职工董事，但如果股份制有限公司的董事会中也有职工董事的话，可以在一定程度上发挥一定的决策、监督作用。但是，从上表来看，光大集团旗下主要子公司光大银行、光大证券、光大控股、光大国际等公司董事会中职工董事的人数为0，公司的董事会中都没有职工董事来参加，由于缺乏了职工董事的参与决策和民主监督，对董事会的决策和监督作用都有影响。

五　子公司监事会中外部监事和职工监事比例低

表9－6　　　　　主要子公司 2012 年监事会组成情况一览

	光大银行	光大证券
监事会人数（人）	11	9
外部监事人数（人）	2	0
外部监事占比（%）	18.18	0
职工代表监事人数（人）	3	3
职工代表监事占比（%）	27.27	33.33
监事会会议次数（次）	6	5

　　外部监事是监事的一种，其职能同样也是进行监督，其特殊性仅在于外部监事的监督更加客观、更加独立。因此，引进外部监事制度对光大集团子公司的公司治理而言，应该能够起到积极作用。从上表的数据来看，集团公司的子公司光大银行和光大证券监事会的人数分别为 11 人和 9 人，符合法律的规定。从表中来看光大银行的外部监事的人数比例较低，只有 18.18%，光大证券监事会中没有外部监事的加入，光大集团子公司光大银行和光大证券监事会中的外部监事平均只有 1 个，能够起到独立监督作用的外部监事总体来说很少，很明显，监事会应有的有效公正的监督作用无法发挥。

　　依据公司法的规定，有限责任公司和股份有限公司如果设有监事会，那么职工监事的人数至少应占监事会总人数的 1/3，在公司运作中，监事代表股东与员工的根本利益，并监督公司的运营，监事应独立、有效地行使监督与制约职能。从表中来看，光大银行监事会中职工监事只占有 27.27%，明显没有达到法律规定的比例。在光大证券监事会中，职工监事的比例也只是刚刚达到法律的规定。光大银行和光大证券监事会中职工监事平均只有 3 个，从这种组成情况来看，职工监事的比例偏低，不能有效地发挥应有的作用。而且，在光大证券监事会的 3 名职工监事范振彤、王文艺、李海松在担任职工监事的同时，又担任了公司的一些高级管理人员的职位，范振彤现任光大证券资产管理总部副总经理、光大证券资产管理总部市场营销部副总经理；王文艺现任光大证券北京分公司总经理，李海松现任公司风险管理部副总经理。在这种多重身份下的职工监事同时也代表了经理层的利益，可想而知，其作为职工监事应发挥的独立的监督作用该从何体现，这些职工监事的监督作用大打折扣，更无法站在普通职工的立场上代表公司普通职工的利益来有效地行使监督。

第三节　完善中国光大集团公司治理的若干建议

一　构建光大集团母公司多元化股权结构，实现股权相对制衡

　　国内外的实证研究都表明，股权结构对公司的治理有很大的影响，而且最优的模式是实行股权多元化的结构。孙光焰在《公司治理模式趋同

化研究》一书中，详细论述了股权集中度对公司治理模式的影响。他认为相对集中的股权结构才是最优的股权结构。[①] 股权相当集中或相当分散在公司治理方面都有很大的弊端，只有股权相对集中，有相对控股股东的存在，才是最优化的股权结构，才会有利于公司的治理。

经过改革重组后的光大集团，母公司的股权结构由过去单一的国家股东转变成今天的财政部和中央汇金公司共同持股，虽然持股方财政部和中央汇金公司仍属国有性质，但正是因为汇金公司的加入，光大集团从国有独资企业改革成了股份制公司，这对于光大集团的股权结构的改革来说是一大进步，但仍然是国有股"一股独大"。国内学者研究的结论倾向于认为，国有股独大的股权结构不利于公司的经营管理，影响了集团公司的发展，国有股独大的股权结构已经成为改善集团公司治理机制中所要解决的核心问题，限制"一股独大"很有必要。

所以，光大集团应进行股权改革，合理分散国有股权，进行国有股减持改革。[②] 支持和倡导减少国有股的份额，建立多元化的投资主体结构，适度分散公司的股权，构建相对集中的股权结构。国有股东退出部分留下的空缺由非国有资本填补，这不仅可以充分利用社会资本，而且公司也可以由于股权结构的变化进行经营革命，这对公司的治理是有好处的。[③] 但是，这种稀释并不是没有限制地减少国有股的比例，光大集团要有一个国家持股的底线，因为我们要考虑到光大集团目前在我们国家经济体系中发挥的重要作用，我们国家股应该处于相对控股的地位。保证了控股股东的地位之后，再逐步地去减少光大集团国家股的持股比例，广泛吸引社会上的、境内外的投资者加入光大集团中来，提高非国有股的份额，引入非国有企业和自然人等几个稳定的大股东，形成国家相对控股的相对集中的股权结构。在这种股权结构中，几个稳定的大股东既可以相互地制约，相互地竞争和监督，同时也可以联合监督制约第一大股东，这种股权结构是光大集团母公司应有的股权组合模式。

---

① 孙光焰：《公司治理模式趋同化研究》，中国社会科学出版社 2007 年版，第 65—68 页。

② 魏举峰：《企业国有股权稀释问题研究》，博士学位论文，辽宁大学，2006 年。

③ 肖海军：《国有股权法律制度研究》，中国人民公安大学出版社 2002 年版，第 13 页。

二　在光大集团母公司中构建董事会专业委员会

光大集团董事会没有常设机构，这样不利于董事会作用的发挥。在光大集团这种母子公司体系中，集团公司子公司既有在内地的，也有在香港的，公司的业务既有金融行业的，也有非金融行业的，整个集团公司的发展趋势是一种多元化跨行业、跨地区的发展，由于母子公司都是独立的法人，母公司不可能也不应干涉子公司的日常经营，只能通过向子公司派出产权代表到公司的股东会和董事会中，以此来执行贯彻重大决策从而来对子公司进行监督和指导。这种监督和指导需要母公司有较高的决策水平和决策能力。这种决策水平和决策能力需要依赖公司的专业委员会。所以，母公司的董事会设立必要的专业委员会，是提供母公司决策水平和决策能力的关键。光大集团母公司应至少设立三个委员会，分别是战略决策委员会、审计委员会以及提名、薪酬与考核委员会。

战略决策委员会的工作内容是研究制定整个集团公司的战略规划方案、研究分析一些重大的经营投资项目并提出建议，向集团董事会提出有关重大经营决策方面的建议等，总体来说战略决策委员会承担出谋划策的职能，为公司提出建设性的战略方案和重大建议。

审计委员会的工作内容是制定公司内部审计制度，监督审计制度的实施，负责内外部审计机构之间的联系、审核公司的财务状况、提议聘任和更换外部审计机构等事项。①

提名、薪酬与考核委员会的工作内容是研究集团母公司和子公司董事、经理人员的选择标准、对集团和子公司董事候选人和经理人选进行考核并提出建议、拟定集团和子公司董事及高管人员薪酬计划和方案、研究董事和高级管理人员的考核标准，对高级管理人员进行考核，并对执行情况进行监督。②

三　实现光大集团母公司董事与高级管理层的两职分任

公司的董事会和经理层是公司的不同机构，从法律规定来看，这些机构应该有不同的职能，有相应的权限划分，董事会的具体职责是负责公司

---

① 赵志刚：《公司治理法律问题研究》，中国检察出版社 2005 年版，第 168—169 页。
② 同上。

的决策；经理层作为公司的执行层执行董事会的决策，进行具体的经营管理活动，董事会对经理层进行任免、考核、监督等，二者应各司其职。

光大集团部分董事两职兼任，既担任董事，又担任经理。例如，罗哲夫兼任光大集团执行董事和总经理，康臻兼任光大集团执行董事和副总经理，吴少华兼任光大集团执行董事和副总经理，解植春兼任光大集团执行董事和副总经理。光大集团有 7 名董事，但是这 7 名董事中就有 4 名同时又任职本公司的经理，董事与经理兼任的比例达到了 57%，超过了董事人数的一半。这种做法有一定的优势，公司的经理层向董事会负责，董事会对经理层进行监督和考核，经理层在一定程度上受到了董事会的束缚，如果公司的部分董事同时又兼任公司的经理，在一定程度上来说，能使经理层更灵活地经营，对于董事会的决策执行效率有时候能更高。但是，我们应该从这种做法背后看到它带来的弊端。集董事和经理的职位于一身，董事既要决策又要执行，使得董事和经理层之间的委托—代理关系无法形成，内部董事无法客观地监控经理层，使董事会监督经理层的积极性和有效性降低，导致光大集团母公司出现"内部人控制"现象，就变成了自己监督自己，相当于没有监督，使经理层人员的权力过度集中和膨胀。如果权力失去了监督，由于经理的自利性和限制性，就可能导致经理层的违法违规以及不道德行为的产生，会损害股东和其他利益主体的利益，这样对整个公司的经营和公司的治理都是不利的。

所以，建议光大集团母公司董事和经理层之间应实现两职分任，不支持和提倡董事和经理同时由一人担任，避免经理层在两职合一情况下出现的权力过度集中和过分膨胀的现象，通过两职分任，将权力适度分散，形成一种相对平衡的权力制衡机制。只有这样，才会在管理层之间形成相互的监督，也有利于董事会对管理层的监督，降低经理层产生违法或者不道德的行为的可能性。只有形成这种权力相互制衡的领导结构，才能实现决策权、监督权、执行经营权的平衡，才能更加有利于光大集团的长远发展。

四　在子公司董事会中引入职工董事，加强董事会的决策和监督

从以上部分来看，光大集团子公司中董事会的总人数达到了法律的规定，但是在人数的设置上还有不合理的地方，光大控股和光大国际董事会

人数不合理，人数为偶数 10 人，由于董事会是一人一票，在出现 5 票对 5 票的僵局的时候无法确定表决结果。由于光大集团子公司光大银行、光大证券、光大控股和光大国际董事会中均没有职工董事，我们认为，如果在这些子公司中引入单数的职工董事，加上原来偶数的非职工董事，公司董事会的总人数就是单数，这样就不会出现表决的时候相同票数的对立情况，就可以打破由于票数对等出现的得不出表决结果的局面。所以，职工董事的引入是解决这种人数设置不合理问题的一个办法。引入职工董事后，可以使董事会的人数合理，使董事会的表决结果不会出现僵局，有利于董事会的决策。

但是，光大集团子公司光大银行、光大证券、光大国际、光大控股董事会中都没有职工董事，由于职工董事是由公司工会进行选举，董事会中缺乏职工董事，公司工会就很难通过职工董事对公司进行民主监督管理。而且，在我国企业的实践中，很多股东和经营者认为董事会中的职工董事的作用不大，对于职工董事进入董事会这一环节不重视，就算职工加入了董事会，他们所占的比例也是非常低。

职工董事作为公司内部的员工，对于公司的经营发展状况比较熟悉，了解公司的经营情况，如果职工董事能进入董事会，对公司的决策有利。不仅如此，职工董事的加入能在一定程度上起到制衡董事会的作用。职工董事来源于公司职工，他们是公司普通员工和中小股东利益的代表者，对于整个董事会的决策能起到一定的监督作用。所以，光大集团应该进一步提高子公司董事会成员中职工董事的比例。光大集团的子公司职工董事由公司职工通过职工代表大会、职工大会或者其他形式民主选举产生，选出的职工董事应符合法律的规定，同时，权利、责任的承担也应该和其他董事一样，代表普通员工和中小股东的利益，行使他们的决策权和监督权，真正发挥职工董事的作用。

五　提高子公司监事会中外部监事和职工监事比例，实现有效独立的监督

完善的公司结构反映出股东会、董事会、高级管理者之间的平衡关系。在光大集团子公司监事会结构中，很不足的一点就是监事会的组成结构不合理。从监事会构成来看，光大银行监事会中职工监事只占有 27.27%，明显没有达到法律规定的比例。在光大证券监事会中，职工监

事的比例也只是刚刚达到法律的规定。光大银行和光大证券监事会中职工监事平均只有 3 个。从这种组成情况来看，职工监事的比例偏低，光大集团应更科学地引入外部监事和职工监事。科学地引入是指首先职工监事和外部监事的人数要合理，光大集团要建立完善的公司治理结构，就必须使监事会充分发挥其监督作用，提高监事会的独立性，增大外部监事和职工监事在监事会中的比例。

引入外部监事制度对光大集团子公司的治理而言，能够起到积极作用。目前，很大一部分学者都指出，外部监事在监事会中的比例应增大，这个比例应保持在 1/3 以上，只有这样，才能确保外部监事的独立性。甚至有学者认为，外部监事的人数达到 1/3 还是不够，还是不能对内部董事起到制衡作用，所以应该更多地引入外部监事，应该使董事会中外部监事的人数达到一半。因为只有先充分了解公司的情况，掌握了一定的信息，才能对公司的情况进行监督。外部监事都来自于公司外部，无法充分获取公司的信息，如果外部监事过多，就导致真正充分了解公司信息的内部董事减少，这样也不利于监督董事的经营业务。所以，外部监事人数过多也难以充分发挥监控作用。我们认为应以 1/3 以上为宜。

从光大银行和光大证券的监事会的组成结构来看，光大银行的外部监事和职工监事的人数远没有达到法律的规定标准，即职工监事和外部监事的比例不得低于 1/3。光大证券监事会中完全没有外部监事，职工监事的比例也才刚达到法律规定的标准，从这种现状看来，缺乏外部监事和职工监事，不能使监事会有效地监督。光大集团子公司监事会中应该引入更多的外部监事和职工监事，增加子公司员工在监事会中的人数，使他们能代表公司普通员工的利益来行使监督，增大监事会的内部制衡。同时，职工监事的来源也要合理，公司法规定了董事、高级管理人员、财务负责人不得兼任公司的监事，避免监督者与被监督人有利益关系。但是，在光大证券监事会职工监事均来源于公司的中高级管理层，范振彤现任光大证券资产管理总部副总经理、光大证券资产管理总部市场营销部副总经理；王文艺现任光大证券北京分公司总经理，李海松现任公司风险管理部副总经理，职工监事兼职经理层，职工监事的独立性并没有体现出来，职工监事无法做到实质的监督。所以，子公司监事会中职工监事应该真正独立于公司的中高级管理层，职工监事不能来源于公司的董事和高级管理层，使他们无所顾忌地、公正地行使监督权。

在光大集团子公司中，我们期望通过外部监事和职工监事的加入，增大能代表中小股东和公司员工利益监事的比例。这些监事充分行使自己的监督职能，监督董事会和经营层的行为，防止出现公司大股东损害中小股东合法利益的行为。

第十章 中信集团公司治理实证分析

第一节 从中信泰富事件看中信集团公司
治理存在的问题

一 中信集团发展历程

自 1979 年 7 月 8 日，中国国际信托投资公司宣布成立，简称"中信公司"起，到 1988 年这段时间，是公司的成立初期和快速发展时期，逐步发展成为一个具有综合性业务的企业集团。1990 年 1 月，中信公司收购泰富发展，将泰富发展更名为中信泰富。1992 年 2 月 13 日，中信泰富收购香港最著名老牌洋行——恒昌企业。从 1993 年开始，公司创始人之一的荣毅仁同志当选国家副主席，从此后至今公司步入了稳定发展的时期，在此期间，1995 年 2 月，中信证券成立，并于 2002 年上市。2001 年，中信集团成立。2002 年 12 月 5 日，作为中国第一家金融控股公司的中信控股成立。2005 年 11 月 25 日，中信实业银行改名"中信银行"。2008 年 10 月 20 日，子公司中信泰富因外汇期权合约发生巨亏案。2011 年 12 月，中国中信集团公司（原中国国际信托投资公司）整体改制为国有独资公司，并更名为中国中信集团有限公司（简称"中信集团"），与此同时，中信集团以其绝大部分经营性净资产作为出资，并联合其全资子公司北京中信企业管理公司共同发起设立，于 2011 年 12 月成立中信股份有限公司。中信集团和中信股份法定代表人都是常振明。

中信集团现已成为具有较大规模的国际化大型跨国企业集团。中信集团目前拥有 44 家子公司（银行），业务主要集中在金融、实业和其他服务业领域，其中，金融涉及银行、证券、信托、保险、基金、资产管理等行业和领域；实业涉及房地产、工程承包、资源能源、基础设施、机械制造、信息产业等行业和领域。①

二　中信集团对中信泰富股权控制状况

中信集团一方面是国有独资公司，股东只有一个——国家，财政部代表国家行使中信集团有限公司出资人权利；另一方面又是企业集团，但其成员在法律上仍保持原有的独立法人地位。企业集团的核心是实力雄厚的大企业。而通过母子公司的控股关系和控股公司的数量可以看出，在中信集团，中国中信股份有限公司占据着核心大企业的地位。而核心企业通过与金融机构密切结合，具有强大的融资功能；并通过其在生产、销售、资金和管理上的绝对优势，控制其他成员企业按照企业集团的总体目标协调运行。根据中信集团 2011 年的年报，中信集团拥有 44 家子公司，业务主要集中在金融、实业和其他服务业领域。从这个方面来讲，构建起核心企业——中国中信股份有限公司的有效的公司治理机制，对整个中信集团的公司治理的完善和发展具有举足轻重的意义和实际影响。

另一个方面，我国关于母子公司的立法规定极为简单，并没有对子公司进行明确的界定，对母公司与子公司的概念做出明确规定的是国家工商行政管理局制定的《企业集团登记管理暂行规定》（第 4 条第 2 款）："母公司应当是依法登记注册，取得企业法人资格的控股企业。""子公司应当是母公司对其拥有全部股权或者控股权的企业法人。"并定义企业集团是指以资本为主要联结纽带的母子公司为主体，以集团章程为共同行为规范的母公司、子公司、参股公司及其他成员企业或机构共同组成的具有一定规模的企业法人联合体。② 从该规定可以看出，母公司是控股公司，子公司是被控股公司。但对出资公司的出资占被出资公司注册资本多大比例，才是控股公司，现行的法律、法规和部门规章对此没有规定。通过对中信集团的母子公司组织结构的对比发现，中信集团子公司中，全资子公司占的比例较大。我国立法并无对母子公司之间做出详细具体的法律规定。按照《国际会计准则》的规定，母子公司应包括：（1）母公司及其

---

① 中信集团公司，http：//baike. baidu. com/view/282715. htm? fromId = 286709，2013 年 3 月 2 日访问。

② 陆晓：《企业集团资金集中管理与内部资本市场效率研究》，《财会通讯》2010 年第 23 期。

全资控股的子公司；（2）公司拥有另一家公司50%以上的表决权，包括直接或间接拥有。研究中信集团公司治理，要明晰的是母子公司之间的组织结构关系这个基本的法律关系。并从母子公司的关系行为中探究中信集团的公司治理问题。本书主要以中信集团和子公司中信泰富、中国中信股份为主要研究对象。

在中信集团年报上公布的集团重要公司组织架构信息之中，中信集团的全资子公司达10个以上，而占据其50%以上股权的子公司也是占据大多数比重。中国中信股份有限公司又拥有很多其他子公司，其有32家子公司，其中全资子公司有21家，剩余的11家，中信股份占其公司的股份都在50%以上。中国中信股份有限公司的子公司有20家，其中属于全资的子公司有11家，其中有6家的上级公司占其股份数在50%以上，只有3家的上级公司占其股份数在50%以下。自从2008年中信泰富巨亏事件发生前后，中信泰富的股权发生了重大的变化。如图10-1、图10-2所示。

2008年10月20日巨亏案发生后，中信泰富两名高层即时辞职，包括集团财务董事张立宪和集团财务总监周至贤。莫伟龙获任集团财务董事，负责集团财务及内部监控。公司主席荣智健之女、前财务主管荣明方被曝遭降职。荣智健先生辞任公司董事及主席，由2009年4月8日起生效。范鸿龄先生辞任公司董事总经理，由2009年4月8日起生效。陈翠嫦小姐辞任公司秘书，由2010年1月1日起生效，其职位由蔡永基先生替代。

2009年4月8日，中信泰富召开董事会，接受荣智健辞去中信泰富主席及董事职务，此职位由北京中信集团副董事长兼总经理常振明接任。常振明先生自2006年8月起成为公司的非执行董事，已获委任为公司主席及董事总经理，由2009年4月8日起生效。张极井先生获调任为公司执行董事及委任为公司董事总经理，由2009年11月18日起生效。[①]

伴随着中信集团成为中信泰富持股比例占50%以上的绝对控股股东，中信泰富的经营权也实际地逐渐收归于中信集团。这从人事变动方面也可以看出，常振明先生兼任中信集团董事长，兼任中信股份董事长，兼任中

---

① 《荣智健卸任中信泰富主席》，http://money.163.com/09/0408/20/56DF4V1P0025285V. html，2013年3月3日访问。

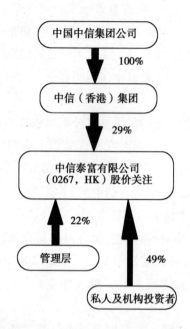

图 10 - 1　2007 年中信泰富股权情况

说明:% 表示持股比例。

资料来源:《经济观察财经》。http://www.ycwb.com/ePaper/xkb/

html/2008 - 10/23/content_ 338141. htm, 2013 年 3 月 23 日访问。

信泰富主席。张极井先生兼任中信股份副总经理,兼任中信泰富董事总经理。

三　中信泰富事件回放

2008 年 10 月 20 日,中信泰富因外汇期权合约巨亏,面临破产危机,引发港股震动。在这一天首次披露其因澳元贬值,巨额亏损接近 155 亿港元。紧接着由于澳元贬值的情况进一步加重,2008 年 10 月 29 日,其合约亏损接近 200 亿港元。从 2008 年 11 月起,中信泰富在发布的公告中宣布获得其母公司中信集团提供 15 亿美元的备用信贷。中信泰富会向中信集团发行 15 亿美元(约 116.25 亿港元)的可转换债券,换股后中信集团将成为中信泰富的控股股东,持有约 57.6% 的股权。至 2008 年 12 月 31 日,最终显示在中信泰富年报中,中信集团占中信泰富已发行股本的百分率是 57.558%。2009 年 1 月 2 日,证监会开始涉足中信泰富巨亏事件,

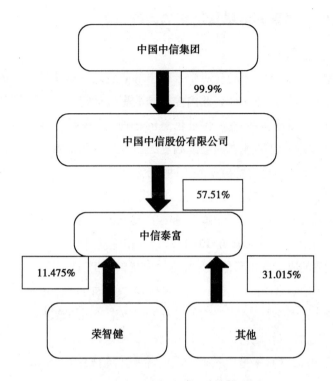

图 10 - 2　2008 年中信泰富股权情况

说明:% 表示持股比例。

资料来源: 根据 2008 年中信泰富年报整理而成。

其中有 17 名董事会接受其调查。2009 年 4 月 3 日,香港警方开始涉入中信泰富巨亏事件,对整个公司总部展开调查取证的行动。

2011 年 3 月 18 日,原诉讼法庭判决,警方查阅已向香港证监会提交的六份文件及录音,包括其法律顾问在得知和披露巨额亏损期间做出的法律文件,六份文件不再享有法律专业保密权。后中信泰富上诉,于是在 2012 年 3 月 18 日,上诉讼颁布判决,推翻了原诉讼法庭于 2011 年 3 月 18 日的判决,指出六份文件受法律专业保密权保护。现中信泰富在追回此部分的诉讼费用,并寻求归还相关保密文件。

2012 年 1 月 9 日,中信泰富就原诉讼法庭于 2011 年 12 月 19 日就约 1600 份物件的判决提交上诉通知书,最终结果未知。

四　中信泰富事件暴露出来的问题

1. 信息披露违规

中信泰富在巨额亏损的应对中暴露出的问题之一就是其企业内部风险管理机制的缺失。保证一个企业内控机制的有效运行，是需要将各种信息自上而下并自下而上的传输，保证信息的畅通。[①] 在此基础上，需要建立相应的信息披露机制和独立的会计制度，以保证外部监督的有效运行。

纵观中信泰富事件中所披露的各种情况，比较明显的是其中信泰富董事会早在 2008 年 9 月 7 日即已获悉该公司投资外汇交易酿成百亿亏损，却在 9 月 9 日的一份公函中称，"公司的财务或交易状况没有出现重大不利改变"，延迟了六个星期，直到 2008 年 10 月 20 日才正式对外坦诚损失。在此期间，中信泰富股票的成交量却离奇地大幅增加。在 2012 年 11 月 27 日，香港东区裁判法院对中信泰富的前高层崔永年涉嫌内幕交易罪宣判，崔永年被判罚款约 100 万港元，15 个月监禁，三年内不得担任香港公司的董事。

2. 内部监控架构缺失

2011 年中信泰富年报中披露企业建立起管治架构，2012 年，中信泰富对于执行港交所《企业管治常规守则》第 A.2.1 所对于主席和行政总裁角色区分方面的规定有了一个合乎法律治理常规的回应。年报披露出主席和总裁各自有清晰的职责划分。2012 年中信泰富年报披露其建立起了内部监控架构。从 2008 年中信泰富事件发生后，一个很明显的变化是其年报中关于公司治理方面的信息披露，逐年增加，逐年可以看到其公司治理不断完善的进程。从另一个方面，也反映出 2008 年之前，企业内部对公司治理合规性的遵守和执行是缺失的。

3. 责任感缺失引发道德风险

2008 年 10 月 20 日，中信泰富巨亏事件爆发后，对于管理人员能够动用百亿元巨资购买衍生工具的行为，董事局声明并不知情。2009 年 4 月，约有 100 名中信泰富小股东曾联合署名向香港财政司要求多委任一位独立调查员，并公开调查中信泰富炒汇巨亏事件。数名小股民控告时任中信泰富董事局主席的荣智健，称其在明知亏损情况下仍发出集团财务没有恶化的

---

① 陈德球：《从高层做起——构建内控文化》，《董事会》2013 年第 3 期。

声明，误导股民买入股票致使亏损。荣智健则回应称，自己签署声明时并未知道集团已出现亏损，且集团管理架构复杂，上述外汇买卖由当时董事总经理范鸿龄领导的 9 人行政委员会决定，而非其本人的意愿。在得知亏损后，也是董事局集体决定暂不公布消息，故他认为不该为股民的损失负责。无论这些声明是否属实，引起我们反思的一个方面就是责任感的缺失。

从公司治理的角度看，对公司经营者进行约束和激励的同时，约束股东行为，预防股东道德风险的发生，也应是公司治理的主要目的之一。这一问题在股权高度集中和存在控股股东或控制股东的国家如我国等具有特别重大的现实意义。中国传统文化《中庸》记载有这样一句话："为政在人，取人以身，修身以道，修道以仁。"这句话的意思是，至圣先师孔子曾经说过，执政的好坏关键是执政者，选择执政者的标准是看他自身的修养，自身的修养以道德为标准，这个道德标准就是"仁"。美国著名金融家罗杰斯在一次讲演中指出"企业家的首要责任是挣钱，第二是缴税，第三是对员工好"。我们党在十七大中也提出了"增强企业文化软实力任务"。把一个国家治理好，把一个企业管理好，把一个团队带领好，无不是由人来执行的。我国传统文化的影响以及我国现在的基本国情希冀着能够时时体现或贯彻"建立和谐社会，以人为本"的社会主义制度优越性。而在中信泰富巨亏案发生后，高层之间相互推卸责任，只怕辱行污名引上身，坏了自己的名声。殊不知《菜根谭》有言："辱行污名，引些归己，可以韬光养德。"时至今日，此案也并无确切定论，相关人员除了辞职或者处分外也并未得到其他的处罚，而依然另外开疆拓土，当年损害众多小股东利益的亏损似乎慢慢遥远起来。固然有言"法律是最低限度的道德"，但在法律滞后情况出现，无法及时有效地做出评断的时候，道德是从来都离不开的。领导层责任感严重缺失，物质和利益侵蚀着人心，道德教育和道德风险问题不得不受到重视了。

第二节　从中信集团治理现状看中信泰富
事件产生的根源

一　董事会与经理层权责不明

《OECD 公司治理原则》对董事会有着明确基本的相关规定，原则中明确指出董事会的基本权责定位，董事会行使着决策权并代表股东监督经理层，董事会要确保其对公司的战略指导作用和有效监督作用。打个比方来说，如果只有一场比赛，裁判员和运动员完全重合，权责不明严重，那自己监督自己、自己评价自己，甚至自己考核自己，又有什么意义呢？长此以往，裁判员兼任运动员的情况必然会引来对绝对不公平的众多愤愤之音，成为众矢之的。但如果有多场比赛，有多个主裁判和运动主力，那么虽然重合一部分，而裁判员和运动员的职能并没有完全丧失，公平公正还是能够相对保障的时候，比赛是能够进行下去的。1999 年 9 月党的十五届四中全会通过的《关于国有企业改革和发展若干重大问题的决定》指出："公司法人治理结构是公司制的核心。要明确股东、董事会、监事会和经理层的职责，形成各负其责、协调运转、有效制衡的公司法人治理结构。所有者对企业拥有最终控制权。董事会要维护出资人权益，对股东会负责。董事会对公司的发展目标和重大经营活动作出决策，聘任经营者，并对经营者的业绩进行考核和评价。"①

在现实情况中，董事会成员和经理层兼任的现象普遍存在，董事会成员与经理职务兼任或分任各有利弊，全部兼任必然会导致董事会失去独立性，更难以发挥其对经理层的监控作用；全部分任，又会引发出信息不对称，各自为政，不利于董事会对经理的监控等问题。根据我国《公司法》第 120 条的相关规定，在董事和经理兼任问题上，董事会成员兼任经理层人员的现象是可以存在的。现代企业制度试点时，提出了"产权清晰、权责明确、政企分开、管理科学"的十六字方针。通过整理总结分析2006—2012 年的中信集团资料得到如表 10 - 1，在中信集团内部，董事长、副董事长、总经理、副总经理的兼任现象是普遍存在的，除了 2010年董事长常振明在中信集团内没有兼任，而实际上常振明却是在子公司中信泰富兼任着执行董事。同时这四个相对重要的职务兼任的比例全部超过50%。这就如同，在 N 个主裁判员和 N 个主力运动员中，有至少 1/2 的主裁判员和主力队员权责不分，是有作弊嫌疑，是有内幕消息，是有导致绝对不公平发生的能力的，是有导致整个中信集团丧失信任危机的可能性能力的。董事长、副董事长、总经理和副总经理权责分离程度偏低的情况

---

① 参见《中共中央关于国有企业改革和发展若干重大问题的决定》。

直接导致董事会与经理层权责关系混乱不清，进而导致董事会相对独立性偏低，也就意味着发生内幕交易，发生绝对不公平事件而损失中小股东利益，丧失大众信任的危机的可能性概率大大增加了。

表 10 - 1　　　　　　2006—2012 年中信集团董事长、副董事长、

总经理、副总经理兼任概况

	2006 年	2007 年	2008 年
中信集团	董事长：孔丹	同 2006 年	同 2006 年
	副董事长：王 川		
	副董事长、总经理：常振明		
	常务董事、副总经理：窦建中		
	常务董事、副总经理：李士林		
	常务董事、副总经理：赵景文		
	常务董事、副总经理：秘增信		
	常务董事、副总经理：王 炯		
	常务董事、副总经理：陈小宪		
兼任比例	77.78%	77.78%	77.78%
中信集团	董事长：孔丹	董事长（12 月任）：常振明	董事长：常振明
	副董事长、总经理：常振明	副董事长、总经理（12 月任）：田国立	副董事长、总经理：田国立
	副董事长：王 川	常务董事、副总经理、财务总监：居伟民	根据网站发布内容，同 2011 年
	常务董事、副总经理：窦建中	常务董事、副总经理：窦建中	
	常务董事、副总经理：李士林	常务董事、副总经理：张极井	
	常务董事、副总经理：赵景文	常务董事、副总经理：赵景文	
	常务董事、副总经理：秘增信	常务董事、副总经理：秘增信	
	常务董事、副总经理：王 炯	常务董事、副总经理：王 炯	
	常务董事、副总经理：陈小宪	常务董事、副总经理：陈小宪	
兼任人员所占比例	77.78%	88.89%	50%　　　50%

说明：主要通过列举 2006—2012 年所有的董事长、副董事长、总经理、副总经理职位的人员状况，计算出有兼任现象存在的人员占总四个职位共总人数的百分比，即反映了四个职位的权责区分程度。

　　董事会保持其独立性问题是保证董事会有效性的内在要求，而董事会组成人员具有多样性，不同董事所代表的利益主体表现出一定的差异性，比如说独立董事主要职责是维护中小股东利益，而外部董事主要职责是维护社会公共利益，而股东董事则偏向于维护大股东利益。无论各方利益如何，董事会的独立性关系到董事会作决策时能够最大限度地维护各方利益，而不出现一把手说了算或是内部人操控的现象。回到前文提到的裁判员和运动员的例子，虽然有至少 1/2 的主裁判员和主力队员是有作弊嫌疑，是有内幕消息，是有导致比赛的公平性丧失能力的。但除了主裁判员和主力队员外，还有其他副裁判员、普通裁判员、替补裁判员等。倘若这至少 1/2 以上的主裁判员和主力队员重合的现象，占整个裁判员和队员的比例并未如此严重，甚至偏低的话，那么整个比赛格局的相对公平性还是能够保证的，这个时候，存在了相对公平性，比赛才有继续下去的可能性，观众们才不会完全丧失对比赛的信心了。

　　通过计算分析 2006—2012 年中信集团董事会人员的兼任情况可以看出如表 10-2 所示，集团内部存在着一种由来已久的兼任之风，董事会人员组建过程中，可能就存在着调任其他岗位的人来组建董事会的现象，而从其董事会成员的董事类型可以看出，除了执行董事外，都存在着不同的董事兼任的现象。以至于最后在整个董事会人员中，存在着兼任情况的董事会成员占据董事会人员的比例曾一度高达 41.38%，即接近一半的董事会成员兼任着不同的经理层的职位，这无疑对于集团内部权责分明产生了不小的阻力，而后逐年降低，董事会人员组成逐年合理化、规范化。2012 年的时候达到了董事会成员兼任人员的比重降低到 10%。而在 2011 年新成立的中信控股如表 10-3 所示，其设立初期，董事会人员中存在兼任的人员比重就已经达到了 37.34%，这也从侧面反映出了，对于董事会成员完全消除其兼任现象短期内可操作性不强，董事会与经理层权责分明的问题将长期存在，解决母子公司权责关系混乱不清的问题将仍然是集团公司治理的重要方面。而母子公司权责关系混乱直接导致了董事会的独立性失衡，进而董事会独立性失衡又会带来各种潜在危机，诸如会造成缺乏对权力的有效监督，导致法人治理结构不健全，内部控制存在重大漏洞等问题。

表 10 - 2 　　　　　中信集团董事会人员兼任情况百分比一览　　　（单位:%）

公司名称	兼任职位	2006— 2008 年	2009 年	2010 年	2011 年	2012 年
中信集团	董事长、副董事长	33.33	33.33	33.33	50	50
	常务董事	66.67	66.67	77.78	无	无
	董事	29.41	25	13.63	无	无
	执行董事	无	无	无	无	无
	董事会	41.38	37.5	32.35	10	10

说明：1. 表中董事会一栏的百分比数字为在整个董事会人员中，存在兼任的人员数量占整个董事会人员的比例。

2. 其他栏百分比数字为不同职位的董事存在兼任情况的人数占其董事职位类型人数的比例。

表 10 - 3 　　　　　中信控股董事会人员兼任情况百分比一览　　　（单位:%）

公司名称	兼任职位	2011 年	2012 年
中信控股	董事长、副董事长	50	50
	执行董事	33.33	33.33
	董事会	37.5	37.5

说明：1. 表中董事会一栏的百分比数字为在整个董事会人员中，存在兼任的人员数量占整个董事会人员的比例。

2. 其他栏百分比数字为不同职位的董事存在兼任情况的人数占其董事职位类型人数的比例。

通过表 10 - 4 所列举的子公司中信泰富的董事会人员概况，可以清晰地看出，2008 年以前，中信泰富内部董事会和经理层兼任的现象比较严重，几乎董事会和经理层中有重大决策权的人员的重合度是比较高的。这不难让人联想到如果做决策的人和监督的人是一套班子、一套人马，那么做决策的时候，谁来监督做决策的人呢？2008 年中信泰富事件之后，从表 10 - 4 可以看出，董事会与经理层兼任的情况逐年减少，在 2012 年的时候，虽然莫伟龙先生任集团财务董事兼任执行董事，但他的兼任是出现在董事会职位这个范畴内的，董事与经理兼任而导致权责不明的情况已经在中信泰富逐年改善了。

表10-4　　2006—2012年中信泰富董事会人员任职概况一览

职位＼年份	2006	2007	2008	2009	2010	2011	2012
执行董事（主席）	荣智健	荣智健	荣智健				常振明
董事总经理	范鸿龄	范鸿龄	范鸿龄				
副董事总经理	李松兴、荣明杰、张立宪	李松兴、荣明杰、张立宪	李松兴、荣明杰	李松兴、荣明杰	荣明杰	荣明杰	
执行董事	李士林、刘基辅、罗绍韬、王安德、莫伟龙	李士林、刘基辅、罗绍韬、王安德、郭文亮、周志贤、莫伟龙	李士林、刘基辅、罗绍韬、王安德、郭文亮、莫伟龙	李士林、刘基辅、罗绍韬、王安德、郭文亮	常振明、李士林、王基辅、罗绍韬、郭文亮	常振明、张极明、郭文亮、基辅、罗绍韬、刘	常振明、张极明、刘基辅、刘基辅
非执行董事	韩武敦、何厚铿、何厚添、陆锺汉、德马雷、常振明、张伟立	常振明、韩武敦、陆锺汉、何厚铿、德马雷、张伟立	张极明、张伟立、韩武敦、陆锺汉、何厚铿、德马雷、常振明	张伟立、雷、彼得·克莱特、殷可、居伟民	张伟立、雷、彼得·克莱特、殷可、居伟民	德马雷、克莱特、居伟民	荣明杰、德马雷、殷可、彼得、居伟民、雷
独立非执行董事	彼得·克莱特	彼得·克莱特	彼得·克莱特	韩武敦、何厚铿	韩武敦、陆锺汉	陆锺汉、何厚铿、萧伟强、武敦、科尔	萧伟强、徐金敦、韩武敦、科尔
集团财务董事			莫伟龙	莫伟龙	莫伟龙		
独立非执行董事/薪酬委员会成员					科尔		
执行董事/董事总经理				张极明			
执行董事、总裁							张极明
执行董事、集团财务董事							莫伟龙
执行副总裁							郭文亮、罗绍韬

资料来源：根据中信泰富2006—2012年年报整理而成。http：//www.citicpacific.com/gb/investors/financial-reports.html，访问于2013年3月23日。

在中信集团内部，董事会成员与经理层成员相互兼任、权责混乱的表现形式的多样性。既存在董事长与总经理兼任的现象，也存在副董事长与总经理兼任的现象；既存在董事长、副董事长、总经理、副总经理其他下一位级的职务出现兼任情况，也存在着在其核心子公司、控股公司等交叉任职的现象。综观中信集团及其子公司中信泰富、中信股份的人员交叉兼任的现象如表10-5所示，可以看到2011年成立的中信股份，其董事长、副董事长、总经理、副总经理都存在着交叉任职现象。比较突出的是有关常振明先生的兼任情况，从2006年到2009年，常振明兼任副董事长和总经理，在2010—2012年期间，常振明任中信集团董事长，2011年、2012年任中信股份董事长。特别是在2008年子公司中信泰富巨亏案发生后，任其执行董事兼董事总经理。由于2008年爆发的中信泰富事件暴露出诸多治理问题，其高层对改善其公司治理状况采取了一系列措施。终于在2012年，对于执行港交所《企业管治常规守则》第A.2.1所对于主席和行政总裁角色区分方面的规定，有了一个合乎法律治理常规的回应。2012年中信泰富年报中这样阐述："关于主席和总裁问题，常振明先生担任中信泰富主席，张极井先生则担任中信泰富总裁（前称董事总经理）。总裁的任务及职责与董事总经理相同。主席及总裁各自有清楚划分的职责，主席的角色主要负责领导董事会，使董事会有效运作，确保董事会及时处理关键事务，以及提供中信泰富的策略方向。总裁则负责中信泰富业务之日常管理以及有效执行企业策略与政策。彼等各自之任务与职责已书面列载，并获得董事会通过及采纳。"① 而此时此刻，我们看到的是2012年常振明先生还兼任着其他两个公司的董事长，这不得不让人担忧是此权责分明的执行是否会一直良好地贯彻下去。

表 10-5　　　　　　　　2009—2012 年母子公司部分人员交叉任职情况

年份 ＼ 姓名	常振明	张极井
2009	中信集团：副董事长、总经理 中信泰富：执行董事、董事总经理	中信泰富：执行董事、董事总经理 中信集团：董事、总经理助理

---

① 参见中信泰富年报。http://www.citicpacific.com/gb/investors/financial-reports.html，2013年3月23日访问。

续表

年份＼姓名	常振明	张极井
2010	中信集团：董事长 中信泰富：执行董事	中信集团：常务董事、副总经理 中信泰富：执行董事
2011	中信集团：董事长 中信泰富：执行董事 中信股份：董事长	中信股份：副总经理 中信泰富：执行董事
2012	中信集团：董事长 中信泰富：执行董事、主席 中信股份：董事长	中信股份：副总经理 中信泰富：执行董事、总裁

资料来源：根据中信集团官网发布的中信年报整理而成。http://www.citicgroup.com.cn，访问于 2013 年 3 月 23 日；根据中信股份有限公司官网信息整理。http://www.citic.com/wps/portal，访问于 2013 年 3 月 23 日；根据中信泰富年报，http://www.citicpacific.com/gb/investors/financial-reports.html，访问于 2013 年 3 月 23 日。

二　权责关系混乱不清所引发的危机

第一，容易造成强人治理危机。

纵览中信泰富全部年报，反映的是从 2004 年到 2008 年共 5 年的时间，执行董事兼主席是荣智健先生，董事总经理是随其一起打江山数年的范鸿龄，而其女儿荣明方除巨亏案发生的 2008 年外，稳居财务管理部之董事要职，在 2009 年、2010 年、2011 年稳居副董事总经理要职，直到 2012 年为非执行董事。重要职位任人唯亲的特点比较明显，在家族化思想根深蒂固的中国，这样的高层人员关系难免会带有家族化控制的影子，更免不了"一股独大"、一人独尊、强人治理的情感危机。纵然《企业管治常规守则》苦口婆心般告诉、告诫、劝导上市公司要注意区分主席与行政总裁的角色，千万不要也不应该由一人同时兼任，职责千万要分工清晰、界限清楚、书面列载，但是在那样的强人治理文化中，这般的劝说显得很苍白，直到有了这么大的亏损，出现了这么大的问题，才开始在意和着手改进。这从另一个侧面无不是给中信集团敲响了警钟，要从根本上能贯彻和执行董事会和经理层权责分明这样一个基本的治理常规方面，防患于未然，千万不要千里之堤毁于蚁穴，万丈帝国毁于治理混乱。

第二，容易导致董事会职能虚化，造成对权力监管的缺失。

中信泰富发生巨亏的外部直接原因是澳元汇率贬值。然而这类杠杆式外汇买卖合约本质上属于高风险金融交易。交易者可以进行数十倍放大化的巨额交易，而只需要支付一定比例的保证金，这有种赌博的心理成分。而在当时金融危机势如破竹，外汇市场汇率波动剧烈的情况下，外汇价格政策的波动会因杠杆作用而放大，其导致的风险将是惊人可怕的。签订合约存在着对于澳元汇率的过于乐观的侥幸投机心理，最终爆发的中信泰富巨亏案，使得其本身以及母公司都付出了沉重的代价。而中信泰富董事局主席荣智健曾对外表示他对公司购买累计期权合约的事并不知情，而把责任归结于财务董事张立宪未遵守公司关于对冲风险的政策，并表明这些合约的交易并未经主席批准。无论这些声明属实与否，中信泰富作为一个大型的红蓝筹公司，一个财务董事却能用非公开的手段动用数以百亿元的资金购买衍生工具，而公司董事局表示不知情，实属让人感叹高风险也高回报的金融市场，引无数"英雄"竞折腰！无论是适当的授权，合同签订的审批，抑或是合理的风险预测，内部监控措施，中信泰富巨亏事件无不暴露出种种治理方面的缺失，而究其根本，权责混乱不清直接导致着对于高管人员的约束力和制衡力度的重大欠缺。

中信集团自 2011 年整体改制为国有独资公司后，公司不设股东会，由国有资产监督管理机构行使股东会职权。董事会可以被授权行使部分股东会的职权。董事会既具有股东会的部分职能而行使决策权限，又是公司的执行机构和对外代表机构，负责公司的日常管理经营工作。所以在中信集团中，董事会的权力很大，因此在先决条件中，已经出现了权力分配的不均衡，而在这样的情况下，除了在董事会组建过程中保持董事会成员的相对独立性是重要因素之外，同时发挥经理层和监事会的协调和制衡作用也是很重要的。而权责不明的问题，直接影响着董事会的独立性，影响着经理层和监事会的协调和制衡作用。

在中信集团以及其旗下重金重力设立的中国第一家金融控股公司——中信股份，在高回报高风险的金融市场，要做好权力的监管工作，把基本的公司治理常规执行到位，把董事与经理权责分明程度控制在均衡的位置，把董事会相对独立性控制在均衡的位置，进而确保公司法人治理结构的相对完善，确保权力得到有效制衡，才是在金融市场上占得一席安身立命之地的基础。

第三，权责不明引发信息披露危机。

我国《公司法》第 124 条规定，上市公司设董事会秘书，负责办理信息披露事务等事宜。2008 年 10 月 20 日中信泰富巨亏 155 亿港元。查看中信泰富所公布的年报，如此巨大的合约，巨大的亏损，却丝毫没有在年报上提及投资外汇这项业务。中信泰富董事会早在 2008 年 9 月 7 日即已获悉该公司投资外汇交易，酿成百亿亏损，却在 9 月 9 日的一份公函中称，"公司的财务或交易状况没有出现重大不利改变"，直到 2008 年 10 月 20 日，该公司才正式对外坦诚损失。在此期间，中信泰富股票的成交量却离奇地大幅增加。

《守则条文》C.1.2 规定："董事知道有重大不明朗事件或情况可能会严重影响发行人持续经营的能力，董事会应在《企业管制报告》清楚显著披露及详细讨论此次等不明朗因素。"① 仔细查看中信泰富历年年报，2008 年发生巨亏前，年报中披露的有关企业管制方面的内容，单一简单，重合率极高，2008 年居然只字未提外汇合约事件，财务报表中也未显示巨额亏损的数量。这不得不让人联想到董事会的职能问题，权责不明直接影响了董事会处理问题的效力和方式。作为上市公司，首先公司法、证券法下的信息披露制度要求公司及时披露可能对投资人决策有影响的重大信息，迟延披露就构成了违法行为。其次，如果公司不仅迟延披露，而且在相关披露文件中刻意隐瞒，则构成了标准的虚假陈述行为，可能导致刑事责任。而更为严重的是，在中信泰富未披露亏损期间，股价出现了一些异动，从而也引起了人们对内幕交易的怀疑。

第四，权责不明引发内部控制危机。

在有关内部控制问题上，子公司中信泰富巨亏案中暴露出的另一个很严重的问题就是其内部控制环节形同虚设，在 2007 年的中信泰富年报中显示的张立宪是副董事总经理，固然外界也说其为财务董事，但现实是，其能够动用上亿资金。虽然在 2008 年的年报中，已经悄无声息地隐去了关于张立宪的信息，但从 2007 年年报中其居副董事兼任总经理的职位来看，这种董事和经理权责关系混乱不清的局面，正是为其整个公司做重大决策时候缺乏科学性、民主性，董事会对公司的重大决策缺乏监管和权力制衡埋下了祸根。

另外，独立董事制度对于提高公司的财务信息质量有着积极的作用，

---

① 香港交易所《企业管治常规守则》C.1.2。

从而能够提高上市公司自愿性信息披露的水平，最终达到完善公司内部监控，充分发挥公司内部监控制度作用的目的。[①] 而从中信泰富的独立非执行董事人员情况来看，何厚浠、韩武敦、陆锤汉、何厚锵多年一直连任中信泰富独立非执行董事，在至 2011 年以前都几乎没有变动；在 2011 年以后，中信泰富新增两位独立非执行董事，而独立非执行董事的平均年龄在66 岁，再外加他们身兼数职，业务繁多，且资产丰厚，不得不使人质疑和思考，他们是否有足够的动力、足够的精力、足够的耐心、足够的时间去发挥好独立非执行董事的作用，真正起到有利于内部监控制度的作用发挥。

三 母子公司权责关系混乱原因分析

一种真正有效的治理模式还应是与该国的历史文化传统相契合的产物。[②] 综观中国五千年文明，从自羲农、至黄帝、号三皇、居上世开始，无论是在天下统一的国君时期，还是天下分为各个大小不同的诸侯国时期，尊君主、尊天子的思想一直占据主流，国君权力很大。一些诸如权倾朝野、一人之下万人之上的思潮还是很盛行的。而且以家族为纽带的文化思想从情感方面占据了重要位置。而在当今社会，一个个庞大的企业集团又何尝不是一个个企业帝国呢？立足中国国情来看，在企业中，企业的决策往往是一把手个人决策的现象非常普遍。而且国企传统的"一长制"、"一把手"领导体制依然占据主要位置，这样的现象是会导致决策集体存在上下级关系的。我们很多企业在重大问题上，名义上也是集体决策，比如说重大问题班子要开会，比如说是班子会，有时候是党政联席会议，大家做集体决策。但是只要一把手对于一个问题已经有想法了，由于这上下级关系的顾忌，其他人即使有不同意见，他也不好说话，他也不敢说话。[③]

从利益角度和对公司治理基本条文合规性的遵守和执行角度来看，国

---

① 孙隆、赵英：《在独立董事制度下对完善公司内部监控制度的探析》，《中国证券期货》2011 年第 6 期。

② 孙光焰：《公司治理模式趋同化研究》，中国社会科学出版社 2007 年版，第 112 页。

③ 邵宁：《推动央企董事会治理结构改革》，http://www.sltong.com/news/show-65324.html，2013 年 4 月 2 日访问。

有股太过于庞大了，以至于很多时候国有企业的董事长和总经理常由政府来任命，而一旦出了重大问题时，管理层利益的摩擦在一定程度上是不存在的，甚至公司业绩不佳或者出现重大治理失误时，所承担的责任是可以推脱的。另外，为了公司的长久利益以及可持续发展；非执行董事与执行董事的组合应该保持制衡和均衡，特别是独立非执行董事的人数在一定程度上是决定董事会独立性强弱的重大元素，这能保证董事会有效而独立快速地做出判断。美国大公司的董事会中一些专门委员会基本上是由独立董事担任的，因此他不容易受大股东的干预，容易做出独立的、客观的职业判断，有利于提高公司治理结构的效率。而对于中信泰富来说，在巨亏案没有发生之前，整个公司内部对于独立非执行董事还是处于比较不重视的程度，对于公司治理的法人治理结构的规范化常规遵守也是处于缺失的状态。而从 2008 年巨亏发生后，直到 2012 年才算是至少从形式上看起来，构建起了相对完善的法人治理结构，由此可以感知，公司治理情况合规性的遵守和执行是构建起相对完善的法人治理结构，保证权责分明，保证董事会独立性的基础，而这种合规性的构建又是需要时间的。一方面，从内部结构调整来说，牵涉到各个方面的人事变动、职务调整、任务交接，当然还有人才发掘等各种事项，所以需要相对长的时间；另一方面，从公司惯例和文化方面来说，优化和改善一种文化和风气是需要长期坚持下去，并耗费一定的时间把文化广泛而深入地传播开来。2008 年爆发的中信泰富巨亏案危机引起了高层对公司治理的足够重视，也唤醒对建议最佳常规的足够重视。但是即便是重视了，而这种合乎公司治理常规的改善却耗费了 4 年的时间，而这种改善也许是因为整个高层文化中，确实加入了对公司治理重视的因素；也可能是巨亏案而引起的社会各界的舆论压力和法律压力导致其不得不改善；也可能是因为其不改善公司的治理状况，公司的可持续发展就存在重大制约，会严重影响公司的运作。无论什么原因，最本质的问题就是公司治理状况，特别是其法人治理结构完善状况良好与否就如同一个公司的根，根如果坏了，可能在表面上的枝叶还是绿油油的，埋在土下的根的毁坏是看不见的，但如果一旦根部的腐坏达到了一定的程度，可能转瞬间枝叶就有全部或部分枯萎的可能，这种隐含的危机不得不引起重视。

从人才角度来讲，从中信集团以及其子公司的董事和经理兼任情况来看，人才的缺乏也是重要的矛盾之一。从 2006 年到 2012 年共七年的时间里，董事会和经理层比较大的变动也只是董事长的更换，而董事会成员的平均年龄超过了 67 岁，甚至有的还身兼数职。而其他的变动在本质上也是换汤不换药，换了比赛场地，却还是那帮有一半的主裁判员即为主力队员的比赛队伍在上演。无论是换了再多的规则制度，也是为了掩盖一场又一场失去绝对公平的比赛，也是为了弥补和解决一个又一个治理上面的问题，而根本问题却没有得到根治，反而产生了更多的问题。

第三节　中信集团母子公司治理的合规性构建

一　完善信息披露机制

中信泰富从 2008 年巨亏事件发生后，其公司治理中关于信息披露的机制逐年完善。2009 年以后，中信泰富年报中陆续披露其成立特别委员会专门负责处理有关调查中信泰富的事宜问题。如表 10 - 6 所示从 2009 年起，中信泰富年报中关于公司治理的披露状况逐年明显增加，其年报中所披露的信息反映出关于公司治理方面的机制逐步完善起来，披露信息的页数由 2008 年的 6 页逐年上升到 2012 年的 25 页，由占整个年报 3.26% 的比例逐年上升到 2012 年的 16.90%。

而查看中信集团历年年报，可以清晰地看出，整个中信集团有关公司治理的相关信息披露和注明只有寥寥几页纸，如表 10 - 6 所示，其披露的公司治理情况的页数占整个集团年报页数的比例不超过 7%，这从另一个方面也反映出中信集团对公司治理披露方面忽视和怠惰的作风由来已久，并在一定程度上对子公司起了不良的示范作用。从另一个方面也暴露出，权责关系混乱不明反映出其高层乃至整个集团对于公司治理问题的重视程度的严重缺乏。中信泰富事件发生后，其信息披露机制逐年加强，而相比较之下，中信集团年报中关于公司治理的信息披露方面几乎没有改善。年报作为公司信息披露的重要文件，其更新的滞后性和惰怠性从一定程度上反映了其内部治理机制管理的荒芜，更是严重违背了上市公司的信息披露基本原则。

表 10 - 6　　　　　中信泰富、中信集团披露的公司治理情况在
年报中的百分比

	年份	2005	2006	2007	2008	2009	2010	2011	2012
中信泰富	年报中企业管理披露（页数）	6	6	5	6	10	8	16	25
	公司治理占年报比例（百分比）	3.26	4.41	3.5	3.26	9.25	7.55	13.33	16.90
中信集团	公司治理占年报比例（百分比）	6.5	4.6	4.6	5.5	5.5	6.5	6.5	6.6

说明：公司治理占年报比例一栏为分别计算出中信泰富、中信集团 2005—2012 年年报中，披露的公司治理情况的页数占整个年度年报页数的百分比。

20 世纪 90 年代中期，企业经营管理人员尤其是经理人员获取了过大的不受约束和控制的权力，并由此形成了严重的经理人员腐败问题。经理人员腐败的表现形式之一就是信息披露不规范，报喜不报忧，对重大经营活动不做出应有的解释。[①] 子公司中信泰富事件发生前后其信息披露机制由严重缺失到不断完善的情况对中信集团来说，在一定程度上，既是敲响了一个警钟，又是提供了一种切实可行的强化信息披露机制的方法和思路。《道德经》有言："天下难事，必作于易；天下大事，必作于细。""合抱之木，生于毫末；九层之台，起于累土；千里之行，始于足下。"信息披露机制的建立和强化的一个切入点就是要从基本的历年年报中着手，从重视和改善年报中关于公司治理的信息披露内容开始，逐步完善信息披露机制。

二　构建和强化内部控制机制

中信泰富的年报在 2008 年以前，关于内部监控方面的问题，各年年报用不到 1 页纸流水账般地记录和描述，直到巨亏出现了，才有意识地关注。经过逐年的改善，2012 年中信泰富的年报中显示，为了确保达成业务目标，中信泰富已开发综合内部监控架构（见图 10 - 3）。查看其 2011年和 2012 年的年报，可以看到年报中已经有相当多的篇幅来描述已开发的内部监控架构。这说明公司确实已经在做了，然后在年报中体现出来

① 孙光焰：《公司治理的理论分析框架与法律制度配置》，中国社会科学出版社 2012 年版，第 87 页。

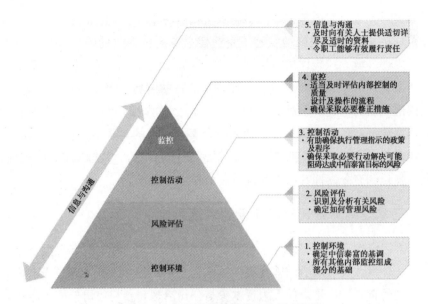

图10-3 2012年中信泰富内部控制架构

资料来源：中信泰富2012年年报。http：//www. citicpacific. com/gb/investors/financial-reports. html，访问于2013年3月25日。

了，或者说在年报中体现出来的东西，公司是真正有重视了。查看中信集团各年年报，有关内部监控的话都找不到几句，那么对于反映公司治理基本状况的年报，其披露有关内部控制的问题就如此之少，可想而知在实际的公司运营和内部管理中，对内部控制的重视程度是会相对缺失的。在中信集团，其法人治理机构中目前基本没有独立董事的存在，或者说即便到2011年存在了职工董事，也反映出了其内部控制环境的薄弱。而且中信集团一直以来年报中关于内部控制的描述都是不到半页纸，数百字而已，大抵描述浮泛而空乏。而根据中信泰富其年报中披露时的描述性语言，其解释的内容是："其在2012年所建立起的内部监控架构与2012年在中国大陆生效的《企业内部控制基本规范》保持基本一致。"《企业内部控制基本规范》制度于2008年5月22日印发，自2009年7月1日起在上市公司范围内施行，鼓励非上市的大中型企业执行。还有《上海证券交易所上市公司内部控制指引》等法律法规和规范性文件的要求，董事会对公司内部控制的有效性进行自我评价。而中信集团对于此等制度规范似乎置若罔闻，其内部权责不明晰的状况在一定程度上导致了其从法律角度合规的公司治理意识薄弱，对内部控制重视度不高。子公司中信泰富事件发生后其对企业建立内部控制的机制有了相当的重视。《企业内部控制基本规范》的第五条就明确地规定了企业建立与实施有效的内部控制，应当包括内部环境、风险评估、控制活动、信息与沟通和内部监督等要素。具体条文更是对于其要素的具体内容有了清晰的解释。对于中信集团来说，其内部控制的构建和强化是有重要意义的。首先加强对于《企业内部控制基本规范》的重视和学习，然后结合集团内部的具体情况而适当调整，加强对于《企业内部控制基本规范》的贯彻和执行，构建其内部控制机制，强化和充分发挥其内部控制机制的作用。

三　改善董事长兼任现象的对策建议

人力资本理论主要论证了在宏观经济增长中人力资本的宏观贡献，但却无法计量微观经济活动即在某一具体企业中，各个或单个人力资本对企业利润的贡献，这是当前人力资本参与公司治理和参与公司分配所面临的难题。① 现实中，一个企业的核心领导对企业是有很重要的作用的。老子在《道德经》中说："太上，不知有之。其次，亲而誉之。其次，畏之。其次，侮之。信不足焉，有不信焉。悠兮其贵言，功成事遂，百姓皆谓我自然。"② 这句话的意思是说最好的领导（统治）者，部下（人民）并不感觉他的存在；其次的领导者，部下亲近并称赞他；再次的领导者，部下畏惧他；更次的领导者，部下轻蔑他。领导者的诚信不足，部下不信任他，最好的领导者是（多么）悠闲很少发号施令，功业成功、事情顺遂，众人各守本位，做好自己该做的事情，一片和乐，而众人不知道领导者的存在。

1. 回归董事长之道

回归管理者之道本职能，明确管理的四个层次，即最高层次和境界是：太上不知有之，主以善养人；其次亲而誉之，主以身教人；其次畏之，主以政管人；其次侮之，主以善责人。

无论是公司治理还是企业管理，都是通过人来进行的。董事会在本质上接受股东们的委托，对股东负有的是信托责任。而且是占据公司最重要的地位，具有很大的权力，应该为了公司包括所有员工和社会大众更好地

---

① 李维安：《公司治理学》，高等教育出版社 2006 年版，第 117 页。

② 老子：《道德经》，北京燕山出版社 2006 年版，第 23 页。

进步和成长，对公司也负有的是法律责任。将老子的思想引申到管理中，意思就是说如果管理者能够达到至高境界，一切工作遵循自然法则，按照道法自然来进行，可能部下就会顺道而行，知道该做什么和不该做什么了。管理者是缔造英雄的角色，服务于部下进步与成长也是其核心职能之一，管理者如果自己总要做英雄，部下就没有了动力与希望，管理者很重要的职责也是要把部下培养成有业务能力、有良好品德的英雄。①

2. 加强董事长的使命感

中信集团内公司治理方面一个问题是权力集中在个人身上的情况比较突出。而无论是新成立分公司或者是在子公司出现问题时候的紧急对策处理上，在董事长任用方面存在着一人多职的现象，而且提拔人才主要是从集团总部的人员中调配，而集团总部重要管理层多年来变动情况很小，且人员平均年龄很大，即便是中信泰富巨亏案发生了，最关键的人事变动也只是更换董事长、总经理。这些都暴露出找到能做董事长的人才存在一定的难度，董事长需要有相当的包容和智慧，更深谙管理的艺术。另一方面，董事长学习先管好自己，应该是董事会的灵魂人物，是沟通能手，负责董事会的协调，负责与股东和总经理的沟通，获得董事们和经理层的尊重和支持；董事长也应是个战略家，有全局和长远战略眼光；董事长还应是个老师，肩负建设学习型董事会的责任，积极创造条件让董事们得到充分的培训和指导，引导全体董事一起把董事会建设成为开放的、包容和高效的董事会。② 而无论是老师、战略家还是沟通能手、灵魂人物，这些身份都逃不脱《道德经》中关于领导者的四个层次："太上，不知有之。其次，亲而誉之。其次，畏之。其次，侮之。"

3. 强化对董事长和行政总裁角色区分的监督执行

港交所《企业管治常规守则》中关于主席和行政总裁角色区分方面的规定已经发布有些年头了，而中信泰富于2012年才在年报中反映出严格遵守了，而且还是在巨亏案发后，可见对法律的遵守和执行是多么怠惰和滞后。而在被视为"国资委工作生命线"的央企董事会改革中，让人欣慰地看到贯彻执行法律治理常规已有了一定的成效，其中中国建材关于

---

① 齐善鸿：《大道说管理》，长江文艺出版社2012年版，第97页。

② 佴永松、严学锋：《董事会的使命——宋志平董事长独家专访》，《董事会》2011年第11期。

权责分明方面的模式是董事长兼党委书记并出任法定代表人，总经理分设。国药关于强化权责分明方面的做法是总经理是法定代表人，党委书记也是分设的，并设外部董事担任董事长。这是一个很好的示范作用，因此对于中信集团来说，逐步强化对法律强制性规范方面的遵守和执行是必要的，也是一个漫长的过程。

四　优化董事会团队管理效率之建议

明代思想家吕坤在《呻吟语》中说："君子与小人共事必败，君子与君子共事亦未必无败，何者？意见不同也。今有仁者，义者，礼者，智者，信者五人焉，而共一事，五相济则事无不成；五有主，则事无不败。仁者欲宽，义者欲严，智者欲巧，信者欲实，礼者欲文，事胡以成？此无他，自是之心胜，而相持之势均也。历观往事，每有以意见相争至亡人国家，酿成祸变而不顾。君子之罪矣哉！然则何如？曰：'势不可均。'势均则不相下，势均则无忌惮而行其胸臆。三军之事，卒伍献计，偏裨谋事，主将断一，何意见之敢争？然则善天下之事，亦在乎通者当权而已。"① 这段话的意思是君子与小人共同谋事必败，君子和君子共同谋事也未必都能成功，也可能会失败。为什么呢？因为每个人意见不同。比如说有仁者、义者、礼者、智者、信者五种不同修养的人在一起，共同谋事，如果五个人能够相互救济帮助、和谐融洽，那么事情没有不能成功的；倘若五个人每个人都想当老大，都想说服别人接受自己的观点，都以自己的专长为傲，那么做什么事情都会失败。仁爱的人要求宽容，重义的人在道理上要求严格，有聪明的人讲究技巧方法，信誉的人注重要落到实处，学礼仪讲究表面功夫，事情为什么成功呢？这是大家力气和势力都差不多，自以为对，自以为在上风，好争夺取胜。观察历史，因为对某些问题的意见不统一而互相争论不停止以至于导致家破国亡，酿成惨祸的例子太多了。那该怎么办呢？其实，每个人的势力不可平均，势力平均则每个人都毫无忌惮地表达出自己的意见，并要求执行自己的意见。好比行军打仗，众士兵来献计，副将谋划，主将来决断，那么意见有什么敢去争论的。把天下的事情做好，在乎通才，即能够统一全局的人来当权啊。

---

① 吕坤：《呻吟语》，中州古籍出版社 2008 年版，第 143 页。

1. 回归董事会团队管理之道

把吕坤关于应务的思想放置到企业的团队管理、团队治理中。众人献计、专才谋划、通才决断，和谐共事。一个高效有治团队进行团队人员选择和管理的时候，团队中的人要有强要有弱，要有辅助要有主要的，要有专才更要有通才。

如同董事会成员组成一样，没有专才不行，没有通才也不行。众人献计，副将谋划，最后主将汇聚百家之长，做出战略性的决策。无论是前面的董事和经理兼任问题，还是董事会相对独立性问题，归结而言都是团队管理出现了问题。董事和经理兼任好比谋划和做决策的人重合在一起了，那么就如同缺少了军师，缺少了智囊团。董事会相对独立性问题，好比整体来说，应该出谋献计的人群之中，混入了想什么就说什么，不经过专业分析，没有专业背景知识的众人；也混入了应该尽量少地参与意见讨论过程，而专心汇集百家之建议做出最终决策的主将；而具有专业背景、能够客观分析问题、能够献出好计谋的副将，却因为势单力薄，声音太弱太小了，而又没有一定的权力，最终被忽略了。现在无论是引入外部董事，还是加强独立董事比例、强化董事长和总经理权责分明等措施，无不都是为了能够形成决策有效的董事会。而这种种措施都不离吕坤思想家所论述的这个团队管理的基本要求。因此，对董事会建立过程中的人才选择或是权责规定，时时对照团队管理的道本要求，并不断修正和调整是很重要的。

2. 加强董事会团队文化的培养

文化是一种无形的力量，影响着企业成员的思维方法和行为方式。它有一种很强的凝聚力，不仅可以促进企业的发展，同时还可以推进企业陷入困境，企业经营者管理应该注重对文化的培养和优化，应避免一种只注重内部和短期的企业文化，保持一种健康的文化氛围使其与公司的战略目标趋于一致。[1] 董事会是一个精英团队。董事会文化对董事会的决策质量和工作效果有很重要的影响。因此得于巨亏案的启示首先要重点培育的便是责任感的重要性，提前防范道德危机。董事会的每位成员对股东都承担着信托责任，而对公司负有法律责任和无限责任。董事不仅仅意味着荣誉和待遇，更是一个对公司负有无限责任的严肃的工作者，所以加强董事会

---

[1]　白万纲：《基于管控的集团内部控制》，中国发展出版社2009年版，第134页。

的责任感文化的培育很重要。当然其他方面的譬如自我管理意识，办事质量而高效等都是应该注意培育的。

3. 强化对董事会团队独立性的建设

提高董事会相对独立性程度，强化对有关公司法律治理常规的执行和监管很重要。不论是《OECD 公司治理原则》还是我国的各种相关法律文件都不厌其烦地规定着董事会独立性问题，规定着董事会基本权责定位问题，董事会行使着决策权并代表股东监督经理层，董事会要确保其对公司的战略指导作用和有效监督作用。但对于这个基本治理常规的法律规定，实际的执行力度比较弱。特别是在董事会相对独立性程度偏低的中信集团，强化执行力度就显得尤为重要。但又不可操之过急，为了合规而做出很多表面功夫、形式主义。主要可以从两个方面逐步改善，一方面是控制并逐步减少董事长、副董事长、总经理和副总经理之间相互兼任的情况，以保证权责分离完全实现的可能性基础；另一方面是从董事会整体着手，通过引入外部董事，加大独立董事比重等方式来改善董事会相对独立性偏低的状况，为以后董事会完全独立性的实现做出基本的保障。

近年来，一些试行的指导意见或者通知也对于加强董事会独立性方面给予了很多具有可操作性且简洁具体的法律条文。比如有《国有独资公司董事会建设的指导意见》（试行）中就关于提高外部董事在董事会成员中比例的指导意见，就是说企业要建立外部董事制度，使董事会能够作出独立于经理层的客观判断，而且外部董事不少于两人。关于《国有独资公司董事会建设的指导意见》（试行）中，也是为了指导大型中央企业开展国有独资公司建立和完善董事会工作，而指导关于董事会行使的职权以及有关董事会做决策方面的指导意见和规定。而且把对于工作报告的重视提上了日程，特别是为了规范董事会履行股东职责的科学化、制度化和规范化，更是有关于《董事会试点企业董事会年度工作报告制度实施意见（试行）》的通知。为了对职工董事问题有进一步的贯彻实践和发展，有效发挥职工在董事会中的作用，促进企业的和谐和可持续发展，印发有《董事会试点中央企业职工董事履行职责管理办法》的通知。而特别对于试点中央企业专职外部董事问题上，定性了专职外部董事的基本任职条件，其中突出的一条就是外部董事要具有战略管理、资本运营、法律等某一方面的专长，并且还要求要具有 10 年以上企业经营管理或相关工作经验。这突出了外部董事基本特征中专才的特性，而这个方面也就印证了前文提到的关于团队管理之道本要求中的要有专才来谋断的方面。这些条文固然是试行、试点或是指导意见，但对于企业集团来说，不要等到出事了才明白这些指导的好处和妙处，不要等到不可挽回的损失造成了，才懂得要贯彻执行这些好的措施和建议。对于中信集团来说，其存在的突出问题之一就是对法律合规性的执行力度的滞后和惰怠。作为广受政府政策优待的领头企业，如果在法律合规上不注意，一切以快速发展为目标，而忽视了基本的根部上的养护，最终可能会出现千里之堤毁于蚁穴的悲剧。中信集团是需要认真学习和贯彻执行这些法律治理常规的。

五　改善董事会规模和结构之对策建议

1. 回归公司管理之道

用中庸之道来进行企业管治，中庸之道并不是一分为二地看问题，中庸是平衡，中庸是格局，中庸是胸量，中庸是涵养，中庸是分寸，中庸是尺度，中庸是系统，中庸是和谐。当年古之圣贤尧把帝位传给舜时，将"允执厥中"四字传授给舜；舜把帝位传给禹的时候，又在此四字之前加上12个字，最后流传至今的是中国文化传统中著名的十六字心传"人心惟危，道心惟微；惟精惟一，允执厥中。"从字面理解的角度来讲，这句话的意思是说舜帝告诫大禹说，人心是危险难测的，道心是幽微难明的，只有自己一心一意，精诚恳切的秉行中正之道，才能治理好国家。《中庸》里面说道："中也者，天下之大本也。和也者，天下之达道也。致中和，天地位焉，万物育焉。"① 意思是说中，是立国之本；和，是为人处事之道。这两点都做到了，天地各得其位，天下和平，万物自然发育，蓬勃成长。

对于法人治理结构中先天缺失股东会的中信集团来说，在其董事会、监事会和高级管理层中间形成有效的权力制衡和协调运转就显得尤为重要。而深入其内部，制约中信集团形成有效权力制衡的因素之一就是权责不明的问题比较严重，而其董事会成员中的兼任现象又是长期存在的，因此在兼任现象存在的情况下，把握其权力制衡的分寸和适度就显得尤为重要。另外，对于其法人治理结构中存在的监事会监管问题，或者是董事会

---

① 子思：《中庸》，中华书局2006年版，第6页。

对经理层监管的问题，单单是构建出符合法律规定的有关于董事会和监事会的人员和形式，就需要很长的时间。因此在这个长期的构建过程中，结合中信集团本身的治理现状，不断把握其法人治理结构中存在的问题偏向，从而合理地调整，对其法人治理结构的相对完善有不断的改进和改善是具有现实的可操作性和现实意义的。对于企业来说，无论是其董事会组成结构还是其法人治理结构中关于权力制衡的问题，太五五分般的均衡，太一九分般的失衡，或者是二八分般的会出现问题的制衡，都不利于企业的发展，而适用于四六分或者三七分般的权力制衡才是符合中庸之道的，把握好适度、分寸、中和，持续不断地使用中庸之道，企业才能循环、持续、长久地发展。

2. 先形后行，加强对董事会人员结构合规性审查和监管

据中国社会科学院公司治理研究中心2007年度报告："研究了公司治理评估中的100家市值最大中国公司董事会规模分布，发现这100家企业董事会的平均规模是11.45人，比全体上市公司的董事会平均规模（9—10人）要高一些，这反映出了它们资产规模大的因素。不过要是相比美国公司的资产规模和其董事会规模来说，可以说这些公司的董事会规模还是有些偏大。9人、11人和15人，是中国百强上市公司中最常见的董事会规模。董事会为9人的公司数量最高，30家；其次是11人，19家；然后是15人，10家。百强上市公司董事会中，平均非执行董事人数为8.77人，其中独立非执行董事人数为3.90人。非执行董事和独立董事占董事人数的比例分别是76.6%和34.1%。如果按执行董事、非执行董事（扣除独立董事）和独立董事各占1/3的标准来衡量，是执行董事低于1/3，非执行董事高于1/3，而独立董事正好1/3。"① 这个报告的显示从一方面表明一个企业走得更持续且长久，离不开四六分或者三七分或者介乎两者之间的中庸制衡之道，而从另一个方面来讲是给予企业公司治理以很好的启示。

对于中信集团来说，其法人治理结构至少从形式上还不够完善，而从子公司中信泰富的巨亏案中也可以看出来，其从形式上，独立非执行董事人数在2012年达到1/3了；其2012年所建立起的内部监控架构，从形式

---

① 《MBA分析：董事会类型构成三三制》，http://www.mbachina.com/html/management/38120_5.html，访问于2012年2月21日。

上符合《企业内部控制基本规范》，包含了内部环境、风险评估、控制活动、信息与沟通和内部监督这些基本要素了；也是在 2011 年到 2012 年之中，其年报中关于公司治理的披露所占的篇幅，从 2010 年的 8 页上升到 2012 年的 25 页，由 2010 年的 7.55% 的比重，上升到 2011 年的 13.33%，更是在 2012 年达到 16.9%。而不管其最终的执行力度与执行的可持续程度的情况如何，至少表明其在行动上重视了，其公司治理情况在逐步改善的过程中。

通过总结查阅相关资料，中信集团 2006 年年报中披露到，集团有董事长 1 人，副董事长 2 人，常务董事 9 人，董事 22 人。而自从 2008 年出现子公司中信泰富巨亏案后，从 2009 年母公司中信集团新增了监事会主席 1 人，专职监事 2 人，兼职监事 4 人；董事依然 22 人，常务董事 9 人。到 2011 年和 2012 年，董事会和监事会发生了革命性的变革，董事长 1 人，副董事长兼职总经理 1 人；执行董事 2 人，非执行董事 4 人，最为突出的是终于看到了职工董事、职工监事的身影。职工董事 1 人，非职工代表监事 3 人，职工监事 2 人。国有独资公司董事会中应该有职工代表，其监事成员不得少于 5 人，其中职工代表比例不得低于 1/3。中信集团所面临的一个重要问题是先从形式上符合法人治理结构的相关法律规范。或者至少结合其自身情况，从形式上，逐渐符合四六分或者三七分或者介乎两者之间的中庸制衡之道，逐步促进其法人治理结构相对完善。而这无论对于内部力量还是外部力量，都是一个加强其对法人治理结构合规性的审查问题。而从形式上符合之后，伴随而来的是其对于形式上规定的执行问题了，如此面临的是其执行力度和执行的可持续程度，如此来讲，不仅公司要有自觉意识，从内部监督监管其执行状况，而对于外部力量来讲，从法律方面予以对执行的监督和管理也是很重要的。

3. 多管齐下，法律约束与道德调整贯彻始终

《论语·为政第二》里面说道"道之以政，齐之以刑，民免而无耻；道之以德，齐之以礼，有耻且格。"意思就是说用政治手段来治理他们，用刑罚来整顿他们，人民就只求免于犯罪，而不会有廉耻之心；用道德来治理他们，用礼教来整顿他们，人民就会不但有廉耻之心，而且还会人心归顺。这段文字就是告诉了管治最基本的两条线路：第一，政刑管理—规则管理—他律管理—刚性管理。第二，德礼管理—文化管理—自律管理—柔性管理。这两者是相辅相成的、相互促进、缺一不可的。

回到前面文章提到的裁判员和运动员的例子中去，从公司治理董事会的治理层面来讲，虽然中信集团内部，董事和经理兼任程度超过50%，即虽然有至少1/2的主裁判员和主力队员是有作弊嫌疑，但依然有很多方法来降低作弊概率，而保障相对公平，保障比赛顺利进行下去的。第一，可以通过增加不存在作弊嫌疑的比赛队伍来扩大基数以降低作弊概率，即增加不兼任的董事会成员基数或者撤换掉有兼任情况的人员。第二，可以通过增加新的公平公正的主裁判员来降低有嫌疑的主裁判的比重，从而保障相对的公平，即规定董事长、副董事长、总经理、副总经理等这些重要职位不得兼任。第三，可以通过增加公平的裁判员的人数来降低嫌疑的主裁判的比重，保障相对的公平，即引入独立董事制度，外部董事、职工董事制度等。第四，可以通过制裁作弊的主裁判和主力队员，取消其任职资格，甚至是取消其比赛队伍，从而保障比赛顺利进行。即加强对董事会或者经理层人员的问责机制，加大对不当行为的惩处力度。

从公司治理法人治理结构层面来讲。第一，可以设定新的监管裁判员的监管人员，即利用监事会来制衡，赋予监事会制衡的权力。第二，可以通过增加新的比赛规定，来限制嫌疑的主裁判的权力，后者防范其作弊的情况发生，即构建出公司内部控制机制，引入风险管理制度，有效监控人员行为，防止风险发生。第三，可以通过全程透明地直播比赛概况，让其忌惮观众和社会各界的舆论压力，也让其忌惮法律方面的强制力量。即通过促使信息披露透明化，加强信息披露的执行力度和监管力度。

还有很多其他的措施来保障比赛的相对公平和顺利进行。而从源头来看，首先，有明确的比赛条文，规定比赛坚守公平公正的基本原则，规定为了保障公平公正原则的具体操作内容；其次，运动员和裁判员本身就有良好的德行操守，比赛选出的裁判员和运动员没有作弊之私心，选出的队伍没有作弊之嫌疑；最后，在比赛的过程中，有专门的人监督执行公平公正原则，发现作弊行为，立刻剔除。有了这三个方面的基本保障，才算是从源头上大大降低了作弊的概率。因此，为了保障比赛能够持久地公平公正地进行下去，规则管治即刚性管治和德礼管治即柔性管治必须相辅相成。第一，政刑管理—规则管理—他律管理—刚性管理。第二，德礼管理—文化管理—自律管理—柔性管理。也即是中信集团公司治理的根基问题在于运用管治之道，即用四六分或者三七分或者介乎两者之间的中庸之道来指导其规则的建立和遵守，指导公司的整个战略方向。运用管理者之道，即用太上不知有之，主以善养人；其次亲而誉之，主以身教人；其次畏之，主以政管人；其次侮之，主以善责人这四个不同的层次和方向来培育出优秀的管理者。运用团队管理之道，即众人献计，专才谋划，通才决断，来定位清晰这几方角色具有不同侧重的职能范畴，保障各项措施的执行。中信集团的公司治理，简单来说就是人执行规则，而要能够实现有德行的管理者高效和谐地执行能使公司持续发展的规则，这目前来说还有很大的差距，中信集团其公司治理还是很任重而道远。

第十一章　上海国际集团公司治理实证分析

第一节　上海国际集团有限公司的板块结构

一　上海国际集团有限公司简介

1. 基本情况

上海国际集团有限公司（以下简称上海国际集团）于 2000 年 4 月 20 日注册成立，注册资本为 105.6 亿元人民币。① 截至 2011 年年末，集团并表资产总额 1115.87 亿元人民币，净资产 756.67 亿元人民币，合并利润总额 100.91 亿元人民币。按照集团控股及核心投资项目相关数据测算，2011 年年末，集团资产管理规模为 9102 亿元。集团公司具有投资控股、资本经营和国有资产管理三大功能。②

上海国际集团是典型的由地方政府主导的管理地方国有资产的投资经营公司。上海国际集团通过整合重组，初步形成了银行信托、证券基金、资产管理、金融服务和保险、海外平台等"五大板块"，以及子公司、战略持有机构、财务投资项目"三个层次"的矩阵式管理体系。

2. 战略定位

集团公司现阶段的发展定位是战略控制型的以金融投资为主业的投资集团，成为银行信托、证券基金、资产管理、金融服务和保险等多个金融领域，都拥有优秀品牌与特色，逐步实现金融综合经营的控股集团，通过

---

① 《上海国际集团有限公司——上海市合作交流专业服务平台》，http://dm.cce365.com/Technology.asp? Nid=906，最后访问时间 2013 年 4 月 8 日。

② 上海国际集团官方网站，http://www.sigchina.com/index.php/home/about，最后登录时间 2013 年 3 月 10 日。

市场化运作方式，发挥引领、放大、撬动效应，带动各种金融资源、社会资源，推动上海金融产业的发展，在建设上海国际金融中心的国家战略和实施上海经济、社会发展战略中发挥重要作用。①

上海国际集团作为地方大型国资金融平台，在上海国际金融中心建设和经济转型发展的每个阶段，都承担着重要责任和使命，它有效地发挥金融国资平台功能、金融资源运作功能和金融服务体系功能，在上海经济转型发展中体现出有别于一般性投资企业的独特作用。2010 年，上海国际集团编制了"十二五"规划，努力建设成具有市场化战略控制能力、五大板块金融投资布局清晰、在主要金融板块内形成国内一流金融机构、具有较强市场影响力与品牌效应的战略控制型国有金融投资集团。

二 上海国际集团的历史沿革

上海国际集团在原上海国际信托投资有限公司的基础上组建成立。上海国际信托有限公司（以下简称"公司"）现在是上海国际集团有限公司控股的非银行金融机构。公司于 1981 年由上海市财政局出资人民币 2000 万元发起成立，原名"上海市投资信托公司"，1983 年取得"经营金融业务许可证"。自 1981 年至 1989 年，经上海市财政局数次追加投资，注册资本金达到人民币 7.75 亿元。1992 年公司实行股权结构多元化改制，新增上海久事公司等 3 家股东，并通过自有资金转增资本金的方式增加注册资本金至人民币 12 亿元。1993 年公司第二次增资扩股，新增申能股份有限公司等 10 家股东，注册资本金达到人民币 15 亿元，同时更名为"上海国际信托投资公司"。1996 年公司第三次增资，注册资本金达到人民币 20 亿元。2000 年上海国际集团有限公司成立，公司股东上海市财政局变更为上海国际集团有限公司。②

三 以上海国际集团为上海金控平台的动因

改革开放以来，特别是进入 20 世纪 90 年代以来，上海已经发展成为我国的经济和金融中心，正在向建设成为国际金融中心的宏伟目标迈进。

---

① 上海国际集团官方网站，http://www.sigchina.com/index.php/home/about，最后访问时间 2013 年 4 月 8 日。

② 《上海国际信托有限公司 2011 年度报告》。

随着我国加入 WTO，金融全面开放之日指日可待，国内金融体系的深化改革日益迫切。当前，上海新一轮国有资产管理体制改革正在不断深入。积极促进国有金融资源的重组整合，通过体制创新，建立健全多元化金融组织体系，提高本地金融资源整体配置与运营效率，从而增加上海金融企业的服务能力与竞争能力。

放眼国际，在金融全球化的进程中，金融控股公司作为一种新型的组织形态，正在大规模金融资产重组领域中发挥着日益显著的主导作用。发达金融市场国家的实践已经表明，这种在金融控股模式下的多元化经营组织形式符合社会经济发展的实际需要，已经成为现代金融业发展的主要方向之一。

正是在这种背景下，上海市政府认为，打造金融控股集团既可整合金融国资，又可以提高上海金融业的竞争力，也将适应金融混业的必然趋势。上海打造国际金融中心，需要与外资实力相当的本地金融机构，打造金控集团的设想由此而来。2003 年下半年，上海市金融办组织了一个考察团，前往新加坡、伦敦、法兰克福等金融城市考察，回国后考察团起草了一份报告，提出了成立金融控股公司的思路。2004 年开始起草的《上海国际金融中心建设"十一五"规划》中，也把打造金融控股集团作为重要内容。[①] 在各种方案的反复博弈中，最终胜出的方案是，利用已有的金融控股公司整合上海金融资源。当时在上海的金融控股公司中，交通银行和上海国际集团在金融控股公司之路上步伐较大，金融资源也相对齐全。但交通银行属中央直管，这样上海国际集团就成为组建上海金融控股公司比较理想的试点平台，并且国际集团的金融控股公司战略也受到了上海市政府部门的认同。试点以上海国际集团为母公司，搭建旗下多个金融子公司的架构。2005 年 1 月 4 日，《建立 SIG（Shanghai International Group）金融控股协同机制的可行性研究》在上海国际集团内部获得批准立项并启动。[②] 上海国际集团就是在这种情况下脱颖而出，肩负起作为上海金融控股平台的责任。

---

　　① 《上海金控进行时》，http://finance. sina. com. cn/g/20070807/14203859466. shtml，最后登录时间 2013 年 3 月 10 日。

　　② 同上。

四 上海国际集团的组织架构

上海国际集团通过整合重组,初步形成了银行信托、证券基金、金融服务和保险、资产管理、海外平台"五大板块",加上实业投资一个小板块,以及子公司、战略持有机构、财务投资项目"三个层次"的矩阵式管理体系。按照上海国际集团官方网站的组织架构图显示,集团的组织架构分为三个层次。具体组织架构图见图 11 – 1。

1. 平行地位的监事会、董事会

从图 11 – 1 可以看出,该集团不设股东会。第一层只设了一个董事会、一个监事会,且地位平行。董事会下设 1 个董事会办公室、1 个总裁和 3 个委员会——分别为预算和绩效考核委员会、投融资管理委员会和风险委员会。

2. 八个职能部门

直接由集团董事会领导的八个职能部门,分别为战略发展总部、金融管理总部、投资管理总部、风险合规总部、财务管理总部、人力资源总部、行政管理总部和审计总部。

3. 六个业务板块

由集团董事会统领六个业务板块,即五大金融业务板块加上一个实业投资板块,分别如下。

(1) 银行信托板块

集团银行信托板块由两家银行和一家信托公司组成,包括荣膺《亚洲银行家》"亚洲地区最佳上市银行"的上海浦东发展银行,荣膺英国 Financial Times "年度最佳农商银行"的上海农村商业银行,以及名列行业前茅并连续两年获中国银监会最高监管评级 2A 级的上海国际信托。

(2) 证券基金板块

集团证券基金板块由两家证券公司和两家基金公司组成,包括荣膺《世界品牌实验室》"中国券商品牌价值"榜首、国内最大综合类券商之一的国泰君安证券,全国创新试点的综合类券商上海证券,以及业内知名的华安基金、上投摩根两家基金管理公司。集团公司是国泰君安证券股份有限公司、上投摩根基金管理有限公司的控股股东,是华安基金管理有限公司的第一大股东,是上海证券有限责任公司的

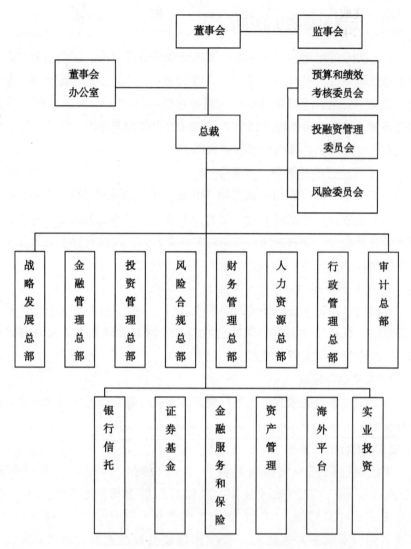

图 11 - 1　上海国际集团组织架构

全资母公司。

（3）金融服务和保险板块

集团金融服务和保险板块由两家股份制保险公司、一家股权托管交易中心、五家金融服务企业，以及一家金融研究院和一家博士后科研工作站组成。该板块涵盖融资租赁、货币经纪、再担保、小额贷款、典当、产权拍卖、招投标、金融研发等类金融和相关业务领域。其中，集团战略持有排名居保险行业满意度测评指标第一名的大众保险股份有限公司、我国第一家专业性股份制农业保险公司安信农业保险股份有限公司，为上述两家公司的第一大股东；对创新中国多层次资本市场体系建设的上海股权托管交易中心股份有限公司战略控股；同时，拥有五家在小微企业金融服务、消费金融服务、金融中介服务等方面独具特色的企业，以及研发实力雄厚的上海国际集团金融发展研究院有限公司和上海金融行业第一家博士后科研工作站——上海国际集团有限公司博士后科研工作站。

（4）资产管理板块

集团资产管理板块由两家资产管理公司、五家产业基金管理公司组成。集团拥有上海国有资产经营有限公司、上海国际集团资产管理有限公司等两家资产管理公司，主导发起设立赛领资本管理有限公司、金浦产业投资基金管理有限公司、上海国和现代服务业股权投资管理公司、上海瑞力投资基金管理有限公司四家产业基金管理公司，分别成功发起设立人民币国际投贷基金、上海金融产业基金、上海现代服务业产业基金、本外币新兴产业基金，并参与上海航运产业基金管理有限公司的发起设立，形成"4+1"的产业基金集群，成为国有产业基金投资管理领域的创新示范者。

（5）海外平台板块

集团海外平台板块拥有上海国际集团（香港）有限公司、香港沪光国际投资管理公司（上海第一个在境外注册和管理上市股权投资基金的资产管理公司）等核心企业，在香港地区拥有成熟的金融市场运作经验。未来将从香港起步，以搭建集团海外投融资平台为发展目标，致力于整合与拓展资产管理、直接投资、证券业务及实业，推动集团公司形成国内外联动发展的经营格局。

（6）实业投资板块

集团实业投资板块拥有上海国际集团房地产投资管理有限公司（筹）／上海盛龙投资管理有限公司，并持有北京昆仑饭店有限公司、上海东郊宾馆有限公司和上海同盛投资（集团）有限公司股权。集团将以上述投资为基础，适当配置可并表的实业类优质资产，探索构建金融地产及金融实业协同运作的商业模式和业务发展方案，力争使其发展成为集团打通资本通道的核心资产和主营业务收入的重要来源之一。

第二节　上海国际集团公司治理的现状及问题

一　股权结构单一

上海国际集团原股东为上海市财政局（占股比例为52.91%）和上海国有资产经营有限公司（占股比例为47.09%）。① 2005年8月，上海市政府将上海国际集团党政隶属关系从发改委转到上海市金融工委和金融服务办公室。②

由表11-1可知，上海市国有资产监督管理委员会是上海国际集团的唯一股东。经上海市政府授权，上海市国资委作为上海国际集团的唯一出资人。又经上海市政府批准，受市国资委委托，由上海市金融服务办公室作为上海国际集团的监督管理人，履行集团部分股东会的职责。③

表11-1　　　　　　　　　上海国际集团主要股东情况

	主要股东名称	出资比例（%）	法人代表	注册资本（万元）	注册地址	主营业务	主要财务情况
上海国际集团	上海市国有资产监督管理委员会	100	杨国雄（主任）	—	大沽路100号	—	—

资料来源：《上海国际信托有限公司2007年度报告》《上海国际信托有限公司2008年度报告》。

由上文中对上海国际集团的股权结构描述可知，上海国资委是集团的唯一股东，明显可以看出集团的股权结构最大的问题就是股权结构单一。股权结构单一会引起以下问题。

1. 影响集团的法人治理结构

股权结构单一引起的直接后果——破坏了集团的法人治理结构。那么由谁接管了集团股东会的职责呢？根据凌涛（2007）等人的著作以及

---

① 《上海国际信托有限公司2006年度报告》，http://www.docin.com/p-8549266.html，最后登录时间2013年3月10日。

② 《上海金控进行时》，http://finance.sina.com.cn/g/20070807/14203859466.shtml，最后登录时间2013年3月10日。

③ 凌涛等：《金融控股公司经营模式比较研究》，上海人民出版社2007年版，第194页。

《上海市市属金融企业国有资产监督管理试行办法》，我们发现上海国际集团的出资人虽然是上海市国资委，但由于上海市国资委委托上海市金融服务办公室管理，所以上海国际集团和许多其他的市属金融企业，如浦发银行、太保集团、海通证券、爱建股份①一样归口上海市金融办管理，金融办承担了管理人的角色，替代了部分股东会的职责。依据《上海市市属金融企业国有资产监督管理试行办法》第6条监管机构职责的规定，清晰可见，市金融办承担了企业编制战略规划，对企业的风险监测和财务监督，促进市属金融企业健全法人治理机制，对市属金融企业的考核评价及其领导人员的薪酬管理。而金融办代理股东会的职责，至少有两方面的缺陷：首先，精力有限。管理着16家市属金融企业，除此之外还承担着其他的众多行政事务，对集团的管理毕竟不如公司专门的股东会专业；其次，缺乏利益激励。不同于一般的工商企业，由于企业的利益和股东利益直接挂钩，股东会由于经济人的天性，天然追求利益最大化，对于企业的监督管理更有动力。而市金融办则由于自身的行政单位性质，在管理上缺乏这样的动力。

由于政府是出资人，政府在扶持企业发展的过程中，行政任命较多。目前上海市政府对集团的主要负责人采用政府干部的管理办法，由市委组织部门直接任命，从而绕开了股东大会和董事会，破坏了公司治理结构。并且集团母公司和子公司的主要负责人直接对上海市政府或国资委负责。

2. 导致对董事高管的选任趋于行政化

本该由公司股东会承担的部分职责，由市金融办替代了。其余部分职责，则由集团董事会来进行。金融办对董事会的控制，主要是通过从行政单位中选派干部进入企业做领导的办法来进行。由下文中的表11-2上海国际集团董事会内部构成可以见得，集团董事长吉晓辉，即为前任的金融办主任。并且吉晓辉由行政单位进入企业的选任途径也是由市金工委、金融办、组织部等部门决定的。依据下文中的表11-2上海国际集团董事会内部构成以及表11-3上海国际集团高管构成可见，包括吉晓辉在内的董事会成员以及包括邵亚良在内的高管成员基本上都

---

①　《上海市金融办：市属金融企业内外开放进展显著》，http://www.p5w.net/news/gncj/201203/t4113309.htm，最后登录时间2013年3月14日。

是由金工委、金融办、组织部等部门决定的。不同于其他民营金融企业的人才选任市场化的途径。甚至在集团内部仍然存在关于高管行政级别的讨论，如在题为《祝幼一赴任上海国际集团副总》的新闻稿中就有这样的说法"'不过，从行政级别角度上说，这样的安排也没有问题。'上海市府的内部人士表示，虽然职位上听起来差别很大，但如果按照行政级别，'在正局级的国际集团担任副总经理和在副局级的国泰君安担任董事长的差别就没有那么大了，只是目前国资国企的行政级别已经淡化，所以不被外界理解'"。①

3. 对集团正常的经营活动行政干预过多

上海国际集团的资产代表机构是上海市国资委，而其部分全资子公司如上海国有资产经营公司的资产代表机构也是地方国资委财政局等部门，这些国有股权代表机构的权利、责任没有完全统一，很容易形成对集团的多头牵制或管理真空，干预集团正常的经营活动。

第一，对集团人事任免的干预。根据《上海市市属金融企业国有资产监督管理试行办法》第 12 条之规定，国有股东通过法定程序委派董事、监事，加强对董事、监事的管理，并根据企业的需要推荐独立董事和外派监事。可见，集团董事、监事的来源不是通过股东会的选任，而是来自股东的委派。

第二，破坏了母公司对子公司的控制权。由于集团是国有独资金融控股公司，并且集团子公司仍然还是以国有独资公司为主。并且集团母公司和子公司的主要负责人直接对上海市政府负责。也就是说这些子公司的控制权仍然在资产代表机构手中，母公司对这些子公司的包括人事任免、财务管理等各方面控制力相对较弱，没有实质的控制权，空有控股公司之名，各公司各行其是，没有形成协同效应和规模经济。根据相关新闻报道，浦发银行和上海农商银行业属于市属金融机构，在管理上，它们和母公司上海国际集团同样归属上海市金融办，甚至连子公司的人事任免及薪酬考核也直接由金融办主管，直接绕过母公司的控制。总而言之，这就使集团既在人事任免方面没有自主权，在对子公司的经营控制方面也没有自主权，完全干预了集团正常的经营活动，使金融控股公司的协同效应没办

---

① 《祝幼一赴任上海国际集团副总》，http://finance.sina.com.cn/roll/20101108/08328915478. shtml，最后登录时间 2013 年 3 月 14 日。

法实现，空有金融控股之名。

从关于政府干预对企业的影响的文献中可见，大部分国内外学者认为，国家控制及政府干预使公司治理的效率达不到预期目标，最终有碍社会经济效率的提高。具体到上海国际集团，由于它是政府集全市1/3的金融力量大力打造的金融控股平台，从政策、资源整合、资金融通、人事安排等各方面，政府都为上海国际集团大开绿灯。所以上海国际集团并不像是其他国家在市场竞争中生存发展壮大下来的金融控股公司自己成长起来的，而是在政府这个"温室"中以行政整合的手段拔苗助长起来的。它从组建之初就天然缺乏金控公司运行的经营，导致对政府力量的依赖，虽然政府也在多个场合表明立场，要市场化运作，适时引入民营资本或外资改变股权结构单一的问题，但目前还没有实质性进展。集团虽然建立了相应的公司治理结构，如董事会、监事会等，但从实际效果来看，这些组织并没有发挥应有的作用。政府对集团有一套完整的人事、财务、考核制度[见《上海市市属金融企业国有资产监督管理试行办法》，《上海市市属金融企业经营业绩考核评价实施办法（试行）》]，集团的自主性可见一斑，不在市场竞争中成长的企业的公司治理结构很难在市场制度的孵化下得到自我完善，在这个层面上，我们认为，国家控制及政府干预确实降低了公司治理的有效性，不利于集团价值的成长。

二 董事会结构不甚合理

上海国际集团董事会成员可查的有4人，分别是董事长吉晓辉、副董事长祝幼一、副董事长邵亚良、董事刘海彬。[①] 董事会内部人员构成具体见表11-2。

集团董事会下设1个董事会办公室，董事会办公室主任是傅帆。[②] 集团董事会下设3个委员会——分别为预算和绩效考核委员会、投融资管理委员会和风险委员会。[③]

---

① 《上海浦东发展银行股份有限公司2012年第一次临时股东大会会议资料》。

② 《上海国际信托有限公司2011年度报告》。

③ 上海国际集团官方网站，http：//www.sigchina.com/index.php/home/about/53，最后登录时间2013年3月8日。

表 11 –2 上海国际集团董事会内部构成

姓名	职务	来源	年龄	董事类型	现在母集团任职	子公司兼职情况
吉晓辉	董事长	市金工委任命①	58	内部董事	母集团董事长、党委书记	现任上海浦东发展银行股份有限公司董事长、党委书记
祝幼一	副董事长	市金工委任命	60	内部董事	母集团副董事长	2012年任上海证券董事长
邵亚良	副董事长	市金工委任命	49	内部董事	现任上海国际集团有限公司总裁、党委副书记、副董事长	兼任上海国际集团（香港）有限公司董事局主席、金浦产业投资基金管理有限公司董事长、赛领资本管理有限公司董事长
刘海彬	董事		61	内部董事	母集团董事	上海浦东发展银行监事会主席、浦发银行党建督察员

资料来源：人物信息根据百度百科整理而来。

依据上文描述的集团董事会现状可以得知，集团董事会存在以下问题。

1. 董事的任命趋于行政化

由上文中的表11 –2 上海国际集团董事会内部构成可见，包括集团的董事长吉晓辉在内的董事基本上都是由市金工委、市金融办及市委组织部等相关行政部门任命的。

2. 董事高管交叉任职容易导致内部人控制问题

由上文中的表11 –2 上海国际集团董事会内部构成可见，副董事长邵亚良兼任集团总裁（即总经理）。公司的董事及高管经理层存在相互兼任最容易引发内部人控制。这就涉及我们在本书导论文献综述中关于董事会的治理研究中的——关于董事会领导结构的研究。

董事会领导结构是指董事长、总经理是由一人兼任还是两职分置。在所有权与经营权分离产生的影响中，研究者们格外关注权力分置与合一对公司绩效的影响。外国相关研究者有 Jensen（1993），Berg 和 Smith、Rechner 和 Dalton、Cannella 和 Lubatkin、Mallette 和 Fowler。国内关于董事长与总经理是否应当分离，我国证监会发布的《中国上市公司治理准则》

① 《猜想上海新国际集团：整合三步走》，http://finance. sina. com. cn/g/20070728/10123829331. shtml，最后登录时间2013年3月10日。

第 32 条规定"董事长和总经理要明确各自的职责。为有利于董事会对经理层的有效监督，上市公司董事长和总经理原则上不应该由同一人担任。如果董事长和总经理由同一人担任，则公司董事会成员中应至少包括 1/2 的独立董事。为了保证董事会能够做出独立于控股股东的客观判断和决策，公司董事长不得由控股股东的法定代表人或核心领导人兼任。"[①] 由前款规定可见，我国没有禁止董事长和总经理两职集于一人，只是建议原则上不应该由同一人担任。我国理论界陈传明（1997）认为两职合一与公司业绩正相关；何浚（1998）、孙永祥（2001）认为两职合一与公司业绩负相关；吴淑琨等（1998）、于东智（2003）、吴水澎等（2005）认为两职合一与公司业绩没有显著的相关性。

　　具体到上海国际集团而言，董事长和总经理两职位集中在一人身上是否会和公司业绩有正面或负面的相关作用，还没有具体的数据支撑。但基于实践中的情况，将董事长与总经理两职集于一人，容易减少公司治理机制中的监督约束层级，由于经理的短视自利性和有限性则极其有可能损害股东等相关主体的利益，从而会使董事会监督高级经理人员的有效性降低。

三　缺乏有效的激励约束机制

　　上海国际集团的高管人员，据集团官网信息，有总裁邵亚良，副总裁杨德红、潘卫东，总裁助理朱仲群。各人详细情况见表 11 – 3。

表 11 – 3　　　　　　　　　　上海国际集团高管构成

姓名	职务	来源	年龄	母公司兼职情况	子公司兼职情况
邵亚良	总裁	上海市委组织部、金融工委及金融办[②]	49	现任党委副书记、副董事长	兼任上海国际集团（香港）有限公司董事局主席、金浦产业投资基金管理有限公司董事长、赛领资本管理有限公司董事长

①　《中国上市公司治理准则》，http：//china. findlaw. cn/gongsifalv/shangshi/shangshigongsi/ssgszljz/1596. html，最后登录时间 2013 年 4 月 2 日。

②　《邵亚良拟任上海国际集团总经理》，http：//finance. sina. com. cn/roll/20110318/10069554706. shtml，最后登录时间 2013 年 3 月 12 日。

续表

姓名	职务	来源	年龄	母公司兼职情况	子公司兼职情况
杨德红	副总裁	上海市委组织部、金融工委及金融办	47	无	浦发银行董事 上海爱建股份有限公司总经理
潘卫东	副总裁	上海市委组织部、金融工委及金融办	47	无	上海国际信托有限公司党委书记、董事长。浦发银行董事
朱仲群	总裁助理	上海金融工委①		无	兼华安基金董事长

资料来源：根据百度资料整理。

上海国际集团是上海市属金融企业，企业高管层的薪酬领取归口市金融服务办公室管理。依据《上海市市属金融企业国有资产监督管理试行办法》第13条业绩考核和薪酬管理：（一）市金融服务办公室依据国家和本市有关规定，建立市属金融企业任期和年度业绩考核评价制度，考核结果作为市属金融企业领导人员任免和奖惩的重要依据。（二）市金融服务办公室依据国家和本市有关规定，制定激励约束相结合、权责利相统一的企业领导人员薪酬管理制度，对组织配置和市场化配置的领导人员薪酬实行分类管理。② 由上可见，上海国际集团的董事高管薪酬基本由上海市金融办统一管理，尤其是上述高管基本都是由上海市委组织部、金融工委及金融办等相关行政部门委派的情况下。

1. 高管的任命趋于行政化

从高管的来源来说，由上文表11-3上海国际集团高管构成可见，包括集团总裁邵亚良在内的高管成员基本上都是由金工委、金融办、组织部等部门决定选任的。受集团股权性质——国有独资金融企业的影响，集团董事会无权决定董事、高级经理人员和监事的选用，在选拔管理者时依然沿用行政任命方式，由上海市金工委、金融办、组织部门直接任命。这样在选拔时，就会将不会完全凭经营能力、工作绩效等硬性指标来进行，政治态度、政治表现等无关因素也占选拔因素的很大比重。而在具体工作

---

① 《原长城人寿总经理朱仲群调任上海国际集团总经理助理》，http：//www.eeo.com.cn/finance/securities/2010/06/24/173507.shtml，最后登录时间2013年3月12日。

② 《上海市市属金融企业国有资产监督管理试行办法》，http：//sjr.sh.gov.cn/shjrbweb/html/shjrb/xxgk_zcfg/2010-03-10/Detail_53508.htm，最后登录时间2013年3月10日。

中，不是将集团最大及长远利益放在第一位，还涉及会考虑政治任务的完成度，任内短期政绩目标的实现，晋升机会的把握等无关因素，无法将全部精力和兴趣放在集团业绩的提高上。

2. 高管的薪资待遇非市场化

依据《上海市市属金融企业国有资产监督管理试行办法》第六条监管机构职责清晰可见，市金融办承担了企业编制战略规划，对企业的风险监测和财务监督，促进市属金融企业健全法人治理机制，对市属金融企业的考核评价及其领导人员的薪酬管理。所以上海国际集团作为市属金融企业，上文中表 11 - 2 上海国际集团董事会内部构成以及表 11 - 3 上海国际集团高管构成列举的，包括吉晓辉和邵亚良在内的由金工委、金融办、组织部等部门任命的集团董事和高管人员的薪酬都是由上海市金融办来决定的。

另一方面，根据《上海市市属金融企业经营业绩考核评价实施办法（试行）》，"第二条 本实施办法所称金融企业经营业绩考核评价，包括年度绩效评价、董事会任期经营业绩考核评价（以下简称任期经营业绩考核评价）、年度经营业绩考核评价。第三条 市金融服务办依据本办法组织实施市属金融企业经营业绩考核评价工作"。我们发现，上海市金融办已经制定了三套综合评定金融企业业绩的考核办法，并且这三项考核结果直接与集团的董事和高管的薪酬挂钩，这是一个可喜的进步。这个考核办法加强了对集团董事和高管监督约束作用，使工作的优劣有了可以量化的标准，是从约束的方面促进了董事和高管的工作态度。但具体量化效果如何，或者这个所谓的公司业绩与薪酬挂钩的这个薪酬是否达到了足以激励董事和高管的工作热情的程度，由于没有具体的薪酬数据，我们也不好予以评价。

四　母子公司控制权分配不均、代理人角色存在一定冲突

1. 母子公司治理现状（以银行信托板块为例）

（1）集团母公司对子公司控股情况

上海国际集团属于市属金融企业，上海市国资委是出资人，市国资委委托上海市金融服务办公室管理。上海国际集团采取的公司形式是纯粹性金融控股公司，母公司不直接经营具体业务，主要是通过控股子公司的形式从事金融业务。集团有子公司约 30 家（见图 11 - 2）。

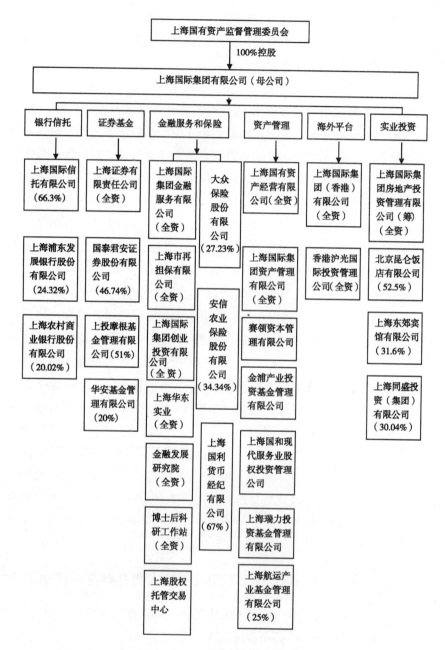

图 11-2　母公司控股子公司结构

上海国际集团的金融资产、金融股权分别占集团总资产和直接投资总额的 65% 以上，集团系统金融资产基本涵盖银行、信托、证券、基金、

保险、货币经纪、资产管理、金融服务等多个子行业。具体控股占比概况
见表 11 - 4。

表 11 - 4　　　　　　　　　　上海国际集团控股概况

产业	集团全资子公司	控股股东	第一大股东
银行信托		上海国际信托有限公司（66.33%）	上海浦东发展银行股份有限公司（战略持有24.32%）
			上海农村商业银行股份有限公司（战略持有20.02%）
证券基金	上海证券有限责任公司（股东为集团和上托）	国泰君安证券股份有限公司（战略持有46.74%）	华安基金管理有限公司（通过上托战略持有20%）
		上投摩根基金管理有限公司（通过上托持有51%）	
金融服务和保险	上海国际集团金融服务有限公司	上海股权托管交易中心股份有限公司（战略持有，集团是第一大股东）	大众保险股份有限公司（战略持有27.23%）
	上海市再担保有限公司		
	上海国际集团创业投资有限公司		
	上海华东实业有限公司	上海国利货币经纪有限公司（通过上托持有67%）	安信农业保险股份有限公司（战略持有34.34%）
	上海国际集团金融发展研究院有限公司		
	上海国际集团有限公司博士后科研工作站		
资产管理	上海国有资产经营有限公司	赛领资本管理有限公司（战略持有，相对控股）	
		金浦产业投资基金管理有限公司（战略持有，集团资产管理公司是相对控股股东）	
		上海国和现代服务业股权投资管理公司（战略持有，集团资产管理公司是相对控股股东）	
	上海国际集团资产管理有限公司	上海瑞力投资基金管理有限公司（战略持有，集团香港沪光基金管理公司是相对控股股东）	
		上海航运产业基金管理有限公司（通过集团国资公司战略持有25%）	

续表

产业	集团全资子公司	控股股东	第一大股东
海外平台	上海国际集团（香港）有限公司		
	香港沪光国际投资管理公司		
实业投资	上海国际集团房地产投资管理有限公司（筹）/上海盛龙投资管理有限公司	北京昆仑饭店有限公司（集团和资产管理公司合计持有 52.5%）	
		上海东郊宾馆有限公司（集团和国资公司合计持有 31.6%）	
		上海同盛投资（集团）有限公司（集团和国资公司合计持有 30.04%）	
合计	12	13	5

资料来源：根据上海国际集团官方网站数据整理而来。

（2）母公司通过向子公司选派董事进行控制

第一，上海国际信托有限公司董事会。该子公司董事会规模为 11 人。内部董事 8 人，其中职工董事 1 人。外部独立董事 3 人。母公司上海国际集团派出 3 人，具体情况如表 11 – 5。

表 11 – 5　　　　母公司在子公司上海国际信托董事任职情况

姓名	职务	性别	年龄	选任日期	所推举的股东名称	简要履历	在母公司任职情况	在其他子公司兼职情况
潘卫东	董事长	男	45	2011 年 9 月	上海国际集团	上海国际信托有限公司党委书记、董事长、法人代表	现任上海国际集团有限公司副总裁	—
傅帆	副董事长	男	47	2011 年 9 月	上海国际集团	现任上海国际信托有限公司党委副书记、副董事长、总经理	—	上投摩根基金管理有限公司副总经理
陆敏	董事	男	58	2011 年 9 月	上海国际集团	上海国际信托有限公司董事	—	上海盛龙投资管理有限公司执行董事，大众保险股份有限公司监事长

资料来源：《上海国际信托有限公司 2011 年度报告》。

该子公司董事会下设 5 个委员会，分别为战略委员会（4 人）、信托委员会（3 人）、风险管理委员会（3 人）、审计委员会（3 人）、薪酬委员会（3 人）。母公司上海国际集团派出 3 人，具体情况如表 11 - 6。

表 11 - 6　母公司在子公司上海国际信托董事会专业委员会任职情况

董事会下属委员会名称	组成人员姓名	职务
战略委员会	潘卫东	主任委员
	傅帆	委员
风险管理委员会	陆敏	主任委员

资料来源:《上海国际信托有限公司 2011 年度报告》。

第二，上海浦东发展银行股份有限公司董事会。公司第五届董事会由 19 人组成，其中股东单位代表出任的董事 7 名，独立董事 7 名，行内董事 5 名（其中职工董事 1 名）。母公司上海国际集团直接派出 1 人，母公司通过子公司上海国际信托（66.3%）间接派出 1 人，共计 2 人，具体情况如表 11 - 7。

表 11 - 7　　　　母公司及关联股东在子公司上海浦东发展
银行董事会任职情况

序号	股东单位名称	持股数（万股）	占比（%）	董事名额	董事	职务
1	上海国际集团有限公司	315751.39	16.927	1 名	杨德红	副总经理
2	上海国际信托有限公司	97592.38	5.232	1 名	潘卫东	董事长

资料来源:《上海浦东发展银行股份有限公司 2012 年第一次临时股东大会会议资料》。

第三，上海农村商业银行股份有限公司。该子公司董事会由 19 名董事组成，其中内部董事 3 名（2 名执行董事、1 名职工董事），股东董事 10 名，独立董事 6 名。母公司上海国际集团直接派出 1 人，母公司通过子公司上海国有资产经营有限公司（全资）和上海国际集团资产管理有限公司（全资）各派出 1 人，共计 3 人，具体情况如表 11 - 8。股东监事的年度津贴标准为税后 6 万元。

表 11－8　　母公司及关联股东在子公司上海农商银行董事会任职情况

姓名	董事类型	年龄	所推举的股东名称	该股东持股比例（%）	简要履历	兼职情况
陆 敏	股东董事	60	上海国际集团有限公司	8.01	现任上海国际集团有限公司专职董监事、大众保险股份有限公司监事长、上海农商银行董事	大众保险股份有限公司监事长
寿伟光	股东董事	50	上海国有资产经营有限公司	8.01	现任上海国有资产经营有限公司党委书记、副董事长、总裁，上海农商银行董事	长江养老保险股份有限公司董事，上海农村商业银行董事，上海证券董事，上海同盛投资集团董事，安信农业保险股份有限公司董事
刘益朋	股东董事	45	上海国际集团资产管理有限公司	4	现任上海国际集团资产管理有限公司总经理，上海农商银行董事	上海国际集团资产管理有限公司总经理

资料来源：《上海农村商业银行股份有限公司 2011 年年度报告》。

（3）母公司通过向子公司选派监事进行控制

第一，上海国际信托有限公司监事会。该子公司监事会规模 3 人，其中职工监事 1 人。母公司上海国际集团派出 1 人，具体情况如表 11－9。

表 11－9　　母公司在子公司上海国际信托有限公司监事任职情况

姓名	职务	性别	年龄	选任日期	所推举的股东名称	该股东持股比例（%）	简要履历	兼职情况
祝幼一	监事长	男	58	2011 年 9 月	上海国际集团有限公司	66.33	现任上海国际集团有限公司党委委员、副董事长，上海国际信托有限公司监事长	现任上海国际集团有限公司党委委员、副董事长

资料来源：《上海国际信托有限公司 2011 年度报告》。

第二，上海浦东发展银行股份有限公司监事会。母集团无派出。

第三，上海农村商业银行股份有限公司监事会。母集团无派出。

（4）母公司通过向子公司选派高管进行控制

第一，上海国际信托有限公司高管。该子公司的高管规模 4 人，其中母公司选派 1 人，情况如表 11－10。

表 11 – 10　　母公司在子公司上海国际信托有限公司高管任职情况

姓名	职务	性别	年龄	选任日期	金融从业年限	学历	学位	简要履历	兼职情况
傅帆	总经理	男	47	2011 年 9 月	11	研究生工学硕士	工业工程管理	现任上海国际信托有限公司党委副书记、副董事长、总经理	上海国际集团有限公司董事会办公室主任，上投摩根基金管理有限公司副总经理

资料来源：《上海国际信托有限公司 2011 年度报告》。

第二，上海浦东发展银行股份有限公司高管。母集团无派出。

第三，上海农村商业银行股份有限公司高管。母集团无派出。

2. 子公司与子公司相互控制现状

（1）子公司相互持股现状

第一，上海浦东发展银行股份有限公司。母集团的子公司（Ⅰ级子公司）或母集团子公司的子公司（Ⅱ级子公司）在浦发银行的持股情况，见表 11 – 11。

表 11 – 11　　母集团Ⅰ级子公司或Ⅱ级子公司在浦发银行的持股情况

股东及关联股东	关系描述	持股数（万股）	占比（%）
上海国际集团	母集团	315751.39	16.927
上海国际信托（Ⅰ级子公司）	系母集团之子公司（66.3%）	97592.38	5.232
上海国鑫投资发展有限公司（Ⅱ级子公司）	系母集团之（全资）子公司上海国有资产经营有限公司全资子公司	37710.20	2.022
上海市上投投资管理有限公司（Ⅱ级子公司）	系母集团之（全资）子公司上海国际集团资产管理有限公司子公司	2582.78	0.138
合计占比			24.319

资料来源：《上海浦东发展银行股份有限公司 2012 年第一次临时股东大会会议资料》。

第二，上海农村商业银行股份有限公司。母集团的子公司（Ⅰ级子公司）在上海农商银行的持股情况，见表 11 – 12。

表 11 – 12 母集团 I 级子公司在上海农商银行的持股情况

序号	股东名称	关系描述	股东性质	持股总数（万股）	持股比例（%）
2	上海国际集团有限公司	母集团	国有法人股	40046.07	8.01
3	上海国有资产经营有限公司	系母集团之全资子公司	国有法人股	40046.07	8.01
7	上海国际集团资产管理有限公司	系母集团之全资子公司	国有法人股	20023.04	4.00
合计占比					20.02

资料来源：《上海农村商业银行股份有限公司 2012 年第三季度报告》。

（2）子公司相互委派董监高管现状

第一，上海浦东发展银行股份有限公司。母集团之子公司上海国际信托在浦发银行董事占比情况，如表 11 – 13。

表 11 – 13 上海国际信托在浦发银行董事占比情况

序号	股东单位名称	持股数（万股）	占比（%）	董事名额	董事	职 务
2	上海国际信托有限公司	97592.38	5.232	1 名	潘卫东	董事长

资料来源：《上海浦东发展银行股份有限公司 2012 年第一次临时股东大会会议资料》。

第二，上海农村商业银行股份有限公司。母集团之子公司上海国有资产经营有限公司和上海国际集团资产管理有限公司在上海农商银行董事占比情况，如表 11 – 14。

表 11 – 14 上海国际信托在上海农商银行董事占比情况

股东单位名称	该股东持股比例（%）	董事名额	董事类型	姓名	年龄	职务
上海国有资产经营有限公司	8.01	1 名	股东董事	寿伟光	50	副董事长、总裁
上海国际集团资产管理有限公司	4	1 名	股东董事	刘益朋	45	总经理

资料来源：《上海农村商业银行股份有限公司 2011 年年度报告》。

3. 母子公司控制权分配不均、代理人角色冲突

（1）控制太强导致子公司人格形骸化、控制太弱导致母公司控制边缘化

在集团官方网站的相关介绍上我们可以看到，集团对子公司分为两

类，一类是全资子公司；另一类是战略持有的公司，根据上文中的表11 – 4上海国际集团的控股概况，我们可以得知，集团的 26 家子公司（实业投资板块除外）中，全资子公司 10 家，战略持有机构 16 家，具体情况如表 11 – 15。

表 11 – 15 集团子公司分类

序号	全资子公司	战略持有机构
1	上海国际集团金融服务有限公司	上海证券有限责任公司（股东是集团和上托）
2	上海市再担保有限公司	上海国际信托有限公司
3	上海国际集团创业投资有限公司	上海浦东发展银行股份有限公司
4	上海华东实业有限公司	上海农村商业银行股份有限公司
5	上海国际集团金融发展研究院有限公司	国泰君安证券股份有限公司
6	上海国际集团有限公司博士后科研工作站	上投摩根基金管理有限公司
7	上海国有资产经营有限公司	华安基金管理有限公司
8	上海国际集团资产管理有限公司	上海股权托管交易中心股份有限公司
9	上海国际集团（香港）有限公司	上海国利货币经纪有限公司
10	香港沪光国际投资管理公司（股东是集团香港公司和上托）	大众保险股份有限公司
11		安信农业保险股份有限公司
12		赛领资本管理有限公司
13		金浦产业投资基金管理有限公司
14		上海国和现代服务业股权投资管理公司
15		上海瑞力投资基金管理有限公司
16		上海航运产业基金管理有限公司
合计	10	16

第一类，控制太强导致子公司人格形骸化。第一类子公司，全资子公司。共计 10 家，其中名称以"上海国际集团"开头的有 6 家，它们多半是以前集团的某个业务部门，后来由于集团重新整合独立出来成为一个子公司，如上海国际集团资产管理有限公司，其前身就是集团内部的一个资产管理部门。还有 1 家原来是国资委旗下的国有独资企业，为了方便整合上海市金融资产而划归集团管理，如上海国有资产经营有限公司，即原国

资委下属单位。还有 2 家是为了配合集团进行理论研究新设的事业单位，即上海国际集团金融发展研究院有限公司和上海国际集团有限公司博士后科研工作站。再加上 1 家香港沪光国际投资管理公司，它是为了集团开展海外业务而设，其股东为上海国际集团（香港）有限公司（91.5%）和上海国际信托（8.5%）。①

对这第一类子公司控制协调机制又分两种。第一，对于第一类子公司中名称以"上海国际集团"开头的 6 家，由于它们的来源多半是集团以前的某个部门演变而来的，可以在人事任免、财务控制、经营策略控制等方面做到完全的掌控；母公司上海国际集团对子公司控制力极强，容易导致干预过多，剥夺了子公司的独立决策权和经营管理权，可能妨碍了子公司的正常运作，导致子公司人格形骸化。第二，对于其余 4 家全资子公司，由于实质上仍是政府控制人事等各方面，只是由于政策原因划归集团旗下，所以其实际的控制情况与第二类子公司十分类似，在此，我们不展开赘述，见下文分解。

第二类，控制太弱导致母公司控制边缘化。第二类子公司，战略持有机构。共计 16 家。而集团在对第二类子公司的控制上则更为复杂。这类子公司主要因政策性原因划入母公司旗下。如上海浦发银行，是由于组建金融控股集团需要上海本地银行业的龙头企业的加入，浦发就是在这样的背景下由政府用行政手段划拨而来。再如大众保险、安信农业保险主要是由于组建金融控股集团，上海国际集团的版图里缺少保险类的企业而同样由上海市政府整合而来。而如上海航运产业基金管理有限公司，它则是集团与上海市港务局等相关政府部门为了城市的基础建设，发挥国企的社会职能而建立的，也相当于是全资国有独资的金融子公司。这样综上可见，由于集团是国有独资金融控股公司，并且集团子公司仍然还是以国有独资公司为主。集团的资产代表机构是上海市财政局，而其部分全资子公司如上海国有资产经营有限公司的资产代表机构则是地方国资委等部门。并且集团母公司和子公司的主要负责人直接对上海市政府负责。也就是说这些子公司的控制权仍然在资产代表机构手中，母公司对这些子公司的包括人事任免、财务管理等各方面控制力相对较弱，没有实质的控制权，空有控股公司之名，各公司各行其是，没有

----

① http://www.siam.com.hk/cssi.php，最后登录时间 2013 年 3 月 15 日。

形成协同效应和规模经济。这一点的证明在于根据相关新闻报道，浦发银行和上海农商银行业属于市属金融机构，在管理上，它们和母公司上海国际集团同样归属上海市金融办，甚至连子公司的人事任免及薪酬考核也直接由金融办主管，直接绕过母公司的控制。①

对这第二类子公司控制协调机制有很大不同。依据本章上节中对于母公司对子公司的控制的现状描述中可以看到，主要是集团从母公司选任董监高管参与其管理经营。由上文中的表 11 - 5 母公司在子公司上海国际信托董事任职情况，表 11 - 6 母公司在子公司上海国际信托董事会专业委员会任职情况，表 11 - 7 母公司及关联股东在子公司上海浦东发展银行董事会任职情况，表 11 - 8 母公司及关联股东在子公司上海农商银行董事会任职情况，表 11 - 9 母公司在子公司上海国际信托有限公司监事任职情况，表 11 - 10 母公司在子公司上海国际信托有限公司高管任职情况，可以管窥一豹。而即使是这些从母公司选任董事高管参与子公司管理经营的人事任免工作也是由市金融办、组织部、国资委等部门决定的，所以母公司对子公司的控制基本被架空，被子公司边缘化了。

（2）董事高管身兼多职、代理角色冲突

上海国际集团的母子公司董监高兼职情况分为两块，一块是母集团上海国际集团的董监高在子公司的兼职情况，另一块是子公司的董监高交叉兼职情况。根据上文各表的总结，我们重新汇总了两份表格即表 11 - 16、表 11 - 17。

表 11 - 16　　母集团上海国际集团的董监高在子公司的兼职情况

姓名	兼职数	任职单位名称	职务
吉晓辉	2	上海国际集团有限公司	董事长
		上海浦东发展银行股份有限公司	董事长
祝幼一	3	上海国际集团有限公司	副董事长
		上海证券有限责任公司	董事长②
		上海国际信托有限公司	监事长

---

① 《上海市金融办：市属金融企业内外开放进展显著》，http：//www. p5w. net/news/gncj/201203/t4113309. htm，最后登录时间 2013 年 3 月 15 日。

② 《祝幼一赴任上海证券董事长》，http：//finance. eastmoney. com/news/1354，20120118187933093. html，最后登录时间 2013 年 3 月 15 日。

续表

姓名	兼职数	任职单位名称	职务
邵亚良	5	上海国际集团有限公司	副董事长
			总裁
		上海国际集团（香港）有限公司	董事局主席
		金浦产业投资基金管理有限公司	董事长
		赛领资本管理有限公司	董事长
杨德红	2	上海国际集团有限公司	副总裁
		上海爱建股份有限公司	总经理
潘卫东	2	上海国际集团有限公司	副总裁
		上海国际信托有限公司	董事长
朱仲群	2	上海国际集团有限公司	总裁助理
		华安基金管理有限公司	董事长

表11-17   子公司的董监高交叉兼职情况

姓名	兼职数	任职单位名称	职务
傅帆	3	上海国际信托有限公司	副董事长
			总经理
		上投摩根基金管理有限公司	副总经理
陆敏	4	上海国际信托有限公司	董事
		上海盛龙投资管理有限公司	执行董事
		大众保险股份有限公司	监事长
		上海农商银行	董事
寿伟光	7	上海国有资产经营有限公司	副董事长
			总裁
		上海农商银行	董事
		长江养老保险股份有限公司	董事
		上海证券有限公司	董事
		上海同盛投资集团有限公司	董事
		安信农业保险股份有限公司	董事
刘益朋	2	上海国际集团资产管理有限公司	总经理
		上海农商银行	董事

资料来源：根据收集到的数据汇总整理而来。

由表 11 – 16、表 11 – 17 可见，这些公司高管都身兼多职，最少的有
2 个兼职，最多的有 7 个兼职。且不说人的精力有限，是否能同时胜任这
么多职位，更重要的是还涉及多重代理中角色冲突问题。在面临子公司与
母公司、子公司 A 与子公司 B 利益冲突时，应该站在母公司的立场股权
大局利益牺牲局部利益，还是站在子公司的角度维护局部利益而不顾大局
利益，是代表子公司 A 还是代表子公司 B，这是个两难的选择。这也涉及
母子公司股东的利益问题。

第一，站在母集团代理人的立场。作为母公司选派的董事或高管，必
须严格遵守母公司的行政指令。因为，他们是由母公司提名或任免的，他
们职权的合法性来自于母公司的授权。因此，即使有一些指令是有悖于子
公司的利益而有利于母公司的，他们也不会很积极地反对这种指令，不
然，就有被解雇的危险。

第二，站在子公司代理人的立场。如果不维护子公司的利益，或者只
维护子公司 A 的利益放弃子公司 B 的利益，他们会遭到公司（中小股东、
董事会其他成员、监管机构、债权人等）的离弃，面临失去来自法定组
织所赋予的合法性和权威性危险。

派选董事或高管陷入了严重的委托—代理困境，其行为摇摆于集团母
公司利益和子公司利益之间，不仅可能导致决策紊乱，更为严重的是产生
了逆向选择和机会主义行为：最简单、最有效的做法就是根据个人自身利
益需要来扮演不同的角色。

第三节　上海国际集团公司治理的完善建议

一　构造及完善多元化股权结构

中国金融控股公司产权多元化，最主要的途径应当是实行股份制改
革，促进股权结构合理化。但对于上海国际集团而言，由于企业的功能和
定位不同，目前还只能由政府控股。上海国际集团作为地方大型国资金融
平台，在上海国际金融中心建设和经济转型发展的每个阶段，都承担着重
要责任和使命，它发挥着金融国资平台功能、金融资源运作功能和金融服
务体系功能，在上海经济转型发展中体现出有别于一般性投资企业的独特
作用。当然在保障政府控股的前提下，可以适当引入其他投资主体，建立

起股东会这一法人治理结构的重要机构，完善法人治理结构。

第一，可以引进外资股权。引入什么样的外资，其准入条件要求；如何引入，具体的操作流程细节措施；占股比例、利益分配细节都可以遵从上海市政府的引导，按照政府的相关法律规章制度来进行。在这个层面上，上海市政府既达到使股权结构多元化的目的，又通过设置外资引入制度及全程参与引入流程而不至于对上海国际集团失去控制。这一点，集团旗下的子公司上投摩根基金管理有限公司已经进行了有益的尝试。上投摩根于2004年成立，中方是控股股东，上海国际信托（上海国际集团旗下另一子公司）出资占比51%，外资股摩根大通旗下摩根资产管理出资占比49%。

金融控股公司在国外已经发展多年趋于成熟，而中国的金融控股公司还在摸索中发展。金融业全球化已是大势所趋，集团不可避免地要加入国际竞争与国际金融业接轨。引入外资股东，首先，我们可以借鉴外资股东在金融业运作方面的经验和公司治理的经验，比如上文提到的著名的摩根大通便是拥有150年享誉全球的专业资产管理经验，借此可以丰富集团的管理经验，完善集团的业务品类；其次，可以借助外资的品牌打开国际市场，这也符合集团的全球战略目标和上海举全市之力以上海国际集团为平台设立金融控股公司的初衷——与国际金融业的发展趋势接轨，提高本地金融资源整体配置与运营效率，从而增加上海金融企业的服务能力与参与国际竞争的能力，加快集团金融业的国际化进程；最后，引入外资也有利于本土金融人才的培养。在和外资合作的过程中，我们可以借助外资这个平台，学习外方的人才培养机制，最终培养出结合中外经验的本土人才队伍，为日后集团的发展做好人才储备。当然，上海市政府也意识到这个问题，也在考虑合适的时机，引入外资股、合格的民间资本入股，但这个合适的时机是什么时候，暂时还无法预测。

第二，可以适当放宽企业法人、自然人投资金融控股公司的条件，扩大公司企业法人股东和自然人股东的比例。国内民间也有很多优质资本，集团可以再严格的甄选后进行引入。具体措施是通过减持国有股，增加企业法人和机构法人股东的持股比例，改变股权高度集中于国家的局面。在保证集团绝对控股的前提下，可以适当引入中小投资者。当然引入中小投资者，最重要的是如何保护中小股东的利益问题，各国的经验是首要是通过立法来保护，那么在此基础上，集团应加强信息披露，保护中小投资者的投资热情，让集团在市场的检验下，完善自身的公司治理结构。也可以积极推进集团母子公司上市。作为母集团上海国际集团就不是上市公司，信息披露经营管理缺乏透明度，如果能积极推进母公司及集团子公司上市，则可以在市场的监督下，更有利于促进公司治理结构的完善。

二 完善董事会结构

1. 拓宽董事选任渠道

拓宽董事选任渠道，让董事人员结构多元化。我们认为，首先，不能单纯依赖上海市金融办、组织部等部门行政化任命。行政化任命一是会影响董事会工作的独立性；二是不利于发挥董事们的工作积极能动性，把董事的责任看成是听取上级部门的行政命令即可。可以在集团增设股东会，集团董事由股东会根据国家法律法规和集团章程依法选任。收回上海市金融办承担的部分股东会的职责。只有这样，才能保障董事会责任行使的独立性，免受行政部门过多的干预，真正实现董事会保护中小投资者和监督经理层的职责。其次，要扩大董事来源渠道。除了来源于行政部门，可以多来源于社会和市场，调整董事整体的知识结构水平。如前文所述，董事来源渠道的狭窄归根结底还是由于股权结构单一引起的。如果集团在经过改造之后实现股权结构多元化，引入外资股股东、国内民间资本等，股东结构自然多元化。不同的股东可以根据自己所持股份份额通过投票来选出自己满意的董事来代表自己行使对公司的经营管理监督权，这样董事的人员结构也就随之多元化了。改变现有的董事选任制度，归根结底还是必须通过改变集团单一的股权结构才能实现。

2. 减少董事高管的交叉任职

董事会的职责主要就是保护投资者利益和对经理层进行监督。董事高管交叉任职则削弱了董事会对经理层的监督职能。集团董事长、总经理不能由一人兼任。两职合一，经理人自己监督自己，减少监督层级，不利于监督效率的提高和公司治理效率及公司业绩的提高。所以我们认为集团公司应当对此设立明确的制度规定，对母集团内部以及母子公司的董事任职资格进行规制，明确不能兼职，或者限制兼职的岗位数量。但减少母子公司董事高管兼职也可能带来一些问题。比如，母公司对子公司的控制主要是通过从母公司选任人员参与子公司的董事会来进行的，如果限制交叉任职势必会导致母子公司的控制无法进行。我们认为解决这个问题可以通过在母集团选任非董事人员去子公司董事会任职，这样就可以避免兼职问题。

3. 理顺和金融办的关系，完善对董事会的监督

由于集团由市金融办监管，履行部分股东会的职责。但在实践来看，市金融办对集团董事会的监督力度并不到位，也没有落到实处。对董事的考核也类似于行政考核。甚至金融办也兼职了部分董事会的责任，如制定企业的战略计划等。股东会缺失，董事会责任不明确，金融办和企业之间职责界限权力边界混乱。所以只有增设股东会，理顺金融办和集团的监督管理关系，重整董事会，才能让股东会和董事会的责任各归其位，实现董事会责任的回归。

4. 完善董事会中的专业委员会，发挥其监督功能

上海国际集团董事会设置 1 个董事会办公室、3 个委员会——分别为预算和绩效考核委员会、投融资管理委员会和风险委员会。虽然集团董事会设置了 3 个委员会，但还需继续完善，提高金融控股公司母、子公司董事会的会计和财务处理能力、商业判断能力、管理能力、危机反应处理能力、行业知识、国际市场运筹能力、领导才能和战略眼光等方面的核心能力。

三　构建集团经理人员的市场化激励制衡机制

由于集团的部分高管薪资也是由市行政部门决定的，具体的考核也是由行政部门制定细则，并具体实施的。如何让集团经理层的激励制衡机制市场化，我们认为可以从以下几个方面来探讨。

1. 完善市场化选聘机制

由于集团的国有独资性质，导致集团的高管也多半来源于相关的行政部门。如董事长吉晓辉等高层就是来源于上海市金融办或国资委的行政部门领导。要想改变人事任免行政化趋势，从宏观上来讲，根本途径还是集团的股份制改革，推进股权结构多元化，让集团进行的市场化运作，放开政府那只挥舞在企业上空的手，减少政府的行政干预。从微观上来讲，在现有的股权结构下，只能拓宽高管的选聘渠道，在更广阔的市场中选聘人才，这点我们借鉴新加坡淡马锡的成功经验。淡马锡就是从职业经理人市场上高薪吸引了大量顶尖的优秀人才聚集，为淡马锡的发展做出了卓越贡献。事实上上海政府也意识到了选聘人才市场化的重要性，也迈出了尝试

的步伐，上海国际集团已经把部分高管岗位投向市场招聘，当然具体考核录用还是由上海市相关行政部门来决定。但起码拓宽了人才的来源渠道，虽然步伐不大，这依然是可喜的转变。期望这种市场化选聘高管的机制能转化成常态的长效机制，能持续为集团的发展增添活力。

2. 加强控制权激励和声誉激励机制

由于长期的历史原因，国有企业经营者的"准干部"身份在短时期内难以彻底改变。所以在设计集团经营者的激励措施时，可以投其所好，采用控制权激励和声誉激励等作为薪酬激励的配套机制。

控制权激励。掌握集团经营控制权使企业家至少三方面的需求得到满足：首先，一定程度上让企业家才能得到施展，让其自我价值得到体现，即所谓的"企业家精神"；其次，控制他人的感觉，感觉自己处于权力的核心地位；最后，企业家具有的职位特权，给企业家带来多渠道的物质利益满足。

声誉激励。经营者的声誉基于其长期工作业绩建立的职业声誉，体现了其创新、敬业等各方面的优秀品质。集团可以设置一些荣誉奖项，比如"优秀企业家""优秀创业者"等荣誉称号，这些荣誉就是效果较好的精神激励手段。

3. 完善薪酬激励机制

目前集团的高管薪酬还都由相关行政部门管理，虽然一定程度上与业绩挂钩，但市场化程度仍然不够高，不足以对高管形成有效激励。对于集团这种对于追求利润最大化的经营性国有企业，我们认为应以"经营者收入与经营业绩挂钩"为基本原则，注重长期激励，逐步使经营者的报酬结构趋于多元化，综合发挥不同收入形式的激励、约束作用，尤其是增大风险收入在总报酬中的比重，增强经营者报酬制度的激励性。

近年来较多采用的股票期权使经理人员能够享受公司股票增值所带来的利益增长并承担相应的风险。股票期权通过让经营者成为准资产所有者，协调了所有者和经营者目标不一致的矛盾，使经营者个人收益与企业经营状况高度相关，从而从产权上激励其对企业的高度关心和负责。但像集团这种国有独资企业，股权用作高管层的激励，还需要相关部门出台政策才能成行。

四　完善母子公司协调机制

金融控股集团的治理机制由于其特殊性，可以简化为对集团与母公司高管人员以及集团与子公司高管人员的利益协调机制。所以完善母子公司的协调机制，可以说是金融控股集团公司治理中最重要的一个环节。

1. 金融控股子公司控制权的配置

对于上海国际集团而言，母公司对子公司管太多，容易造成子公司人格形骸化；管太少又容易导致母公司控制权边缘化。如何合理配置对子公司的控制权就是个问题了。

（1）减少对第一类全资子公司的控制。综观全资子公司，类似于非控股公司内部的职能部门，本身市场化程度就不高，多半还担负着社会职能，如集团金融研究所、博士工作站。对此类子公司的控制本身就不必太多。

（2）加大对第二类战略持有子公司的控制。这个需要政府放权，真正放手将集团旗下的子公司交由市场来培育，集团才有机会摆脱政府的干涉，用市场的手段，像一般的控股公司那样对子公司进行控制。这说到底还是国企股权结构单一导致的问题，这些子公司只有进行股份制改革，真正做到政企分开，才能摆脱政府的干涉，由母公司来统一协调调配。在金融控股集团的治理中，需正视母公司这只挥舞在金融子公司头上的"看得见的手"，由政府赋予母公司合法的控制权。

2. 减少母子公司高管兼职、建立代理人独立激励制衡制度

解决母子公司代理人角色冲突，我们认为，最彻底的办法就是减少母子公司高管相互兼职的情况。这样能彻底避免母子公司利益冲突时，代理人的委托—代理选择困境。

但在实践中要完全避免相互兼职是不现实的，那么在这种情况下，我们认为最好的是集团制定独立的工资奖惩核算制度，让代理人既不用受制于母公司，也不用受制于子公司。只有这样才能保证代理人在面对母子公司利益选择时，有一个客观、理智的工作态度，从而做出最优选择。这个制度设置，有点类似于董事会中独立董事制度的设置。激励基本路线可以设计为方案来源。由集团薪酬委员会独立设置一个关于母子公司代理人的激励制衡制度。激励部分可以参照上文对高管的激励政策。制衡机制可以设计为：首先，坚持分工负责制、责任到人建立、健全授权授信制度，明

确金融控股公司母、子公司高级经理人员的权限。其次，可以建立、健全年审制度。每年年终由金融控股公司母公司监事会组织对母、子公司高级经理人员在本年度的经营管理情况、重大决策情况、执行制度情况等进行稽核、检查评价，并与其奖惩直接挂钩。

主要参考文献

一 中文著作

1. 孙光焰：《公司治理的理论分析框架与法律制度配置》，中国社会科学出版社 2012 年版。

2. 孙光焰：《公司治理模式趋同化研究》，中国社会科学出版社 2007 年版。

3. 孙光焰：《公司控制权专题案例与实训》（第一辑），法律出版社 2015 年版。

4. 孙光焰：《公司控制权专题案例与实训》（第二辑），法律出版社 2016 年版。

5. 李维安：《股份制的安定性研究》，陕西人民出版社 1995 年版。

6. 李维安、朱光华：《社会主义股份经济探索》，河北人民出版社 1988 年版。

7. 李维安等：《公司治理》，南开大学出版社 2001 年版。

8. 李维安主编：《中国公司治理原则与国际比较》，中国财政经济出版社 2001 年版。

9. 李维安等：《现代公司治理研究：资本结构、公司治理与国有企业股份制改造》，中国人民大学出版社 2002 年版。

10. 李维安等：《美国的公司治理：马奇诺防线》，中国财政经济出版社 2003 年版。

11. 李维安等：《公司治理评价与指数研究》，高等教育出版社 2005 年版。

12. 李维安、薛澜等：《大型企业集团创新治理》，科学出版社 2012 年版。

13. 李维安主编：《中国公司治理与发展报告 2012》，北京大学出版社 2012 年版。

14. 李维安等著：《中国公司治理：转型与完善之路》，机械工业出版社 2013 年版。

15. 张维迎：《企业的企业家——契约理论》，上海三联书店、上海人民出版社 1995 年版。

16. 张维迎：《企业理论与中国企业改革》，北京大学出版社 1999 年版。

17. 张维迎：《产权、政府与信誉》，上海三联书店 2001 年版。

18. 张维迎：《信息、信任与法律》，上海三联书店 2003 年版。

19. 张维迎：《博弈论与信息经济学》，上海人民出版社 2004 年版。

20. 张维迎、盛斌：《论企业家》，上海三联书店 2004 年版。

21. 张维迎：《产权、激励与公司治理》，经济科学出版社 2005 年版。

22. 郎咸平：《公司治理》，易宪容等译校，社会科学文献出版社 2004 年版。

23. 成思危、辜胜阻、徐绪松：《政府与风险投资》，民主与建设出版社 2001 年版。

24. 豆建民：《中国公司制思想研究》，上海财经大学出版社 1999 年版。

25. 于群：《上市公司的法学视角》，人民出版社 2008 年版。

26. 张国平：《当代企业基本法律制度研究》，法律出版社 2004 年版。

27. 赵万一：《公司治理法律问题研究》，法律出版社 2004 年版。

28. 高闯：《公司治理：理论与前沿问题》，经济管理出版社 2009 年版。

29. 倪建林：《公司治理结构：法律与实践》，法律出版社 2001 年版。

30. 朱伯玉、管洪彦：《公司治理法律问题研究》，中国人民公安大学出版社 2008 年版。

31. 成思危：《现代公司治理研究》，中国人民大学出版社 2006 年版。

32. 郑林：《国有企业治理结构研究》，河南人民出版社 2002 年版。

33. 王国平：《现代国有企业治理研究》，化学工业出版社 2011 年版。

34. 马永斌：《公司治理与股权激励》，清华大学出版社 2010 年版。

35. 杨勤法：《公司治理的司法介入》，北京大学出版社 2008 年版。

36. 宋力：《上市公司大股东代理问题实证研究》，光明出版社 2009

年版。

37. 赵志刚：《公司治理法律问题研究》，中国检察出版社 2005 年版。

38. 肖海军：《国有股权法律制度研究》，中国人民公安大学出版社 2002 年版。

39. 何玉长：《国有公司产权结构与治理结构》，上海财经大学出版社 1997 年版。

40. 张忠野：《公司治理的法理学研究》，北京大学出版社 2006 年版。

41. 甘功仁、史树林：《公司治理法律制度研究》，北京大学出版社 2007 年版。

42. 甘培忠、王冬梅：《非上市股份公司运营与治理法律制度研究》，法律出版社 2012 年版。

43. 王保树、王文宇：《公司法理论与实践：两岸三地观点》，法律出版社 2010 年版。

44. 苏武康：《中国上市公司股权结构与公司绩效》，经济科学出版社 2003 年版。

45. 欧明钢：《城市商业银行问题研究——公司治理与发展战略》，中国经济出版社 2012 年版。

46. 韩良：《非证券类投资基金法律问题研究》，中国金融出版社 2011 年版。

47. 李连发、李波：《私募股权投资基金：理论及案例》，中国发展出版社 2008 年版。

48. 盛力军：《私募股权与资本市场》，上海交通大学出版社 2003 年版。

49. 贝政新：《基金治理研究》，复旦大学出版社 2006 年版。

50. 李斌、冯兵等：《私募股权投资基金：中国机会》，中国经济出版社 2007 年版。

51. 庄文韬：《私募股权资本：经济增长、竞争力与财富政策》，厦门大学出版社 2009 年版。

52. 凌涛：《股权投资基金在中国：兴起原因及未来发展》，上海三联书店 2009 年版。

53. 孙静：《基金资产管理：激励研究及应用》，社会科学文献出版社 2008 年版。

54. 郑伟鹤、陈耀华、盛立军：《私募股权基金与金融业资产管理》，机械工业出版社 2004 年版。

55. 李文俊：《我国私募股权基金监管法律问题研究》，中国政法大学出版社 2009 年版。

56. 谢平：《谁在管理国家财富？主权财富基金的兴起》，中信出版社 2011 年版。

57. 郑飞虎：《保险公司治理研究》，中国法制出版社 2004 年版。

58. 李耀华：《中国当代保险业发展历史及其效率研究》，知识产权出版社 2008 年版。

59. 孙祁祥、郑伟：《金融综合经营背景下的中国保险业发展——制度演进、模式比较与战略选择》，经济科学出版社 2008 年版。

60. 夏斌等：《金融控股公司研究》，中国金融出版社 2001 年版。

61. 王文宇：《控股公司与金融控股公司法》，中国政法大学出版社 2003 年版。

62. 杨勇：《金融集团法律问题研究》，北京大学出版社 2004 年版。

63. 沈乐平：《企业集团法律问题》，中山大学出版社 2003 年版。

64. 谢平：《金融控股公司的发展与监管》，中信出版社 2004 年版。

65. 凌涛等：《金融控股公司经营模式比较研究》，上海人民出版社 2007 年版。

66. 凌涛等：《金融控股公司监管模式国际比较研究》，上海三联书店 2008 年版。

67. 齐善鸿：《大道说管理》，长江文艺出版社 2012 年版。

68. 白万纲：《基于管控的集团内部控制》，中国发展出版社 2009 年版。

二　中文译著

1. ［英］亚当·斯密：《国富论》，唐日松等译，华夏出版社 2005 年版。

2. ［美］保罗·萨缪尔森、威廉·诺德豪斯：《经济学》（第十六版），萧琛等译，华夏出版社 1999 年版。

3. ［美］罗伯特·蒙克斯、尼尔·米诺：《公司治理》（第二版），李维安、周建译，中国财政经济出版社 2004 年版。

4. ［美］吉尔·所罗门、阿瑞斯·所罗门：《公司治理与问责制》，李维安、周建译，东北财经大学出版社 2006 年版。

5. ［澳］保罗·阿里、［美］格雷格·格雷格里乌：《萨班斯—奥克斯利法案后的公司治理》，王燕祥、陈玲译，中国时代经济出版社 2010 年版。

6. ［美］肯尼斯·A. 金、约翰·R. 诺夫辛格：《公司治理：中国视角》（第二版），严若森译，中国人民大学出版社 2008 年版。

7. ［丹麦］尼古莱·J. 福斯、克里斯蒂安·克努森编：《企业万能：面向企业能力理论》，李东红译，东北财经大学出版社 1998 年版。

8. ［美］格拉斯·C. 诺斯、罗伯斯·托马斯：《西方世界的兴起》，厉以平、蔡磊译，华夏出版社 2009 年版。

9. ［美］约瑟夫·熊彼特：《经济社会发展理论》，何畏等译，商务印书馆 1990 年版。

10. ［美］理查德·R. 纳尔逊、悉尼·G. 温特：《经济变迁的演化理论》，商务印书馆 1997 年版。

11. ［美］奥利弗·E. 威廉姆森：《治理机制》，王健等译，中国社会科学出版社 2001 年版。

12. ［美］埃瑞克·菲吕博顿、［德］鲁道夫·瑞切特：《新制度经济学》，上海财经大学出版社 2002 年版。

13. ［英］马尔科姆·卢瑟福：《经济学中的制度》，郁仲莉译，中国社会科学出版社 1999 年版。

14. ［美］道格拉斯·C. 诺思：《经济史中的结构与变迁》，陈郁、罗华平等译，上海三联书店 1991 年版。

15. ［美］道格拉斯·C. 诺斯：《制度、制度变迁与经济绩效》，刘守英译，上海三联书店 1994 年版。

16. ［冰岛］思拉恩·埃格特森：《经济行为与制度》，商务印书馆 2004 年版。

17. ［美］弗兰克·H. 奈特：《风险、不确定性与利润》，安佳译，商务印书馆 2010 年版。

18. ［美］罗纳德·哈里·科斯：《企业、市场与法律》，盛洪、陈郁译校，上海三联书店 1990 年版。

19. ［美］马克·罗：《公司治理的政治维度：政治环境与公司影

响》，陈宇峰、陈国营、张蕾、陈业玮译，中国人民大学出版社 2008
年版。

20. ［美］弗朗西斯·福山：《信任：社会美德与创造经济繁荣》，彭
志华译，海南出版社 2001 年版。

21. ［日］佐久间信夫：《企業統治構造の国際比較》，ミネルヴァ書
房 2003 年版。

22. ［日］深尾光洋、森田泰子：《企业治理结构的国际比较》，日本
经济新闻社 1997 年版。

三 学位论文

1. 郑志刚：《投资者之间的利益冲突和公司治理机制之间的整合》，
博士学位论文，北京大学，2003 年。

2. 潘东：《金融控股集团公司治理研究》，博士学位论文，重庆大学，
2007 年。

3. 魏举峰：《企业国有股权稀释问题研究》，博士学位论文，辽宁大
学，2006 年。

4. 蔡清而：《银行公司治理研究》，博士学位论文，厦门大学，
2006 年。

5. 乔雪莲：《母子公司管控模式设计及其影响因素的实证研究》，博
士学位论文，天津大学，2011 年。

四 中文论文

1. 孙光焰：《国企董事薪酬激励控制权的公司治理配置进路》，《中
南民族大学学报》（人文社科版）2014 年第 4 期。

2. 孙光焰：《董事证券虚假陈述职务侵权责任制度的重构——以公司
治理为视角》，《法商研究》2010 年第 4 期。

3. 孙光焰：《公司治理模式演进趋势之争的方法论检视》，《法商研
究》2008 年第 3 期。

4. 孙光焰：《股权分置改革对价的改革观》，《华东政法学院学报》
2007 年第 1 期。另见人大复印资料《经济法学、劳动法学》2007 年第
4 期。

5. 孙光焰：《我国应如何引入独立董事制度》，《法学》2001 年第 7

期。另见人大复印资料《经济法学、劳动法学》2002 年第 1 期。

6. 孙光焰：《也论公司、股东与董事之法律关系》，《法学评论》1999 年第 6 期。另见人大复印资料《民商法学》2000 年第 4 期。

7. 孙光焰：《经济全球化背景下公司治理模式的趋同趋势》，《河南师范大学学报》（哲社版）2009 年第 1 期。

8. 孙光焰：《公司治理演进趋势主要争论点述评》，《湖北大学学报》（哲社版）2009 年第 1 期。

9. 孙光焰：《中日股东代表诉讼激励与约束制度安排立法比较》，《中南民族大学学报》（人文社科版）2009 年第 4 期。

10. 孙光焰：《公司治理模式形成原因比较研究》，《中南民族大学学报》（人文社科版）2008 年第 3 期。

11. 黄凯南、黄少安：《企业的性质：契约理论和演化理论的比较和融合，《求索》2008 年第 4 期。

12. 黄少安：《企业理论的几个基本问题》，《社会科学战线》2012 年第 1 期。

13. 张维迎：《所有权、治理结构与委托—代理关系》，《经济研究》1996 年第 9 期。

14. 张维迎：《法律制度的信誉基础》，《经济研究》2002 年第 1 期。

15. 许小年：《以法人为主体构造公司治理机制和资本市场》，《改革》1997 年第 5 期。

16. 秦晓：《组织控制、市场控制：公司治理结构的模式选择和制度安排》，《管理世界》2003 年第 4 期。

17. 邓荣霖：《建立和规范公司法人治理结构》，《人民日报》1999 年 10 月 26 日。

18. 郑红亮、王凤彬：《中国公司治理结构改革研究：一个理论综述》，《管理世界》2000 年第 3 期。

19. 魏杰：《国有投资公司治理结构的特点研究》，《管理世界》2001 年第 1 期。

20. 白重恩、刘俏、陆洲、宋敏、张俊新：《中国上市公司治理结构的实证研究》，《经济研究》2005 年第 2 期。

21. 郑志刚：《公司治理机制理论研究文献综述》，《南开经济研究》2004 年第 5 期。

22. 郑志刚:《外部控制、内部治理与整合——公司治理机制理论研究文献综述》,《南大商学评论》2006 年第 2 期。

23. 鲁桐:《金融危机后国际公司治理改革的动向及启示》,《国际经济评论》2012 年第 4 期。

24. 马胜、周思伟:《企业集团治理中母子公司的利益博弈》,《求索》2011 年第 4 期。

25. 王安、宋怡林:《城市商业银行公司治理问题及完善》,《企业管理》2000 年第 6 期。

26. 檀广丹:《城市商业银行公司治理中存在的主要问题与完善对策》,《财税金融》2007 年第 1 期。

27. 霍翠凤、杨萌:《比较视野中的商业银行公司治理模式及其借鉴》,《金融论坛》2005 年第 4 期。

28. 徐龙华:《中外商业银行公司治理准则的比较和启示》,《上海金融》2002 年第 4 期。

29. 贾楠:《外部利益相关主体与城市商业银行公司治理》,《金融与经济》2009 年第 3 期。

30. 刘轶、许勇:《中国上市银行公司治理水平的比较评价》,《金融论坛》2008 年第 3 期。

31. 高洁、杨华:《论城市商业银行的法人治理》,《重庆科技学院学报》2011 年第 3 期。

32. 周丹、王恩裕:《私募股权投资基金存在性的经济学分析》,《金融理论与实践》2007 年第 6 期。

33. 盛立军:《私募股权基金:政府的参与空间》,《数字财富》2004 年第 12 期。

34. 武圣涛:《中国私募股权基金法律规制发展研究》,《河南金融管理干部学院学报》2008 年第 6 期。

35. 宋晓燕:《私募股权投资基金组织模式分析——一个治理结构的视角》,《上海财经大学学报》2008 年第 5 期。

36. 石育斌:《我国本土私募股权"基金的基金"的制度价值与发展建议》,《现代经济探讨》2010 年第 7 期。

37. 庞跃华、曾令华:《私募股权基金监管模式的国际比较及中国选择》,《财经理论与实践》2010 年第 5 期。

38. 庞跃华、曾令华：《私募股权基金组织形式的比较及中国选择》，《财经理论与实践》2011 年第 2 期。

39. 章丹雯：《论中国私募股权投资基金的监管与自律》，《时代金融》2009 年第 6 期。

40. 武圣涛：《境内外私募股权基金比较研究》，《上海金融学院学报》2009 年第 1 期。

41. 甘培忠、李科珍：《论风险投资有限合伙人"执行合伙事务"行为暨权力之边界》，《法学评论》2012 年第 2 期。

42. 袁珮：《中国私募股权基金问题研究》，《科学与管理》2009 年第 3 期。

43. 戎晋、季久云、冯圣童：《谈谈私募股权投资（PE）基金对我国资本市场的影响》，《时代金融》2009 年第 5 期。

44. 黄亚玲：《私募股权基金文献综述》，《国际金融研究》2009 年第 3 期。

45. 胡祖六：《什么是主权财富基金如何进行管理》，《财经》2007 年第 8 期。

46. 游春：《圣地亚哥原则及其对我国主权财富基金发展的启示》，《贵州农村金融》2009 年第 5 期。

47. 钱维章、何唐兵：《论保险公司的治理结构建设》，《保险研究》2003 年第 10 期。

48. 曹廷求、张惠：《保险公司治理模式的国际比较》，《保险研究》2005 年第 10 期。

49. 张娜、陈彬：《国内保险公司治理理论研究现状和建议》，《上海保险》2010 年第 6 期。

50. 李琼、苏恒轩：《论国有独资保险公司的治理结构》，《保险研究》2003 年第 4 期。

51. 孙照军、雷鸣：《试述完善国有保险公司的治理结构》，《西华师范大学学报》2004 年第 3 期。

52. 吴定富：《完善保险公司治理结构，推进体制改革和机制创新》，《经济观察》2008 年第 2 期。

53. 李钢：《以健全机制为核心深化保险公司治理》，《保险研究》2005 年第 8 期。

54. 张淑珍：《我国上市公司领导结构问题探讨》，《经济体制改革》1998 年第 3 期。

55. 蔡洪平：《降低控股比例是国企改革钥匙》，《上海国资》2012 年第 1 期。

56. 刘金霞、齐青婵：《我国国有控股保险集团公司治理结构研究》，《浙江金融》2008 年第 6 期。

57. 刘美玉：《基于利益相关者共同治理的保险公司治理研究》，《保险研究》2008 年第 9 期。

58. 苏恒轩：《基于核心竞争力构建为目标的保险企业组织结构创新》，《保险研究》2009 年第 6 期。

59. 张艳、丁江萍、刘循循：《论新保险法对保险公司治理的影响》，《保险研究》2010 年第 3 期。

60. 张娜、陈彬：《国内保险公司治理理论研究现状和建议》，《上海保险》2010 年第 6 期。

61. 王丹：《论我国保险公司治理的特殊性及模式设计》，《中国集体经济》2010 年第 7 期。

62. 王力、步艳红：《我国上市银行公司治理存在的问题及改善对策》，《农村金融研究》2010 年第 8 期。

63. 程言雷、李连华、罗雪琴：《母公司对子公司控制模式及控制效率的实证研究》，《经济论坛》2009 年第 17 期。

64. 李克成：《董事会结构与公司业绩的实证研究》，《数量经济技术经济研究》2002 年第 8 期。

65. 彭真军、陈娜娜：《我国引入独立董事制度方式探讨》，《经济论坛》2007 年第 20 期。

66. 徐金发、刘翌：《论我国公司治理文化及其建设》，《中国软科学》2001 年第 12 期。

67. 程敏：《金融控股集团公司治理问题分析研究》，《河南金融管理干部学院学报》2004 年第 8 期。

68. 邹福阳、岳意定：《金融控股公司治理结构研究》，《中央财经大学学报》2006 年第 9 期。

69. 朱国清、万威武：《国有集团公司（总公司）治理结构的目标模式》，《中山大学学报论丛》2003 年第 6 期。

70. 刘宏鹏:《商业银行集团治理机制的构建与完善》,《上海金融》2005 年第 1 期。

71. 朱晔:《论我国公司法人治理结构的重构》,《当代财经》2002 年第 3 期。

72. 高勇强、田志龙:《母公司对子公司的管理和控制模式研究》,《南开管理评论》2002 年第 4 期。

73. 常健:《我国金融控股公司立法:一个分析框架》,《上海财经大学学报》2004 年第 8 期。

74. 胡松:《金融控股公司的治理机制——基于金融控股公司运行特征的分析》,《经济经纬》2008 年第 5 期。

75. 韩国信:《新加坡"淡马锡控股"公司治理模式对我国金融控股公司的启示》,《北方经济》2009 年第 11 期。

76. 傅鹏:《我国金融控股公司的治理缺陷及立法构想》,《河南省政法管理干部学院学报》2009 年第 6 期。

77. 尹鹏、肖峰:《我国金融控股公司治理结构的问题及建议》,《财税金融》2008 年第 1 期。

78. 邹福阳、岳意定:《金融控股公司治理结构研究》,《中央财经大学学报》2006 年第 9 期。

79. 刘建武:《对组建地方金融控股公司的思考》,《西安金融》2006 年第 4 期。

80. 王蕾:《我国金融控股集团关联交易的监管对策分析》,《中国金融》2006 年第 2 期。

81. 朱民:《从管理和治理的双重角度看金融控股公司》,《国际金融研究》2004 年第 9 期。

82. 王学军:《金融控股公司发展的理论基础及启示》,《中央财经大学学报》2004 年第 8 期。

83. 李文沁:《金融控股公司风险防范与公司治理的策略》,《统计与决策》2005 年第 8 期。

84. 徐二明、王智慧:《我国上市公司治理结构与战略绩效的相关性研究》,《南开管理评论》2000 年第 4 期。

85. 王化成、胡国柳:《股权结构在公司治理中的作用及效率》,《湖南大学学报》2004 年第 3 期。

86. 高明华：《中国企业经营者行为内部制衡与经营绩效的相关性分析——以上市公司为例》，《南开管理评论》2001 年第 5 期。

87. 张宗益：《股权结构与绩效实证研究》，《数量经济技术经济研究》2003 年第 1 期。

88. 孙永祥、黄祖辉：《上市的股权结构与绩效》，《经济研究》1999 年第 12 期。

89. 吴淑琨：《股权结构与公司绩效的 U 型关系研究》，《中国工业经济》2002 年第 1 期。

90. 杜莹、刘利国：《股权结构与公司的治理效率：中国上市公司的实证分析》，《管理世界》2002 年第 11 期。

91. 向朝近、谢明：《我国上市公司绩效与公司治理结构关系的实证分析》，《管理世界》2003 年第 5 期。

五 外文文献

1. Geoffrey Hodgson, The Approach of Institutional Economics, Journal of Economic Literature, 1998, 36.

2. Armen Alchian and Harold Dements, Production, Information Costs and Economic Organization, *American Economic Review*, 1972, 62 (50).

3. Ronald Coase, The Nature of the Firm, Economica, 1937, 4.

4. Michael C. Jensen and William H. Meckling, Theory of the Firm：Managerial Behavior, Agency Costs and ownership structure. *Journal of Financial Economics*, 1976, 3 (4).

5. George B. Richardson, The Organization Industry, *Economic Journal*, 1972, 82.

6. Sanford J. Grossman and O. D. Hart, The Costs and Benefits of Ownership：A Theory of Vertical and Lateral Integration, *The Journal of Political Economy*, 1986, 94 (4).

7. Eugene F. Farma, Agency Problems and the Theory of the Firm, *Journal of Political Economy*, 1980, 88 (2).

8. Hamid Mehran, Alan Morrison and Joel Shapiro (2011), Corporate Governance and Banks：What Have We Learned from the Financial Crisis? Staff Report No. 502, June 2011, Federal Reserve Bank of New York Staff Reports.

9. Domenico Curcio, Angela Gallo and Francesca Battaglia (2013), Does corporate governance matter in systemic risk-taking? Evidence from European banks, Working Paper of Department of Management, University of Naples.

10. JeanDermine (2011), Bank Corporate Governance, Beyond the Global Banking Crisis, Faculty &Research Working Paper, March2011.

11. Stephen R. Diacon, Noel O'Sullivan, Does corporate governance influence performance Some evidence from UK insurance companies, *International Review of Law and Economics*, 1995, 15 (4).

12. Noel O'Sullivan, Board composition and performance in life insurance companies, *British Journal of Management*, 2003, 14 (2).

13. Philip Hardwick, Mike B. Adams and Zou Hong (2003), Corporate governance and costefficiency in the UK life insurance industry, EBMS Working Papers, 2003.

14. O'Sullivan, Ownership and governance in the insurance industry: a review of the theory and evidence, *The Service Industries Journal*, 1998, 18 (4).

15. Marco Becht, (1997). The Separation of Ownership and Control: A survey of Seven European Countries. Preliminary report to the European Commission. Volume 1 –4. Brussels: European Corporate Governance Network.

16. Pieter W. Moreland, Alternative Disciplinary Mechanisms in Different Corporate Systems. *Journal of Economic Behavior and Organization*, 1995, 26 (1).

17. Andrei Shleifer and Robert W. Vishny, Large Shareholders and Corporate Control, *The Journal of Political Economy*, 1986, 94 (3).

18. Sanford J. Grossman and Oliver Hart, Disclosure Laws and Takeover Bids, The Journal of Finance, 1980, 35 (2).

19. Dennis Leech and John Leahy, Ownership Structure, Control Type Classifications and the Performance of Large British Companies, *The Economic Journal*, 1991, 101 (409).

20. Mike Burkart, Denis Gromb, Fausto Panunzi, Large Shareholders, Monitoring and the Value of the Firms, *The Quarterly Journal of Economics*, 1997, 112 (3).

21. Rafael La Porta, Florencio Lopez-de-Silane and Andrei Shleifer, Corporate Ownership around the word, *Journal of Finance*, 1999, 54 (2).

22. Harold Demsetz and Kenneth Lehn, The Structure of Corporate Ownership: Causes and Consequences, *Journal of Political Economy*, 1985, 93.

23. Clifford G. Holderness and Dennis P. Sheehan, The Role of Majority Share-holders in publicly Held Corporations: An Exploratory Analysis, *Journal of Financial Economies*, 1988, 20 (2).

24. Eric R. Gedajlovic, Denial M. Shapiro, Management and Ownership Effects: Evidence from Five Countries, Strategic Management Journal, 1998, 19 (6).

25. Michael C. Jensen, Agency Cost of Free Cash Flow: Corporate Finance and Takeovers, *American Economic Review*, 1986, 76 (2), pp. 323 – 329. (Also in Management Buy-Outs, edited by Mike Wright and Keith Bradley, series editor, pp. 3 – 9. International Library of Management. England and Vermont: Dartmouth Publishing, 1994.)

后　记

　　笔者自 2005 年 11 月从司法实务部门到高校任教，开始了职业学术生涯。2006 年中南民族大学法学院经济法学硕士点获批，2007 年 9 月首届经济法学研究生入学，作为经济法学硕士生导师，我开始指导研究生进行学位论文的写作。2008 年和 2009 年法学院分别获准开始招收法律硕士［非法学（含在职和全日制）］和法律硕士（法学）专业学位研究生。岁月荏苒，时间从手指间溜走，至 2016 年 9 月，已带了 10 年的研究生，并已指导了七届 59 位研究生顺利毕业，其中经济法学专业研究生 19 位、法律硕士（非法学）全日制研究生 10 位、在职研究生 11 位以及法律硕士（法学）全日制研究生 19 位。

　　在指导研究生写作的过程中，我一直在考虑，学位论文写作的主要目的是什么？我以为，学位论文的写作主要是要教会学生一些思维和写作的方法和技巧，以及获取知识的手段和渠道，而不是知识本身。所以我一直鼓励学生通过实证的方法去认识事物本身，尽管这种写作的过程是十分艰难的。因为这首先要求学生去寻找获取第一手资料的手段和方法，其次还要从这些大量繁杂的材料中去探寻一些规律性的东西，最后也是最痛苦的是要将之提炼成站得住脚的观点。在这一思想的指导下，我每年都要求学生尽量围绕某个主题进行选题，以便他们之间可以共同探讨收集资料的方法、共享一些参考资料和交流一些写作的心得。

　　本书就是围绕金融企业的公司治理这个主题展开研究的一个成果结晶。参与这个主题进行学位论文写作的学生有经济法学 2009 级的研究生邵祥东、刘秀芝、何莎莎；法律硕士（法学）2010 级的研究生余嘉、2012 级的彭蓥；法律硕士（非法学）2010 级的研究生郭维维、杜春华、王豪、程露、毕珍、2011 级的顿朝霞，上述各位同学各撰写了 2 万字。在论文写作的过程中，从具体题目的拟定，到文章结构的构思，甚至一些观点的斟字酌句，我都全身心地进行了指导、修改和凝练，其中的一些基本观点和核心观点都倾注了我的思想。如今将之整编出版，我又根据法律法规的新变化和理论发展的新动态及新趋势进行了相应的补充和修改，并对全书的文字进行了一些结构上的调整和订正。本书的出版既是对参与这个主题写作的学生的一个肯定和鼓励，对我指导的正在进行学位论文写作的学生来说也是一个鞭策和参照，还是我指导十年研究生教学的一个小结。感谢我的全体研究生一直以来对我的理解与支持，对他们在学位论文写作过程中付出的辛勤汗水致以崇高的敬意！

作为学术研究成果，本书没有对书中的真实人物和事件进行任何技术性处理，希望能得到各方的理解。由于时间仓促，有些细节难免存在差错，敬请读者不吝指出。

希望本书的出版能对推动我国公司治理的理论研究和实践探索有所助益。

最后还要感谢的是，中国社会科学出版社的任明主任，这已经是他对我第三本著作的出版给予大力的帮助和无私的奉献与支持。

孙光焰

2016 年 11 月 16 日于中南民大寓所